처음부터 새로 읽는
노자 도덕경

처음부터 새로 읽는
노자 도덕경

문성재 옮김

처음부터 새로 읽는 **노자 도덕경**

발행일 | 1판 1쇄 2014년 9월 3일
          1판 2쇄 2015년 4월 9일

옮긴이 | 문성재
주   간 | 정재승
교   정 | 홍영숙
디자인 | 배경태
펴낸이 | 배규호
펴낸곳 | 책미래

출판등록 | 제2010-000289호
주   소 | 서울시 마포구 공덕동 463 현대하이엘 1728호
전   화 | 02-3471-8080
팩   스 | 02-6353-2383
이메일 | liveblue@hanmail.net

ISBN 979-11-85134-16-1 03150

국립중앙도서관 출판시도서목록(CIP)

처음부터 새로 읽는 노자 도덕경 / [지은이: 노자] ; 옮긴이
: 문성재. -- 서울 : 책미래, 2014
     p. ;   cm

원표제: 道德經
원저자명: 老子
중국어 원작을 한국어로 번역
ISBN 979-11-85134-16-1 03150 : ₩18000

노자(인명)[老子]
도덕경[道德經]

152.222-KDC5
181.114-DDC21   CIP2014024577

송대에 조보지(晁補之: 1053-1110)가 그
린 〈노자기우도(老子騎牛圖)〉. 노자가 소를
탄 이 모티브는 한대 이후에 도교와 선불교
의 교섭 과정에서 만들어졌을지도 모른다.

도교에서 신격화된 노자를 형상화한 노군
암(老君岩). 중국 복건성(福建省) 천주(泉
州)에 자리 잡고 있으며 송대의 것으로 전
해지고 있다.

5

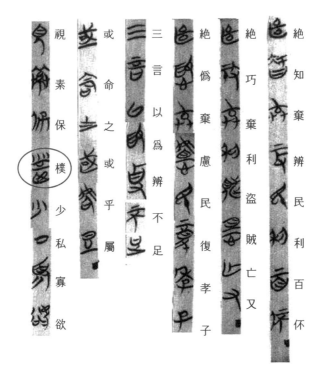

絶知棄辨　民利百倍
絶巧棄利　盜賊亡又
絶僞棄慮　民復孝子
三言以爲辨不足
或命之或乎屬
視素保樸　少私寡欲

초간본 제19장(갑조) 부분. 마지막의 검은 네모(■)는 지금의 마침표에 해당한다. 동그라미 부분은 초나라 문자에서의 '박(樸)'자.

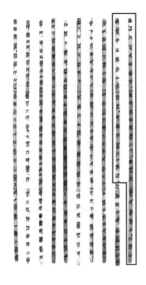

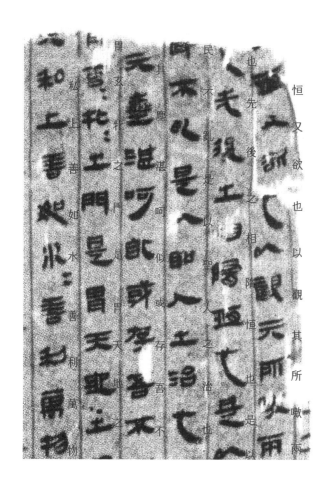

백서본 도덕경 을본 하경(본서 제1-8장 부분). 사진에 보이는 "="는 동일한 한자가 중복사용되었음을 나타내는 약호이다.

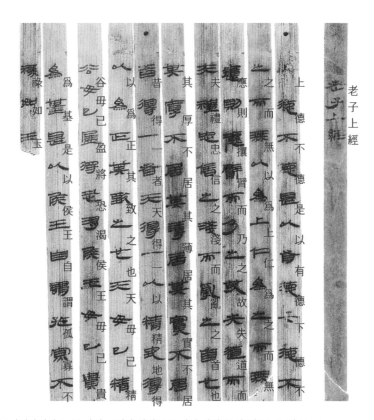

북경대학에서 2012년에 공개한 한간본 도덕경 상경(본서 제38-39장 부분).

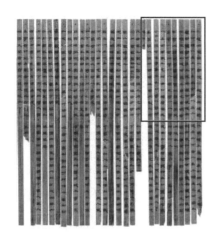

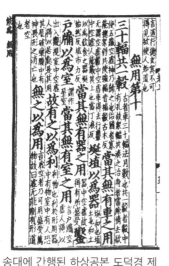

송대에 간행된 하상공본 도덕경 제11장 부분

청대에 간행된 사고전서(무영전본) 왕필본 도덕경 제1장 부분. 백서본이 출토되기 전까지는 도덕경 판본들 중에서 가장 널리 읽혀졌기 때문에 '통행본(通行本)'으로 불려졌다.

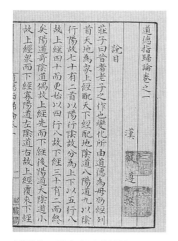

엄준본 도덕경의 범례 부분

당대에 팔각의 석주에 새겨진 경룡비본 도덕경(부분도). 백서본 출토 이전에는 도덕경 판본들 중 가장 오래된 것으로 평가받았다. 중국 하북성(河北省) 역현(易縣) 소재.

| 일러두기 |

1. 노자《도덕경》의 대표적인 판본으로는 초간본·백서본·한간본 등의 초기 필
   사본과 통상적으로 '통행본'으로 일컬어지는 왕필본, 그리고 하상공본·엄준
   본·부혁본 등이 있다. 본서에서는 1973년 최초 출토 이래로 40여 년 동안
   그 진위 및 내용에 대한 검증이 충분히 이루어진 백서본을 저본으로 삼았
   다.《도덕경》원문의 오자·탈자·연문·망실에 대한 대조·교감에는 '백서본
   (갑본)⇒백서본(을본)⇒초간본→한간본→엄준본⇒상이본⇒왕필본⇒하상
   공본⇒부혁본'의 순서로 대조함으로써 가급적 초기《도덕경》의 원형을 살리
   고자 노력하였다.

2. 본서의 번역은 직역을 원칙으로 하되 가급적 부드럽게 풀었으며, 그 의미나
   맥락을 이해하는 데에 문제가 있을 경우 적절한 선에서 의역을 가미하거나
   별도의 문구를 새로 추가하였다. 만일, 특정 명사를 의역해야 할 경우에는
   "하늘의 아들[天子]" 식으로 표시하였다. 또 원문 번역의 경우 노자가 당시의
   군주들을 잠재적인 대상으로 삼아《도덕경》을 저술했다는 가정하에 정중한
   '경어'체 어투를 사용하였다.

3. 번역의 장단점을 비교하는 등 특별한 경우가 아니면 대부분 최초에는 '한글
   (한자)'의 순서로 "도가도야(道可道也)" 식으로 병기하고 그 다음부터 "도가도
   야"식으로 한글로 표기하였다. 다만 제10장의 '감(監)', '감(鑑)', '감(鑒)' 등과
   같이 동일한 발음의 한자들이 한 대목에서 여러 개 또는 여러 차례 사용된

경우는 서로간의 혼동을 피하기 위하여 최초에는 각자 '한글(한자)'의 순서로 병기하되 그 다음부터는 한자만 써서 각각 '監', '鑑', '鑒' 식으로 표기하였다.

4. 원문 한자의 경우 초기 필사본에는 임시로 빌려 쓴 가차자(假借字)나 다른 형태로 고쳐 써서 지금은 존재하지 않는 이체자(異體字)가 많이 사용되었다. 본서에서는 주요 판본들과의 대조를 봉하여 해당 글자들을 선별하고 대부분 현재 통용되는 한자로 교체하거나 맥락에 부합되는 글자로 변경하였다. 다만 설명 과정에서 필사본의 가차자·이체자들을 언급하거나 그 의미에 대한 논란이 진행 중인 글자들의 경우는 부분적으로 원래의 한자를 사용하였다.

5. 《도덕경》의 대의를 설명하는 과정에서 다른 고전이나 문헌의 문구를 추가로 인용할 경우 지면을 효율적으로 운용하기 위하여 해당 인용 부분의 내용을 이해하는 데에 큰 지장이 없는 한 가급적이면 원문은 생략하고 번역문만 제시하였다. 본서에 인용한 고전·문헌의 경우 기존 역서에는 이러저러한 오독·오역이 많았다. 따라서 독자들에게 보다 정확한 의미를 전달하기 위하여 인용 문구들은 대부분 새로 번역했으며 다른 학자의 번역을 차용할 때에는 출처를 밝혔다.

6. 본서의 장 구분 및 순서는 백서본의 예를 따랐다. 죽간본인 초간본은 최초 발견 당시 죽간이 뒤섞여 당초의 체제와 순서를 복원하는 일이 불가능하고, 왕필본 등 후대 판본들 역시 '필사본⇒목판인쇄본'으로 이행·전파되는 과정에서 초간본과 유사한 문제가 발생했을 가능성이 높다. 백서본의 경우 갑·을본 모두 〈도경〉에서는 제24장이 제21장과 제22장 사이에, 〈덕경〉에서는 제41장이 제39장과 제40장 사이에, 또 제80-81장이 제66장과 제67장 사이

에 각각 배치되어 있다. 기록 방식과 소재의 특성을 근거로 삼을 때 이 같은 순서는 필사 당시까지 전해진 초기《도덕경》의 체제를 그대로 보존한 것이기 때문이다.

7. 상권과 하권의 구분은 편의상 왕필본의 예를 따랐다. 전국시대와 전한대까지 널리 사용된 죽간은 보존성과 비용면에서 매력적인 기록 소재였으나 부피와 무게가 많이 나가는 것이 단점이었다. 당시에는 이러한 문제 때문에 《도덕경》역시 상권과 하권을 구분해서 제책·보관하는 일이 많았다. "〈도경〉과 〈덕경〉 중 어느 쪽이 상권이냐" 하는 것은《도덕경》의 논지나 노자의 가르침을 이해하는 데 있어 큰 의미가 없다고 본다. 무엇보다도 이 문제에 대해서는 아직도 논란이 이어지고 있다. 따라서 본서에서는 그동안 익숙하게 받아들여져 온 왕필본의 예를 좇아 〈도경〉을 상권, 〈덕경〉을 하권으로 각각 구성하였다.

| 도 경 |

| 덕 경 |

춘추전국 ─ 난세의 시작

은(殷)나라에 대한 역성혁명에 성공한 주(周)나라는 지금의 서안 부근인 호경(鎬京)에 도읍을 정했다. '하늘님의 아들' 천자(天子)가 다스리는 100리 남짓의 이 작은 성읍국가(城邑國家)는 세습적 봉건제도를 근간으로 하고 예악(禮樂)을 통치의 수단으로 삼아 1,000개가 넘는 크고 작은 성읍 국가들의 정신적 지주로 수백 년간 군림했다. 그러나 기원전 9세기에 이르러 여왕(厲王: ?~BC828?)의 실정과 그로 인한 공화(共和) 통치, 14년 만의 왕정 회복과 다시 선왕(宣王: ?~BC782)의 폭정, 이어지는 그 아들 유왕(幽王: BC795~BC771)의 패정과 그 틈을 탄 북방민족 견융(犬戎)의 침범 등, 크고 작은 변란이 잇따르면서 100여 년 사이에 정치적으로 상당히 문란한 시기를 보냈다. 여왕·선왕·유왕 세 왕의 천자답지 못한 처신은 건국 이래로 숭배되어 온 종법적 통치질서를 허무는 악재로 작용했다. 우여곡절 끝에 임금이 된 평왕(平王: BC781~BC720)이 지금의 낙양에 해당하는 낙읍(洛邑)으로 천도하고 '동주(東周)'시대를 엶으로써 분위기를 일신하려 애썼다. 그러나 주나라에 기회는 더 이상 찾아오지 않았다. 고삐 풀린 망아지가 돼 버린 각지의 제후들은 체통을 잃은 천자를 더 이상 주군으로 받들지 않았고, 세상에는 오로지 하극상과 약육강식의 논리만 힘을 발휘하기 시작했다. 역사적으로 '춘추시대(春秋時代: BC771~BC476)'로 불리는 이 시기에는 300년 동안 36명의 군주가 신하의 손에 시해당하고 140개의 제후국 가운데 10여 개만 가까스로 살아남을 정도로 극도의 무질서와 대혼란이 이어졌다. 제후들은 주체할 수 없는 자신들의 탐욕을 채우기 위해 백성들에게 무거운 세금을 물리고 온갖 노역으로 끊임없이 그들을 혹사시켰다. 대외적으로는 하루가 멀다 하고 전쟁을 벌여 약소국을 겸병하거나 '천하의 패주'라는 알량한 명예를 얻기 위해 경쟁자들과 무한 경쟁을 벌였다. 백성들은 백성들대로 가혹한 수탈과 끝없는 전쟁을 견디다 못해 대대로 지켜 왔던 삶의 터전을 등지고 정처 없이 각지를 떠돌았다. 지금까지 절대적이라고 믿었던 주나라의 체제와 전통은 이렇게 속절없이 허물어지고 있건만 그 누구도 내일은 어떤 세상이 펼쳐질지 예측조차 할 수 없는 불안한 상황들이 끊임없이 이어지고 있었다. 노자는 바로 이 같은 혼란 속에 모습을 드러내었다.

'노자'는 과연 누구인가

노자는 과연 어떤 사람이었을까? 그의 자취에 관한 가장 오래되고 가장 공식적인 언급은 전국시대로부터 수백 년이 지난 전한대에 사마천(司馬遷: BC145?~BC90)에 의해 이루어졌다. 《사기(史記)》〈노자열전(老子列傳)〉에 따르면 "'노자'라는 이는 초나라 고현 여향 곡인리 사람으로, 성은 이씨, 이름은 이, 자는 담인데, 주나라 왕실 도서관을 관장하는 사관이었다." 문제는 노자와 사마천 두 사람 사이에는 최소한 400여 년이라는 큰 시간의 벽이 버티고 있다는 것이다. 전국시대까지 거슬러 올라가 보아도 그에 대한 사실적인 기록은 전무하다시피 하다. 그의 자취를 최초로 소개한 사마천조차 "누가 그러더라[或曰]"라는 말을 앞세우고 있는 상황에서 그보다 2,000년이나 더 지난 21세기의 우리가 그 실체를 찾아내기란 거의 불가능에 가까운 셈이다. 사마천은 〈노자열전〉에서 당시까지 세간에서 '노자'로 거론되던 네 사람, 즉 노담(老聃)·이이(李耳)·노래자(老萊子)·태사(太史) 담(儋)에 대해 언급하고 있다. 그러나 그의 '노자'들은 서로 시대를 달리하는 복수의 인물인 데다, 그 행적들에서는 당시 민간에 구전되던 전설의 분위기가 완연하게 느껴진다. 사마천은 "노자는 은둔한 군자"라고 했다. 그런데 어떻게 유일한 저술인 《도덕경》에도 보이지 않는 그의 성명과 출신과 이력, 심지어 그 자손들의 가족사까지 시시콜콜 다 전해질 수 있겠는가? 공자가 예법을 물은 일화나 변방 수비대장 윤희(尹喜)와의 일화, 태사 담의 진나라 시황제 출현 예언, 그리고 그가 160년 심지어 200년을 살았다는 주장 등은, 그저 사마천 시대에 이미 노자에 관한 허구화 또는 신비화 작업이 이루어지고 있었다는 심증만 굳혀줄 뿐이다. 이 네 사람 중에서 그 행적이 노자와 가장 근접해 있는 인물은 노래자(老萊子)이다. 그조차도 사마천이 제시한 여러 정황 증거들을 짜맞추었을 때 그렇다는 이야기이다. "노자는 바로 이 사람"이라고 명시한 춘추전국시대 문헌이 발견되지 않는 한 현재로서는 그의 행적에 대한 단서를 찾기란 불가능하다. 그런 점에서 볼 때 우리가 노자의 자취를 가늠해 볼 수 있는 유일한 단서는 《도덕경》뿐인 셈이다.

《도덕경》의 저술과 그 구성

　《도덕경》은 주나라를 떠나 초야에 은둔하려던 노자가 당시 변방의 관문을 지키던 수비대장 윤희의 요청에 따라 저술했다고 전해진다. 최초의 제목은 알려지지 않아서 지금도 '노자(老子)', '오천언(五千言)', '노자오천문(老子五千文)', '도덕진경(道德眞經)' 등의 이름으로 다양하게 불리고 있다. 춘추전국시대의 중요한 철학 저술의 하나인 이 책은 당시 사람들의 세계관과 인생관을 총체적으로 반영하고 있으며, 지난 2,500여 년 동안 사람들의 의식과 일상에 심대한 영향을 주어 왔다. 원문은 상편과 하편으로 구성되는데, 상편에 해당하는 제1장에서 제37장까지는 〈도경(道經)〉, 하편인 제38장에서 제81장까지는 〈덕경(德經)〉으로 불린다. 주로 '도'와 '덕'의 심오한 본질과 그 작용에 대해 언급하고 있는데, 노자는 여기서 본체론의 측면에서 '도'를 통해 자신의 우주관을 피력하는 동시에 인생철학과 자기수양·국가경륜의 원리까지 폭넓게 다루고 있다. 그의 주장에 따르면 '도'는 인간의 감각기관으로는 감지할 수 없지만 우주의 본원으로서 일정한 운동과 변화를 통해 만물을 생성시킨다. 또 '덕'은 본체인 '도'의 작용에 따라 자연계 천지·만물에 구현되는 비교적 구체적인 특징들이다. 노자는 이 같은 인식을 토대로 우주-만물-인간에 일어나는 온갖 조화들에 대한 분석을 다각적으로 시도했는데 그 결과물이 바로 지금 우리가 펼쳐들고 있는 바로 이《도덕경》인 것이다.

《도덕경》은 언제 지어졌나

1970년대 이전까지 학계에서는《도덕경》이 전국시대 후반에서 전한대 초기에 완성되었다는 주장이 통설로 여겨졌다. 그런데 1973년 마왕퇴(馬王堆)의 백서본이 출토되고, 1993년 곽점(郭店)에서 죽간본이 출토되면서 그 집필 시점에 관한 기존의 '통설'도 전면적인 재고가 불가피하게 되었다. 기원전 300년경에 조성된 것으로 추정되는 곽점 고분의 주인은 안장 당시 이미 일흔을 넘는 고령이었다고 한다. 그렇다면 거기에 부장된 죽간본이 완성된 시점은 늦어도 기원전 340~330년 전후인 셈이다. 당시는 과학기술이 그다지 발전하지 않아 지식·정보의 전파는 구전(口傳)이나 필사(筆寫)에 절대적으로 의존하고 있었다. 따라서 어떤 저술이 여러 사람에게 전해지고 그것이 다시 일정한 인원의 호응자를 형성하자면 적어도 수십 년의 시간이 소요되었을 것이다. 《도덕경》도 그 같은 과정을 거쳤다면 그 집필 시점의 상한은 전국시대 초기, 즉 기원전 403~343년 무렵까지 거슬러 올라가게 된다. 대만(臺灣)의 노장철학 권위자 진고응(陳鼓應: 1935~)은 《노자금주금역(老子今註今譯)》에서 노자가 중국철학사에서 처음으로 비교적 완벽한 형이상학 체계를 수립했으며 춘추전국시대의 '제자백가(諸子百家)' 중에서 그의 영향을 받지 않은 학파가 드물다고 말한 바 있다. 예를 들어, 맹자(孟子: BC372~BC289)는 제(齊)나라의 '직하 도가(稷下道家)'로부터 사상적인 영향을 받았고, 《대학(大學)》의 '내성외왕(內聖外王)' 논리는 황로사상(黃老思想)의 영향을 받았으며, 《중용(中庸)》의 사상적 근저는 직하 도가에서 비롯되고 있다. 마찬가지로, '제자백가'의 학설이 응축된 《관자(管子)》나, 전국시대의 사상을 집대성한 《여씨춘추(呂氏春秋)》는 모두 도가사상을 골자로 삼고 있다는 것이다. 그렇다면 《도덕경》의 저자인 노자라는 인물이 실존한 시기는 자연히 춘추시대 말기까지 소급될 수밖에 없게 된다.

언어행위에 대한 노자의 인식과 활용

《도덕경》에는 언어행위에 대한 언급이 비교적 많이 보인다. "행불언지교(行不言之敎)"(제2장), "언선신(言善信)"(제8장), "유가, 기귀언야(猶呵, 其貴言也)"(제17장), "희언자연(希言自然)"(제24장), "선언자무하적(善言者無瑕適)"(제27장), "지자불언, 언자부지(知者弗言, 言者弗知)"(제56장), "필이기언하지(必以其言下之)"(제66장), "신언불미, 미언불신(信言不美, 美言不信)"(제68장), "언유군, 사유종(言有君, 事有宗)"(제72장), "정언약반(正言若反)"(제80장) 등, 이 일련의 발언을 많은 학자가 노자가 인간의 언어행위에 대해 부정적인 시각을 갖고 있었다는 주장을 뒷받침하는 근거로 즐겨 인용해 왔다. 그러나 그것은 제1장 "도가도(道可道)"를 오독하면서 연쇄적으로 만들어진 편견일 뿐이다. 《도덕경》을 아무리 뒤져 보아도 노자가 언어행위 자체에 대해 거부감을 보인 대목은 찾아보기 어렵다. 언어에 대한 노자의 발언들은 거의 모두 언어의 절제·품격·진정성·예의를 역설하는 데에 역점을 두고 있기 때문이다. 그는 지체가 높은 사람일수록 그에 걸맞은 언행을 갖출 것을 주문했을 뿐이다. 즉 "무조건 침묵하라"가 아니라 "말을 아껴라", "책임질 수 있는 말만 하라", "겸손하게 말하라"라는 취지에서 한 말들인 것이다. 여기서 언어의 불완전성, 대상에 대한 묘사과정의 불가언설성은 부차적인 문제일 뿐이다.

어떤 측면에서 본다면 노자는 자신의 주장을 효과적으로 전달하기 위해 오히려 언어가 지니는 예술효과와 연상작용·호소력에 주목하고 이를 활용하는 데에 적극적이었다. "위무위, 사무사, 미무미(爲無爲, 事無事, 味無味)"(제63장), "허이불굴, 동이유출(虛而不屈, 動而愈出)"(제5장), "유여자손지, 부족자보지(有餘者損之, 不足者補之)"(제79장), "허무위지사, 행불언지교(處無爲之事, 行不言之敎)"(제2장) 등, 여러 대목에서 동일한 글자수·구조의 구절을 2번 이상 반복함으로써 음절과 운율을 잘 조화시키고 있다. "무, 명만물지시야, 유, 명만물지모야(無, 名萬物之始也, 有, 名萬物之母也)"(제1장), "천지불인, 이만물이위추구, 성인불인, 이백성위추구(天地不仁, 以萬物而爲芻狗, 聖人不仁, 以百姓爲芻狗)"(제5장), "삽복동일곡, 당기무, 유거지용야, 연식위기, 당기무, 유식기지용야(卅輻同一轂, 當其無, 有車之用也, 然埴爲器, 當其無, 有埴器之用也)"(제11장) 같은 경우는 서로 다른 글자수의 구절들을 교차 운용함으로써 정형미 속에서도 변화와 리듬감이 느껴진다. 또 "지자불언, 언자부지(知者弗言, 言者弗知)"나 "신언불미, 미언불신(信言不美, 美言不信)"처럼 끝말잇기 식으로 어순을 전도시킨다든지, 반문문·부정문·의문문 등 다양한 형태의 이중 부정을 통하여 자신의 논지를 효과적으로 부각시키는 방법 역시 자주 보인다. 묘사 대상이 추상적인 철학 개념일 경우 언어의 예술적 효과는 더욱 두드러진다. "예가(豫呵)·유가(猶呵)·엄가(儼呵)·환가(渙呵)·돈가(敦呵)·광가(曠呵)·혼가(混呵)"등 다양한 의성어·의태어들과 "민민(悶悶)·찰찰(察察)·순순(淳淳)·결결(缺缺)·회회(恢恢)"식의 중첩형 형용사, 그리고 "가(呵)·야(也)·호(乎)·의(矣)"등의 어조사나 "이(而)·이(以)·고(故)·시이(是以)"등의 접속사들은 수사적 장치들로서 군데군데 적절하게 배치되고 있다. 이러한 어휘나 표현들은 서로 유기적으로 어우러져 비유·과장·반복·중첩·대구·상징·점층·대비·인용·생략·반문·연쇄 등 다양한 효과를 만들어 냄으로써 사람들에게 생동감과 사실감을 느끼게 해 준다.

고대 그리스의 《일리어드》, 티베트의 《게세르 칸》, 몽골의 《몽고비사(蒙古秘史)》, 일본의 《헤이케 모노가타리(平家物語)》 등이 그렇듯이, 《도덕경》의 이 언어들 역시 구어의 아름다움을 다채롭게 펼쳐 내는 서사시의 언어예술에서 유래했을 것이다. 유사한 자구·발음이 중복된다거나 의성어·의태어나 은유·격언·대구·운율, 그리고 변증법적 논리 전개방식 등은 모두가 청중의 이해와 집중을 돕기 위한 전형적인 서사 기법들이기 때문이다. 춘추전국시대 문헌들 중에서 심오하고 무거운 철리를 담으면서도 운문과 산문의 특징과 장점을 최대한 살려 낸 사례로는 아마《도덕경》이 유일할 것이다. 남북조시대의 유명한 문예이론가 유협(劉勰: 465?~520)이《문심조룡(文心雕龍)》〈정채(情采)〉에서《도덕경》에 대해 "노자는 허위를 질타하여 '아름다운 말은 믿음직스럽지 못하다'라고 했다. 그러나 그의 '5,000여 자'가 정교하고 오묘한 것을 보면 아름다움 자체까지 포기한 것은 아니었던 듯하다"라고 평한 것도 괜한 말은 아닌 것이다.

《도덕경》의 대표적인 판본들

노자의《도덕경》은 2,500여 년 동안 수많은 판본으로 거듭났다. 비공식 통계에 따르면 중국에서 그동안 출판된《도덕경》관련 출판물들은 1,800여 종에 달하며 일본만 해도 250여 종에 달한다. 그중에서 왕필본(王弼本)·하상공본(河上公本)·부혁본(傅奕本)·엄준본(嚴遵本)은 1,000년이 넘는 동안에 널리 전해져서《도덕경》을 대표하는 '4대 판본'으로 불려 왔다. 그러나 1973년에 백서본(帛書本), 1993년에 초간본(楚簡本), 2009년 한간본(漢簡本) 등, 전국시대-한대에 작성된 필사본들이 차례로 출토되면서《도덕경》연구는 새로운 전기를 맞았다.

1. 초간본

1993년 호북성(湖北省) 형문시(荊門市) 곽점(郭店)에 소재한 전국시대 초나라 고분(1호분)에서 출토된 죽간본으로, '곽점본'으로 불리기도 한다. 고분 조성 시점은 전국시대 중후기인 기원전 300년경이나, 정식 발굴 이전에 도굴된 탓에 체제가 서로 다른 갑·을·병 세 벌의《도덕경》죽간이 훼손되고 흐트러진 상태로 발견되었다. 총 2,046자로 왕필본의 2/5 분량에 불과하고 차례나 문장에서도 기존 판본들과 큰 차이를 보이는 것을 보면 일종의 발췌본이었던 것으로 추정된다. 현존 판본들 중 가장 오래되어 고고학·학술사적 가치는 상당히 높지만 판본학적 의의는 그다지 크다고 할 수 없다.

2. 백서본

1973년 호남성(湖南省) 장사시(長沙市) 인근의 마왕퇴(馬王堆)에 소재한 한대 고분(3호분)에서 출토된 백서본이다. 고분의 피장자가 전한대 초기 장사국(長沙國) 승상 이창(利倉)의 아들이며 문제(文帝) 12년(BC168)에 조성된 것으로 밝혀졌다.《도덕경》을 위시하여《황제외경(黃帝外經)》,《오성점(五星占)》,《주역(周易)》등 주로 도가 계통의 중의학·천문학·명리학 관련 백서와 죽간들이 다수 발견되었다. 개중에는 처음 발견된 것도 있지만 그동안 제목만 전할 뿐 실체를 확인할 길이 없었던 것들도 포함되어 있어서, 고고학적으로는 물론이고 역사·철학·문학·정치·과학 등 다방면에서 큰 반향을 불러 일으켰다.《도덕경》은 비단에 전문을 베낀 필사본이 두 벌 수습되어 '갑본(甲本)'과 '을본(乙本)'으로 명명되었다. 갑본은 고조(高祖) 유방(劉邦: BC256~BC195)의 이름자인 '방'을 피하지 않은 것을 볼 때 그가 황제로 즉위하는 기원전 206년 이전에 필사된 것으로 추정된다. 또 을본은 '방'을 피휘한 반면 혜제(惠帝) 유영(劉盈:

BC194~BC187)의 이름자인 '영'은 피하지 않은 것을 보면 그 필사 시점은 유방이 재위 중이던 기원전 206에서 기원전 194년 사이였던 것으로 추정된다. 이 판본에는 가차자·이체자·약자·벽자·오자 등과 함께 잘못 적거나 빠지거나 더해지거나 순서가 뒤바뀐 문장들이 보이는 등 필사본에서 공통적으로 나타나는 문제들이 확인된다. 소재가 비단이어서 부식으로 인하여 판독이 불가능한 부분이 존재하지만 1,700여 년 동안 필사·전파되는 과정에서 이런저런 결함들이 드러난 왕필본·하상공본과 비교할 때《도덕경》의 원형에 훨씬 가까운 판본이라고 할 수 있다.

백서본의 출토는 다음과 같은 일을 가능하게 해 주었다. ① 오랜 기간 여러 사람들을 거쳐 변형되기 이전의 초기《도덕경》의 문법관계는 물론이고, 후대에 인위적인 증감·첨삭·수정의 궤적을 추적할 수 있게 되었다. ② 왕필본이 1,700년 이상 지속되는 동안 통치자·필사자·편집자·주석자 들에 의하여 자의적으로 왜곡·재단되었던《도덕경》의 원형 되찾기가 어느 정도 가능해졌다. ③ 왕필본에 의해 각인되었던 〈도경〉은 상권, 〈덕경〉은 하권'이라는 고정관념이 깨지게 되었다.

3. 한간본

북경대학이 2009년 해외 화교로부터 기증받아 소장하고 있는 전한대 죽간본이다.《한서(漢書)》〈예문지(藝文志)〉에 '육예(六藝)'·'제자(諸子)'로 분류된 여섯 부문의 죽서 전적들이 망라되어 있으며《도덕경》은 '제자'로 분류되어 있다. 몇몇 글자를 제외하면 죽간과 글자가 거의 99% 온전한 상태인 데다 4년간 5,300여 자를 복원하는 데에 성공하여 초간본과 백서본의 결함을 완벽하게 보완한 현존 최고의 판본으로 평가받고 있다. 백서본과 마찬가지로 상권은 〈덕경〉, 하권은 〈도경〉으로 구성되어 있으며 각각 '노자상경(老子上經)'·'노자하경(老子下經)'이라는 제목이 붙어 있다.《도덕경》의 정리·교감에 상당히 높은 가치를 가지고 있는 데다가, 초간본·백서본 등의 초기 필사본과 왕필본·하상공본 등 후대 판본 사이에서 빠져 있던 '잃어버린 연결고리'가 새로 확인된 셈이어서 향후《도덕경》의 형성·발전·완성의 전 과정을 총체적으로 이해하는 데에 큰 도움을 줄 것으로 보인다. 다만 전한대 판본이라는 북경대학교 측의 주장과는 달리 그 어휘나 구성은 시기가 비슷한 백서본보다는 삼국시대 이후의 왕필본·하상공본과 유사한 점이 많아서 앞으로 그 최초 출토지와 작성 시점·진위 여부 등에 대한 보다 정밀한 검증과 분석이 요구된다.

4. 엄준본

전한대 사람인 엄준(嚴遵)이 저술한《노자지귀(老子指歸)》이다. 엄준은 자가 군평(君平)이며 촉군(蜀郡) 사람인데 대략 한나라 성제(成帝)의 재위 기간인 기원전 32년에서 기원전 7년 사이에 실존한 것으로 보인다. 유향(劉向: BC77~BC6) 이전의《도덕경》원문을 담고 있어서 초기 판본으로 분류된다. 현재는 명대 장서가 호진형(胡震亨: 1569~1645)이 소장했던 〈덕경〉 부분 35장(6권)만 남았는데, 첫 장에는 범례가 포함되어 있다. 통행본의 제39장과 제40장, 제57장과 제58장, 제6장과 제68장, 제78장과 제79장이 모두 단일한 장으로 통합되어 있으며, 백서본·한간본처럼 〈덕경〉이 〈도경〉 앞에 배치되어 있다.

5. 왕필본

삼국시대 위(魏)나라의 현학자(玄學者) 왕필(王弼: 226~249)이 《도덕경》에 주석을 붙인 《노자주(老子注)》를 말한다. 총 81장이며, 상권은 〈도경〉, 하권은 〈덕경〉으로 되어 있으며 각 장별 소제목은 보이지 않는다. 초기에는 필사본으로 전해지다가 당대 이후로 목판 인쇄본으로 간행된 것으로 보이며 그 후로도 후대에 여러 차례 가공과 수정이 이루어졌다. 도교 인사들에게 하상공본이 선호된 것과 대조적으로 왕필본은 주로 사대부들에게 선호되어 '통행본'으로서 1,700여 년 동안 지속적으로 필사·판각·전수되면서 절대적인 권위를 누렸다. 그러나 그 과정에서 글자를 잘못 적거나 다른 글자로 바꾸거나 또는 특정 구절이 누락되거나 엉뚱한 구절이 추가되거나 구절의 배열 순서가 뒤바뀌는 등 여러 오류와 결함들이 누적되었기 때문에 《도덕경》의 원형을 충실히 보존하고 있다고 하기는 어렵다.

6. 하상공본

《노자 하상공장구(老子河上公章句)》를 말한다. 황보밀(皇甫謐)의 《고사전(高士傳)》에 따르면 "하상장인은 어느 곳 사람인지 알 수 없으며 스스로 이름을 감추고 황하 기슭에서 살면서 《노자장구(老子章句)》를 지었는데 '하상장인(河上丈人)'으로 불렸으며 '하상공(河上公)'이라고 하기도 했다"고 한다. 왕필본과 마찬가지로 총 81장으로 구성되어 있는데, 제1~37장까지는 〈도경〉, 제38~81장까지는 〈덕경〉이라는 제목이 붙어 있다. 각장의 대의를 요약한 소제목이 장마다 붙어 있고 몸을 닦고 기운을 연마하는 양생술(養生術)의 견지에서 붙인 주석들이 들어 있다. 학계에는 현존 주석본들 중 가장 오래된 한대의 판본으로 알려져 있으나 그 어투나 체제는 오히려 왕필본과 더 유사한 것을 보면 삼국시대 전후의 것일 가능성도 배제할 수 없다.

7. 부혁본

당대 초기의 학자 부혁(傅奕: 555~639)이 항우(項羽)의 첩이 묻힌 고분에서 발견된 판본을 저본(底本)으로 삼고 당시 전해지던 몇 가지 판본을 참조해 완성한 《도덕경 고본편(道德經古本篇)》을 말한다. 학계에서는 양질의 판본으로 평가하고 있으나 여러 판본을 합쳐 놓은 탓에 이런저런 오류들에 노출되어 있기 때문에 《도덕경》의 원형과는 다소 거리가 있다.

8. 경룡비본

당나라 경룡(景龍) 2년(708) 역주(易州)의 도교 사원인 용흥관(龍興觀)에 세워진 《도덕경》 석비로, 경룡비본·경룡본·비본(碑本)·역주본(易州本) 등으로 불리기도 한다. 비석 앞면에는 〈도경〉, 뒷면에는 〈덕경〉이 새겨져 있다. 앞서 언급한 '4대 판본'은 최초에는 필사본의 형태로 전해졌으나 지금 보존되어 있는 것은 모두 송대 이후에 간행된 목판본이다. 때문에 경룡비본은 1973년 백서본이 출토되기 전까지는 현존하는 판본들 중 가장 오래된 것으로 알려져 왔다.

동서와 고금을 초월한 《도덕경》의 위상

노자가 초야에 은둔한 후 2,500여 년이 지났다. 그 오랜 세월이 흘렀음에도 불구하고 《도덕경》에 대한 사람들의 관심은 여전히 뜨겁기만 하다. 유네스코(UNESCO)의 통계에 따르면, 《도덕경》은 종교 서적인 《성경》을 논외로 했을 때 수천 년 동안 세계에서 가장 널리 알려진 책이다. 그래서인지 《뉴욕 타임스》에서는 노자를 동서·고금을 대표하는 10대 작가 중 으뜸가는 작가로 선정하기도 했다. 노자에 대한 관심이 각별한 독일의 경우 라이프니츠(G.W. Leibniz: 1646~1716)·헤겔(G.W.F. Hegel: 1770~1831)·야스퍼스(K. Jaspers: 1883~1969)·하이데거(M. Heidegger: 1889~1976) 등의 저명한 철학자들이 노자와 《도덕경》의 가르침을 서양철학에 접목시켰으며, 지금까지 80여 종의 역서가 출간되었고 노자 관련 연구서는 700여 종에 이르며 국제 노자 심포지엄이 개최되기도 했다. 미국에서는 물리학자 카프라(F. Capra: 1939~)가 《도덕경》에서 얻은 영감으로 동양철학을 서양철학과 결합시킨 '신과학운동'을 주도하기도 했다. 《도덕경》은 옹달샘처럼 가냘프지만 이렇듯 마르지 않고 지금 이 순간에도 세계 각국에서 역주·해설·연구서 등 다양한 형태로 출판·소개되어 철학자나 문학가는 물론이고 천문학자·물리학자·의학자·건축학자·환경주의자·정치인·종교인·군인·경영인·수도자 등 다양한 분야의 독자들에게 수많은 지혜와 영감을 가져다주고 있는 것이다.

오역과 오독으로 점철된 기존의 번역서들

아무리 훌륭한 고전도 번역이 잘못되면 얼마든지 당초의 가르침이 왜곡되어 독자들을 엉뚱한 방향으로 오도할 수 있다. 본서를 번역하는 과정에서 역자는 다수의 중국고전 역서를 참조했는데 그중 상당수가 오독과 오역으로 점철되어 있었다. 그 점에서는 《도덕경》의 경우도 마찬가지이다. 이 고전은 전 세계적으로 다양한 사람들로부터 두루 사랑을 받고 있다. 그러나 유감스럽게도 동시에 2,500여 년 동안 가장 많이 오독되고 가장 많이 오역된 책들 중의 하나이기도 하다. 물론 오독이나 오역은 고전 번역서 전반에서 보편적으로 나타나는 문제이지만 《도덕경》의 경우는 특히 그 정도가 심하다. 단 5,000여 자에 불과한 분량에도 불구하고 대목마다 온갖 형태의 오독과 오역들이 난무하기 때문이다. "까치발을 하는 사람은 똑바로 설 수 없다", "천리 길도 한 걸음부터"……. 독자들은 이 격언들을 노자가 직접 한 말 또는 《도덕경》에 나와 있는 말로 철석같이 믿고 있을 것이다. 그러나 이것들은 노자의 말도 《도덕경》의 원문도 아니다. 그보다 한참 후에 후세 학자들이 새로 만들어낸 '허상'들일 뿐이다. 현재 유통되는 《도덕경》의 상당 대목이 이런 식이다.

2014년 8월 현재까지 국내외에 소개된 역서들을 살펴보면 《도덕경》에 대한 오역이 얼마나 심각한 수준인지 알 수 있다. 기존의 번역들은 문장을 하나하나 뜯어내서 살펴보면 제법 그럴듯해 보인다. 그러나 막상 그것들을 그 앞 또는 그 뒤의 문장과 함께 읽어 보면 맥락이 연결되지 않거나 전혀 엉뚱한 의미로 둔갑해 버린 경우가 허다하다. 이 같은 문제들은 기존의 수많은 역서에서 원문에 대한 언어적 천착이나 전후 맥락에 대한 검토가 제대로 이루어지지 않은 데서 빚어진 필연적인 결과이다. 인문학 분야에서 명성이 자자한 학자가 펴냈다는 책들을 펼쳐 보아도 마찬가지이다. 부실한 번역은 역자나 학자 개인에 대한 불신을 야기할 뿐만 아니라 심할 경우에는 인문학 전체에 대한 회의나 무용론까지 조장할 수도 있다. 그런 점에서 본다면 잘못된 번역이나 해석은 결국 그 자체가 인문학에 대한 일종의 자해행위인 셈이다.

《천자문(千字文)》을 통째로 외우고《논어(論語)》를 수십 년간 강의하고《사기(史記)》를 수백 번 보았더라도 자신이 번역하는 글의 맥락이나 정신을 제대로 짚어 내지 못하면 아무리 심혈을 기울여도 밑 빠진 독에 물을 붓는 것과 다를 바가 없다. 원전의 살과 결을 살려내기는커녕 오히려 다 상해 못쓰게 만들어 놓으면 결국 학자나 역자 본인의 의지, 나아가 노자의 당초 의도와는 상관없이 독자들은 전혀 엉뚱한 방향으로 끌려갈 수밖에 없는 것이다. "도가도(道可道)", "곡신불사(谷神不死)", "총욕약경(寵辱若驚)", "기자불립(企者不立)" 등에 대한 번역에서부터 '박(樸)'·'곡(谷)'·'감(監)'·'해(孩)'·'치빙(馳騁)' 등의 해석에 이르기까지 상당히 많은 부분이 이런 문제에 봉착해 있다.《도덕경》의 경우 텍스트 그 자체는 말할 것도 없고 관련 학술서와 교양서들도 상당수가 기존의 번역과 설명을 1/3 이상 뜯어고쳐야 할 정도라고 보면 된다. 쉽고 편한 길이라고 해서 기존의 패러다임을 그대로 따라간다면 그것은 조작된 노자의 '허상'을 보고 노자를 만나고 그의 '도'를 전수 받았다고 감격하는 꼴과 다를 바가 없는 것이다.

왕필본《도덕경》의 문제점

왕필이 해설한《노자주》는 백서본이 출토되기 직전까지만 해도《도덕경》하면 가장 먼저 언급될 정도로 '통행본'으로서 1,700여 년 동안 절대적인 권위를 누려 왔다. 그러나 1973년 이래로 백서본·초간본·한간본 등 초기《도덕경》들이 차례로 출토되고 이에 대한 연구가 차례로 이어지면서 "어쩌면 왕필본에 근거한 기존의《도덕경》은 많은 문제점을 안고 있을지도 모른다"라는 의문이 제기되기 시작했다. 사실 우리는 그동안 왕필에게 너무 오래 길들여져 있었다. 지금까지도 대부분의 사람들은 왕필이라는 사람의 눈에 비친 노자의 모습이 노자의 모든 것이고, 왕필 본이야말로《도덕경》해석의 유일한 정답인양 철석같이 믿고 있다. 물론 왕필이 노자와《도덕경》을 이해하는 데 있어 하나의 중요한 시각을 제시해 준 것은 사실이다. 그러나 그의 시각이《도덕경》으로 통하는 유일하고 절대적인 준거인 것은 아니다. 왕필본이 안고 있는 문제는 여러 가지가 있으나, 그중 대표적인 것이 왕필본이 시간적으로 노자의《도덕경》에서 너무 멀리 떨어져 있다는 점이다. 왕필이 활동하던 삼국시대는 노자가《도덕경》을 집필하던 때로부터 최소한 800년이 지난 시점이었다. 물론 그는 대대로《도덕경》연구를 가업으로 받들어 온 가문 출신이고 대단한 천재라는 평판을 듣고 있었다. 그러나 이제 막 세상을 알 만한 약관의 나이로 요절한 그의 짧은 삶과 당시의 열악한 학술 여건은 그 자신부터 이미 수많은 오류에 직면하게 만들었을 것이다.

국내외 학계에서는 지금도 왕필본이 백서본보다 더 훌륭한 판본이라는 주장을 하는 학자들이 있다. 그러나 판본학이나 교감학 나아가《도덕경》해석에 이르기까지, 크고작은 문제들을 안고 있는 왕필본을 언제까지나 신주단지처럼 모시고 있을 수는 없다. 노자도《도덕경》에서 영원한 진리는 없다고 누누이 강조하지 않았던가?

왕필을 넘어설 때 노자가 보인다

역자는 이번에 왕필이라는 '우상'을 넘어서야 노자와《도덕경》의 진면목에 보다 가까이 다가갈 수 있다는 점을 독자들에게 일깨워 드리고자 한다. 물론 여기에는 본서의 출간을 계기로 지금까지 누적되어 온 오랜 오독·오역들을 청산하고 새로운 시각에서 노자와 《도덕경》을 인식하고 이해할 수 있는 토대를 마련하겠다는 의도도 담겨 있다. 이 같은 각오에 따라 역자는 지난 몇 년동안 전문 학자들을 대상으로 한 '정역 도덕경(正譯道德經)'이라는 제목으로 이 책을 준비해 왔다. 그 사이에 북경대학교가 복원을 마친 한간본 죽간 실물과 석문·논문을 묶은 자료집이 발간되었다는 소식을 접하고 그 책을 입수한 후 그 분석 결과도 추가로 반영했다. 이렇게 철학·사학·어학·문학 분야의 다양한 정보들을 담아내려다 보니 문법 설명과 고증·주석 부분이 크게 늘어나 전체 분량이 원고지 5,000장을 훌쩍 넘어서고 말았다. 그래서 이번에는 문법·고증·주석을 모두 생략하고 표현도 간결하게 다듬은 일반독자용 보급판부터 먼저 선보이고, 《정역 도덕경》 등 나머지 연작들은 상황을 봐서 추후에 따로 진행하기로 했다.

기존 번역서들과의 차별성

그렇다면 이번 책은 기존의 역서들과는 어떤 차별성을 가지는가?

첫째, 본서에서는 오늘날의 자전이나 사전에 의존한 기계적이고 무성의한 번역을 거부하고, 《도덕경》 한 글자 한 구절을 철저하게 고대 한문의 문법에 맞추어 왕필 이전, 즉 춘추전국시대와 한대의 문헌들과 대조·분석함으로써 노자 당시 《도덕경》의 의미에 최대한 가깝게 풀어내고자 노력했다. 그리고 단순한 사전적 의미 이외에도, 각 대목의 전후 맥락과 시대 상황 등을 두루 살핌으로써 오역의 여지를 최소화하고자 노력했다. 이를 위하여 한대의 백과사전이라 할 수 있는 《이아(爾雅)》나 양웅(揚雄)의 《방언(方言)》, 허신(許愼)의 《설문(說文)》 등은 물론이고, 최근까지 출토된 전국시대·한대의 죽간(竹簡)과 백서(帛書)들과 갑골문(甲骨文)·금문(金文)·전서(篆書)·예서(隷書) 등 서체 관련 문헌자료들까지 충분히 활용했다. 이 같은 문헌자료들의 유기적인 활용은《도덕경》에 사용된 표현의 품사·의미나 문장의 맥락을 정확하게 파악하고 오독·오역의 여지를 낮추는 데에 큰 도움이 되었다. 그래도 그 의미가 우리말로 충분히 구현되지 않거나 혼동의 우려가 있는 경우에는 그 뒤에 영어를 덧붙여 독자들이 그 의미를 보다 정확하게 파악할 수 있게 했다.

둘째, 현재까지 출토된《도덕경》들 중 가장 오래된 것은 초간본이다. 그러나 이 판본은 전체 내용의 1/3 분량만 발췌해 놓은 것이어서 판본학적 가치가 그다지 높다고 할 수 없다. 또 한간본은 99% 완벽한 상태로 발견되었으나 출토과정이 불명확한 데다가, 전한대 것으로 추정됨에도 그 체제나 자구는 오히려 왕필본 등 후대 판본에 가까워서 당분간 이에 대한 철저한 검증이 필요한 실정이다. 반면에 백서본은 비단이 삭아 판독이 어려운 대목이 군데군데 존재하기는 하지만《도덕경》전문을 담고 있는 데다가 출토 이후로 40년 동안 연구가 충분히 이루어져 초기 판본 중에서는 가장 완전하고 가장 믿을 만하다는 것이 중론이다. 게다가 갑본과 을본의 작성 시기에 시차가 있어서 초기《도덕경》의 전파 양상을 비교·분석할 수 있다는 이점까지 있다. 본서는 백서본을 기본 텍스트로 하되 원문·맥락·내용에 대한 교열에는 초간본과 한간본을 적절하게 참조하면서 후대 판본들의 장점들을 충분히 반영하고 오류들도 최대한 바로잡았다. 이 정도면 한·중·일 세 나라에서 그동안 출판된 역서들의 문제점들을 바로잡는 것은 물론 최신 정보들까지 최대한 수렴한 셈이니 그야말로 역대 노자 번역의 최종 결정판이라고 해도 좋을 것이다.

셋째, 다소 소략하기는 하지만, 노자와 《도덕경》을 이해하는 데에 도움이 될 만한 역사·문화·언어 관련 정보나, 각 대목의 가르침을 부연해 줄 만한 각종 일화들, 지금까지 논란이 되어 온 대표적인 오독·오역의 사례 등을 별도로 간추려서 각 장마다 배치했다. 해설 부분의 경우, 기존의 해석과 큰 차이가 없을 때에는 학계의 해석을 그대로 따르고 간단한 부연을 곁들였다. 그러나 그동안 오독되거나 오역되어 이를 바로잡는 설명이 새로 요구되는 대목들에 대해서는 부족하나마 역자가 분석한 바에 입각해 임의로 해설을 추가했다. 이렇게 각 장에 추가된 내용들은 그 체제가 다소 엉성해 보일 지도 모르겠다. 그러나 그조차도 본서를 준비하는 과정에서 번역의 공신력을 높이기 위해 역자가 기울인 노력과 고민들의 면면을 독자들께 보여드리기 위해 처음부터 의도한 장치들이라고 말씀드리고 싶다.

각 장에 대한 설명 과정에서 역자가 미처 완성하지 못한 전문적인 분석이나 소개는 본서가 출판된 후 해당 분야의 권위자들이 맡아 줄 것으로 기대한다. 노자가 《도덕경》에서 제시하는 철학 용어에 대해서는 철학자들이, 천문학이나 물리학에 관한 기술에 대해서는 과학자들이, 군사학이나 음악·미술 등에 관한 언급에는 해당 분야의 권위자들이 나서서 설명하는 것이 합당하고 보다 효율적일 것이기 때문이다. 당시 사용되던 글자가 지금은 사라져 버려 당초의 의미로의 복원이 곤란하다든지, 그 고유 의미와는 무관한 글자로 특정한 소리나 동작·현상을 나타내는 의성어나 의태어 등, 이번에 미처 해결하지 못한 문제들에 대해서는 나중에 본격적인 역주서가 될 《정역 도덕경》에서 시간과 지면을 충분히 활용하여 집중적으로 다룰 계획이다.

《도덕경》을 즐기기 위한 전제 조건들

본서의 발간에 즈음하여 분명히 밝혀 두고자 하는 일이 몇 가지 있다.

첫째, 노자라는 인물에 대한 재인식이다. 그동안 우리 뇌리에 각인되어 있던 '노자=은둔=현실도피'라는 공식은 후대에 만들어진 '조작된 이미지'이지 노자의 참모습은 아니다. 중국에서 삼국시대와 위진·남북조 시대는 제2의 춘추전국시대였다고 해도 과언이 아닐 정도로 암울하고 살벌한 난세였다. 그렇다 보니 지식인들 사이에는 현실을 도피해서 일신의 해탈을 추구하는 '현학(玄學)'이 성행했고 이 과정에서 '허무(虛無)'의 경지를 받드는 왕필의 학설이 《도덕경》 연구의 주류를 이루면서 노자가 1,700여 년 동안 은둔과 현실도피의 아이콘으로 굳어지게 된 것이다. 그러나 노자는 전대의 역사를 살피고 백성들과 여론을 지속적으로 점검하면서 '천자(天子)'에게 조언을 하는 사관(史官)으로서의 소임을 끝까지 포기하지 않았다. 극단적인 자유주의자였고 명실상부한 은둔자였던 장자(莊子)와는 달리, 그는 상당히 현실참여적이었고 은둔하는 그 순간까지도 당시의 정치 현실을 개선하고자 노력한 사람이었던 것이다. 5,000여 자의 《도덕경》은 바로 그 같은 직업의식과 사명감의 결과물이다. 《도덕경》을 처음부터 끝까지 읽어 본 사람이라면 당시 폭정으로 고통 받던 백성들에 대한 노자의 애민정신과 현실 정치에 대한 비판정신을 느낄 수 있을 것이다.

둘째, 《도덕경》의 성격에 대한 고정관념에서 자유로워져야 한다. 지금까지 학자들은 《도덕경》을 노자의 사상체계를 반영하는 철학서나 자기 수양서로만 이해하는 경향을 보여 왔다. 그러나 이제는 그 시야를 보다 넓게 가질 필요가 있다. 《도덕경》의 성격에 대해서는 이미 후한대의 역사가 반고(班固: 32~92)가 "군주된 이들의 통치의 비결[君人南面之術]", 즉 일종의 제왕학서라고 정의한 바 있다. 또 노자가 주나라를 떠나기 전까지 사관으로 있었다는것을 떠올린다면 그가 가상의 독자로 천자, 제후 등 당시의 통치자들을 상정하고 있었을 개연성도 없지않다. 사실 '무위(無爲)', '자연(自然)', '수유(守柔)', '청정(淸靜)' 등의 처세 원칙이나, 통치에 임하는 자세나 전쟁에서의 용병술, 백성들과의 소통, 주변국과의 외교 등, 다수의 내용은 일개 관문의 수비대장에게 그다지 어울리는 조언들이라고는 할 수 없다. 따라서 통치 과정에서 발생하거나 조우할 수 있는 다양한 상황들을 상정하고 한 나라의 통치자를 염두에 둔 조언으로 이해해야 《도덕경》의 대의와 가르침들을 제대로 읽어낼 수 있다고 본다. "노자의 책은 사실은 제왕들에게 보배 같은 고전이며 노자의 철학은 사실은 통치자들의 철학이었다"(고형, 《노자정고》, 제62쪽)라는 해석은 바로 학자들이 제왕학서로서의 《도덕경》의 성격에 주목함으로써 얻어진 것이라 할 수 있다. 그렇다고 해서 《도덕경》을 군주권력의 강화를 주요 관심사로 삼고 야심가들의 권모술수를 정당화했던 마키아벨리(Niccolò Machiavelli: 1469~1527)의 《군주론》과 비슷한 책으로 간주하는 것은 옳지 못하다. 《도덕경》은 정치적인 입장에 있어서는 오히려 그 대척점에 서 있는 책이기 때문이다. 누구라도 《도덕경》 도처에서 백성들을 존중하고 군주의 권력 의지를 최소화하려는 노자의 민주적 정치의식을 쉽게 엿볼 수 있을 것이다.

셋째,《도덕경》의 체제에 대한 선입견을 버려야 한다. 그동안 많은 사람들이 "도덕경=81장"이라는 선입견에 지배되었다. 처음부터 개개의 장으로 존재하고 그 장들은 서로 배타적으로 독립된 내용들을 담고 있다는 선입견을 갖고《도덕경》을 읽었던 것이다. 그러나 1973년 이후로 발견된 초기 판본들은 그 같은 생각이 얼마나 잘못된 것인지 잘 보여 주었다. '장(章)'이라는 개념은 구술체 서사예술이 기술체 문자기록으로 이행되는 과정에서 그 내용의 배분·편집·제책·소장의 필요에 따라 뒤늦게 생겨난 것이다. 전통적으로 서사시는 불특정 다수의 청중들 앞에서 낭송하거나 암기하기 수월하게 구성되었으며 공연시간도 보통은 몇 시간이 기본이고 때로는 며칠씩 이어지기도 했다. 이런 경우 문장을 어디서 끊고 어느 대목에서 마치는가는 전적으로 구술자의 의지에 따라 결정되었다. 낭송·암기를 통한 구두전승의 흔적이 두드러지게 나타나는 초간본·백서본·한간본 등의 초기 필사본에서 공통적으로 별도의 장구분이 없는 것도 바로 이러한 이유 때문이다. 사실《도덕경》은 내용상으로 개별적인 장들이 존재하기는 하지만 맥락상으로는 장의 경계를 넘어 서로 유기적으로 긴밀하게 연결되고 결속되어 있다. 최근에는 전국시대부터 한대까지 다양한 장 체제가 동시에 경쟁했다는 연구 결과들에 임입어《도덕경》을 맥락에 따라 적게는 60장에서 많게는 120장까지로 재편하는 학자들도 나타나고 있다. 최초에는 큰 한 덩어리였던《도덕경》이 81개의 장으로 확립된 것은 왕필·하상공 시대를 지나 당나라 현종(玄宗: 685~762)때에 이르렀을 때였을 것이다. 그러나 정작 노자가 집필할 당시에는 그런 구분이 있었을 리가 없고, 81개의 장이라는 체제는 더더욱 존재할 수가 없었다. 우리가 어떤 장의 첫머리라고 생각했던 것이 그 앞장의 끝일 수도 있고, 그동안 단일한 장이라고 믿었던 것이 어쩌면 서로 독립된 별개의 두 장일 수도 있다는 뜻이다. 후대에 생겨난 그 같은 인위적인 구분법과 선입견으로부터 자유로워진다면 아마 지금까지와는 전혀 다른 새로운 세계와 깨달음을 만나게 될 것이다.

마지막으로, 노자가 활동하던 춘추전국시대의 인문환경에 대한 이해가 필요하다. 1960~1970년대는 중국에서 순수한 학문 연구보다는 정치논리와 계급투쟁, 유물사관이 극단적으로 고취되었던 시기였다. 그렇다 보니 학자들도 노자의 발언과 주장을 '1인칭 주인공 시점'이 아닌 '전지적 작가 시점'으로 재단하는 경우가 많았다. "상사민무지무욕(常使民無知無欲)"(제3장), "방지이기, 불가이시인(邦之利器, 不可以示人)"(제36장), "고지선위도자, 비이명민, 장이우지(古之善爲道者, 非以明民, 將以愚之)"(제65장), "민지난치야, 이기지다야(民之難治也, 以其知多也)"(제65장) 등을 문제 삼아 노자가 우민정책을 선동했다고 주장하거나, "장욕약지, 필고강지, 장욕폐지, 필고흥지, 장욕탈지, 필고여지(將欲弱之, 必固强之. 將欲廢之, 必固興之. 將欲奪之, 必固與之)"(제36장) 등을 문제 삼아 노자를 권모술수나 쓰던 모략가로 비판한다든지, "인국상망, 계구지성상문, 민지로불상왕래(鄰國相望, 鷄狗之聲相聞, 民至老不相往來)"(제67장) 등을 문제 삼아 노자가 쇄국정책을 고취했다고 공격한 일 등은 그 대표적인 예들이다. 이러한 비판을 위한 비판들은 정치논리를 앞세워 노자와 《도덕경》을 난도질했던 1950~1970년대라는 특수한 시대가 만들어 놓은 상흔들이다. 춘추전국시대는 지금과 같은 태평성대가 아니었다. 주나라 천자가 제후들에 대한 권위와 통제력을 상실하고 고삐 풀린 제후들이 주체할 수 없는 욕망을 채우기 위해 백성들을 극단적으로 착취하고 주변 나라들과 수시로 전쟁을 벌이던 참담하고 혹독한 난세였던 것이다. 이런 역사적 배경에 대한 기본적인 이해도 없이 지금의 시각과 잣대로 노자와 《도덕경》을 이해하고 연구하려 든다면 그것은 어쩌면 좀처럼 이루기 힘든 목표가 될 지도 모른다. 노자도 제1장에서 역설하고 있는 것처럼, 인간세상은 세월과 사람만 바뀌는 것이 아니라 그들이 일상에서 접하는 언어·풍습·문화도 함께 변하기 마련이다. 그런데 이러한 인문 환경과 역사 배경의 추이를 함께 살피지 못한다면 아무리 왕필이나 주희·풍우란 같이 대단한 학자의 연구라도 그 타당성이나 객관성을 의심받을 수밖에 없다.

이번 책은 정말 운이 좋았다. 역자는 《도덕경》의 첫 단추부터 새로 끼운다는 생각으로 수년 동안 심혈을 기울인 결과 드디어 금년 연초에 본서의 원고를 완성할 수 있었다. 그 사이에 신변에 이런저런 기복이 있었고, 출판시장 역시 상황이 좋지 않다 보니 과연 역자의 원고에 눈길을 줄 사람이 있기나 할지 저으기 걱정스러웠다. 그런데 천만의 다행으로 도가철학을 '가학(家學)'으로 대대로 연구해 온 책미래의 주간 정재승 선생님께서 선뜻 소중한 기회를 주셨다. 그동안 좋은 책을 선보이기 위해 함께 고민하고 애써 주신 책미래의 배규호·배경태 두 선생님, 그리고 철학에 무지한 역자에게 소중한 조언과 지적을 아끼지 않으신 연세대 철학과 이승종 교수님, 금석학·고대어와 관련하여 많은 조언과 영감을 주신 강석정 선생님, 한상봉 선생님, 권중혁 선생님, 친구 송강호 선생, 그리고 소중한 작품 사진을 사용할 수 있도록 허락해 주신 대만의 서예가 채옥룡(蔡玉龍) 선생, 초간본·백서본 등 중요한 초기 판본 자료들을 소개해 주신 중국의 노자학자 장준룡(張駿龍) 선생께도 심심한 감사의 말씀을 올린다. 한 분 한 분 거명할 수는 없겠지만 본서의 출간에 관심과 격려를 아끼지 않으신 또 다른 여러분들께도 고개 숙여 감사의 말씀을 올린다. 이런 '지음(知音)'들을 만나지 못했다면 역자의 원고는 아마 세상 빛을 보기 어려웠을 것이다.

본서 각 장의 해설과 자투리 정보들은 이런저런 부분에서 부족하고 당돌한 구석이 적지 않을 것이다. 그러나 다시 한 번 언명하지만 본서가 역점을 둔 부분은 《도덕경》의 철학이나 문헌학적 측면이 아니라 언어문자학적 측면, 즉 번역상의 이러저러한 문제들이다. 언어적인 문제들만 파고 들어가도 책이 서너 권이나 만들어질 판국인데, 거기다 철학과 문헌학상의 관심사들까지 일일이 수렴하려다가는 지면도 무한정 늘어날 것이고 시간적으로나 능력상으로도 역자가 감당하기 어렵게 될 것이다. 엄밀한 의미에서 그것들은 그저 노자와 《도덕경》에 보다 가까이 다가가기 위해 역자가 임의로 급조한 '손가락'이요 방편일 뿐이다. 그러니 독자들께서는 모쪼록 그 점을 해량해 주시고 가벼운 마음으로 때 타고 못 생긴 그 '손가락' 너머에서 온 누리를 크고 환하게 비추고 있는 '보름달' — 《도덕경》 번역문에만 집중해 주시면 더 없는 영광이겠다. 이 책의 주인공은 《도덕경》이요 노자이니까 말이다.

2014년 8월 모일
서교동 조공헌(釣○軒)에서
역자 근배

도 경

백서본 하   경
한간본 노자하경

제1장
세상에서 영원히 변하지 않는 것은 없다
백서본 제45장

'도'는 법도 삼아 따를 수는 있어도,	道可道也,
영원한 도인 것은 아닙니다.	非恒道也,
'이름' 또한 호칭 삼아 붙일 수는 있어도,	名可名也,
영원한 이름인 것은 아니지요.	非恒名也.
'없음(무)'이,	無,
만물이 생성되기 전의 태초에 붙인 이름이라면,	名萬物之始也.
'있음(유)'은,	有,
만물을 낳는 어미에게 붙인 이름인 셈입니다.	名萬物之母也.
그래서 누구든 언제나 욕망을 품지 않으면,	故恒無欲也,
그 오묘한 이치를 통찰하게 될 것이요,	以觀其眇.
언제나 욕망을 품고 있으면,	恒有欲也,
그 갈망하는 모습을 통찰하게 될 것입니다.	以觀其所徼.
'있음'과 '없음', 이 둘은 나온 곳이 같으니,	兩者同出,
이름은 달라도 그것이 가리키는 바는 같은 셈이지요.	異名同謂.
신비롭고도 신비롭습니다,	玄之又玄
'도'는 온갖 오묘한 조화들을 다 만들어 내는 문인 걸까요?	衆眇之門.

　본장(本章)은 '도'의 특성과 노자의 도가철학을 천명하는 대단히 중요한 대목이다. 그럼에도 불구하고 지금까지 가장 많이 오독된 대목이기도 하다. 왕필을 포함한 역대의 수많은 학자들은 노자 이후로 2,500여 년이라는 긴 세월 동안 왕필 통행본의 "도가도, 비상도(道可道, 非常道)"를 어떻게 이해할 것인가 하는 지엽적인 문제에만 온 촉각을 곤두세울 뿐 정작 노자가 본장에서 말하고자 한 것이 무엇인지에 대해서는 간과해 왔다. 본장에서 노자가 말하고자 한 것은 과연 무엇일까? 본장의 대의를 정확하게 이해하려면 무엇보다 그 첫 번째 문장인 "도가도"의 오역 문제부터 먼저 짚고 넘어갈 필요가 있다.

1

　지금 전 세계에는 다양한 언어로 소개된 수많은 《도덕경》 역주서들이 소개되어 있다. 그런데 그 역주서들은 상당 부분이 오역으로 점철되어 있다. 그중에서도 가장 오역이 심한 대목이 바로 본장이며 본장에서 가장 대표적인 오역의 실례가 바로 "도가도"이다. 후한대 학자 허신(許愼: 58?~147?)은 자신이 지은 자전인 《설문(說文)》에서 "'도'란 걷는 길을 가리킨다"라고 설명하고 있다. '도'는 고문에서 이처럼 '길(way)'을 뜻하는 명사로 사용되어 왔으며, 때로는 그 의미가 '진리(truth)' 또는 '준거(criterion)'로 확장되어 사용되기도 했다. 본장에서도 "도가도, 비항도"의 첫 번째 '도1'와 세 번째의 '도3'는 모두 이 의미로 사용되고 있다. 이 명사적 의미는 노자의 가르침을 계승하는 도가가 등장하면서 우주 만물에 두루 작용하는 보편적인 운행 법칙을 가리키는 고유명사 '도(the Tao)'로까지 그 의미가 확장된다. 《도덕경》에서의 '도'의 개념에 대해서는 그동안 수많은 학자들이 다양한 의견들을 개진해 왔다. 그러나 《도덕경》에 사용된 '도'의 용례와 해당 문장들을 중심으로 자세히 검토해 볼 때, 적어도 《도덕경》에서만큼은, '도'는 고유의 질량과 구체적인 실체를 가지는 '존재(being)'나 '물질(substance)'를 가리키는 말로 이해해서는 곤란하다. 만일 그렇게 이해하면 여러 대목에서 맥락이 흐트러지고 해석에 문제가 발생하기 때문이다. 지금까지 학자들도 꾸준히 문제를 제기해 오고 있는 것처럼, 만일 '道'를 하나의 존재 또는 물질로 이해하면 제42장의 "도생일(道生一)"과 같은 명제는 성립하기 어렵다. '도' 자체가 또 하나의 '하나[一]'라면 "도생일"은 곧 "'하나'가 '하나'를 낳았다(一生一)'라는 소리가 되기 때문이다. 이 명사는 오히려 어떤 질량이나 실체는 가지지 않지만 우주에 작용하는 또는 만물을 지배하는 추상적인 그러나 엄연히 존재하는 '법칙(rule)' 또는 '법도(law)'를 뜻하는 말로 이해해야 옳다. 불교식으로 표현한다면 '다르마(Darma)', 즉 '법(法)'과 거의 같은 개념이라고 보면 된다. 이 개념을 인간 사회에 적용하면 '법률(act)'·'법규(regulation)'·'제도(system)'가 될 것이고 개개인에게 적용한다면 '원칙(principle)'·'지침(guideline)' 정도가 될 수 있다. 말하자면 《도덕경》의 '도'는 뉴턴(Isaac Newton: 1643~1727)이 발견한 '만유인력의 법칙'이나 '관성의 법칙'·'질량불변의 법칙' 등과 같이, 우주나 지구에 존재하는 물리학적 '법칙'들과 유사한 개념인 것이다. 만일 '도'가 단일한 존재·물질이라면 그 이름을 붙이는 일을 놓고 노자가 굳이 "내 아직 그 이름을 알지 못하기에, 그것에 '도'라고 자를 붙입니다. 그러고는 되는 대로 그것에 '큰 것'이라고 이름을 붙여 봅니다"(제25장) 식의 신중하고 유보적인 태도를 보일 필요가 없었을 것이다. 특정한 대상이 고유의 질량과 구체적인 형태를 지닌 단일한 존재·물질이라면 그 특징만 잡아서 이름을 붙이면 그만이기 때문이다. 그러나 물리학적 법칙들은 '어디가 끝이고 어디가 시작인지', 또 '어떤 방식으로 운동하고 일정한 궤도를 가지고 있는지' 등의 특징들에 대해 제대로 감지하기도 어렵거니와, 설사 그 특징을 어느 정도 알고 있더라도 어떤 실체가 존재하지 않는 추상적인 것이기 때문에 거기에 무엇이라고 이름을 붙이기도 상당히 애매하다. 《도덕경》을 읽어 본 사람들은 노자가 여러 대목에서 '도'를 묘사하거나 추측할 때마다 번번이 적당한 표현을 찾지 못해 고민하는 모습을 보았을 것이다. 《도덕경》에서의 '도'는 이처럼 단일한 존재·물질이라기보다는 우주 공간에 보편적으로 작용하는 그 무엇을 가리키는 것인 경우가 대부분이다. 역자가 본서에서 '도'를 편의상 지금까지 널리 사용되어 온 고유명사로서의 '도'로 번역하기는 했지만 그 내용에 있어서는 역시 보통명사로서의 '법칙'이나 '법도'의 개념임을 이 자리를 빌려 밝혀 두고자 한다.

여기서 또 한 가지 언급해야 할 것은 "가도(可道)"의 '도'에 대한 해석 문제이다. 정확하게 언제부터인지는 확인할 수 없지만 왕필 이후로 오랜 세월 동안 수많은 학자들은 이 '도2'를 '말하다(say)' 또는 '형용하다(express)'로 이해해 왔다. 유명한 고증학자 유월(兪樾: 1821~1906)처럼 많은 학자들이 "'가도'란 말로 표현할 수 있다는 뜻이다"라고 철석같이 믿은 것도 그러한 예들 중 하나이다. 그렇다 보니 구미 각국의 역주서들은 말할 것도 없고, 중국과 같은 한자문화권인 한·일 두 나라의 역주서들 역시 거의 모두 그 같은 전통적인 해석을 별 의심 없이 그대로 답습해 왔다. "도가 말로 표현할 수 있다면 그것은 영원한 도가 아니다"라는 명제는 그 자체만으로는 전혀 문제가 없다는 고정관념 때문에 이 같은 해석이 당연하게 받아들여져 왔던 것이다.

물론 문법적으로 따졌을 때 '도'를 '말하다'로 해석하는 것이 전혀 근거가 없는 것은 아니다. 《시경(詩經)》〈용풍·장유자(鄘風·牆有茨)〉 "내궁의 말들은 해서는 안 된다네, 그 말을 하다 보면 추해지는 법"이나 《효경(孝經)》 "선대 임금들의 법도에 따른 말씀이 아니면 함부로 말하지 않는다" 등과 같이, 춘추전국시대에도 '도'가 '말하다'의 의미로 사용된 것으로 추정되는 사례가 더러 보이기 때문이다. 그러나 그렇다고 해서 이 용법이 《도덕경》에서도 똑같이 사용되었다고 본다면 그것은 상당히 순진한 생각이다. 1997년 대만에서 큰 호평을 받은 부조리극 〈그날 밤, 우리는 또 만담을 했었지(那一夜, 我們又說相聲)〉의 두 번째 에피소드 〈나의 아버지(我的老子)〉에는 이런 대화가 나온다.

A: 우리 아버지는 늘 말씀하셨지. "애야, 이 《도덕경》은 말이다, 알고 보면…… 허허허, 정말 웃기는 책이란다!"

B: 웃기다니?

A: "이 책은 우주 만물 사이에 작용하는 '도'에 대해서 이야기하고 있지 않니?"

B: 맞는 말이잖아!

A: "그런데 이 책을 펴면 첫 번째 구절이 바로 '도가도, 비상도' 아니냐?"

B: 말로 표현할 수 있는 '도'는 참된 도가 아니라는 뜻이지!

A: "참된 '도'는 말로 표현할 수 없는 것이다. …… 그러니까 이 책은 말
   이야, 이 말 빼고 나머지는 전부 헛소리라는 뜻이 아니겠니?"

위의 대화 내용을 보면 중국인들 역시 《도덕경》의 첫 구절이 논리적
으로 모순된다고 여겼던 것으로 보인다. 이 문제에 고개를 갸웃거리는
것은 요즘 사람들뿐만이 아니다. 신라에까지 그 명성이 알려졌던 당나
라 시인 백거이(白居易: 772~846) 역시 〈노자를 읽고(讀老子)〉라는 시를
통하여 똑같이 의문을 제기하고 있기 때문이다.

'떠벌리는 이는 알지 못하고 아는 이는 침묵한다'.　　言者不知知者黙,
이 말을 나는 노군(노자)에게서 들었다.　　　　　　此語吾聞於老君.
만일 노군이 도를 깨달은 이였다면,　　　　　　　若道老君是知者,
어째서 자신은 5,000자의 글을 지었던 것일까?　　緣何自著五千文.

한·중·일 세 나라는 물론 서구 각국까지 포함하여 전세계에서 수십
·수백 가지의 《도덕경》이 쏟아져 나오고 있는 지금 이 순간에도 기존
의 《도덕경》들은 이처럼 첫 구절에서부터 구도자들을 당혹스럽게 만들
고 있다. 과연 2,500여 년 전 노자는 분명히 그런 의미로 그 말을 했던
것일까? 그러나 노자는 그런 말을 한 적이 없어 보인다. 최소한 그런 의
도로 그 말을 한 것이 아니어야 정상이다. 만일 우리가 "도가도, 비항도"
를 그렇게 이해하게 되면 〈나의 아버지〉의 저 장면, 그리고 역자를 포함
하여 《도덕경》을 접한 구도자들이 그동안 품어 왔던 의문은 기정의 사
실이 되어 버리기 때문이다. 그렇게 되면 《도덕경》에서 "도가도, 비항도"

여섯 글자 다음에 이어지는 나머지 4,990여 자가 담고 있는 가르침들은 저 배우들의 우스갯소리처럼 몽땅 '헛소리'가 되어 버리기 때문이다.

《도덕경》은 우주관·정치관 등 노자가 자신의 사상을 소개한 처음이 자 마지막 저서이다. 그처럼 중요한 비중을 가진 책일 것이다. 그런데 첫 구절에서부터 자신의 주장을 스스로 희화화한다는 것은 상식적으로 납 득하기 어렵다. 이 같은 해프닝은 오랜 세월과 수많은 정치·사회적 격변 들 속에서 나타난 '문화·언어적 단층'을 학자나 역자들이 제대로 읽어 내지 못한 데서 기인한 것이 아닌가 싶다. 그동안 사람들은 노자《도덕 경》의 언어가 지금 우리가 알고 있는 '한문'과 별반 다를 바가 없다고 믿 고 있었을 것이다. 그러나 사실은 그렇지가 않다. 역자는 몇년 전 정인보 (鄭寅普: 1893~1950) 선생의 《조선사연구(朝鮮史硏究)》를 번역하는 과정 에서 우리말이 지난 세기에 크고 작은 변화들을 얼마나 많이 겪었는지 알 수 있었다. 100년도 안 된 근대의 우리말에서도 느끼는 문화·언어적 괴리감이 이처럼 큰데 그보다 30배나 오래된 2,500여 년 전의 《도덕경》 의 경우야 오죽하겠는가?

"도가도, 비항도"의 경우 역시 그러하다. 《도덕경》 제1장의 첫 번째 글 자 '도'가 명사로 사용되었다는 데에는 이견이 없을 것이다. 그러나 "가 도"의 경우는 상황이 다르다. 여기서는 '가(可)'가 특정한 행위의 가능을 나타내는 조동사로 충당되었기 때문에 그 뒤의 '도'는 본동사로 작동한 다. 여기까지는 《옥편(玉篇)》 제법 뒤적거려 본 사람이라면 삼척동자라도 알 수 있을 것이다. 그러나 철학자는 물론이고 대단한 한문학자들까지 주춤하게 만드는 것은 '도2'에 대한 해법이다. 한·중·일 세 나라의 수 많은 학자들은 그동안 "도가도"를 대체로 다음과 같이 번역해 왔다.

A. 도는 말로 표현할 수는 있어도 그것은 늘 그러한 도가 아니다.

B. 도를 도라고 할 수 있는 것은 참 도가 아니다.

C. 도를 도라고 할 수는 있지만 언제나 도인 것은 아니다.

"도가도"에 대한 이상의 번역들은 명백한 오역이다. 먼저, "도가 말로 표현될 수 있다면 그것은 영원한 도가 아니다"라는 명제부터 짚어 보자. 〈나의 아버지〉나 백거이의 경우에서 본 바와 같이 명제 자체만 놓고 본다면 이 문장은 논리상으로 아주 완벽해 보인다. 그러나 우리가 이 명제를 '참'으로 받아들이는 순간 그 뒤에 이어지는 나머지 5,000자 남짓의 내용은 모두 '거짓'이 되어 버린다.《도덕경》자체가 처음부터 끝까지 모두 '말로 표현된' 가르침이기 때문이다.

둘째, 고문에서 '도'의 '말하다'라는 의미가 활성화되기 시작하는 시점은 '백화(白話)', 즉 구어체 중국어가 등장하는 당·오대(618~960) 무렵부터이다. 실제로 변문(變文)·전기(傳奇)·선어록(禪語錄)·주자어록(朱子語錄)·화본(話本)·잡극(雜劇) 등, 당·송·원대 구어로 지어진 작품들에서 '도'가 '말하다'의 의미로 사용된 용례는 셀 수 없이 많이 확인된다. 문제는 "가도"의 '도'를 '말하다'로 해석해야 할 근거는 박약하다는 것이다. 춘추전국시대부터 이미 '도'의 '말하다'의 용법이 존재하고 있었다고 하더라도 그 용례는 극히 희소하다.《도덕경》의 경우만 보더라도 '도'는 총 74번 사용되었지만 "가도"의 '도2'를 제외하면 어디에도 '말하다'의 의미로 사용된 예를 찾아볼 수가 없는 것이다.

셋째,《도덕경》의 수사학적 특징에 착안하더라도 '말하다'로 해석하는 것은 무리이다. 서사예술의 구어적 특징이 두드러지게 나타나는 《도덕경》에서 가장 많이 구사되고 있는 수사법은 대구법(對句法)이다. 본장에서도 "도가도, 비항도"는 이어지는 "명가명, 비항명(名可名, 非恒名)"과 글자수와 구조·어순·품사에 있어 100% 정확하게 짝을 이루고 있다. 두 구문이 「명사+조동사+동사, 부정사+관형어+명사」의 구조를 공유하고 있는 것이다. 같은 문형·어순·품사를 공유한다는 것은 곧 그 논리 전개 방식 역시 동일하다는 것을 의미한다. "명가명, 비항명"의 "가명"에서 '명2'이 그 본래 의미인 '이름'과 연동되어 '이름-이름짓다(즉, 부르다)-이름'의 의미조합을 따르고 있다면 그 앞에 대구로 제시된 "도가도, 비항도"의 "가도"에서도 '도2' 역시 그와 비슷한 방식으로 조합되었다고 해석하는 것이 정상이다. 그런데 국내외 학계에서는 현실과는 동떨어진 '도-말하다-도'의 의미조합에만 신경을 곤두세우고 있는 것이다.

그렇다면 "가도"의 '도2'는 어떻게 해석되어야 하는가? 현대 중국어에서는 사용되지 않지만 고문에서는 '도'가 동사로 충당되어 '따라가다'의 의미를 나타내는 경우가 있다. 해당 용례들은 춘추전국시대 문헌에서 비교적 빈번하게 관찰된다. 《중용(中庸)》(제27장) "인품과 본성을 우러르고 물음과 배움을 따른다"나 《순자(荀子)》〈왕패(王霸)〉 "도를 잘 택한 후 그것을 따르는 데에 탁월하지 않으면 안 되나니 길이 지저분하면 막히기 때문이다", 《관자(管子)》〈임법(任法)〉 "법의 집행이 가지런하지 않다면 나라를 맡은 군주에게는 상서롭지 못한 일이다. 백성들이 법을 따르지 않는다면 상서롭지 못하다", 《한서(漢書)》〈회남왕전(淮南王傳)〉 "여러 사절들이 장안을 거쳐 왔다" 등이 그 예들이다. 이 예문들에서는 공통적으로 '도'의 의미가 '(길⇒)따라가다⇒따르다⇒받들다' 식으로 확장되어 가는 궤적을 확인할 수 있다. 그렇다면 "도가도"는 의미적으로 "명가명"의 경우처럼 '길-따라가다(즉, 따르다)-길'이라는 상당히 유사한 의미들로 조합되어 있는 것이다. 우리가 그동안 모르고 있을 뿐이지 이 같은 해석의 가능성을 언급한 학자는 과거에도 있었다. 원대에 오징(吳澄: 1249~1326)은 "'가도'는 실천하고 따를 수 있다와 같은 뜻이다"라고 해석했고 조선 후기의 이충익(李忠翊: 1744~1816)이 역시 "'도'로서 따를 수 있다는 것은 걸음에 대한 지침이나 자취에 대한 근거를 가리킨다. 이름으로서 부를 수 있다는 것은 형체에 대한 표현이나 사물에 대한 호칭을 가리킨다"라는 의견을 개진한 바 있다.

2

"가도"의 '도2'를 '따라가다(follow)' 또는 '따르다(conform)'로 해석하면 본장의 대의와 노자의 가르침은 한결 쉽게 파악된다. 지금까지 우리는 노자가 "도가도, 비항도"를 통해 진리의 '불가언설성(inexpressibility)'을 설파했다고 확신하고 있었다. 그러나 유감스럽게도 노자가 본장 "도가도, 비항도"에서 역설한 것은 바로 진리의 '가변성(changeability)'이었다. 노자는 여기서 우주 만물에 작용하는 '도'가 다양한 외형과 이름으로 구현되고 또 수시로 변화할 수 있다는 '가변성', 또 그로 인해 발생하는 다양한 변수들이 만들어 내는 수많은 조화들에 대해 이야기하고 있는 것이다. 사람들은 보통 이 세상에서 진리는 유일무이하고 영원불변이며 영원불멸한다고 믿는 경향이 있다. 사람들은 자신이 신봉하는 신과 가르침만 유일한 진리요 영원히 변하지 않는 가치라고 믿어 의심하지 않는다. 그러면서 자신과 다른 가치나 신념을 내세우는 사람들에게는 '이

단'이니 '사이비'니 하는 딱지들을 붙여 서로 적대하고 심지어 죽이기까지 한다.

그러나 노자의 생각은 이와는 달랐다. 그는 '도'라는 것이 어디나 보편적으로 존재하면서 우주 만물에 두루 작용하는 운행 법칙이기는 하지만 언제나 끊임없이 운동·변화하고 있다고 보았다. 이처럼 항변적(恒變的, ever-changing)인 속성을 가진 '도'에 고정된 이름을 붙이고 특별한 의미를 부여하고 또 그것을 절대적인 진리랍시고 숭배하는 것 자체가 어불성설이라는 것이다. 이것이 바로 노자가 분명하게 밝혀 두고자 한 "도가도, 비항도"의 참된 의미요 가르침이다. 노자가 설파하는 이 같은 '도'의 속성은 '도'가 땅강아지, 개미, 돌피 열매, 기와, 벽돌 심지어 똥오줌에 있다고 설파한 장자(莊子)나, "법신이 무수한 세계에 두루 그리고 가득 깃들어 있다(法身遍滿百億界)"라고 한 석가모니의 주장과도 크게 다르지 않다. 엄밀하게 말한다면 땅강아지·개미·돌피 열매·기와·벽돌 심지어 똥오줌 등은 우주와 세상에 보편적으로 작용하는 '도'가 깃드는 공간이면서 동시에 '도'가 펼쳐 내는 무수한 조화들의 산물들이기 때문이다. 그 하나하나가 모두 '도'의 다른 '이름'들인 것이다.

노자가 '도'에 이어 거론하는 '이름'은 이 같은 논리를 뒷받침하기 위한 일종의 예시이다. 사람들은 누구나 다 이름을 가지고 있지만 누가 부르느냐, 언제 부르느냐, 어디서 부르느냐, 왜 부르느냐에 따라 허물 벗듯이 수시로 다른 방식으로 불릴 수 있다. 사람들은 천지의 창조를 기준으로 해서 그 이전을 '무' 그 이후를 '유'라고 이름 붙이고 양자를 본질적으로 전혀 다른 것, 심지어 서로 대립하는 개념인 것처럼 취급한다. 그러나 '무'와 '유'는 붙은 딱지가 다를 뿐 본질적으로는 한 동전의 양면이다. 둘

다 '도'에서 비롯되어 그것이 작용하고 변화하는 과정에서 서로 다른 단계에 각자 다른 이름이 붙여졌을 뿐인 것이다. 실제로 《도덕경》에서도 '도'는 언제나 어떤 고정된 이름이나 존재가 아니라 수시로 다른 이름과 외형들로 제시되고 있다. 노자가 본장 말미에서 "이 둘은 같은 뿌리에서 기원한 것을 이름만 다르게 붙인 경우"라고 덧붙인 것도 바로 이 같은 이유 때문이다. 외형 즉 이름[名]은 달라도 '도'라는 본질[謂]은 하나라는 것, 그리고 이 둘이 상호작용을 거쳐 세상의 만물이 생성되고 또 거기서 무수한 조화가 펼쳐진다. …… 이것이 바로 노자가 본장에서 사람들에게 들려주려 한 가르침인 것이다.

3

고대에 우주 만물의 항변성에 주목한 사람은 노자만이 아니었다. 불교의 대표적인 경전인 《금강경(金剛經)》에 따르면 석가모니(Sakyamuni: BC624~BC544)는 이미 노자보다 앞서 "무릇 존재하는 형상들은 모두가 헛되고 망령된 것이다. 따라서 만일 이 모든 형상들이 참된 모습이 아니라는 사실을 깨우친다면 해탈의 경지에 이를 것이다"라거나 "현상계의 모든 법이 꿈이나 환상, 물거품, 그림자와 같으며, 또한 이슬과 같고 번개와도 같다"라는 '제행무상(諸行無常)'의 가르침을 남기고 있다. '나'라는 존재가 만들어 내고 그 결과로 우리 눈앞에 펼쳐지는 그 모든 것은 하나같이 꿈이나 환상과 다를 것이 없어서 모두가 '만들어지고[成] 굳어지고[住] 부서지고[壞] 사라지는[空]' 생멸의 과정을 끊임없이 되풀이한다. 따라서 이 우주 만물에 보편적으로 작용하는 운행 법칙의 거대한 흐름에 순응해야지 그것을 거역하면서 내 것으로 만들고 붙잡아 두려고 기를 쓰고 집착하다가는 영영 번뇌에서 헤어날 수 없다는 말이다.

그로부터 1세기가 지났을 때 '만물유전설(萬物流轉說)'을 주장한 그리스의 철학자 헤라클레이토스(Heraclitus: BC540?~BC480?)는 '물의 비유'를 들어 우주 만물의 항변성을 설명하려 했다고 전해진다. 비슷한 시기의 플라톤은 헤라클레이토스의 비유를 이렇게 전하고 있다. "어디에선가 헤라클레이토스는 모든 것은 나아가고 아무것도 제자리에 머물지 않는다고 말하고, 존재하는 것들을 강의 흐름에 비유하면서 '너는 같은 강물에 두 번 들어갈 수 없을 것이다'라고 한다." 플라톤은 철학자여서 그런지 표현이 상당히 고답적이고 애매하다. 이에 비하여 역사가였던 플루타르코스의 설명은 보다 구체적이고 이해하기 쉽다. "같은 강에 두 번 발을 담글 수 없고, 생성, 소멸되는 것들 또한 고정된 상태에서 두 번 접촉할 수도 없다. 그것은 변화의 급격함과 빠름에 의해서 흩어졌다 또다시 모이고 합쳐졌다 떨어지며 다가왔다 멀어진다."(이상 《소크라테스 이전 철학자들의 단편 선집》, 김인곤 등 옮김, 제243쪽, 아카넷, 2005)

깊은 산속을 흐르는 계곡물, 도도하게 흐르는 강물, 그것도 아니면 피서철마다 가족과 함께 찾는 바닷물 속에 지금 서 있다고 가정할 때 우리가 발을 담근 지금 이 순간의 물은 몇 년 전, 몇 달 전, 어제, 아니 단 1분 전에 발을 담근 그 물과 같은 것이 아니다. 그 짧은 사이에도 그 물은 한 순간도 쉬지 않고 끊임없이 온갖 방식으로 운동하고 변화해 왔고 또 변화하고 있다. 누군가는 물이면 물인 것이지 이 물 저 물이 따로 있느냐고 반문할지도 모르겠다. 그러나 헤라클레이토스에게는 이 물과 그 물은 엄연히 다른 것이었다. 그는 우리가 발을 담그고 있는 지금과 몇 년 전, 몇 달 전, 어제, 아니 단 1분 전에 발을 담근 짧은 사이에도 그 물은 한 순간도 쉬지 않고 끊임없이 온갖 방식으로 흐르고 또 흘러왔다고 말한다. 어디 물만 그렇게 흘렀겠는가 우리가 매일 접하는 세상과 만물, 심지어 '나 자신'조차 우리가 자각하지 못하고 있는 동안 그렇게 변해 왔고 또 변하고 있는 중이다. 겉보기에는 언제나 지루하게 변화 없이 이어지는 나날 같지만, 그 하루하루는 늘 시시각각으로 변화에 변화를 거듭하는 새로운 변화들의 연속인 것이다.

그렇게 본다면 "이 우주와 세상에서 유일하거나 절대적이거나 영원히 변하지 않는 진리나 가치는 없다. 그러니 그 도를 받아들이고 기존의 선입견으로부터 자유로워져라"라는 가르침을 담은 석가모니나 헤라클레이토스의 주장은 노자가 본장에서 설파한 "도가도, 비항도"의 또 다른 버전인 셈이다. 기원전 7세기에서 기원전 6세기에 중국과 인도·그리스라는 각자 다른 지역의 복수의 철학자가 이렇듯 서로 아주 유사한 사유체계를 공유하고 또 그에 입각한 가르침을 펼쳤다는 것은 여간 흥미로운 일이 아닐 수 없다.

4

끝으로 여기서 한 가지 덧붙여야 할 것이 '상(常)'과 '항(恒)'의 개념 정리문제이다. 《도덕경》을 읽어 본 사람들에게는 익숙한 "비상도"는 춘추전국시대와 한대의 판본에는 "비항도(非恒道)"로 나온다. 지금까지의 연구에 따르면, "비항도⇒비상도"로의 변화는 한나라 제3대 황제인 효문제 (孝文帝) 유항(劉恒: BC202~BC157)의 이름자를 피하고자 하는 정치적 계산에 의해 《도덕경》의 '항'들이 일률적으로 '상'으로 대체되는 과정에서 이루어진 것이다. 문제는 당초 이렇게 대체되었던 자구들이 효문제가 사망한 후에도 "상⇒항"으로 환원되지 못했다는 점이다. 그 상태로 여러 대에 걸쳐《도덕경》이 유통되고, 거기다가 한대에 정치·사상적으로 도가의 위상에 큰 굴곡이 발생하면서 어느 사이 사람들의 뇌리에서 "비항도"는 사라지고 "비상도"가 마치 그 원형인 것처럼 각인되어 버린 것이다. 아마 왕필은 자신이 죽는 순간까지도 이 같은 사실을 깨닫지 못했을 것이다. 아니, 전혀 깨달을 수가 없었다.

　백서본을 읽을 수 있는 21세기의 우리는 왕필보다 운이 좋은 셈이다. 백서본의 발견으로 피휘(避諱)로 변형되기 전의《도덕경》을 그대로 읽고 확인할 수 있기 때문이다. 그런 의미에서 본다면 "비상도"는 물론이고 '상'이 들어간 대부분의 대목이 '항'으로 필사된 백서본의 존재는《도덕경》의 원형을 복원하는 과정에서 대단히 중대한 의의와 가치를 지닌다고 할 수 있는 셈이다. '항'과 '상'에 대한 자세한 설명은 제16장의 해설을 참조하면 좋겠다.

제2장

진리는 언제나 상대적인 것이다

백서본 제46장

세상 사람들은	
다들 아름다운 것이 마냥 아름답기만 한 줄 알지만,	天下皆知美之爲美,
때로는 추할 수도 있으며,	惡已.
다들 좋은 것은 마냥 좋기만 한 줄 알지만,	皆知善之爲善,
때로는 좋지 않은 것일 수도 있습니다.	斯不善矣.
있음과 없음이 서로를 낳아 주고,	有無之相生,
어려움과 쉬움이 서로를 이루어 주고,	難易之相成,
길과 짧음이 서로를 맞추어 주고,	短長之相形,
높음과 낮음이 서로를 채워 주고,	高下之相傾,
악기소리와 목소리가 서로를 어우러지에 해 주고,	音聲之相和,
앞과 뒤가 서로를 뒤따르는,	先後之相隨,
이 섭리는 영원합니다.	恒也.
그렇기 때문에	是以
성인은 바람이 없는 일에 전념하고,	聖人居無爲之事,
말을 삼가라는 가르침을 실천하며,	行不言之敎
만물을 만들면서도 공치사를 하지 않고,	萬物作而弗辭,
그들을 위하여 힘쓰면서도 뻐기지 않고,	爲而弗恃,

공을 이루고 나서도 거기에 안주하지 않습니다.	成功而弗居也.
안주하지 않기에,	夫唯弗居,
그 공 또한 떠나지 않는 거지요.	是以弗去.

|해설|

　본장에서는 주로 존재나 가치의 양면성(ambi-valence)과 그것의 끊임없는 변환성(alternation)에 대해 이야기하고 있다. 이 대목은 왕필본 등 후대 판본에는 제2장에 배치되어 있으나, 전후 맥락을 잘 따져 보면 제1장의 대의가 다시 한 번 부연되는 대목임을 알 수 있다. "천하개지미지위미(天下皆知美之爲美)"에서 "항야(恒也)"까지는 제1장의 항변하는 '도'가 펼쳐 내는 온갖 조화들[衆眇]을 차례로 예를 들어 설명하고 있기 때문이다. 보통 사람들은 우주의 존재나 현상들을 서로 대립되고 충돌하는 가치로 보려는 경향이 있다.

　그러나 노자는 서로 다른 이름으로 불리는 그 모든 존재와 현상들이 사실 알고 보면 동전의 양면처럼 '하나'라고 보았다. 즉 상반된 이 두 특성들이 각자 다른 뿌리에서 나와서 대립하고 충돌하는 것이 아니라 같은 뿌리에서 나와서 서로를 생성시키고 보완해 주는 관계에 있다는 것이다. 노자는 유무·난이·장단·고하·음성·전후 등과 같이 서로 짝을 이루는 특성들이 서로 분리·대립된 상태 그대로 고착되어 있는 것이 아니라 일정한 주기 또는 궤도를 가지고 대사를 거듭하면서 끊임없이 변환되고 있다고 보았다. 그렇다면 두 특성은 서로 대립관계에 있는 것이 아니라 상생·보완의 관계에 있는 셈이다. 노자는 이 같은 우주의 운행 법칙을 깨우친 '성인'은 만물을 낳고 뿌리내리게 하고 가꾸고 열매를 맺게 하지만 그 대가를 바라지 않고 묵묵히 자신의 자리를 지키기에 그 모든 것을 얻을 수 있다고 역설하고 있다. 본장에는 도가철학을 이해하는 데 있어 빼놓을 수 없는 용어인 '위(爲)'가 처음으로 등장한다. 본서에서는 '위'를 '바람'이나 '기대', 나아가 일종의 '목적'이라는 의미로 해석했다. 다소 엉성하겠지만 이에 대한 자세한 설명은 제48장의 해설을 참조하는 것이 좋겠다.

사람의 눈은 절대적인 판단의 기준이 되어 주지 못한다. 우리가 일반적으로 '미인'이라고 할 때 그 아름다움을 결정하는 기준은 개인이나 그가 속한 공동체 특유의 문화에 의해 결정되는 경우가 많다. 따라서 그 기준은 절대적이거나 영원한 것이 아니며, 시대나 지배층의 가치관에 따라 수시로 변화한다. 중국에서는 전통적으로 춘추시대 월나라의 서시(西施), 전한대의 왕소군(王昭君), 후한대의 초선(貂蟬), 당대의 양귀비(楊貴妃)를 중국을 대표하는 '4대 미인'으로 꼽아 왔다. 이들이 당초에 어떤 기준에 따라 미인으로 선정되었는지는 정확히 알 수 없다. 다만 중국인들이 통상적으로 그리고 상상하는 미인도들을 보면 보편적으로 흰 피부, 계란형 얼굴, 날씬한 몸매, 가냘픈 자태를 미인의 조건으로 내세우는 것을 볼 수 있다. 이 같은 미적인 특징들은 달기(妲己)·포사(褒姒)·조비연(趙飛燕)·녹주(綠珠)·최앵앵(崔鶯鶯)·진원원(陳圓圓) 등으로 미인의 범위를 넓혀도 마찬가지이다. 그러나 양귀비의 경우는 이 같은 전통적인 미인관에서 다소 파격(破格)을 보인다.

양귀비는 본명이 양옥환(楊玉環: 719~756)으로, 원래는 당나라 현종(玄宗) 이융기(李隆基: 685~762)의 아들인 수왕(壽王)의 왕비였다. 그런데 당시 57세의 시아버지인 현종이 나이 차가 35세나 나는 그녀에게 매혹되어 황후로 삼으면서 일약 당나라뿐 아니라 중국을 대표하는 절세미인으로 알려지게 되었다. 그녀는 이백(李白)·두보(杜甫)·백거이(白居易) 등, 당시 명성이 높던 대시인들의 작품에서는 물론이고, 그 이후에도 시·산문·소설·희곡 등 거의 모든 장르에서 미인의 대명사로 묘사되었으며, 심지어 우리나라와 일본에까지 그 이름이 알려질 정도였다.

그런데 그녀는 피부가 희기는 했지만 통상적인 '미인'의 이미지와는 다른 모습을 가지고 있었다. 즉 얼굴은 보름달 같고 몸매는 르네상스 시대의 서양화에 등장하는 미인들처럼 풍만했다. 야사의 기록에 따르면 그녀의 실제 키는 164cm, 몸무게가 69kg 정도였다고 한다. 이 문제에 대해서는 위진남북조와 수당대 중국사의 권위자로 일컬어지는 진인각(陳寅恪, 1890-1969)이《당사(唐史)》를 강의할 때 양귀비의 체중이 135파운드(61.5kg)였다고 대답했다고 하니 그 간의 속설이 전혀 허튼 소리만은 아니었던가 보다. 그런 그녀의 신체적 조건은 속칭 '쭉쭉빵빵' 식의 서구적 미인관에 길들여진 요즘의 우리로서는 다소 의외가 아닐 수 없다.

그런데 당나라에서 풍만한 여성을 아름답게 여긴 것은 현종뿐만 아니었다. 그보다 선대에 중국에서는 처음이자 마지막 여황제였던 무측천(武則天)만 해도 얼굴이 달덩이 같고 몸매 역시 풍만했다. 그녀는 절세의 미인으로 태종 이세민과 그 아들 고종 양대에 걸쳐 총애를 받았다. 실제로 그녀의 모습을 본떠 만든 낙양(洛陽) 용문석굴(龍門石窟)의 본존 대불을 보면 과거 만인의 우상이었던 여배우 최은희의 얼굴이 뇌리를 스친다. 또 서안의 박물관을 가든지 당대의 미술사 관련 서적들을 펼치더라도 조각상이나 그림 속에서 거의 예외 없이 달덩이 같은 얼굴과 풍만한 몸매를 갖고 있는 미인들을 만날 수 있다. 8세기에 명성을 떨친 화가 주방(周昉)의 걸작인 〈잠화사녀도(簪花仕女圖)〉를 보면 그림 속의 귀부인들은 한결같이 보름달 같은 얼굴, 통통한 볼, 풍만한 몸매를 갖고 있다. 이런 것을 보면 양귀비를 미인으로 꼽는 심미안이 특정한 개인의 유별난 취향이 아니라 '당나라'라는 특수한 시대적·문화적 배경에서 유래했고, 당나라가 존속한 수백 년 동안 유행하면서 중국인들에게 영향을 주었던 셈이다.

당나라 사람들이 여자를 보는 눈이 그 이전이나 이후의 중국인들과 판이했던 이유는 아무래도 그 지배층의 민족적·혈통적 특성에서 찾아야 할 듯싶다. 당나라는 '관롱집단(關隴集團)'으로 일컬어지는 그 지배계층의 다수가 흉노(匈奴), 선비(鮮卑) 등 북방민족의 후예들이었다. 한족들은 전통적으로 체제가 안정되고 기후가 양호한 농경사회에서 생활했다. 따라서 먹을 것이 여유롭고 특별한 상황이 발생하지 않는 한 여기저기로 이동해 다니는 수고를 할 필요가 없어서 시간적으로도 여유가 많았다. 그렇다 보니 여자를 볼 때 그 외적인 아름다움에 주목하는 경향이 강했다.

그러나 유목생활을 하는 북방민족은 경우가 달랐다. 북방민족은 대부분 남성은 집 밖으로 나가 전쟁·사냥을 통해 가족이 먹을 음식을 장만해 오고, 여성은 집 안을 지키면서 이런저런 가사들을 다 돌보는 식으로 각자의 성 역할이 철저하게 분담되어 있었다. 게다가, 그들이 주로 활동하던 몽골 고원은 대단히 척박하고 생활하기 어려운 땅이었다. 만물이 소생하는 여름은 6월에서 8월 말까지 겨우 두세 달뿐이며 겨울은 길고도 추웠다. 따라서 그때그때 해야 할 일을 하지 않거나 미루었다가는 생존 자체가 어려워지기 십상이었다. 남성은 말할 것도 없고 여성 역시 하루하루가 고된 가사의 연속이다 보니 집안에서 발 뻗고 누워서 편하게 여가를 즐기고 몸매를 관리할 틈이 없었던 것이다. 이 같은 사회·문화적 환경은 자연히 그들의 심미관에까지 영향을 끼쳤으리라. 자신에게 부여된 성 역할을 충실하게 해내면 훌륭하고 참한 부인이고 며느리였지만, 그렇지 못하면 외모가 제아무리 이영애나 김태희 같은 미모를 가졌더라도 곱게 보일 리가 없었다.

《진시황은 몽골어를 하는 여진족이었다》에 따르면, 당나라를 세운 고조 이연(李淵)은 그 부친의 혈통은 논외로 치더라도 생모가 흉노족 출신의 독고(獨孤)씨였다. 또 그의 부인이자 아들 이세민의 생모가 되는 두(竇)씨는 선비족의 후예였다. 그렇다면 이연을 도와 당나라를 세우고 훗날 '정관 연간의 통치[貞觀之治]'를 일구어 낸 이세민은 순혈 한족이기는커녕 북방민족의 DNA를 3/4 이상 가지고 있었다는 말이 된다. 따라서 당시 유라시아의 다양한 민족들이 교류하고 다양한 문화들의 조

당나라 미인을 묘사한 당삼채(唐三彩) 토용

화와 융합이 이루어지던 당나라였지만, 태종과 현종을 포함한 당나라 사람들이 여자를 보는 눈은 이 같은 북방민족의 문화전통의 영향으로부터 자유로울 수 없었을 것이다.

우리나라에서는 전통적으로 달덩이 같은 얼굴에 튼튼하고 생활력이 강한 여성을 최고의 맏며느릿감으로 여기고 '복스럽다'고 여겼다. 그리고 그런 며느리가 '떡두꺼비' 같은 아들을 쑥쑥 낳아 주기를 바라곤 했다. 어쩌면 이 같은 의식들은 오랜 기간에 걸쳐 우리에게 대물림된 북방민족의 DNA가 남긴 흔적들일 것이다. 그러나 이 같은 전통적인 미인관도 이제는 이미 흘러간 한때의 추억이 되어 버렸다. 우리나라는 물론이고 중국에서도 개혁·개방 이후로 서구 문화와의 접촉이 빈번해지면서 이제는 '미인' 하면 이목구비가 분명하고 신체비율이 잘 조화된 서구적인 여성의 모습을 떠올리는 것을 당연하게 여길 정도가 되었기 때문이다. 물론 지금 우리들의 의식을 지배하고 있는 이 미인관도 언젠가는 또 다른 변화를 맞이하게 될 것이다. 이질적인 문화와의 접촉·교류가 빈번했던 인류의 역사에서 그 같은 변화는 항상 있어 왔기 때문이다.

제3장
욕망을 가라앉히는 것이야말로 진정한 성인의 통치이다
백서본 제47장

유능한 이를 우대하지 않으면,	不上賢,
백성들을 경쟁하지 않게 이끌 것이요,	使民不爭.
구하기 어려운 물건을 귀하게 여기지 않는다면,	不貴難得之貨,
백성들이 도둑질을 하지 않게 이끌 것이며,	使民不爲盜.
탐낼 만한 것들을 드러내 놓지 않는다면,	不見可欲,
백성들이 흐트러지지 않게 이끌 것입니다.	使民不亂.
그렇기 때문에	是以
성인의 통치는,	聖人之治也,
그들의 마음을 비워 주고,	虛其心,
그들의 배를 채워 주며,	實其腹,
그들의 감정을 물러지게 해 주고,	弱其志,
그들의 기질을 강인해지게 해 준다고 하는 거지요..	强其骨.
언제나 그렇게 백성들로 하여금	
알 것도 없고 탐낼 것도 없도록 이끌고,	恒使民無知無欲,
헛똑똑이들이 멋대로 행동하거나	
함부로 바라지 않고 멈추도록 이끈다면,	使夫知不敢弗爲而已,
다스려지지 않는 것이 없게 될 것입니다.	則無不治矣.

|해설|

본장에서는 제2장 후반부의 논의를 이어 통치자의 자기수양과 통치술에 대해 이야기하고 있다. "윗물이 맑아야 아랫물이 맑다"라는 말이 있다. 윗사람의 언행이나 처신이 아랫사람들에게 큰 영향을 끼친다는 점을 강조한 말이다. 보통 사람들은 일상생활에서 유명 인사들을 자신의 롤 모델로 삼는 경우가 많다. 그들의 성공한 행동방식을 그대로 따라가면 자신들도 똑같이 성공할 수 있다고 믿기 때문이다. 그래서 사회적인 유명 인사들은 항상 자신의 언행과 처신에 조심하고 신중할 필요가 있다. 노자가 여기서 말하고자 하는 것도 바로 그런 부분이다. 본장의 "항사민무지무욕(恒使民無知無欲)" 부분은 일부 학자에게서 백성들을 '배부른 돼지'로 만드는 우민정책을 부추기는 말이라는 공격을 받기도 했다. 그러나 해당 부분은 "사부지불감불위이이(使夫知不敢弗爲而已)"와 함께 통치자의 올바른 언행과 처신을 당부한 말로 이해해야 옳다.

중국에서는 은(殷)·주(周)시대만 해도 혈연 중심의 봉건적인 사회제도가 엄격하게 지켜졌으므로 왕족과 귀족들이 경제적인 재부까지 독점했다. 그러나 춘추전국시대에 이르러 전통적인 예악제도(禮樂制度)가 붕괴되고 군사·문화적 수요의 급증으로 상업이 발전하면서 이 같은 구도에 변화가 일어났다. 춘추전국시대에는 제후국들이 자국의 생존이나 통치자의 필요에 따라 사람들의 상업활동에 큰 제약을 두지 않았다. 제나라는 건국 이래로 상공업을 국가의 근본으로 여기고 널리 장려하고 있었다. 정나라 역시 상인들에게 높은 사회적 지위를 허용하는 한편 활동의 자유를 보장했다. 당시 제후들은 자신들에게 물질적·정신적인 이익을 가져다주는 상인들의 역할을 중시하여 열국이 회맹(會盟)을 갖고 상인들의 사회적 지위와 상업활동을 보장하는 조약을 체결하는 데에도 적극적이었다. 때문에 당시에는 상업활동이 급속한 발전을 보여 많은 상인들이 국가 간의 경계를 자유롭게 넘나들면서 동서남북 각지의 물자들을 중국 전역에 유통시켰다.

사마천이 "산서 지방에는 목재·대·닥나무·산모시·쇠꼬리털·옥돌 등이 풍부하고, 산동지방에는 생선·소금·옻·명주·가수·미녀가 많다. 강남지방에는 매화나무·가래나무·계피·생강·금·주석·아연·주사·물소뿔·대모·진주·짐승의 이빨과 가죽이 난다. 용문과 갈석 북쪽의 경우 말·소·양·짐승 가죽, 짐승의 심줄과 뿔이 많으며 구리와 철은 그 산지가 사방 1,000리 되는 땅 여기저기에 마치 바둑돌을 늘어놓은 것처럼 빼곡히 들어차 있을 정도이다. 이것들은 현지 생산물을 대체로 든 것으로, 하나같이 중원 지역 사람들이 좋아하고 풍속을 따르고 덮고 입고 마시고 먹는 등 산 사람을 모시고 죽은 이를 장사지낼 때 쓰이는 물건들이다"라고 한 《사기》〈화식열전(貨殖列傳)〉의 기록은 이미 한대 이전부터 사방의 물산들이 중원에서 유통·소비되고 있었음을 방증해 준다.

당시 급부상한 상인계층은 정치적 입지는 그다지 확고하지 못했으나 경제적·사회적으로는 오히려 귀족들보다 우월한 위치에 서 있었다. 상인의 위상과 사람들의 가치관에 이처럼 급격한 변화가 발생하면서 당시 사회에는 "가난한 처지에서 경제적 재부를 추구할 때에는 농업은 수공업보다 못하고 수공업은 상업보다 못하다"(〈화식열전〉)는 인식이 생겨 너도나도 생업을 팽개치고 장사판에 뛰어들고 있었다.

사회가 이처럼 상업을 중심으로 재편되는 과정에서 최대의 수혜자는 수공업 종사자들이었다. 서주시대만 해도 그들은 "수공업과 상업은 관청을 먹여 살린다"는 말처럼 관청에 부속된 채 해당 관청의 자급자족을 위해 봉사하는 수준에서 머물고 있었다. 그러던 것이 춘추시대 이후로 상인들의 활약과 생활용품에 대한 수요의 급증으로 관청에서 독립해 나온 민영 공방들이 관영 공방과 경쟁하는 국면이 전개된다. 게다가 때마침 철기의 보급과 과학기술의 발달로 기술 수준이 향상되면서 농기구나 무기류는 물론이고 옥기, 금은 세공품, 직물, 피혁, 칠기, 거울, 장식품, 사치품 등 다양한 분야의 생활용품들이 선보였다. 상인들 중에 사업 수완이 있는 사람들은 직접 수공업자들을 고용해 수요가 많거나 이윤이 많은 상품들을 제작해서 이를 비싼 가격에 판매함으로써 엄청난 재부를 축적하기도 했는데 《여씨춘추(呂氏春秋)》의 편찬을 주도한 진(秦)나라의 여불위(呂不韋: BC292~BC235)도 그러한 거상들 중의 하나였다. 노자는 백성들이 이윤을 남기기 위해 경쟁하고 값진 보배를 손에 넣기 위해 도적이 되는 것조차 서슴지 않는 사회적 병리현상들이 통치자들의 탐욕과 그릇된 처신에서 비롯된다고 보았다. "불상현(不上賢)"이나 "불귀난득지화(不貴難得之貨)", "불현가욕(不見可欲)" 등의 당부는 바로 이 같은 사회 배경 속에서 제기된 것이었다.

제4장
도는 어디에도 없으나 어디에나 깃들어 있다
백서본 제48장

'도'는 비어 있습니다.	道沖.
그런데도 그것을 쓸 때에는,	而用之,
넘치는 법이 없지요.	又弗盈也.
깊고 맑기도 합니다,	淵呵,
마치 만물의 주재자가,	似萬物之宗.
남을 다치게 하는 날을 갈아 내고,	挫其銳,
남을 어지럽히는 타래를 풀고,	解其紛,
남의 눈을 부시게 하는 빛을 누그러뜨리고,	和其光,
더러운 티끌들과 하나가 되는 모습과도 같군요.	同其塵.
그윽하기도 합니다,	湛呵,
어쩌면 어디엔가 존재하고 있는지도 모르겠군요.	似或存.
나는 그것이 누구의 아드님인지 알지 못합니다만,	吾不知其誰之子也,
하늘님보다도 이전의 그 누구를 닮은 것 같습니다.	象帝之先.

본장에서는 '도'의 특성과 그 기원에 대해 이야기하고 있다. 노자에게 있어 '도'는 형체가 없는 '그 무엇'이다. 그 실체는 모호해서 없는 듯하면서도 있고 있는 듯하면서도 없지만, 이 우주 어디에서든 '도'의 존재를 느낄 수 있다. 그 기운 즉 에너지는 온 우주를 채우고 끝없이 요동치고 있으며 그 작용 역시 한계를 가늠할 수조차 없을 만큼 크고 깊어서 아무리 쓰고 써도 마르는 일이 없다. 많은 종교들은 이 세상 만물이 모두 신의 피조물이라고 주장한다. 그러나 노자는 오히려 '도'라는 운행 법칙이 하늘과 땅 나아가 신보다 훨씬 이전부터 존재하고 있었다고 보았다. 그의 이 같은 인식은 창조주 또는 절대자로서의 신의 존재를 부정하는 것이어서 일부 학자는 이를 근거로 노자가 공자와 마찬가지로 무신론의 입장에 서 있었다고 주장하기도 한다.

《주역(周易)》은 고대 중국인들이 자연과 만물이 발생-발전-변화-소멸하는 과정을 오랜 기간 관찰한 후 '음(陰)'과 '양(陽)'이라는 서로 대립하는 두 개념을 상정하고 그 운동의 법칙성을 인간의 운명을 예측하는 데이터로 해석해 낸 책이다. "한 번은 그늘이 지고 한 번은 볕이 드는 이치를 '도'라고 한다."〈계사전(繫辭傳)〉의 이 말은 우주 만물에 보편적으로 작용하는 운행 법칙으로서의 '도'에 대한 가장 간단하면서도 가장 명료한 설명이라고 할 수 있다. '역(易)'은 여기서 '바뀌다(change)' 또는 '달라지다(move)'라는 의미인데 시간이 흘러 나중에는 항변(恒變)하는 대우주의 운행원리를 가리키는 말로 사용되기 시작했다. 이 세상의 만물은 우리가 얼핏 보기에는 정지되어 있는 것 같다.

그러나 본서 제1장에서 언급한 것처럼, 실제로는 끊임없이 움직이고 또 변화를 거듭하고 있다. 천체가 운행되고 지각이 움직이며, 춘하추동 네 계절, 그리고 아침저녁과 낮밤이 교대로 맞물려 나타나는 것은 그 같은 변화와 순환의 증거들인 셈이다. 《주역》에서는 이 같은 변화를 '변역(變易)'이라고 부른다. '변역'은 인간의 감각기관으로는 감지하기 어렵지만 크게는 우주로부터 작게는 인간의 생리활동에 이르기까지 세상 만물에서 보편적으로 이루어진다. 게다가 비록 감지할 수는 없지만 그것은 엄연히 객관적으로 존재하며 인간의 의지로 마음대로 바꿀 수 있는 것도 아니다. 이렇듯 끊임없이 변모하는 세상 만물은 알고 보면 영원불변의 운행 법칙인 '상(常)'을 따라 다양한 '조화'를 만들어 내고 있는 것이다.

이처럼 영원히 변하지 않는 운행 법칙의 본질을 《주역》에서는 '불역(不易)'이라고 부른다. 《주역》에서는 '변역'과 '불역' 사이에서 작용하는 오묘한 운행 법칙을 깨우치는 사람은 만물의 변화를 예측할 수 있다고 보고 이를 '간역(簡易)'이라고 불렀다. "주역은 하늘과 땅을 준거로 삼는다. 따라서 하늘과 땅의 도를 포괄하여 고개를 들면 하늘의 무늬를 보고 고개를 숙이면 땅의 결을 살필 수 있다. 이러한 까닭에 유형·무형의 온갖 것들의 근본을 알 수 있는 것이다. 처음을 헤아리고

도의 항변성을 가장 간단명료하게 상징화한 것이 태극이다. 그림은 라테 아트로 표현된 태극.

끝으로 돌이키니 죽음과 삶에 관한 주장을 깨우칠 수 있는 것이다"라는 〈계사전〉의 우주관은 바로 이 같은 변화의 원리에서 비롯된 것이다.

《주역》은 우주와 천지에 대해 이야기하고 있으나 그 끝은 언제나 인간 자신의 문제로 귀결된다. 우주의 운행 법칙을 인식하는 과정에서 만물의 오묘한 이치를 살피고 그 과정에서 인간의 삶과 죽음의 섭리를 깨우침으로써 자신에게 닥치게 될 안위나 행불행을 미연에 대비하는 데에 그 목적이 있는 것이다. 노자가 본장에서 언급한 '도'의 특성은 《주역》의 원리와도 불가분의 관계를 가지며 나중에는 도교의 '음양오행설(陰陽五行說)'이나 '천인감응설(天人感應說)'에도 영감을 주게 된다.

제5장

성인은 신하를 띠강아지처럼 소중히 대한다

백서본 제49장

하늘과 땅은 자신의 큰 사랑을 겉으로 드러내지는 않지만,	天地不仁,
만물을 띠강아지처럼 소중히 여기며,	以萬物爲芻狗.
성인 또한 자신의 큰 사랑을 겉으로 드러내지는 않지만,	聖人不仁,
신하들을 띠강아지처럼 소중히 여깁니다.	以百姓爲芻狗.
하늘과 땅 사이는,	天地之間,
거대한 풀무와도 같은 걸까요.	其猶橐籥與.
속이 비었는데도 찌그러지지 않고,	虛而不屈,
움직이기라도 하면 금세라도 터져 나오려 하니 말입니다.	動而愈出.
많이 접하면 금세 기력이 바닥나고 말 테니,	多聞數窮,
그 '도'를 속에 고이 간직하는 편이 낫겠습니다.	不若守於中.

|해설|

본장에서는 통치자의 자기수양에 대해 이야기하고 있다. 대만의 노장 철학 권위자인 진고응(陳鼓應)은 본장이 크게 (1) "하늘과 땅은~처럼 소 중히 여깁니다", (2) "하늘과 땅 사이는~터져 나오려 하니 말입니다", (3)

"많이 접하면~간직하는 편이 낫겠습니다" 등, 세 개의 단락으로 구성되어 있다고 보았다. 구성이 이처럼 복잡하다 보니 그 대의를 한마디로 요약하기는 쉽지 않다. 그래서 '인(仁)'의 의미나 띠강아지, 즉 '추구(芻狗)'의 의미 등에 대해서도 그동안 많은 논란이 벌어졌다.

그러나 본장의 경우 (1)에서는 성인이 드러내 놓고 어진 티를 내지는 않지만 '신하들'을 보듬고 또 그들에게 예의를 지킬 것을 강조하고, (2)에서는 풀무의 비유를 통해 성인의 겸허하면서도 강인한 모습을 예찬하며, (3)에서는 외계로부터의 영향에 마음이 흔들리지 말고 내면의 자기수양에 힘쓰라고 주문하고 있다. 즉 외물에 마음을 빼앗겨 괜한 사단을 만들지 말고 언제나 자기수양을 통해 매사에서 겸허하고 차분한 마음가짐으로 내면에 품은 '도'를 소중히 지키면서 자연의 섭리에 순응하라는 말인 것이다.

그렇다면 본장을 만물에 초연한 자세를 주문하고 있다고 본 기존의 주장들은 재고되어야 하는 셈이다. 여기서 "불인(不仁)"의 '인'은 그 품사와 용법에 있어 제38장 "상덕부덕(上德不德)"에서의 '덕'과도 일치하는 것으로, "큰 사랑을 한다고 자처하다"나 "큰 사랑을 과시하다" 정도로 해석할 수 있다. 《도덕경》의 다른 대목에서도 그렇지만, 본장에 언급되고 있는 '백성(百姓)'은 우리가 지금까지 알고 있었던 통치의 대상으로서의 '서민(commoner)'이 아니라 고위급 귀족이자 통치의 동반자인 '중신(minister)'이나 '영주(lord)'로 해석된다. 이에 대한 보다 자세한 설명은 제77장을 참조하기 바란다.

본장에서 상당히 논란이 많은 곳이 "천지불인, 이만물위추구. 성인불인, 이백성위추구(天地不仁, 以萬物爲芻狗. 聖人不仁, 以百姓爲芻狗)" 부분이다. 지금까지 많은 학자가 "불인(不仁)"과 "이만물위추구(以萬物爲芻狗)"를 사사로운 정리에 치우치지 않고 만인을 공정하게 다스리는 성인의 통치술을 상징하는 표현으로 설명해 왔다. 그러나 그것은 오독이다. 노자가 여기서 역점을 두고 있는 것은 그보다는 통치자의 겸허한 처신과 자기수양에 대한 당부이기 때문이다. 만일 기존의 해법에 따라 이 부분을 이해하면 본장의 대의는 둘째 치고 그 다음 대목과는 어떠한 접점도 찾을 수가 없게 된다. 백서본에서 마지막 문장이 "다문(多聞)"으로 시작되는 것도 이와 무관하지 않다.

'추구(芻狗)'는 띠풀을 엮어 만든 강아지 인형으로 춘추전국시대에 개고기 대신 제사에 올리던 제물의 일종이다. 중국에서 '추구'에 대한 언급을 가장 먼저 남긴 사람은 장자(莊子)였다. 그는 《장자》〈천운(天運)〉에서 공자(孔子)의 고단한 신세를 '추구'에 빗대면서 "보통 띠강아지는 제사상에 올려지기 전에 상자에 담고 화려한 수를 놓은 보자기에 싸 두었다가 목욕재계한 제관이 그것을 제단에 바친다. 그런데 그것이 바쳐지고 나면 행인들이 그 머리와 등을 짓밟는가 하면 풀 베는 사람은 그것을 불쏘시개로 땐다"라고 말했다.

장자가 '추구'를 언급한 것은,《장자》에 소개된 목공 윤편(輪扁)과 제나라 환공(桓公)의 일화가 주는 가르침과 맥락이 같다. 즉, 시대가 변했음에도 불구하고 여전히 과거의 전통에만 집착하는 공자와 유가의 행태를 비판하는 데에 그 주된 목적이 있는 것이다. 아무리 특별한 대우를 받는 존재라도 시대나 상황이 바뀌면 언제라도 잊히거나 버려질 수 있으므로 그것을 절대불변의 가치로 믿고 언제까지나 거기에 집착하는 것은 배를 뭍에서 끌고 다니는 일 만큼이나 어리석은 짓이라는 것이다.

　물론 본서 제1장에서의 노자의 가르침을 떠올릴 때 이 같은 장자의 비판은 일견 타당한 것처럼 보인다. 그러나 그렇다고 해서 '추구'에 대한 그의 시각이 당시의 사회적 통념과 일치한다고 보기는 어렵다.《회남자》에서는 "띠강아지를 챙겨서 복을 빈다"거나 "가뭄 때의 흙으로 빚은 용이나 돌림병이 돌 때의 띠로 엮은 개는 이때에는 하늘님과도 같은 대접을 받는다" 등과 같이 오히려 소중하고 영험한 제물로서 받들어지는 '추구'의 이미지가 더 강하기 때문이다. 제사가 거행되는 동안이기는 하지만, 후한대의《설문》에서도 "띠풀을 묶어 개를 만든 것으로 잘못을 빌고 복을 빈다"라고 소개하고 있는 것을 보면 전국시대나 한대까지만 해도 이 풍습은 계속 지켜졌던 것으로 보인다.

　그러나 이 같은 풍속은 삼국시대의 격변을 거치는 과정에서 점차 사라진 것으로 보인다. 왕필과 하상공은 '추구'를 '띠풀과 개'로 잘못 해석했는데 이는 띠강아지를 제물로 바치던 풍습이 이들의 시대에 이르러 단절되었음을 방증한다. 이 점을 염두에 둔다면 본장의 '추구'를 기존의 방식대로 해석하는 것도 가능하지만 역으로 '숭배되고 신성시되는 존재'로 해석하는 것도 얼마든지 가능할 것이다.

　문제는 그 이후의 학자들이 본장의 '추구'를 설명할 때마다 장자의 당초 의도와는 상관없이 '버려진 존재' 또는 '하찮은 존재'의 이미지만 부각시켜 "(만물, 신하들을) 띠강아지처럼 하찮은 존재로 여긴다" 일변도로만 해석했다는 점이다. 그러나 같은 도가의 철학자라고 해서 장자와 노자가 '추구'에 대해 똑같은 생각을 가지고 있었을 것이라고 믿는 것은 순진한 발상이다. 여기서 '추구'를 '버려지는 존재' 또는 '하찮은 존재'로 보면 본장의 내용은 분별심을 버리고 만물에 두루 큰 사랑을 베풀라는 노자의 가르침이나 《도덕경》속 성인의 이미지와도 모순된다. 본장 이외에도 "성인상선구인이무기인. 상선구물, 고무기물(聖人常善救人而無棄人. 常善救物, 故無棄物)"(제27장), "성인상무심, 이백성지심위심. 선자, 오선지, 불선자, 오역선지(聖人常無心, 以百姓之心爲心. 善者, 吾善之, 不善者, 吾亦善之)"(제49장), "인지불선, 하기지유(人之不善, 何棄之有)"(제62장) 등 《도덕경》에서 노자가 예찬하는 성인은 언제나 박애정신으로 충만한 인물이기 때문이다. 그런 상황에서 유독 본장에서만 성인을 인의도 모르고 백성들을 하찮은 존재로 취급하는 냉혈한으로 묘사할 리가 만무한 것이다. '추구'의 성격에 대해서는 오하마 아키라(大浜晧: 1904~1962) 역시 "성인항선구인이무기인(聖人恒善救人而無棄人)"(제27장)을 근거로 이와 비슷한 견해를 피력한 바 있다.

제6장
샘은 신령스러워 마르지 않는다
백서본 제50장

샘은 신령스러워 마르는 법이 없으니,	谷神不死,
이를 '신비로운 암컷'이라고 하겠습니다.	是謂玄牝.
신비로운 암컷의 문,	玄牝之門,
이를 '하늘과 땅의 뿌리'라고 하겠습니다.	是謂天地之根.
실낱같을지언정 이어지고 또 이어집니다만,	綿綿呵,
그래도 남은 것처럼,	若存,
아무리 쓰고 써도 마를 줄을 모르는군요.	用之不堇.

|해설|

　제4장에 이어 본장에서는 '도'의 작용에 대해 이야기하고 있다. 노자는 여기서 '도'를 끊어질 듯 끊어질 듯하면서도 끊임없이 물이 흘러나오는 샘물에 비유하면서 무한한 생명력의 원천으로 예찬하고 있다. 본장은 다른 대목들도 그랬듯이, 오랜 기간 오독되어 온 대목들 중의 하나였다. 2,000년이 넘는 오랜 기간 학자들은 "곡(谷)=골짜기"라는 도식에만 길들여져 있었다. 물론 '곡'이라는 글자의 관용적인 의미를 떠올린다면 그 같은 해석은 어쩌면 불가피한 선택이었을 지도 모른다.

그러나 왕필 이래로 1,700여 년 동안 수많은 학자들에게 받아들여져 온 이 '골짜기'라는 의미는 사실은 오독의 산물이다. "마르지 않음(불사)", "이어지고 또 이어짐(면면)", "아무리 그것을 쓰고 또 써도 마르지 않음(용지불근)" 등, 본장에서 노자가 구사하는 표현들에서 우리가 떠올릴 수 있는 것은 속이 비어 공허하고 고정되고 정체되고 변하지 않는 골짜기의 이미지와는 상당한 거리가 있다. 이 표현들은 오히려 어느 깊은 산속에서 송송 솟구쳐 올라 먼 거리를 운행하고 순환하면서 만물을 생성시키고 성장시키는 샘물의 이미지와 결부시키는 것이 오히려 자연스러워 보인다. '곡'은 본장뿐만 아니라 다른 대목에서도 모두 '샘물' 또는 '수원'의 이미지로 제시되고 있기 때문이다.

진·한대에 작성된 중국 문헌들에서 '곡(谷)'은 '골짜기'보다는 '샘물(spring)' 또는 '수원(waterhead)'의 의미로 사용된 경우가 많다. '곡'은 A와 B 두 의미를 결합시켜 C라는 새로운 의미를 만들어 내는 회의자(會意字)에 속한다. 때문에 갑골문과 금문에서 상부는 물이 흐르는 모습, 하부는 산속 샘물이 솟아오르는 구멍으로 표현되어 샘물이 구멍에서 흘러나오는 모습을 형상화하고 있다. 허신의 《설문》에서는 "샘이 분출하여 시내로 통하는 것을 '곡'이라고 한다. 물이 반만 드러난 채 구멍에서 나오는 모양을 따랐다. 통상적으로 계곡물에 속한 것들은 모두 '곡'을 따른다(泉出通川爲谷, 從水半見, 出於口. 凡谷之屬皆從谷)"라고 소개하고 있다. 그의 설명대로라면 '곡'은 그 최초의 모습에 주목할 때에는 물이 용출하는 수원으로서의 '샘'이라고 할 수 있는 셈이다. 또 그 물이 산지를 흘러 시내로 유입되는 과정을 염두에 둘 때에는 '계곡물(stream)'로 그 의미가 확장된다.

　춘추전국시대의 여러 문헌들에서 '곡'이 샘물·계곡물 등의 작은 물을 나타내는 사례는 어렵지 않게 찾아볼 수 있다. 《주역(周易)》〈정괘(井卦)〉의 "우물 물에서 붕어를 쏘면 독이 깨져 물이 새고 만다"나, 《춘추공양전(春秋公羊傳)》〈희공·3년(僖公三年)〉의 "환공이 말하기를 '하천을 막지 말 것이요, 조를 저장하지 말 것이요', 《관자(管子)》〈탁지(度地)〉의 "산의 고랑에 때로는 물이 고였다 없어졌다 하는 것을 '곡수'라고 한다"나, 《묵자》〈친사(親士)〉의 "강은 작은 샘물이 자신을 채우는 것을 꺼리지 않기 때문에 커질 수 있는 것이다", 《한비자》〈외저설·좌상(外儲說左上)〉의 "송나라 양공이 초나라 사람들과 탁곡에서 전쟁을 벌이게 되었는데 송나라 사람들은 벌써 대열을 이루고 있었으나 초나라 사람들은 아직 그 강을 건너지 못한 상태였다" 등은 그 대표적인 예들이다.

　이 같은 의미와 용법은 한대에도 그대로 통용된 것으로 보인다. 중국 최초의 백과사전인 《이아(爾雅)》의 〈석수(釋水)〉에서는 "물 중에서 시내로 흘러드는 것을 '계'라고 하고 '계'로 흘러드는 것을 '곡'이라 한다(水注川曰谿, 注谿曰谷)"라고 구분해 적고 있다. 이보다 후대인 진대(晉代)의 학자 곽박(郭璞: 276~324)은 "'계'로 흘러드는 것을 '곡'이라 한다(注谿曰谷)"에 대하여 "산골짜기의 물이 계곡물로 흘러드는 것을 말한다(謂山谷中水注入澗谿也)"라고 부연하기도 했다. 앞서의 여러 문헌에서 확인할 수 있었던 것처럼 원래는 움푹 파인 웅덩이에 고였다가 때로는 마르기도 하고 때로는 골짜기로 흘러내리기도 하는 물 역시 '곡'으로 불렸다. 오늘날 '곡'에는 '골짜기'라는 의미만 남았지만 고대에는 이처럼 '샘물', '계곡물', '수로', '골짜기' 등 다양한 의미를 나타냈던 것이다.

| 갑골문1 | 갑골문2 | 금문1 | 금문2 | 초간본 | 석경 | 소전체 | 예서 |

중국 고문자에서의 '곡(谷)'

《도덕경》에서는 '곡'이 모두 6곳에서 사용되고 있는데, ① 제32장에서 "소곡(小谷)"이 "강해(江海)"와 함께 사용된 예는 둘째 치고 ② 제39장에서 '곡'과 함께 '채우다[盈]'과 '마르다[竭]' 등의 표현이 사용된 것이나 ③ 제66장에서 강과 바다를 "백곡왕(百谷王)"으로 빗댄 것 역시 이 같은 점을 뒷받침한다. ④ 백서본에서 '곡'의 가차자로 '욕(浴)'을 사용한 것도 사실은 그 글자가 마른 골짜기가 아니라 그 골짜기를 흐르는 '물'이라는 의미를 표시하는 데에 역점이 주어져 있음을 알리려는 의도와 무관하지 않다고 본다.

첫 단추를 잘못 끼우면 그 다음부터 벌어지는 상황은 도저히 수습이 어려워진다. "곡신(谷神)"의 오독은 가장 전형적인 사례라고 할 수 있다. 여기서 "곡신불사(谷神不死)"는 그 구조가 "곡신, 불사"가 아니라 "곡, 신불사"와 동일하다. 그러므로 해당 부분은 "샘물은 신령스러워 마르지 않는다"로 해석해야 옳은 것이다. 그런데 첫 글자 '곡'의 의미 설정이 잘못되면서 그 뒷부분까지 덩달아 오독되고 말았다. 송·원대 주자학(朱子學)의 비조인 주희(朱熹: 1130~1200)는 《도덕경》에서 본장의 내용이 가장 볼 만하다고 논평하면서 이렇게 말했다.

"'곡신'에 대해 말하자면, 골짜기 속에 신이 있기 때문에 소리를 거두면

울리게 되는 것이고 만물을 거두면 낳게 되는 것이다. …… 골짜기가 비었을 때 소리가 거기에 도달하면 그것이 울려 반응하는데 이는 신의 조화로 인해 그렇게 되는 것이다. 그리고 "이를 두고 '현빈'이라고 한다" 부분의 경우 '현'이란 오묘하다는 말이며 '빈'은 거둔 것이 있기에 낳게 된다는 의미라고 하겠다."

말하자면 그는 "곡"을 '골짜기', "신"을 '신'으로 보아 "곡신불사"를 "골짜기의 신은 죽지 않는다"로 이해한 셈이다. 그동안 국내외의 많은 학자·역서들도 주희처럼 "곡신"을 "골짜기의 신"으로 해석해 왔다. 심지어 어떤 학자는 이를 "곡식의 신"으로까지 확대해석하는 웃지 못할 상황까지 벌어지기도 했다. 그러나 여기서의 '신'은 '신'이라는 의미의 명사가 아니라 "이도이천하, 기귀불신(以道莅天下, 其鬼不神)"(제60장)의 경우처럼 '영험하다(marvelous)' 또는 '마력을 지니다(magical)' 같은 형용사로 보아야 전후 맥락과 더 잘 맞아 떨어진다.

제7장
자신의 욕망을 극복하는
사람이야말로 참된 성인이다
백서본 제51장

하늘은 길이 남고 땅은 오래 갑니다.   天長地久.

하늘과 땅이 이렇듯 길이 남고 오래갈 수 있는 것은,   天地之所以能長且久者,

자신부터 살리겠다고 기를 쓰지 않기 때문입니다.   以其不自生也,

그래서 오랫동안 살 수 있는 거지요..   故能長生.

성인의 경우도 마찬가지입니다.   是以

성인이 자신을 아무리 뒤로 물려도 늘 남보다 앞서고,   聖人退其身而身先,

자신을 아무리 제쳐 두어도 늘 살아남는 것도,   外其身而身存.

알고 보면

   그에게 자신만 생각하는 사심이 없기 때문이 아니겠습니까?   不以其無私與,

그래서 자신의 사사로운 목적을 이룰 수 있는 것입니다.   故能成其私.

|해설|

   본장에서는 나라를 다스리는 과정에서 통치자가 가져야 할 자세에 대
해 이야기하고 있다. 노자는 '하늘과 땅'의 예를 들어 한 나라의 통치자

는 성인을 본받아 언제나 남을 위해 헌신하고 희생할 줄 알아야 한다고 역설하고 있다. 하늘과 땅은 자신의 생명을 늘이려고 애쓰거나 자신의 사사로운 이익에 집착하지 않는다. 그렇기 때문에 역설적으로 영원불멸의 존재로 남는 것이다. 반면에 인간은 자신의 하찮은 이익과 덧없는 생명에 집착하는 경우가 많다. 그렇다 보니 그나마 가지고 있던 재물이나 목숨마저 잃는 일이 얼마나 많은가. 오래 살겠다고 발버둥치는 것, 무엇을 이루겠다고 바둥거리는 것. 이 모든 것이 따지고 보면 '나 자신'에 대한 집착이 빚어내는 "유위"들인 것이다.

과거 중국의 일부 학자는 본장의 "퇴기신이신선(退其身而身先)"이나 "능성기사(能成其私)" 등의 표현을 문제 삼아 노자를 봉건 통치자들 편에 서서 권모술수를 조장한 선동가로 매도하기도 했다. 그러나 그 같은 표현들은 어디까지나 자신의 주장을 변증법적으로 논증하는 과정에서 일종의 방편으로 제시된 것일 뿐 노자의 본심과는 무관하다. 노자의 입장에서는 "퇴기신(退其身)"이나 "외기신(外其身)"은 세속적 욕구를 초월한 지혜와 용기의 발로이기 때문이다. 그런데 전후 맥락은 살피지 않고 특정 부분의 표현만 문제 삼아 노자를 매도하는 것은 달을 가리키는데 손가락의 때만 찾고 있는 것과 다를 바가 없다.

풍도(馮道: 882~954)는 중국 역사에서 상당히 논란이 많은 인물이다. 자가 가도(可道), 호가 장락노인(長樂老人)인 그는 핏자국으로 점철된 당대 말기와 오대(五代)의 대혼란기에도 후량(後梁)을 시작으로 다섯 왕조 40여 년 동안 13명의 군주를 차례로 섬겼으며 재상을 지낸 기간만 해도 20년이 넘는다. 게다가 '관계의 오뚝이[官場不倒翁]'라는 별명처럼 정치적 수완도 남다르고, 통치자로부터 부하들에 이르기까지 상대를 불문하고 대인관계가 원만해서 언제나 칭송을 듣곤 했다. 그는 불우한 가정환경 속에서 자랐지만 거친 음식이나 남루한 옷을 부끄럽게 여기지 않았다. 그리고 어려서부터 주경야독으로 학문에 힘쓴 끝에 관리가 된 후에도 수행원과 한솥밥을 먹을 정도로 검소했으며 부친상을 당했을 때에는 낙향해서 직접 밭을 갈고 장작을 팰 정도로 소탈했다.

후진(後晉)을 멸망시키고 한족을 모두 학살하려던 요(遼)나라 황제 야율덕광(耶律德光: 902~947)이 "이 세상 백성들을 어떻게 해야 구할 수 있을까?" 묻자 "부처님이 나타나도 소용이 없으며 오로지 폐하만이 구하실 수 있습니다"라고 대답해서 많은 사람의 목숨을 살렸다는 일화는 지금도 유명하다. 그럼에도 불구하고 40여 년 동안 무려 13명이나 주인을 갈아치운 그의 독특한 이력은 '두 임금을 섬기지 않는' 충절을 중시했던 유가사회에서 두고두고 비난거리가 되었다. 송대만 해도 구양수(歐陽修: 1007~1072)가 《신오대사(新五代史)》에서 "염치가 뭔지도 모르는 자"라고 성토하는가 하면 사마광(司馬光: 1019~1086)은 《자치통감》에서 "간신의 수괴"라고 매도했다. 호삼성(胡三省: 1230~1302) 역시 《속자치통감(續資治通鑑)》에서 "지위가 신하로서는 최고위까지 올랐건만 나라가 망해도 죽지 않고 그 군주들을 지나가는 행인 취급 한 위인"이라고 질타했다.

그러나 노자를 알려면 춘추전국시대를 공부해야 하는 것처럼 풍도를 알려면 그가 살았던 당말·오대라는 시대부터 먼저 알아 둘 필요가 있다. 당나라 말기에 황소(黃巢: 835~884)의 반란을 계기로 중국 각지에서는 반란과 진압이 반복되고 있었다. 각지의 군벌들은 서로 황제가 되려고 아귀다툼을 벌이고 있었고, 이민족인 거란까지 중원의 권력투쟁에

밥숟가락을 얹으려 들었다. 이렇듯 온 천하가 갈가리 찢어져 온갖 전쟁과 살육이 도처에서 하루도 끊일 새 없이 벌어지는 또하나의 춘추전국 시대가 펼쳐지고 있었던 것이다. 당시 상황이 얼마나 극단으로 치닫고 있었는지는 《구당서(舊唐書)》의 〈황소열전〉을 통해 쉽게 짐작할 수 있다.

"…… 황소의 무리가 진주를 포위한지 100일이 되었으나 관동에는 몇 년째 농사를 짓지 못한 탓에 사람들이 굶주린 채 담장에 겨우 몸을 기대고 있는 경우가 많았다. 황소의 무리는 그들을 포로로 삼아 잡아먹었는데 이런 식으로 날마다 수천 명이나 죽였다. 그 무리에게는 곡식을 빻는 방앗간에 거대한 디딜방아가 수백 대 설치되어 있었는데 산 채로 사람을 절구에 밀어 넣고 빻아 뼈째 식용으로 삼곤 했다."

당나라 조정이 양주(揚州)의 반군을 토벌할 때 벌어진 참혹한 상황을 《자치통감》(권257)에서는 이렇게 전하고 있다.

"…… 성 안에는 먹을 것이 바닥나 쌀 한 말이 5만 전을 호가하는 바람에 풀뿌리 나무열매까지 죄다 바닥나 버리고 할 수 없이 진흙을 떡처럼 구워 먹다가 굶어죽는 자가 태반이나 되었다. 급기야 군대가 아무나 걸리는 사람이 있으면 붙잡아 시장에 내다팔았고 꽁꽁 묶인 사람들은 양이나 돼지처럼 도살되면서 외마디 소리조차 내뱉지 못했는데 그 시체가 쌓이고 피가 흘러 온 저잣거리가 다 홍건해질 정도였다."

잔혹 공포소설을 방불케 하는 이 전언들이 100% 진실이라고는 보기 어렵다. 그러나 송나라가 중원을 통일할 때까지 80여 년 동안 얼마나 끔찍한 아비규환의 지옥이 펼쳐졌을지는 충분히 짐작하고도 남음이 있다. 권력자들이야 자신들의 야심과 탐욕을 채울 생각으로 전쟁을 벌였겠지만 힘없고 불쌍한 백성들은 아무 영문도 모른 채 가진 것을 빼앗기고 굶어죽거나 전쟁터로 끌려 나가 싸우다 죽거나 남들에게 잡아먹혀야 했다. 한 치 앞도 기약할 수 없는 당시 사람들은 지긋지긋한 난세를 하루라도 빨리 평정하고 사람 살 만한 세상을 만들어 줄 강력한 통치자를 고대하고 있었을 것이다. 그런 의미에서 서민 출신으로 백성들의 처지를 잘 이해하는 풍도는 그들에게 그야말로 구세주와도 같은 존재였으리라.

그는 왕조가 5번 바뀌고 황제가 13명이나 바뀌는 당말·오대의 난세

난세 속에서도 언제나 묵묵히 자신의 자리를 지켰던 '장락노인' 풍도

에 아무 힘도 배경도 없는 백성들이 큰 격변 없이 그런 대로 평온하게 생업에 종사할 수 있도록 자신의 자리에서 할 수 있는 일에 최선을 다했다. 문화적으로는 목판인쇄술을 활용하여 처음으로 '구경(九經)'을 간행하는 대사업을 진행함으로써 전통문화의 보존에도 지대한 공헌을 했다. 비록 후대의 역사가들로부터 온갖 비난과 매도를 다 당했지만 당시 그로서는 시대가 절박하게 바라던 역사적 소명을 충실히 실천한 셈이다. 그래서 송대의 개혁정치가 왕안석(王安石:

1021~1086)은 "자신을 굽히면서까지 사람들을 평안하게 살게 해 주었으니 그야말로 여러 불·보살의 헌신과도 같은 격이다"라고 평가하면서 그를 처음에는 하나라 걸왕을 섬기다가 나중에 은나라 탕왕에게 충성을 다했던 이윤(伊尹)에 비유했다. 명대의 진보적인 양명학자였던 이지(李贄: 1527~1602) 역시 "무고한 백성들이 날마다 도탄에 빠져 허덕거리는 것을 차마 견디지 못해" 자신이 기꺼이 간신이니 변절자니 하는 치욕을 감수했다며 그의 희생에 박수를 보냈다.《노자 가라사대(老子他說)》의 저자 남회근(南懷瑾: 1918~2012) 역시 풍도를 노자의 가르침을 몸소 실천한 현명한 인물로 높이 평가한 바 있다.

제8장
훌륭한 사람이 되려면 물의 미덕을 따라라
백서본 제52장

대단히 훌륭한 이는 물을 닮았습니다.	上善如水.
물은 만물에 이로움을 주는 일도 잘 해내지만	水善利萬物
거기다 차분한 심성까지 갖추고,	而有靜,
남들이 싫어하는 곳에도 기꺼이 머무니,	居衆人之所惡
'도'에 가까운 경지에 있는 셈입니다.	故幾於道矣.
몸을 둘 때에는 자리 잡는 데에 밝고,	居善地,
마음을 다스릴 때에는 침잠하는 데에 밝고,	心善淵,
칭찬을 할 때에는 천명을 좇는 데에 밝고,	予善天,
말을 할 때에는 정성을 기울이는 데에 밝고,	言善信,
나라를 바로잡을 때에는 난국을 다스리는 데에 밝고,	正善治,
남을 섬길 때에는 자기 능력을 살피는 데에 밝고,	事善能,
움직여야 할 때에는 적절한 시점을 파악하는 데에 밝습니다.	動善時.
이렇듯 남과 경쟁할 일이 없으니,	夫唯不爭,
자연히 잘못을 범할 일이 없는 것입니다.	故無尤.

|해설|

　본장에서는 물의 겸허한 본성에 대해 이야기하고 있다. 남회근은 인간의 본성을 "사람은 높은 곳으로 올라가지만 물은 낮은 곳으로 흐른다"라는 말로 설명한 바 있다. 그만큼 높고 훌륭한 곳만 쳐다보고 사는 것이 인간이다. 모두가 남보다 많이 배우고 남보다 많이 벌고 남보다 높이 올라가고 남보다 오래 살면 훌륭한 사람이 되고 또 남들의 부러움과 존경을 얻을 수 있다고 믿는다. 물론 그렇게 사는 것도 삶을 사는 하나의 방법일지 모르겠다. 그러나 적어도 노자에게 있어 그 길은 그다지 슬기로운 삶의 방식이 아니었다. 오히려 노자는 훌륭한 사람이라면 또는 그렇게 되기를 바란다면 물의 미덕을 배우라고 충고한다. 본장의 가르침은 제5장과 제7장의 연장선상에 있다.

　가톨릭 교회의 성자 아시시의 성 프란체스코(San Francesco d'Assisi: 1182~1226)는 물의 이미지와 가장 잘 어울리는 인물이 아니었을까 싶다. 그는 이탈리아 중부 아시시에서 가장 부유한 상인의 귀한 아들로 태어났다. 그는 젊은 시절에는 친구들과 어울려 주색과 잡기에 빠져 소중한 세월을 허비하던 중 젊은 혈기에 친구들에게 이끌려 전쟁에 나갔다가 포로로 감옥에 갇혀 온갖 고초를 다 겪는다. 우여곡절 끝에 간신히 다시 고향으로 돌아온 그는 어느 날 퇴락한 성당에서 기도를 올리던 중 신의 계시를 듣는다. 그 일을 계기로 "청빈과의 결혼"을 선언한 그는 얼마 후면 자동으로 계승될 아버지의 막대한 재산을 스스로 포기하고 자신이 아끼던 물건들을 가난한 사람들에게 모두 나누어 준 후 당시 사회

제 8 장 **95**

아시시의 성자 프란체스코. 미국의 유명한 도시인 샌 프란시스코와 현임 교황의 법명인 프란치스코는 모두 그의 이름에서 유래했다.

적으로 천대받던 부랑자와 거지들 속으로 들어간다. 그 후로 당시까지만 해도 성직자와 귀족의 전유물로만 여겨지던 라틴어 성경을 거부하고 아시시 방언으로 '평화의 기도'라는 찬송가를 지어 '영적인 가난' 속에서 예수의 박애와 무소유 정신을 몸소 실천하면서 헐벗고 천대받는 사람들을 위해 평생 동안 헌신했다. 그는 44세로 숨을 거두는 마지막 순간에도 자신을 당시 공동묘지이자 처형이 집행되던 가장 비천하고 가장 끔찍한 '죽음의 언덕'에 묻어달라는 유언을 남겼다. 그의 이 같은 청빈과 헌신의 정신은 당시 예수의 가르침을 저버리고 세속적인 욕망과 권력에만 탐닉하던 가톨릭 교회에 큰 교훈을 남겼으며 지금도 그를 본보기로 삼아 그 이름을 법호로 삼은 현임 교황을 포함한 전 세계의 수많은 사람들로부터 존경과 사랑을 받고 있다.

제9장
공을 이루었으면 스스로 물러나라
백서본 제53장

재물을 끌어안고 넘칠 정도로 채우고 있다면,	持而盈之,
그쯤에서 그치는 것이 좋습니다.	不若其已.
쇠를 두드려 날카롭게 만든다 해도,	揣而銳之,
그 상태를 길이 유지할 수 없고,	不可長保也,
금과 옥이 아무리 방이 넘칠 정도로 많다고 해도,	金玉盈室,
그것을 언제까지나 지킬 수는 없기 때문입니다.	莫之能守也.
부유해지는 일만 소중하게 여기며 교만하게 처신한다면,	貴富而驕,
그것은 스스로 불행의 씨를 남기는 격이지요.	自遺咎也.
공을 이루었으면 스스로 물러나는 것은,	功遂身退,
하늘의 도입니다.	天之道也.

| 해설 |

본장에서는 통치자의 자기절제에 대해 이야기하고 있다. 아무리 채워
도 만족을 모르는 인간의 욕망은 어떻게 다스려야 옳을 것인가? 이 문
제는 동서와 고금을 막론하고 철학자들의 주된 관심사이자 오랜 숙제였

다. 노자 역시 이 문제를 중요하게 다루기는 마찬가지였다. 우리는 주변에서 과거에는 검소하고 착실하던 사람이 어느 날 성공하기라도 하면 갑자기 그 열매를 영원히 누릴 수 있다고 착각하고 현실에 안주하거나 안하무인으로 행동하는 경우를 볼 수 있다. 그러나 세상이란 언제나 변하기 마련이다. 거기에 영원이나 불변이란 있을 수 없다. 그것이야말로 이 세상에서 단 하나 변하지 않는 진리이다. 이 같은 이치를 깨닫지 못한 사람들은 아무 대책도 없이 달콤한 현실에 안주하다가 그간 쌓아올린 명예까지 날려 버리고 온갖 수모와 비난을 다 당하게 되는 경우가 많다. 노자는 그런 사람들에게 적절한 선에서 자신의 욕망을 다스릴 줄 알아야 한다고 가르치고 있는 것이다. 외부의 환경이나 상황이 아무리 변하더라도 초심을 잃지 않고 적절한 수위에서 욕망을 절제하면서 스스로 몸가짐에 조심한다면 어떤 어려움도 헤쳐 나갈 수 있다는 말이다.

세상은 수시로 변하고 있으며 영원한 1등이란 있을 수 없다. 한 조직을 이끄는 지도자가 최고의 자리를 남보다 오래 지키고 싶다면 무엇이 필요할까? 부단한 변화와 혁신이다. 이러한 진리를 가장 드라마틱하게 보여준 사건이 바로 소니(SONY)의 부침이다. 소니는 1980~1990년 대에 전세계 전자산업을 선도하면서 수십 년 동안 전자왕국 일본의 대명사처럼 여겨져 왔다. 워크맨의 성공을 시작으로 비디오·컬러TV·게임기 등 일련의 아이템들을 차례로 성공시켰고 사람들은 모두 그 성공의 신화가 영원히 이어질 것이라고 굳게 믿었다. 당시 글로벌 기업으로 성장하여 전 세계를 주름잡던 소니 역시 자신들이 이룩한 완벽한 성공에 도취되어 있었다. 그렇다 보니 달콤한 현실에 안주한 채 내수시장을 믿고 새로운 아이템의 개발로 더 넓은 시장을 개척하는 데에는 소극적이었다. 게다가 사업 영역을 부동산·영화 등 전자산업과는 무관한 분야에까지 확장하는가 하면 당시 국제시장의 흐름에 역행하여 베타방식·미니플러그 등 자사의 개발방식을 국제 표준방식으로 정착시키겠다는 환상에만 빠져 회사 혁신에 투자해야 할 소중한 시간을 허비했다.

같은 시기 우리나라의 삼성은 낮은 인지도와 빈약한 기술력으로 "제발 백화점 진열대에 제품을 전시할 수 있게 해 달라"고 빌고 다녀야 할 정도로 존재감이 없는 신출내기 후발주자에 불과했다. 이 구멍가게 수준의 무명 기업이 대형 사고를 칠 줄은 그 누구도 상상조차 하지 못했으리라. 미래의 블루오션인 반도체에 주목한 삼성은 자사의 공격적인 투자와 기술혁신을 통해 1993년 9월 일본보다 앞서 64D램 반도체를 개발하는 데에 성공했다. 그 후 글로벌 시장의 동향을 적시에 파악하고 그동안 축적한 기술력을 집약시켜 반도체의 대량생산을 실현함으로써 소니의 사업 영역을 차례로 잠식해 나가기 시작했다.

오늘날 삼성은 반도체와 휴대폰 시장에서의 대성공을 발판으로 일본 10대 전자회사를 모두 합치고도 남을 만큼 큰 자산을 보유하고 한해 마케팅 비용만도 소니의 시가총액을 넘어설 정도의 급성장을 거듭하고 있다. 반면에 소니는 휴대폰, TV 등 주력 분야에서 모조리 퇴출당한 채 가까스로 방송장비나 게임기로 명맥을 유지하다가 최근에는 신용평가사인 무디스에 의해 신용등급이 투자 부적격의 '정크'급으로 판정받고, 창업의 터전이던 옛 사옥까지 처분하는 딱한 신세로 전락해 버렸다.

세상사에서 성공에는 오랜 세월이 필요할지 몰라도 실패는 이렇듯 한 순간이다. 제아무리 대단한 명성을 쌓아올리고 수십 년 동안 국제무대를 주름잡는 글로벌 기업이라 해도 지난날의 성공과 영광에만 안주한 채 변화와 혁신에 주춤하다가는 순식간에 나락으로 곤두박질칠 수도 있다. 노자가 설파한 "도가도, 비항도"의 섭리는 이렇듯 글로벌 시장에서도 어김없이 증명되고 있는 것이다. 단 20년 만에 소니와 노키아의 자리를 차지한 삼성. 과연 삼성의 미래는 어떻게 될까? 끊임없이 변화와 혁신을 모색하면서 계속해서 새로운 패러다임을 주도해 나갈 것인가, 아니면 또 다른 후발주자에게 추월당해 제2의 소니가 되고 말 것인가? 흥미진진한 본 게임은 어쩌면 이제부터인지도 모른다.

제10장
신비로운 덕을 지닌 사람은
언제나 겸허하게 최선을 다한다
백서본 제54장

얼을 이고 '하나'를 보듬은 채,	戴營魄抱一,
그것들을 떠나지 않을 수 있겠습니까?	能毋離乎.
온 정기를 끌어모아 부드러워지고자 애쓰면서,	專氣致柔,
순수한 갓난아기가 될 수 있겠습니까?	能嬰兒乎.
신비로운 대야를 손질하면서,	脩除玄監,
흠집이 나지 않게 할 수 있겠습니까?	能毋有疵乎.
백성을 사랑하고 나라를 바로잡을 때,	愛民栝邦,
똑똑한 체하지 않을 수 있겠습니까?	能毋以知乎.
하늘의 문이 열리고 닫힐 때,	天門啓闔,
겸허한 암컷이 될 수 있겠습니까?	能爲雌乎.
지극히 밝고 매사에 훤하면서도,	明白四達,
똑똑한 체하지 않을 수 있겠습니까?	能毋以知乎.
만물을 낳고 또 뿌리내리게 해 주면서도,	生之畜之,
낳고도 가지려 하지 않고,	生而弗有,
그 수장으로 있으면서도 간섭하지 않는다면,	長而弗宰也,
이를 '신비로운 덕'이라고 할 것입니다.	是謂玄德.

본장에서는 자기수양에 대해 이야기하고 있다. 보통 사람들은 무엇을 만들면 그것을 자기만의 것으로 사유하면서 그 혜택을 두고두고 독점하려고 드는 경향이 있다. 또 무슨 일을 시작해서 기대했던 성과를 거두고 나면 그것으로 얻어진 명성을 누리고 싶어 하는 경우가 많다. 어떤 조직의 지도자가 되면 아랫사람의 언행 심지어 옷차림까지 간섭하고 압력을 행사하려고 드는 일도 비일비재하다. 정도의 차이는 있겠지만 이런 행태들은 '오욕칠정(五慾七情)'을 가진 인간에게는 보편적으로 나타나는 경향들이다. 그러나 적어도 한 나라의 통치자나 한 집단의 지도자이고자 하는 사람들에게는 절대 피해야 할 금기들이다.

노자는 여기서 반문과 환기라는 우회적인 수사로 성인이 되고픈 사람들은 모두 외물에 이끌려 자제력을 잃고 욕심을 품고 무리하게 일을 벌이는 어리석음에서 벗어나 자기수양에 힘써야 한다고 완곡하게 당부한다. 차분하면서도 너그럽게 암컷 또는 어미의 미덕을 발휘하여 자신의 원수조차 서슴없이 보듬고, 전날의 말과 지금의 행동이 한결 같으며 무리를 하면서까지 일을 벌여 치적을 쌓고 명리를 얻으려 안간힘을 쓰지 않는 사람…… 노자는 말한다. 그런 사람이야말로 참된 성인이요 그런 마음이야말로 크나큰 덕이라고.

본장의 대의는 오랫동안 많은 사람들에게 오독되어 왔다. 예를 들어 마서륜(馬敍倫) 등의 학자는 전후 맥락을 제대로 읽지 못하고 "생지축지. 생이불유, 장이부재야, 시위현덕(生之畜之. 生而弗有, 長而弗宰也, 是謂玄德)" 부분이 본장의 가르침과 맞지 않는다면서 다른 대목의 죽간이 잘못 섞여 들어간 것이라고 여기기도 했다. 그러나 사실 "대영백포일(戴營魄抱一)"·"전기치유(專氣致柔)"·"수제현감(脩除玄監)" 등은 원래 자신의 본분에 충실하고 최선을 다할 것을 주문하는 내용이고, "애민괄방(愛民栝邦)"·"천문계합(天門啓闔)"·"명백사달(明白四達)" 등은 항상 자신을 낮추고 남들을 인격과 예의로 대할 것을 당부하는 내용이다. "생지축지. 생이불유, 장이부재야, 시위현덕"은 자기수양과 겸허함을 역설하는 본장의 가르침과 정확하게 부합되는 것이다. 초간본·백서본·한간본 등 초기 판본에도 이 부분이 그대로 들어가 있는 것을 보면 그 같은 주장은 오독의 산물이라고 하지 않을 수 없다.

본장에서 반드시 짚고 넘어가야 할 것이 '감(監)'의 해석 문제이다. 이 글자는 왕필본 등 후대 판본에는 '람(覽)'으로 나와 있다. 그래서 기존의 역서들은 대부분 이 글자를 별 의심 없이 '거울'로 번역해 왔다. 문제는 왕필본보다 수백 년 전에 작성된 전한대 판본들에는 다른 글자가 적혀 있다는 사실이다. 백서본만 해도 이 글자가 갑본에는 '람(藍)', 을본에는 '감(監)'으로 적혀 있고, 2012년 공개된 한간본에는 '감(鑑)'으로 적혀 있는 것이 확인되었다. 그렇다면 백서본의 '監' 또는 '藍'은 '鑑'의 발음·자형·의미를 빌려 쓴 글자라는 결론이 나오는 셈이다. 중국에서 '鑑'은 전서체가 사용되던 춘추전국시대부터 '감(鑒)'으로 쓰기도 했다. 왕필본의 '覽'은 후대의 필사주체들이 '鑒'을 이와 자형이 유사한 '覽'으로 잘못 적은 것으로 보인다. 실제로 《설문》에 따르면 '覽'과 '鑑'·'鑒'은 발음이 각각 "'로(盧)'와 '감(敢)'의 반절[lam]"과 "'격(革)'과 '참(懺)'의 반절[gam]"이며, 의미와 품사 역시 각각 '보다(동사)'와 '대야(명사)'로서 엄연히 서로 다르다.

그동안 학자들은 본장에 "현감(玄監)"과 "자(疵)"가 차례로 사용된 점에 주목해 이 부분을 "거울을 닦으면서 흠집이 나지 않게 할 수 있겠습니까?" 식으로 해석해 왔다. 그 같은 해석은《육조단경(六祖壇經)》에 소개된 남종 선(南宗禪)의 창시자 혜능(慧能: 638~713)의 일화에서 영감을 얻은 것으로 보인다. 그러나 단순히 그 같은 '기시감(Déja Vu)' 때문에 '監'의 의미를 '거울'과 결부시켜야 할 이유는 어디에도 없다. 원래 '監'이라는 것은 동주(東周)시대에 사용하던 손잡이가 달린 청동제 용기를 뜻하는 글자이기 때문이다.

'監'은 당시 주로 세 가지 용도로 사용되었다. ① 세면을 위한 물을 담는 데에 사용되었다.《설문》에 따르면 "'감'은 큰 대야를 가리킨다. '감제(監諸)'라고도 하는데 달밤에 맑은 물을 받는 데에 쓴다." 이 용기는 얼굴을 씻는 데에 주로 사용되었지만 때로는 그 안에서 목욕을 할 수 있을 정도로 크게 제작되기도 했다. ② 얼음을 담아 음식물을 신선하게 보관하거나 공기를 차게 만드는 데에 사용되었다. 후한대 학자 정현 역시《주례》〈천관·독인(天官·瀆人)〉 "봄부터 '감'을 준비하기 시작한다"에 대해 "'감'은 항아리를 닮았는데 주둥이가 크다. 이것으로 얼음을 담고 음식물을 그 안에 두어 공기가 더워지는 것을 막는다"라고 주석을 달고 있다. 지금으로 치면 얼음을 담아 생선이나 와인 병 등을 차고 신선하게 유지할 목적으로 사용하는 일종의 아이스 박스 역할을 했던 셈이다. 이 용기는 처음에는 대야나 쟁반 형태의 도기로 제작되었다. 그러다가 청동기의 사용으로 왕실, 귀족 등 상류층에서 소재를 청동으로 바꾸고 언어적으로도 나중에 '살피다(study)'·'관장하다(administer)'라는 새로운 의미가 파생되면서 당초의 의미를 지키기 위해 부수에 '쇠 금[金]'을 추가하면서 예서(隸書) 이후로 최종적으로 '鑑'으로 굳어졌다. ③ 마지막으로 거울의 대용품으로 사용되었다.

| 갑골문1 | 갑골문2 | 금문1 | 금문2 | 금문3 | 소전 | 예서 | 해서 |

중국 고문자에서의 '감(監)'

거울이 발명되기 전인 상고시대에는 사람들이 자기 얼굴을 자기 눈으로 볼 수 있는 유일한 방법은 물을 이용하는 것이었다. 최초에는 물가에서 잔잔한 수면에 자기 얼굴을 비추어 청결 상태나 옷매무새를 점검했을 것이다. 그러다가 매번 그렇게 하기가 힘들고 귀찮아지자 용기에 물을 담아 와서 수면이 잔잔해지면 자기 얼굴을 비추어 보기 시작했다. 위의 갑골문1을 보면 다리를 모은 미녀(?)가 용기의 물에 비친 자신의 얼굴(동그라미)을 바라보고 있는 것을 확인할 수 있다. 그런데 얼굴 부분은 때에 따라서는 갑골문2처럼 '비춰보다(view)'라는 의미만 살린 눈('目')으로 바뀌었다.

이것이 금문에 이르러서는 수면을 주시하는 모습을 그대로 표현하기 위해서 금문1·금문2처럼 용기 끝을 손으로 잡고 위에서 아래를 주시하거나 금문3 식으로 아예 눈(또는 얼굴)이 몸통에서 분리되고 용기 위에 공중부양을 한 꼴로 형상화된다. 위의 모든 글자에서 가로획('一')이나 점('丶')은 물 즉 수면을 나타낸다.

《시경》〈패풍·백주(邶風·柏舟)〉의 "내 마음은 거울이 아니어서 남이 알아볼 수 없다네"는 거울로 사용된 '감'의 기능을 언급한 경우이다. 청대 학자 단옥재(段玉裁: 1735~1815)는 "'鏡'은 형상을 비추는 것이 주기능이고 '鑑'은 맑은 물을 받는 것이 주기능으로 본래는 별개의 기물이었으나 '鏡' 역시 '鑑'으로 불리면서 경전에는 '鑑'을 많이 쓰는 반면 '鏡'을 덜 쓰게 되었다"라고 소개하고 있다. 말하자면, 얼굴이나 복장을 비추어 보는 것은 '鑑'의 여러 가지 용도들 중의 하나였던 셈이다.

그런데 처음에는 함께 사용되던 두 글자에서 진·한대부터 역할 분담이 이루어지기 시작해서 '거울'의 의미를 나타낼 때에는 '鏡'을 사용하게 되었다. 그렇다면 '鑑'을 무턱대고 '거울'로 해석하는 것은 그다지 합리적이지 못한 것이다. 실제로 본장의 전후 맥락을 따져볼 때 "脩除玄監"이 "거울에 자신을 비추어 본다"거나 "자신을 반성한다"라는 의미를 나타낸다고 보기는 어려우며 오히려 그릇에 흠집이 나지 않도록 정성을 다해 소중하게 다룬다는 의미를 나타낸다는 느낌이 훨씬 강하다. 그 번역 역시 "정성을 다하다" 또는 "최선을 다하다"여야 전후 맥락과 자연스럽게 연결될 수 있다.

제11장
존재감을 드러내려면 자신부터 비워라
백서본 제55장

서른 대의 바큇살은 하나의 바퀴통에 빙 둘러 끼워지지만,	卅輻同一轂.
바퀴통의 구멍이 비어 있어야,	當其無,
수레 본연의 기능을 발휘할 수 있게 됩니다.	有車之用也.
찰흙을 구워 질그릇을 만드는 경우에도,	然埴而爲器,
그릇 속이 비어 있어야,	當其無,
그릇 본연의 기능을 발휘할 수 있게 되지요.	有埴器之用也.
문이나 창을 만드는 경우도 마찬가지입니다.	鑿戶牖,
그 안이 비어 있어야,	當其無,
방 본연의 기능을 살릴 수 있게 됩니다.	有室之用也.
그러니 그 각각의 빈 공간을 채워야,	故有之,
바라는 효과를 거둘 수 있고,	以爲利,
그 채워진 공간을 비워야,	無之,
본연의 기능을 살릴 수 있는 것입니다.	以爲用.

본장에서는 '유(있음)'와 '무(없음)', 나아가 '채움'과 '비움' 사이의 상생·상보의 관계에 대해 이야기하고 있다. 사람들은 바퀴통, 그릇, 방을 뇌리에 떠올릴 때 항상 굴러가는 바퀴나 음식이 채워진 그릇, 사람들이 들어가 있거나 가구로 가득 찬 방의 이미지만 떠올리는 경향이 있다. 그렇다 보니 오로지 그 기능, 즉 "얼마나 담을 수 있을까"에만 관심을 가질 뿐 정작 그것이 비어 있는 모습에는 무관심한 경우가 많다. 그러나 노자는 바퀴통, 그릇, 방이 물건들이 그 고유의 기능을 발휘하고 그 존재의 가치를 가지게 하는 것은 오히려 그것들이 '비어 있을' 때라고 보았다. 모든 물체는 눈으로 인식되는 '유(있음)', 즉 수레 축을 끼우는 바퀴통, 흙을 구워 만드는 질그릇, 흙과 기와를 쌓아 올린 방은 그것 자체가 유용성을 나타내 보여 주지만, 정작 그 개개의 사물이 그 가치를 제대로 발휘할 수 있게 해 주는 것은 눈에 보이지 않는 '무(없음)', 즉 그 바퀴통, 질그릇, 창(또는 문)이 비어 있을 때라는 것이다.

본장의 대의는 오랜 세월 동안 많은 학자들에 의해 오독되어 왔다. 왕필과 하상공은 당시 유행하던 '현학(玄學)'의 영향으로 '무(無)'를 '유(有)'의 근원, 즉 노자가 제시한 '도'와 등치의 개념으로 인식하여 상당히 중시한 반면 '유'는 그 하위의 또는 부차적인 개념으로 인식했다. 후대의 학자들 역시 이들의 영향으로 '무'의 중요성에만 주목하여 급기야 도가 사상을 허무와 공허만 중시하고 추구하는 학문으로 오해하게 만들었다. 이 같은 오독은 오늘날까지 이어져 풍우란(馮友蘭: 1895~1990)도 오독을 범한 바 있다. 현대 중국의 저명한 철학자로 일컬어지는 그는 본장의 대의와 관련하여 이렇게 노자를 비판했다.

"······ '무'를 주요한 대립항으로 인식한 것은 잘못이다. 어찌됐건 공기
나 찻잔, 집 같은 것들은 거기에 빈 공간이 있어야 그 기능을 발휘하기
마련이다. 만일 애초부터 찻잔, 공기, 집 같은 것들이 존재하지 않는다면
당연히 속이 빈 공간도 존재하지 않을 테니 어떠한 기능도 존재할 수 없
게 되기 때문이다."

그러나 노자가 '유'보다는 '무'를 더 자주 언급하기는 했지만, 그렇다고
해서 '무'를 높이고 '유'를 낮춘 예는 《도덕경》 어디에도 없다. 그런데도
왕필 이래로 풍우란에 이르는 수많은 사람들이 '유'와 '무'에 서열을 매기
는 것은 본장에서 노자가 언급한 '유'와 '무'의 함의를 그들 자신이 '오독'
한 데서 비롯된 오해일 뿐이다. 여기서 '유'는 찻잔, 공기, 집 등의 '존재'
자체를 뜻하는 말이 아니라 해당 사물의 속이 '채워진 상태'를 가리킨다.
'유'를 이렇게 이해해야 그 다음에 이어지는 '무'가 해당 사물의 '부재'를
가리키는 것이 아니라 해당 사물의 '(속이) 빈 상태'와 변증법적으로 대
립항을 이룰 수 있게 된다.

본서 제1장에서 보았듯이 '무(없음)'와 '유(있음)'는 언제나 노자에 의해
동일한 기원, 즉 '도'라는 동전의 양면이자 등치의 개념으로 제시된다.
이 양자는 어느 쪽이 귀중하고 어느 쪽이 하찮은 것이 아니라 둘 중에
서 어느 하나라도 없으면 안 되는 상호보완적인 관계에 있다. 게다가 '유'
와 '무'는 서로가 유리되거나 완성된 상태로 고정되어 있는 것이 아니며,
톱니바퀴처럼 맞물려 끊임없이 상호작용하면서 서로를 생성시키고 보완

해 준다. 노자의 주장을 가만히 음미해 보면 오히려 '무'로 인하여 '유'의 진가가 더욱 절실하게 느껴지고 '유'를 통하여 '무'의 소중함을 새삼 깨닫게 된다. 실제로 《도덕경》에서 '유'와 '무'의 상호관계를 다룬 대목은 제1장을 비롯해서 총 14군데나 되는데, 그 모두에서 서로를 갈등·대립이 아니라 상생·보완의 대상으로 강조하고 있다.

그렇다면 본장의 대의에 대한 이 같은 오독 현상은 어떻게 생긴 것일까? 1,700년 동안 벌어진 일을 한마디로 단언할 수는 없겠지만 역대 학자들이 해석 과정에서 "유지이위리, 무지이위용(有之以爲利, 無之以爲用)" 부분을 잘못 끊은 것도 하나의 원인이었을 것이다. 학자들은 그동안 이 부분을 "있음이 이로운 것은 없음이 쓰이기 때문이다" 식으로 이해해 왔기 때문이다.

그러나 여기서 분명히 알아야 할 것은 "유지이위리(有之以爲利)"와 "무지이위용(無之以爲用)"은 서로 대등한 병렬관계로 연결된 대구라는 사실이다. 그렇게 보아야 서로 대립되면서도 동시에 보완·상생하는 '유'와 '무'의 관계가 확연하게 드러나기 때문이다. 그런데 지금까지는 해당 부분을 '전자가 원인 후자는 결과'라는 인과관계로 해석하다 보니 앞뒤 맥락이 뒤틀리면서 '유'가 '무'에 종속되는 듯한 느낌을 주었던 것이다. 따라서 노자의 당초 의도를 고려한다면 "그 비워진 공간을 채워야 바라는 효과를 창출할 수 있고 그 채워진 공간을 비워야 그 고유의 기능을 발휘할 수 있다" 식으로 해석해야 옳은 셈이다.

제12장
성인은 백성들의 욕망을 부추기지 않는다
백서본 제56장

온갖 때깔들은 사람의 눈을 어지럽게 만들고,	五色使人目盲.
말을 달리며 벌이는 사냥은,	馳騁田獵,
사람의 마음을 들뜨게 만들며,	使人心發狂.
구하기 어려운 물건들은,	難得之貨,
사람의 발걸음을 방해합니다.	使人之行仿.
온갖 맛들은 사람의 미각을 마비시키고,	五味使人之口爽,
온갖 소리들은 사람의 귀를 멀게 만들지요.	五音使人之耳聾.
그렇기 때문에	是以
성인이 나라를 다스릴 때에는,	聖人之治也,
백성을 먹여 살리기만 할 뿐 욕망을 부추기지는 않는 것입니다.	爲腹而不爲目
그러니 그것을 버리고 이것을 택하도록 하십시오.	故去彼取此.

|해설|

　본장에서는 성인의 통치철학에 대해 이야기하고 있다. '오색(五色), 오미(五味), 오음(五音)'은 사실 문명의 발달에 따라 필연적으로 증폭되는

인간 욕망의 투영체들이다. 볼거리나 음악, 음식들은 적절하게 이용하면 생활의 활력소가 된다. 그러나 그것들에 집중하다 보면 즐거움을 얻기는 하지만 얼마 지나지 않아 곧 싫증을 느끼고 공허감만 남는다. 그래서 또 다른 것, 그보다 대단한 것, 자극적인 것을 찾아 나서지만 그것이 뜻대로 되지 않으면 슬픔에 빠지거나 때로는 분노를 터뜨리게 되는 것이다. 그렇게 본다면 슬픔과 분노가 고통이듯이 즐거움 역시 또 다른 고통인 셈이다. 물론 상황을 그렇게 몰아가고, 우리가 산해진미에 집착하고 가무잡기에 휩쓸리게 만드는 것은 외계에 존재하는 오색, 오음, 오미가 아니라 거기에 휩쓸리기 쉬운 감각기관들과 인간 내면의 욕망들이다.

그래서 노자는 진정한 통치자는 자신의 백성들을 이 같은 욕망들의 노예가 되도록 부추겨서는 안된다고 조언하는 것이다. 여기서 '차(此)'는 "위복(爲腹)", 즉 백성들의 생존에 필요한 가장 기본적인 욕구를 충족시켜 주는 일을 가리키며 '피(彼)'는 "위목(爲目)", 즉 오색, 오미, 오음으로 대표되는 인간의 말초적인 욕망을 자극하는 행위를 가리킨다.

성인은 생존을 위한 최소한의 욕구를 만족시켜 주는 데에 노력해야 한다는 노자의 인생관은 고대 그리스 철학자 에피쿠로스(Epikouros: BC342?~BC271)의 입장과도 상당히 유사하다. 사람들 중에는 에피쿠로스를 무절제한 쾌락을 추구한 파락호(破落戶)로 알고 있는 경우가 많다. 그러나 그 같은 오해는 사실 상당 부분이 그의 경쟁자들에 의해 부풀려진 것이다. 그의 주장에 따르면 인간은 ① 가장 기본적인 욕망이라고 할 수 있는 의식주의 욕망, ② 여기서 보다 진전된, 그러나 다소 지나친 욕망인 음주벽이나 안락을 바라는 욕망, 그리고 ③ 명예와 권력을 추구하는 완전히 비자연적이고 허망한 욕망을 가지고 있다. 이 중에서 진정한 쾌락과 행복을 느끼게 해 주는 것은 의식주의 충족뿐이며, 나머지 대부분의 욕망은 쾌락보다는 오히려 고통과 불행을 가져다준다는 것이다. 에피쿠로스는 이처럼 감각적인 쾌락을 억제하고 자신의 분수를 지키는 절제와 수양의 미덕을 강조했으며, 그런 점에서 노자와는 닮은 부분이 많다.

자기절제와 자기 수양의 미덕을 강조했던 에피쿠로스. 그의 저술은 많았지만, 지금은 거의 실전되었다.

과거 일부 학자는 본장의 "위복이불위목(爲腹而不爲目)"을 문제 삼아 노자가 물질문명과 정신문화를 대립관계로 인식하여 백성들의 의식주 문제에만 주목할 뿐 그들의 문화예술에 대한 욕구는 억압함으로써 결과적으로 봉건 군주의 우민정치를 옹호했다고 비난하기도 했다. 그러나 그 같은 주장은 그저 비판을 위한 비판일 뿐이다. 《도덕경》 어디에서도 노자가 인간의 욕망 자체를 부정한 예는 없기 때문이다.

제13장
굴욕과 우환을 소중하게 여기는 사람이 되라
백서본 제57장

굴욕을 각별히 여기기를 놀란 듯이 하고	寵辱若驚,
큰 우환을 소중히 여기기를 몸소 겪듯 하십시오.	貴大患若身.
어떤 경우를	
"굴욕을 각별히 여기기를 놀란 듯이 한다"고 할까요?	何謂寵辱若驚.
남에게 몸을 낮추는 것을 각별하게 여기면서,	寵爲下也,
굴욕을 당하는 일이 생기더라도 놀란 듯이 하고,	得之若驚,
그럴 염려가 없어지더라도 놀란 듯이 행동하는 것,	失之若驚,
이를 "굴욕을 각별히 여기기를 놀란 듯이 한다"고 할 것입니다.	是謂寵辱若驚.
그럼 어떤 경우를	
"큰 우환을 소중히 여기기를 몸소 겪듯 한다"고 할까요?	何謂貴大患若身.
내게 큰 우환이 닥치는 것은,	吾所以有大患者,
내가 육신을 가지고 있기 때문입니다.	爲吾有身也.
만일 내게 육신이 존재하지 않는다면,	及吾無身,
무슨 우환이 생길 리가 있겠습니까?	有何患.
그러니 자신에게 힘쓰기를	
세상에 힘쓰는 것보다 소중하게 여긴다면,	故貴爲身於爲天下,
그런 이에게는 세상을 부탁할 수 있을 것이요,	若可以托天下矣.

자신을 다 바쳐 세상에 힘쓴다면,　　　　　　　　　愛以身爲天下,

그런 이에게는 세상을 맡길 수 있을 것입니다.　　　如可以寄天下矣.

|해설|

　본장에서는 어려운 상황이 닥쳤을 때 가져야 할 마음가짐에 대해 이야기하고 있다. 사람들은 누구라도 남들로부터 인격적으로 예우 받고 인정받기를 바라기 마련이다. 반면에 남들로부터 굴욕 당하고 천대를 받는 것을 크나큰 수치로 여긴다. 사람들은 보통 자신에게 언제나 기쁘고 행복한 일만 찾아오기를 바라는 반면 슬프고 불행한 일을 당하는 것을 크나큰 우환으로 여긴다. 그러나 노자는 자신에게 닥치는 그 같은 굴욕과 시련조차 오히려 값지고 소중하게 받아들이라고 조언한다. 노자에게 있어 위대한 사람이란 그 어떠한 상황이 닥치더라도 ʼ자기 자신ʼ의 안위에 대한 온갖 고뇌를 모두 떨쳐 버리고 그 모든 현실을 받아들이면서도 이성을 잃지 않는 사람이다.

　지금까지 국내외의 학자들은 “총욕(寵辱)”을 「명사＋명사」의 병렬구조로 보아 “총애와 굴욕” 식으로 해석해 왔다. 왕필이 “총애를 받으면 반드시 굴욕이 따르기 마련이고, 영화를 누리면 반드시 시련이 따르기 마련이다. 그러므로 총애를 받는 것과 굴욕을 당하는 것은 같은 것이요 영화를 누리는 것과 시련을 당하는 것 역시 같은 것인 셈이다”라고 주석을 붙인 것을 보면 이미 당시부터 ʻ총(寵)ʼ과 ʻ욕(辱)ʼ을 병렬구조로 이해했음을 알 수 있다. 그러나 그것은 왕필이 그 문장구조를 제대로 이해하지 못한 데서 비롯된 오독이다. 여기서 "총욕"은 「동사＋목적어」의 동목 구조이기 때문이다. 그 근거는 시기적으로 가장 빠른 초간본에서도 찾아볼 수 있다. 왕필본 등 후대 판본에는 첫 구절이 "총욕약경(寵辱若驚)" 이어서 그 문장구조를 분명히 파악하기 어렵다. 그러나 초간본에는 해당 부분이 "인총욕약경(人寵辱若驚)"으로 적혀 있다. 이는 해당 부분이 사실은 영어 제5형식에서 주어가 생략된 「동사＋목적어＋보어」구조라는 점, 그 의미 역시 "사람들은 굴욕을 각별히 여기기를 놀란 듯이 한다" 식으로 해석해야 한다는 것을 알려 주는 셈이다. 이 점은 그 뒤에 이어지는 "귀대환약신(貴大患若身)"만 보아도 확인할 수 있다. 문법적으로 본다면 "귀대환약신"은 "총욕약경"과 동일한 「동사＋목적어＋보어」구조를 취하고 있기 때문이다. 왕필 이후로 본장의 대의는 말할 것도 없고 그 문장구조조차 판본에 따라 수많은 변동이 발생하게 된다. 물론 이 같은 변동은 사실은 이 두 구절의 구조와 의미를 제대로 파악하지 못한 데서 비롯된 필연적인 오해였다.

자신에게 닥친 굴욕과 시련을 오히려 전화위복의 기회로 승화시킨 인물로는 '와신상담(臥薪嘗膽)'의 주인공인 춘추시대 월(越)나라의 왕 구천(勾踐: BC?~BC464)이 있다. 강남의 월나라와 오(吳)나라는 천하의 패권을 놓고 서로 경쟁하는 앙숙지간이었다. 구천은 오나라 왕 합려(闔閭)가 월나라를 침략해 오자 범려의 계책을 좇아 이를 격퇴한다. 이때의 참패로 부왕을 잃은 부차(夫差: ?~BC473)는 장작 위에서 잠을 자며 선왕의 복수를 다짐하고 이에 후환이 두려워진 구천은 오나라에 선제공격을 감행한다. 그러나 그동안 힘을 길러온 오나라가 즉각 반격에 나서 대공세를 취하사 구천은 회계산(會稽山)에서 결국 부차에게 항복하고 만다. 나라와 백성을 위해 항복하기는 했으나 막상 볼모가 되어 오나라로 끌려갈 것을 생각하니 통한의 눈물이 쏟아졌다. 그 모습을 보고 문종(文種)이 말했다. "이는 대왕을 천하의 패자로 만들고자 하늘이 내리신 시련일 뿐입니다. 대왕께서는 이 일을 거울삼아 하늘의 뜻을 따르셔야 합니다." 그러나 눈앞이 캄캄해진 구천은 이번에는 범려(范蠡)가 올리는 이별주를 받다가 술잔을 떨어뜨리고 말았다. 그러자 범려는 이렇게 구천을 나무랐다. "옛날 성현들 중에도 고난을 겪지 않은 분은 없었습니다. 그런데 대왕께서는 어째서 혼자만 이런 시련을 겪는 것처럼 행동하십니까!" 그 소리에 얼을 차린 구천은 마음을 모질게 먹고 문종에게 나랏일을 맡기고 범려와 함께 오나라로 떠났다.

오나라에 도착한 구천은 마구간에서 기거하면서 부차와 오나라 사람들로부터 온갖 고초와 모멸을 다 당한다. 게다가 재상이던 오자서(伍子胥)가 후환을 우려하여 구천을 죽일 것을 부차에게 수시로 요청하고 있었다. 구천은 심지어 오자서의 계략으로 자신의 눈앞에서 아들이 참혹하게 죽는 모습까지 지켜보아야 했다. 그럼에도 불구하고 그 같은 굴욕과 시련에 끝까지 굴복하지 않았다. 그는 범려의 도움으로 월나라 미녀 서시(西施)를 바치고 부차의 측근인 백비(伯嚭)를 매수하는가 하면 중병을 앓는 부차의 대변을 맛보기까지 하는 등 온갖 방법을 다 동원해 그의 환심을 사려고 애쓴다.

그동안의 노력이 헛되지 않았던지 구천은 그로부터 몇 년의 세월이 흐른 후 부차의 특별명령으로 드디어 고국 땅으로 무사히 귀환하는 데에 성공한다. 그러나 그는 즐겁고 안락한 궁궐을 마다하고 자신이 지냈던 마구간과 똑같은 거처에서 날마다 쓸개를 맛보면서 오나라에서 받은 고초와 모멸들을 되새기며 복수의 의지를 다진다. 범려와 문종의 보필에 힘입어 10년 만에 만반의 준비를 마친 구천은 마침내 오나라와 최후의 결전을 벌이고 그 결과 기원전 477년 부차를 자결하게 하고 그 길로 북상하여 제후들과 회동한 후 천하의 패자가 되는 데에 성공한다.

부차의 맹공으로 회계산에 고립된 후로 구천은 스스로 목숨을 끊음으로써 임금으로서의 자존심을 지킬 수 있는 기회가 여러 번 있었다. 그러나 그는 그때마다 장래를 기약하며 자존심을 굽히고 온갖 굴욕을 다 참고 견뎠으며 이를 전화위복의 계기로 삼아 결국 최후의 승자가 되었다.

제14장
도는 말로는 형용할 수 없을 정도로 위대하다
백서본 제58장

보아도 알아볼 수 없다고 해서	視之而弗見,
'잘다'라고 부르고,	命之曰微.
들어도 알아들을 수 없다고 해서	聽之而弗聞,
'먹먹하다'라고 부르며,	命之曰希.
더듬어도 움켜잡을 수 없다고 해서	搏之而弗得,
'평평하다'라고 부릅니다만,	命之曰夷,
이 세 경우는 그 실체를 가늠할 수가 없으니,	三者不可致計,
뭉뚱그려서 '하나'라고 칩니다.	故混而爲一.
그런데 이 '하나'라는 것도,	一者,
그 위쪽으로는 밝지 않고,	其上不杲,
그 아래쪽으로는 어둡지 않은데,	其下不忽.
이어지고 또 이어지다 보니,	尋尋呵,
딱히 무엇이라고 이름을 붙일 수 없지요.	不可名也,
이것이 어떤 존재도 없던 태초로 되돌아가면,	復歸於無物.
이를 '모양이 없는 모양'	
또는 '실체가 없는 형상'이라고 하며,	是謂無狀之狀無物之象.
이를 '그윽하면서도 아득하다'고 하리니,	是謂沕望,

아무리 좇아 다가가도 그 꼬리조차 발견할 수 없고,	隨而不見其後,
아무리 마주 다가서도	
그 머리조차 발견할 수가 없기 때문입니다.	迎而不見其首.
그렇지만 지금의 '도'를 받들며,	執今之道,
지금 존재하는 것들을 제어하면,	以御今之有,
태초의 시원을 알 수 있게 되니,	以知古始,
이를 '도로 통하는 실마리'라고 할 것입니다.	是謂道紀.

|해설|

　제6장과 제8장에서 각각 '도'의 영속성과 부드러움을 샘과 물이라는 구체적인 대상으로 비유했다면 본장에서는 추상적이고 위대한 '도'의 본질과 작용에 대해 이야기하고 있다. 노자에게 있어 우주 만물의 본원인 '도'는 형체도 소리도 질량도 가지고 있지 않아 인간의 감각기관이나 사유방식으로는 도저히 인지하거나 이해하거나 표현할 수 없는 '그 무엇'이다. 그럼에도 불구하고 '도'는 간혹 그 모습을 드러냈다 감추었다 할지언정 대우주의 운행 법칙으로서 어디에든 널리 존재하며 언제나 보편적으로 작용하고 있다. 왕필이 "없다고 하자니 만물이 이로 말미암아 이루어지고, 있다고 하자니 그 형체가 보이지 않는다"라고 해석한 것도 이 같은 배경에서 기인한 것이다. 노자는 '도'가 이처럼 그 본질도 존재도 갈피를 잡기 어렵지만 누구든지 그것을 굳게 지킨다면 과거를 통하여 현재를 깨닫거나, 현재를 통하여 과거를 유추함으로써 그 실체에 다가갈

수 있다고 역설한다.

본장에서 주목해야 할 부분은 '미(微)'와 '이(夷)'의 배열 순서와 해석일 것이다. 왕필본 등 후대 판본들과 한간본에는 이 부분이 "시지불견, 명왈이. 청지불문, 명왈희. 박지부득, 명왈미(視之不見, 命曰夷. 聽之不聞, 命曰希. 搏之不得, 命曰微)"로 적혀 있다. 반면에 백서본의 경우 갑본과 을본에서 모두 "시지이불견, 명지왈미. 청지이불문, 명지왈희. 박지이부득, 명지왈이(視之而弗見, 命之曰微. 聽之而弗聞, 命之曰希. 搏之而弗得, 命之曰夷)"로 확인되었다. 즉 '희(希)'에서는 그 내용이 서로 일치하지만 '미'와 '이'의 경우에는 그 배열 순서나 의미에서 다른 판본들과 차이를 보이는 것이다.

'미'는 고문에서 특정한 대상물이 입자가 잘아서 그 형체나 자취를 식별할 수 없는 상황을 가리키는데, 그 의미는 "미묘현달(微眇玄達)"(제15장), "시위미명(是謂微明)"(제36장), "기미야, 역산야(其微也, 易散也)"(제64장) 등에서 보듯이, 기존의 용법에서 크게 벗어나지 않은 것으로 보인다. 의미상의 편차가 큰 것은 '이'의 경우이다. '이'는 고문에서 주로 특정 대상물의 면이 편평하고 너른 모습을 나타낼 때에 사용되는 말이다. 그런데 본장에서 "시지이불견(視之而弗見)"은 "이도여로(夷道如纇)"(제40장), "대도심이, 민기호해(大道甚夷, 民其好嶰)"(제53장) 등에서처럼, 대상물을 보고도(see) 인지하지(identify) 못하는 것을 가리키고, "박지이부득(搏之而弗得)"은 특정 대상물을 더듬어도(grope) 움켜잡지(grasp) 못하는 것을 가리킨다. 그렇다면 이 두 가지 상황에 어울리는 글자가 각각 어느 것이 되어야 할지는 자명해진다. 즉 전자에는 '미' 후자에는 '이'가 되어야 옳은 것이다.

불교 경전들 중 하나인《열반경(涅槃經)》에는 이런 이야기가 소개되어 있다. 옛날 인도의 경면왕(鏡面王)이 장님 여섯 명을 불러 손으로 코끼리를 더듬게 한 후 그들에게 코끼리의 모습에 대해 이야기해 보게 했다. 상아를 만진 장님이 제일 먼저 코끼리는 무같이 생겼다고 입을 열었다. 그러자 귀를 만진 장님이 코끼리는 나락을 까부는 키같이 생겼다며 정색을 하고 나섰다. 다리를 만진 장님도 이에 질세라 코끼리는 절굿공이같이 생겼다고 우겼다. 이번에는 등을 더듬은 장님이 코끼리는 평상같이 생겼다고 큰소리를 쳤다. 배를 만진 장님은 머리를 저으면서 코끼리는 항아리같이 생겼다고 잘난 체했다. 꼬리를 만진 장님은 자신만만하게 코끼리는 굵은 밧줄같이 생겼다고 잘라 말하는 것이었다.

눈이 보이지 않는 장님의 입장에서는 이런 상황은 어쩌면 당연한 귀결일 것이다. 인간이라는 존재 자체가 자신이 겪거나 아는 것을 통해서만 그 존재를 인지하고 유추하고 설명하려 하는 본성을 가진 동물이기 때문이다.《열반경》의 이 이야기는 이렇듯 유한하고 좁은 식견과 지식을 가진 인간들이 매사를 자신의 주관과 잣대에 따라 재고 따지는 것을 풍자하고 있는 것이다. 이 이야기를 읽은 우리는 어쩌면 "코끼리 하나 모른다"며 이 장님들을 비웃을지도 모른다. 그러나 그런 우리도 알고 보면 이 장님들과 크게 다를 바가 없다. 장님들이 코끼리를 알아보지 못하는 것처럼, 우리는 '도'의 실체를 알아보지 못하기 때문이다.

《열반경》이 예시하는 '코끼리'의 본질은 노자가 여기서 설명하는 '도'의 본질과 맥락상 서로 일치한다. 말하자면, 본장에서 노자의 '도'에 대한 묘사는 '장님 코끼리 만지기' 이야기의 또 다른 버전인 셈이다. 굳이 둘 사이에서 다른 점을 들자면《열반경》에서 장님의 경우를 인간의 좁

'도'란 장님이 더듬는 코끼리와도 같은 것

고 유한한 식견과 지식을 꼬집는 데에 역점을 둔 반면《도덕경》에서는 정반대로 인간의 식견과 지식으로는 인식은커녕 상상조차 할 수 없는 '도'의 크기와 위대성을 예찬하는 데에 역점을 두고 있다는 정도일 것이다.

노자는 여기서 자신이 소중하게 받드는 '도'가 얼마나 크고 위대한 것인지에 대하여 '생생하게' 설명하고 있다. 본장의 "시지이불견"으로부터 "영이불견기수(迎而不見其首)"까지는 기존의 번역에서처럼 개별적이고 서로 다른 몇 가지 사물 또는 현상들을 차례로 묘사한 것이 아니라 그저 '도'의 크기와 위대성에 대해서만 묘사하고 있다. 보거나 듣거나 더듬어도 인식할 수 없는 것은 물론이고 그 위쪽도 아득하고 그 아래쪽도 가물가물하다. 게다가 하나의 덩어리로 형체를 갖춘 것이 아니다 보니 머리도 꼬리도 없이 이어지고 또 이어져서 어디까지 잘라서 어떻게 이름을 붙이고 설명을 해야 할지 종잡을 수조차 없을 지경이다. 그것을 따라간다 한들 꼬리조차 보이지 않고 다가선다 한들 머리조차 알아볼 수가 없다. 이처럼 크고 위대한 '도'이다 보니 딱히 어떤 특징을 잡아서 무엇이라고 이름을 붙이기도 애매하다는 것이다.

　사람들은 저마다 어느 한 쪽만 보고 듣고 만진 후 그것만 '도'인 줄로 착각하고 또 남들에게 그것을 믿으라고 강요하지만 사실 우리들이 보고 듣고 만지는 것은 그저 위대한 '도'의 극히 일부분에 지나지 않는다. 마치 개미에게 보이는 인간은 오관을 갖춘 생명체가 아니라 밑도 끝도 없이 이어지는 스펀지이거나 나무가 듬성듬성 서 있는 사막처럼 여겨지듯이 말이다. 이렇듯 우리가 인식할 수 있는 '도'라는 것은 그저 개미가 인지할 수 있는 '인간'과도 크게 다르지 않은 것이다. '도'가 무엇인지 어떻게 생겼는지에 대하여 어떻게 무엇이라고 말을 할 수 없는 우리들은 코끼리를 더듬는 장님들과 다를 바가 없어 보인다. 우주 만물에 대한 인간의 식견이나 지식이란 이렇듯 유한하고 가소롭기만 하다.

제15장
도를 받드는 사람은 사심을 채우지 않는다
백서본 제59장

예로부터 관리의 직분을 잘 해내는 이들은,　　　　　　古之善爲士者,

미세하고 오묘한 데까지 두루 통달한 까닭에,　　　　　微眇玄達,

너무도 심오해서 글로는 이루 표현하기 어려울 정도였습니다.　深不可識,

그들의 자취를 글로 표현하기는 어렵겠지만,　　　　　夫唯不可識,

억지로라도 그 모습을 묘사해 본다면:　　　　　　故强爲之容, 曰:

신중한 모습은 한겨울에 강물을 건너는 것 같고,　與呵其若冬涉水,

조심스러운 모습은 이웃들의 이목을 두려워하는 것 같고,　猶呵其若畏四鄰,

공손한 모습은 마치 나2네 같고,　　　　　　　　儼呵其若客,

퍼지는 모습은 녹아 풀리는 얼음 같고,　　　　　渙呵其若凌釋,

두터운 모습은 다듬지 않은 천연의 옥돌 같고,　　敦呵其若樸,

뒤섞이는 모습은 혼탁한 물줄기 같고,　　　　　混呵其若濁,

다소곳한 모습은 마치 샘과도 같습니다.　　　　澹呵其若谷.

어느 누가 탁한 물을　　　　　　　　　　　孰能濁

가라앉혀 서서히 맑아지게 만들 수 있을 것이며,　以靜之徐淸,

어느 누가 가라앉은 것을　　　　　　　　　孰能安

흔들어 서서히 살아나게 만들 수가 있겠습니까?　以動之徐生.

이 '도'를 지키는 이는,　　　　　　　　　保此道者,

굳이 욕심을 부리지 않더라도 언제나 가득 채워집니다.　　　　不欲尙盈.

욕심을 부리지 않아도 가득 채워지니,　　　　　　　　　夫唯不欲盈,

그로 인하여　　　　　　　　　　　　　　　　　　　　是以

아무리 닳고 해져도 새로 만들 필요가 없는 거지요.　　　能敝而不成.

|해설|

　본장에서는 고대 관리들의 지혜로운 처신에 대해 이야기하고 있다. 노자는 여기서 "여가(與呵)·유가(猶呵)·엄가(儼呵)·환가(渙呵)·돈가(敦呵)·혼가(混呵)·장가(湉呵)" 등 일련의 비유들을 빌어 세상 만물에 보편적으로 작용하면서도 좀처럼 포착하기 어려운 '추상적인' 도를 보다 '구체적으로' 묘사하는 한편, 이를 통하여 그 요체를 터득하고 매사에서 절도를 지킬 줄 아는 이상적인 관리의 상을 제시하고 있다. 그들은 끊임없이 순환상생하는 "흐려짐⇒가라앉음⇒맑아짐⇒움직임⇒생김(⇒흐려짐)"의 자연의 섭리 속에서 늘 신중하고 차분하고 공손하고 조화롭고 너그럽고 그러면서도 '도'에 순응하면서 자신의 자리에서 최선을 다한다. 어떤 의미에서는 노자가 제시하는 고대 관리들의 모습은 오늘날의 무색, 무취, 무음의 참된 진보주의자들의 모습과도 닮아 있다.

　본장에서 논란이 되는 것은 "장가, 기약곡(湉呵, 其若谷)"에 대한 해석이다. '장(湉)'은 백서본 을본에만 보이는 글자로서, 다른 판본이나 자전에서는 이에 대한 설명은 고사하고 그 글자조차 찾을 수 없다. 따라서 그 사전적인 의미를 정확하게 확인할 수는 없으며, 본장에 사용된 글자들과의 관계, 즉 전후 맥락을 통해 그 의미를 유추할 수밖에 없다. 이 글자는 부수에 삼수변(氵)이 들어가고 진한대에 '샘물'을 뜻하던 '곡(谷)'이 함께 사용된 점을 보면 물이 흐르는 소리나 모습을 나타내는 의성어 또는 의태어였을 가능성이 높다. 허항생(許抗生)은 이 글자를 '장(莊)'의 가차자로 보았다. '장'은 고문에서 주로 ① 장엄하다, ② 엄정하다, ③ 공손하다 등의 의미로 사용된다. 여기서는 '곡'과 함께 사용되었으므로《여씨춘추》〈효행(孝行)〉 "기거함에 있어 <u>공손하지 않으면</u> 효가 아니다"에서처럼 '공손하다' 또는 '겸손하다'로 해석하는 것이 무난하다. 또 여기서 "돈가, 기약박(敦呵, 其若樸)"의 '박'은 한대 이래로 가공하지 않은 나무 원목, 즉 '통나무(raw log)'로 해석하는 것이 정설로 여겨져 왔다. 그러나 실제로는 가공을 하지 않은 천연의 옥 원석, 즉 '옥돌(raw jade)'을 뜻하며, 여기서는 관리의 꾸밈없고 순수한 이미지를 강조하는 데에 사용되었다. '박'에 대한 보다 자세한 설명은 제28장 해설 부분을 참조하면 좋겠다.

본장에 언급된 '사(士)'는 보통 '선비(scholar)' 또는 '지식인(intellectual)' 정도로 번역하는 경우가 많다. 그러나 서주시대에는 하층 귀족 출신으로 주나라 왕실과 봉건 제후들을 위해 봉사하고 일정한 봉급을 받는 하급 관리(officer)를 가리키는 말로, 그 정치·사회적 위상으로 볼 때 우리나라 역사에서의 '사대부(士大夫)' 또는 지금의 공무원과 유사한 집단이었다고 할 수 있다. 이 관리집단은 당시까지만 해도 문관과 무관의 구분이 없어서 문무를 겸비한 경우가 많았다. 따라서 평시에는 각급 관청에서 행정 업무를 담당하다가 전시가 되면 군대를 인솔해 전쟁을 수행하곤 했다. 이 집단 내에서 역할 분담이 이루어지기 시작한 것은 주나라

평왕(平王)의 천도를 계기로 춘추시대가 시작되면서부터이다. 이 무렵 천하의 대권을 다투기 시작한 제후국들은 원활한 전쟁 수행을 위해 그동안 세습 귀족이 독점했던 병권을 이들에게 위임했는데, 그 과정에서 보다 효율적인 업무 처리를 위해 문·무의 구분을 두게 된 것이다. 그 후로 문관의 수장인 경(卿), 상(相)과 무관의 수장인 장군(將軍)은 최고 통수권자에 의해 직접 임면되었다. 시간이 흐르면서 다양한 직군으로 분화한 이 관리집단은 제후국들이 중앙집권적인 정치체제로 발전하면서 점차 신흥 관료집단의 주축으로 성장해 갔다.

당시의 관리집단은 주나라의 오랜 예치 문화의 영향을 받아 자신의 본분을 지키면서 매사에 최선을 다하고 신의를 중시했으며 세속적인 명예나 이익을 멀리했기 때문에 '군자(君子)'로 불리기도 했다. 이 같은 그들의 면모나 가치관은 중세 유럽의 '기사(騎士)'나 근세 일본의 '사무라이[侍]'와도 상당히 유사한 모습을 보여 준다. 춘추시대 말기에 이르면 '사학(私學)'들이 경쟁적으로 설립되어 서민 자제들도 교육을 받을 수 있게 되면서 '사인(士人)'집단이 출현하게 된다. 《한비자》〈외저설·좌상(外儲說·左上)〉에 따르면 조(趙)나라 양자(襄子)가 '사인'들을 중용하자 어떤 지역에서는 농사를 포기하고 부동산을 처분한 후 사학에 들어가는 사람들이 절반이 넘을 정도였다고 한다. 이들은 자유로운 신분으로 직업을 선택할 수 있었으나 특정한 주군에게 봉사하고 그 대가로 녹봉을 받는 기존의 '사' 관리집단과는 엄연히 성격이 달랐다.

세계 어느 지역이든 간에 정권이 수립되고 각자 영토를 가지게 되면 통치집단의 강력한 의지와 대승적 양보가 보장되지 않는 한 모든 인적·물적 교류는 억제되는 경우가 많다. 더욱이 서로가 정치적으로 각축·대립하면서 수시로 군사충돌이 벌어지던 춘추전국시대에는 사람들의 운신이 자유롭지 못했을 것이라고 여기기 쉽다. 그러나 정말 경이롭고 흥미로운 일이지만, 반드시 그런 것은 아니었다. 당시 사람들은 국적을 어디에 두고 있든 간에 정치·경제·사상적으로 상당한 자유를 누리고 있었기 때문이다.

춘추전국시대에서는 위로는 귀족과 '사인'들로부터 아래로는 장인, 상인, 농민에 이르기까지 각계각층의 사람들이 생계를 꾸리거나 자신의 이상을 펼치기 위하여 사방으로 진출하는 사례들을 쉽게 찾아볼 수 있다. 그중에서도 당시 신흥 지식인이던 '사인'들은 자신의 지혜와 재능을 펼칠 수 있는 곳을 찾아 많은 곳을 가장 활발하게 움직였다. 유가의 성인인 공자(孔子: BC551~BC479)가 수십 명의 제자들을 거느리고 제(齊), 송(宋), 위(衛), 초(楚), 채(蔡), 정(鄭) 등 여러 나라를 전전한 일을 알 만한 사람은 다 아는 일이다. 묵자(墨子: BC468~BC376) 역시 노나라 출신이면서도 송나라에서 대부(大夫) 벼슬을 지내는가 하면 제, 위(衛), 초 등의 나라를 두루 거쳤으며 그의 죽음으로 성사되지는 않았지만 강남의 월(越)나라까지 갈 계획을 세웠을 정도였다. 또 위(魏)나라 출신인 장의(張儀: ?~BC309)는 진(秦), 초, 제 등을 오가면서 '합종(合縱)'정책을 추진하는 동안 몇 번이나 진나라의 재상을 맡았으며 위(衛)나라 출신인 상앙(商鞅: BC395~BC338)은 위(魏)나라를 거쳐 나중에 진나라에서 재상을 지냈다. 심지어 상앙과 같은 나라 출신으로 탁월한 군사 전략가였던 오자(吳子: BC440~BC381) 역시 자신의 기량을 발휘한 곳은 초나라였지만 그 전에는 노, 위 등의 나라에서 활동했다.

이처럼, 춘추전국시대에는 서쪽 사람이 동쪽 나라에 유세를 갈 수도 있고 남쪽 사람이 북쪽 나라에서 벼슬을 살 수도 있는 등, 기본적으로 누구에게나 이주나 취업에 있어서의 자유가 허용되었으며 국적이나 지역에 따른 어떠한 차별이나 제한도 존재하지 않았다. 게다가 당시의 통치자들 역시 '제자백가'로 일컬어지는 다양한 학파들이 자신과 정치적 입장이나 견해가 다르더라도 자신의 성향에 따라 이들을 비판하거나 정치적인 불이익을 주는 일이 없었으며 한 학파를 내세워 다른 학파를 적대하거나 공격하는 일도 없었다.

자신의 저술에서 노자의 흔적을 많이 남기고 있는 맹자의 경우만 해도 그렇다. 그는 위나라에 유세를 갔다가 그 나라 군주 양혜왕(梁惠王)에 대해 "멀리서 바라볼 때도 군주답지 않더니 막상 대면하니 위엄이라고는 찾아볼 수 없더라"라고 일침을 놓는가 하면, "백성들이 가장 귀하고 사직이 그 다음이며 군주는 가장 가볍다"라며 역성혁명을 정당화하는 발언까지 서슴지 않았을 정도였다. 이렇듯 당시에는 통치자는 통치자대로 '사인'들이 쓸 만한 재능을 가지고 있으면 국적이나 출신을 따지지 않고 중용하고, '사인'은 그들대로 자신의 철학과 소신에 걸맞은 통치자를 택할 자유가 있었던 것이다. 그런 점에서 본다면 몸은 좀 고달팠는지 모르지만 지식인들에게는 당시가 오히려 지금보다 훨씬 만족스럽고 행복한 시절이었던 셈이다.

당시 사람들의 이 같은 운신의 자유는 무한경쟁의 '춘추전국시대'라는 특수한 정치적 환경이 존재했기 때문에 가능했는지도 모른다. 이 시기에 발생한 급격한 사회 변화와 잔혹한 전쟁, 그리고 과학기술의 발전은 인적 교류와 상업 발전에 상당히 유익한 계기를 마련해 주었기 때문이다. 그러나 이 같은 '특수'도 진나라의 시황제가 중원을 통일하면서 그 끝을 보게 된다. 시황제가 정치적으로 '군현제(郡縣制)'의 도입을 통해 중앙집권을 추구한 이래로 진나라의 '분서갱유(焚書坑儒)'에 이어 한대에는 유가사상을 유일한 통치이념으로 선언하고 제자백가를 퇴출하는 일련의 사상통제가 이루어지면서 자유분방했던 춘추전국의 문화·학술의 대성황은 중국역사에서 다시는 찾아볼 수 없게 되었다.

제16장
영원히 작용하는 우주의 섭리를 깨우쳐라

백서본 제60장

마음 비우기에 정진할 때는 끝까지 하십시오.	至虛, 極也,
차분한 상태를 지킬 때는 최선을 다하십시오.	守靜, 篤也.
만물이 두루 지어질 때,	萬物竝作,
나는 그것들이 태초로 되돌아가는 이치를 통찰하게 됩니다.	吾以觀其復也.
만물은 저마다 흐드러지게 피어났다가,	夫物芸芸,
각자 그 뿌리로 되돌아가니,	各復歸於其根,
이를 '차분해진다'고 합니다.	曰靜.
차분해진다는 것,	靜,
이는 '천명으로 되돌아가는 것'이라 하겠습니다.	是謂復命.
천명으로 되돌아가는 것은,	復命,
영원히 변치 않는 우주의 섭리입니다.	常也.
이 영원불변의 섭리를 깨달으면,	知常,
밝아집니다만,	明也,
이 섭리를 깨닫지 못하고 함부로 행동하게 됩니다.	不知常, 妄.
함부로 행동하다가는 흉한 일을 당할 것입니다.	妄作, 凶.
이 섭리를 깨달으면 만물을 모두 보듬게 되고,	知常容,

그렇게 보듬으면 모두에게 공평해지게 되며,	容乃公,
모두에게 공평하면 자연히 세상의 민심이 다 모이게 됩니다.	公乃王,
그렇게 민심이 모인다는 것은 곧 하늘의 뜻이라고 할 수 있는 셈이며,	王乃天,
하늘의 뜻을 따른다는 것은 곧 '도'를 따른다는 의미일 테지요.	天乃道,
이렇게 '도'를 따르면 오래가게 되리니,	道乃久,
그 몸이 스러진다 해도 위태롭지 않을 것입니다.	沒身不殆.

|해설|

본장에서는 통치자의 자기수양에 대해 이야기하고 있다. 사마천은 노자에 대해서 "바라는 바가 없이 스스로를 바꾸고 맑고 차분한 마음으로 스스로를 바로잡았다(無爲自化, 淸靜自正)"라고 평가한 바 있다. 말하자면 마음을 비우고 차분한 상태를 지키는 것이 노자가 사람들에게 주문하는 자기수양의 전제조건인 셈이다. 이 우주에는 만물이 "생성⇒발전⇒소멸⇒생성"하는 과정에서 영원히 변하지 않는 섭리[常]가 작용하고 있는데, 이 섭리에 순응한다면 불행을 당할 일이 절대로 없을 것이라고 보았다.

본장에서 노자는 구도자들에게 깨우치라고 한 것도 단순히 '뿌리로 돌아가는 것' 자체보다는 이 같은 순환-왕복운동의 이치를 깨달으라는 의미로 한 말로 이해해야 한다. 많은 사람들이 '뿌리로 돌아가라', '천연의 옥돌로 돌아가라', '벌거숭이 아기로 돌아가라' 등과 같은 그의 호소들을 피상적으로 이해하고 전원주택을 짓고 귀농을 선언하기도 한다.

물론 거기에도 유익한 점이 없다고 할 수는 없을 것이다. 그러나 노자의 참 의도는 언제 어디서든지 '도'를 깨닫고 그 이치를 배우고 일상에서 실천하라는 것이지 단순한 자연회귀나 전원생활을 호소한 것은 아니므로 이 부분의 이해에 각별한 주의가 필요하다.

《도덕경》을 읽을 때 그 의미나 용법에 각별히 유념해야 할 용어가 있다면 '상(常)'과 '항(恒)'이 아닐까 싶다. 지금까지 '통행본'으로 그 권위를 널리 인정받아 온 왕필본의 경우 '상'이 모두 27곳에서 사용되었으나 '항'은 전혀 보이지 않는다. 반면에, 초간본·백서본·한간본 등 초기 판본들의 경우, 왕필본에 '상'으로 되어 있는 것들 중 21곳이 '항'으로 적혀 있다는 사실이 확인되었다. 즉 원래는 '항'이던 것이 나중에 일률적으로 '상'으로 고쳐졌다는 뜻이다. "항⇒상"으로의 변경은 해석상의 문제가 아닌 정치적 판단에 따라 결정된 것이었다. 앞서 간단히 언급했듯이, 한나라 효문제(孝文帝) 유항(劉恒: BC202~BC157)의 이름자를 피하려는 의도에서 '항'을 일률적으로 '상'으로 교체한 결과인 것이다. 우연한 정치적 판단이 때로는 이처럼 고전의 원형과 그 전체적인 해석에 영향을 주기도 한다. 오늘날 이 두 글자는 의미·품사상으로 비슷하게 사용되는 일이 많다. 그럼 2,500여 년 전에도 그랬을까? 다들 그렇게 큰 차이가 없었을 것이라고 여기기 쉽지만 《도덕경》의 경우만 놓고 본다면 사실은 꼭 그렇지만도 않았다.

백서본에서 '항'은 ① "항도(恒道), 항명(恒名), 항덕(恒德)"처럼, 그 뒤의 동사를 수식하는 관형어로 충당되거나 ② "항무욕(恒無欲), 항족의(恒足矣), 항무위(恒無爲), 항여선인(恒與善人)" 등과 같이 동사(구)를 수식하는 부사로 충당되고 있다. 즉 모두가 '영원한'이나 '영원히'의 의미로 사용되고 있는 것이다. 이에 비하여 '상'은 단독으로 사용되든 "습상(襲常)" 또는 "지상(知常)"처럼 동사와 함께 사용되었든 간에 항상 외자의 명사로만 충당되고 있음을 발견할 수 있다. 그렇다면 《도덕경》에서 '상'은 어떤 의미를 나타내는 명사였을까? 이에 대한 명료한 설명은 《한비자(韓非子)》〈해로(解老)〉에 비교적 상세하게 소개되고 있다.

"보통 '리(理)'라는 것은 모나다 둥글다, 길다 짧다, 거칠다 섬세하다, 단단하다 가냘프다 따위의 구분들을 가리킨다. 그래서 어떤 것이든 '리'가 정해져야 그 대상물이 거기에 걸맞은 도를 갖출 수 있게 된다. 이렇게 정해지는 '리'는 있거나 없기도 하고 살거나 죽기도 하며 왕성했다가 시들해지기도 한다. 어떤 것이든 간에 있었다가 사라지거나 죽었다가 살아나거나 처음에는 왕성했다가 나중에 시들해진다면 그런 경우는 '상'이라고 할 수 없다. 오로지 천지의 개벽과 함께 생겨나서 천지가 소멸되는 그 순간까지도 죽거나 시들지 않을 때 이런 경우만을 '상'이라고 하는 것이다. 그런데 이러한 '상'은 바뀌는 일도 없지만 고정된 '리'라는 것도 존재하지 않는다. 고정된 '리'가 존재하지 않는다는 것은 그것이 '상'의 세계에 속하지 않는다는 뜻이다. 그러니 그것을 따르려 해도 따를 수가 없는 것이다. 위대한 노자는 그것의 아득하고 허무한 이치를 통찰하고 그것의 순환하고 운동하는 특성에 착안하여 임의로 '도'라고 이름 붙였는데, 그렇게 하고 나서야 그것에 대해 설명이 가능하게 되었다. 그래서 '도 중에서 따를 수 있는 것은 영원한 도가 아니다'라고 한 것이다."

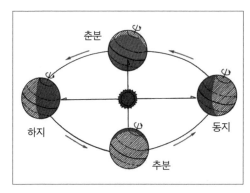

'도'는 항변하지만 그 같은 이치는 영속된다. 그림은 지구의 공전과 사계절의 변화.

한비(韓非)의 설명에 근거한다면 여기서의 '리'는 개개의 대상물의 특성을 뜻하고 '상'은 우주가 탄생해서 소멸될 때까지 고정된 형태로 존재하는 영원불변의 섭리를 가리킨다고 할 수 있겠다. 춘추전국시대의 문헌들 특히 도가 계열의 문헌들에서도 '상'은 많은 경우 이처럼 고유명사로 제시된다. 굳이 양자의 의미를 구분한다면 '상'이 특정 대상의 불변성(invariability)에 무게가 실려 있는 반면 '항'은 그 영속성(permanence)에 무게가 실려 있다고 할 수 있지 않을까? 그렇다면 '상'과 '항'은 적어도《도덕경》에서만큼은 그 의미나 용법에서 엄연히 다른 역할을 수행하고 있는 셈이다.

그런데 백서본 이후 몇 백 년이 지나 작성된 왕필본에서는 이에 대한 배경설명도 없이 일률적으로 "항⇒상"으로 대체되었다. 그렇다 보니 그 어휘가 지니고 있던 고유의 언어적 정체성이 사람들의 뇌리에서 잊혔고, 급기야《도덕경》의 내용을 이해하는 데에도 혼선이 생기게 된 것이다. 이제부터라도 노자의 가르침과《도덕경》의 원형에 보다 가까이 다가가고자 한다면 1,000여 년 동안 많은 오독과 왜곡에 방치되어 있었던 왕필본보다는 백서본을 보는 것이 훨씬 유익하다고 본다.

제17장
충심으로 백성을 섬기지 않으면 외면당하고 만다
백서본 제61장

통치에 있어 최고의 단계는,	大上,
아랫사람들이 통치자가 있다는 것 정도만 아는 경지입니다.	下知有之.
그 다음 단계는,	其次,
그를 가깝게 여기고 칭송하지요.	親譽之.
그 다음은,	其次,
그를 두려워하며,	畏之.
그 아래 단계는,	其下,
그를 업신여깁니다.	侮之.
통치자에게 정성이 부족하니,	信不足,
자연히 그에게도 정성을 다하지 않는 사람이 생기는 것입니다.	安有不信.
조심스럽기도 하군요,	猶呵,
그들이 한마디 말조차 소중하게 받아들이니 말씀입니다.	其貴言也.
성인은 공을 이루고 일을 해내더라도,	成功遂事,
신하들이 '나 스스로 했다'며 뽐내는 모습을 바라볼 뿐입니다.	
	而百姓謂我自然.

한 나라의 통치자가 훌륭한 인물인지 확인하려면 무엇을 보면 될까? 나는 새도 떨어뜨릴 정도의 권력일까? 재산? 업적? 그것도 아니면 거창한 명예? 만일 이런 것에 귀가 간질거린다면 그 사람은 통치자나 지도자가 될 생각을 접는 편이 좋겠다. 진정한 통치자는 오로지 백성들만 마음에 품기 때문이다. 본장은 그동안 통치자의 유형이나 서열을 소개한 대목으로 알려져 있었다. 그러나 본장에서 말하고자 하는 것은 "어떤 통치가 백성들로부터 외면당하고 비난받느냐?"이다. 노자는 "신부족(信不足)", 즉 백성들에 대한 애정과 정성이 부족한 통치자가 백성들로부터 외면당하고 업신여김을 당한다고 보았다.

나라의 기강을 세우고 백성들을 잘 보살피는 것은 통치자들의 고유의 권리인 동시에 의무이다. 그런데 이런 일에는 관심이 없이 수시로 식언을 일삼고 사리사욕 챙기기에만 바쁘다면 그런 자에게 어느 누가 충성을 바치고, 그런 자의 말에 어느 누가 귀를 기울이겠는가? "신부족, 안유불신. 유가, 기귀언야(信不足, 安有不信. 猶呵, 其貴言也)"라는 노자의 개탄은 바로 이러한 배경 속에서 나온 것이다. 그래서 그는 본장을 통하여 당시의 통치자들에게 백성들과의 약속을 소중히 여기고 그들을 위하여 최선을 다할 것을 강한 어조로 당부하고 있는 것이다. 여기서 "백성위아자연(百姓謂我自然)" 부분은 통치자가 통치 과정에서 이루는 업적과 명성을 혼자 독식하지 않고 통치의 동반자인 신하들을 위하여 양보하고 공유한다는 의미로 해석할 수 있다.

중국의 고문에는 '자연(自然)'이라는 말이 존재하지 않았다. 고대에는 '자연' 또는 'Nature'의 의미를 나타낼 경우 '나 자신'으로부터 타자화(他者化) 된 '외계의 사물'이라는 의미에서 '물(物)·외물(外物)·만물(萬物)' 또는 '천지(天地)' 같은 표현을 사용하는 것이 보통이었다. 사실 지금 우리에게 익숙한 '자연'이라는 말은 그 역사가 상당히 짧다. 즉 우리보다 앞서 서구 문물을 받아들인 일본이 영어 'Nature'의 의미를 번역할 때 중국 고전, 특히《도덕경》에 더러 등장하는 '自然'을 차용한 것으로, 그 후로 이것이 다시 중국과 우리나라로 전해지면서 '자연'이라는 고유명사로 굳어진 것이다. 역서들 중에는 수백·수천 년 전의 중국 고전에 나오는 '自然'을 'Nature'로 번역한 경우가 더러 보이는데 그것은 수천 년 전의 용법을 100여 년 전의 의미로 설명하려고 드는 것과 다를 바 없는 오역이다.

물론 그 의미에서는 큰 차이가 있지만 '자연(自然)'이라는 표현은 이미 춘추전국시대부터 존재하고 있었다.《도덕경》에서도 '자연'은 본장의 "백성위아자연(百姓謂我自然)", "희언자연(希言自然)"(제24장), "도법자연(道法自然)"(제25장), "부막지작, 이항자연야(夫莫之爵, 而恒自然也)"(제51장), "능보만물이자연이불감위(能輔萬物之自然而弗敢爲)"(제64장) 등 모두 5곳에서 보이고 있다. '자연'의 개념은 언어적인 측면에서도 그렇지만 철학적인 측면에서도 상당히 중요한 의미를 담고 있기 때문에 그 의미에 대해 확실하게 성리하고 넘어갈 필요가 있을 것 같다.

고문에서 '자(自)'는 '저절로(naturally)', '자력으로(automatically)' 또는 '자발적으로(voluntarily)'라는 의미의 부사로 주로 사용된다. '연(然)'은 품사나 의미에 있어 그보다 훨씬 폭넓게 사용되는데 '그러하다(like that)'

라는 형용사로 주로 사용된다. 즉 '자연'은 명사가 아니라 「부사＋동사」 구조의 동사구인 것이다. 《도덕경》에서도 마찬가지이다. 각 대목에서 언급된 "자연"은 맥락에 따라 어감을 조금씩 달리하고 있지만 그 의미에 있어서는 대체로 일치한다. 문제는 여기서의 '연'을 어떤 의미·품사로 해석할 것인가이다. 갑골문에서 '연'은 상부가 '개 견[犬]' 하부가 '불 화 받침[灬]'으로 이루어져 있었다. 그 초기의 의미는 "(개를) 불에 굽다(barbecue)"였던 것이다. 그러던 것이 시간이 지나면서 그 의미에 변화가 발생하게 된다. 허신의 《설문》에 따르면 "'연(然)'은 불에 태운다는 말"이다. 즉 이 무렵 '연'은 '태우다(burn)'라는 의미의 동사로 사용되었던 것이다. 이 글자는 그 후로 지금의 '연(燃)'이 새로 만들어질 때까지 계속 '태우다'라는 의미를 유지했을 것이다.

물론 '연'은 또 다른 의미·품사로 사용되기도 했다. 춘추전국시대의 문헌들을 보면 '연'은 이밖에도 '그러하다(like that)'나 '옳다(right)'라는 의미를 가진 형용사, '옳다고 여기다(think right)'라는 의미의 동사로도 사용되고 있다. 《한비자》〈고분(孤憤)〉에서 "통상적으로 법률과 술수의 실천이 어려운 것은 대국만 그런 것이 아니라 소국 역시 <u>그러하다</u>"라고 한 것이나 《사기》〈고조본기(高祖本紀)〉에서 "패공이 그 계책이 <u>옳다</u>고 여기고 그것을 좇았다"라고 한 것이 그 예이다.

《도덕경》에서는 '연'이 전부 동사로 충당되고 있다. 그 용례들을 전후 문맥을 중심으로 살펴보면 그 의미는 예외 없이 동사로서 '그렇게 하다(to do so)' 또는 그 수동형인 '그렇게 되어지다' 등으로 집중되어 있다. 이에 대해서는 장석창도 "'연'이란 이룬다는 말이다"라고 주장했고, 일본의 모리 미키자부로(森三樹三郎: 1909~1986) 역시 "타자의 힘을 빌리지 않고 그 자신에 내재하는 힘으로 그렇게 하다'라는 의미로 해석한 바 있다. '연'의 이 같은 용법은 전국시대나 한대 문헌에서도 수시로 찾아볼 수 있다. 《맹자(孟子)》〈양혜왕(梁惠王)〉 "하내에 흉년이 들면 그곳 백성들을 하동으로 옮기고 그곳 곡식을 하내로 옮겼으며 하동에 흉년이 들었을 때에도 마찬가지로 <u>그렇게 했다</u>"이나 《후한서》〈이고전(李固傳)〉 "보통 더할 수 없이 높아지면 위태롭게 되고 더할 수 없이 차면 넘치게 되고 달이 차면 기울고 해가 중천에 뜨면 지기 시작한다. 이 네 가지 현상은 저절로 <u>그렇게 되는</u> 이치이다" 등은 대표적인 예이다.

그렇다면 고문의 '자연'은 많은 경우 '저절로 그렇게 되다'로 번역하거나 간혹 맥락에 따라 '연'이 능동태로 해석되면 '스스로 그렇게 하다'로 번역할 수 있는 셈이다. 《도덕경》에서 "무위(無爲)"가 통치자의 가장 이상적인 통치방식으로 제시되고 있다고 한다면 "자연"은 이와 대비되는 개념으로 어떤 외압도 없이 이루어지는 백성들의 자발적·능동적 행위를 가리킨다고 할 수 있다.

'연'을 해석할 때 한 가지 주의해야 할 점이 있다면 그것은 시제 문제이다. 표의문자인 한자에는 알타이계나 유럽계 언어들과는 달리 시제의 변화가 가시적으로 드러나지 않는다. 따라서 동사로 충당되는 한자를 해석할 경우에는 전후 맥락을 통해 시제를 추정하는 수밖에 없다. 《도덕경》에서도 그러하다. 앞서 언급한 제24장·제25장·제51장·제64장의 "자연"은 현재 시제로 '저절로 그렇게 되다'로 번역된다.

다만 본장에서는 과거에 이루어진 일을 술회하는 형식을 따르고 있고, 신하들이 아무 걱정 없이 각자의 직무에 전념하고 때로는 통치자가 양보한 성공의 계기를 통치자가 아닌 '나 자신(신하들)' 때문이라고 뽐내

'연(然)'은 원래 개를 불 위에서 굽는 것을 뜻하는 글자였다. 왼쪽 갑골문을 보면 '연'이 원래 어떤 의미를 담고 있었는지 알 수 있다. 오른쪽 예서(백서본)를 보면 이 의미를 보다 분명히 나타내기 위하여 '개[犬]'와 '불[火]' 사이에 '고기[月]'를 뜻하는 획을 추가해 놓았다.

는 것으로 묘사한 것을 보면 여기서는 "자연-ed", 즉 과거 시제로 보아 "스스로 <u>그렇게 했다</u>(I did it by myself)"로 번역해야 옳다. 원대(元代)의 학자 오징(吳澄: 1255~1330)은 "아자연(我自然)"을 '나는 본래부터 <u>그러했다</u>(我自如此)'라는 의미로 해석했지만 전후 문맥을 고려할 때 그것은 오독이다. 여기서 부사 '자(自)'는 그 문법적, 의미적 속성상 동사와 함께 사용되어 해당 동작이나 행위의 자발성을 나타내고 있기 때문이다.

제18장
조화가 흐트러질 때 큰 교화가 뒤따르게 된다
백서본 제62장

그래서 위대한 도가 기울어지면,	故大道廢,
큰 사랑과 정의의 의미가 강조되고,	安有仁義.
지혜가 부각되면,	知慧出,
큰 교화의 역할이 강조되고,	安有大僞.
집안이 화목하지 못하면,	六親不和,
효도며 자애 같은 덕목이 강조되고,	安有孝慈.
나라와 집안이 어둡고 어지러워지면,	邦家昏亂,
지조 있는 신하의 역할이 강조되는 것입니다.	安有貞臣.

|해설|

　본장에서는 최하의 통치자에 의해 "신부족(信不足)", 즉 잘못된 통치가 이루어질 때 이에 대한 반작용으로 발생하는 일련의 사회현상들에 대해 이야기하고 있다. 여기서 "대도폐(大道廢)-지혜출(知慧出)-육친불화(六親不和)-방가혼란(邦家昏亂)"은 잘못된 통치와 그 결과로 이해할 수 있다. 또 "유인의(有仁義)-유대위(有大僞)-유효자(有孝慈)-유정신(有貞臣)"은 이를 바로잡기 위한 '도'의 반작용으로 이해된다. 그동안 "유인의-유대위-유효자-유정신"은 자주 통치자들의 작위, 즉 "유위(有爲)"의 산물로 해석되어 왔다. 따라서 기존의 학자들은 이를 노자가 '인(仁)', '의(義)', '효(孝)', '자(慈)' 등의 유가 이념을 부정하고 비판한 증거로서 자주 인용되어 왔다. 그러나 그 같은 해석은 어디까지나 착시에 불과하다. 왜냐하면 "유인의-유대위-유효자-유정신"이 "대도폐-지혜출-육친불화-방가혼란"에 이어지는 현상들로 제시되기는 했지만, 이를 "유위"의 산물로 일반화하는 데에는 무리가 있기 때문이다. 노자는 《도덕경》 어디에서도 '인', '의', '효', '자'에 대한 거부감을 드러낸 적이 없다. 오히려 그는 '자'를 '세 가지 보배[三寶]'(제69장) 중의 하나로 대단히 소중한 덕목으로 강조하기까지 하였다.

더욱이 왕필본 등 후대 판본에는 보이지 않지만 초간본, 백서본, 한간본 등 초기 판본에는 모두 '고(故)'가 본장의 첫 글자로 제시되어 있다. 이 글자의 존재는 곧 《도덕경》에서 제17장과 제18장이 별개의 독립된 장이 아니라 내용과 맥락에 있어 서로 연결되어 있음을 문법적으로 뒷받침해 준다. 본서에서는 진고응, 허항생, 주겸지, 고명 등 다수의 학자가 여전히 이 부분을 두 장으로 구분하고 있고, 역자 또한 독자들이 아직은 왕필본의 81장 체제에 익숙하다는 점을 감안하여 이 부분을 편의상 제18장으로 분리했으나, 백서본에는 두 부분이 "고(故)"를 매개로 하여 하나의 장(제17장)으로 통합되어 있음에 주목할 필요가 있다.

그렇다면 본장의 내용은 당연히 제17장에서의 논의의 연장선상에서 이해되어야 옳다. 즉 노자의 입장에서 앞의 "대도폐-지혜출-육친불화-방가혼란"은 백성들이 업신여기는 최하의 통치의 결과 또는 부정적인 병리현상의 사례들로서 제시된 셈이다. 그러나 후자의 경우는 다소 상황이 다르다. 보기에 따라서는 잘못된 통치에 대한 '도'의 자연스러운 반작용으로도 얼마든지 해석이 가능하기 때문이다.

본장의 맥락을 정확하게 이해하는 데 있어 '캐스팅 보트'의 역할을 하는 글자는 '위(僞)'이다. 그동안 학자들이 "유인의-유대위-유효자-유정신"에 부정적인 의미를 부여한 데에는 여기에 '위(僞)'가 끼어 있다는 사실이 단단히 한몫하였다. 고문에서 '위'는 '거짓(falsity)', '위선(hypocrisy)', '속임수(trickery)' 등, 부정적인 어감이 다분한 의미를 나타낼 때 주로 등장한다. '대위' 역시 통상적으로 '큰 거짓'이라는 의미로 해석되어 왔다. 그렇다 보니 맥락의 일관성을 이유로 부정적인 어감에 편승하여 나머지 "유인의-유효자-유정신"의 상황들까지 부정적으로 해석하는 것이 당연하게 여겨져 왔던 것이다.

그러나 명심해야 할 것은 전국시대까지만 해도 '위'에는 우리의 선입견과는 다른 때깔의 용법이 존재하고 있었다는 점이다. '성악설'을 주장한 순자(荀子: BC313~BC238)는 《순자》〈성악편(性惡篇)〉에서 인간 본성에 대한 교정의 필요성을 강조하면서 여러 차례에 걸쳐 '위'를 언급하고 있다. 그는 "조작할 수 없으되 인간에게 있는 것을 '성'이라고 하고, 배울 수 있으되 조작해서 인간에게 만들어 줄 수 있는 것을 '위'라고 한다(不可事而在人者, 謂之性. 可學而能可事而成之在人者, 謂之僞)"라고 하여 본성인 '성(性)'과 함께 '위'의 개념을 설명하고 있는 것이다. 여기서 '위'는 '조작(manipulation)' 또는 '교정(correction)'의 의미로 사용되고 있으며, 부정적인 어감은 전혀 담고 있지 않다. 그는 "인간의 본성은 악하며, 그를 선하게 만드는 것은 교정이다(人之性, 惡. 其善者, 僞也)"에서도 역시 비슷한 의미로 '위'를 언급하고 있다. '위'의 의미에 대해서는 전북 군산 태생의 일본 학자 이케다 도모히사(池田知久: 1942~) 역시《순자》의 예를 들어 '위'를 '인위(人爲)'의 '위(爲)'의 의미로 해석한 바 있다. 그렇다면 본장에서의 "대위"는 기존의 '큰 거짓'이 아닌 '큰 교정' 또는 '큰 교화'로도 얼마든지 해석이 가능한 셈이다.

'위'에 대한 기존 오독의 가장 큰 책임은 아무래도 왕필에게 물을 수밖에 없을 것 같다. 그는 이 문제와 관련하여 자신의《노자주(老子注)》, 즉 왕필본에 "지혜를 가진 임금이 덕을 천하게 여기고 말을 귀하게 여기는가 하면, 내실을 천하게 여기고 겉치레를 귀하게 여기자 아랫사람들이 이에 호응하여 큰 거짓과 간사함을 자행하게 되었다"라는 주석을 붙여 '僞=거짓'으로 의미를 확정해 버린 장본인이기 때문이다. 그 후로 왕필본이 '통행본'으로 1,700여 년 동안 절대적인 권위를 누리면서 후대의 학자들도 '大僞=큰 거짓'의 도식을 당연하게 여기게 된 것이다.

지금까지 위에서 살펴본 것처럼, '위'를 한대 이후의 의미를 좇아 '거짓'으로 해석하는 데에는 신중을 기할 필요가 있다고 본다. 단 한 글자에 대한 오독이 해당 구문의 번역은 둘째 치고 해당 장의 대의나 책 전체의 가르침을 파악하는 데에 부정적인 영향을 끼친 사례는《도덕경》뿐만 아니라 다른 고전들에서도 자주 찾아볼 수 있는 일이기 때문이다.

초간본에는 "지혜출, 안유대위" 부분이 보이지 않는다. 그러나 백서본, 한간본, 왕필본 등 나머지 판본들에는 예외없이 이 부분이 기재되어 있는 데다가, 초간본이 일종의 발췌본이었다는 인식 역시 학계에서 보편적인 점을 감안하여 본서에서는 해당 부분을 그대로 수록하였다.

무상급식·무상보육·무상의료 등 '무상 3종 세트'는 2010년 지방선거 때 반값 등록금과 함께 정치판의 '인기 공약'으로 처음 등장했다. 돈이라고는 국민들이 쌈지에서 한 푼 두 푼 모아 내는 세금밖에 없는 상황에서 '무상 세트' 예산의 급증은 다른 교육·복지 예산의 급격한 탕진을 의미한다. 실제로 '무상 세트' 슬로건이 등장한 후 장부상으로는 관련 예산이 급증했음에도 불구하고 단 3년 만에 정작 저소득층에 돌아가는 혜택은 날로 줄어들고 부실해지는 무상 복지의 하향 평준화가 현실이 되어 버렸다. 2014년에는 관련 예산의 급증으로 명예퇴직 신청자들이 급감하면서 당장 올해 서울 지역 초등학교 신규 교사 발령 비율이 평년의 30~40% 수준에서 3.5%로 급락했다.

학교 급식 역시 마찬가지이다. 충분한 논의도 없이 대상자가 일부가 아닌 전체 학생으로 확대되는 바람에 예산이 크게 부족해져 형편없는 식재료와 단조로운 식단으로 급식을 제공하는 학교가 한둘이 아니다. 교육 환경은 더 가관이다. 천장에서 비가 새고 교실 벽이 무너지고 냉난방이 되지 않는가 하면 화장실에서는 악취가 진동하는데도 보수할 돈이 없단다. 실태가 이렇다 보니 정작 학습부진아 보충학습·스포츠·영어 원어강의 등, 처음부터 저소득층 자녀들을 위해 기획되었던 각종 프로그램들이 대폭 축소·중단되었고, 그 적자를 메꾸느라 무상 혜택이 절실한 저소득층에게서 난데없이 매월 11만 원씩 식비를 걷어야 할 판이란다.

그런데도 정치권에서는 아직도 무상버스에 무상진료·무상교육·반값난방·선심개발 등 온갖 사탕발림이 난무하고 있다. 아직도 무상놀음이 난무하고 또 그런 사탕발림이 먹혀드는 요즘의 우리나라를 보고 있으면 이솝 우화 속의 〈욕심쟁이 개〉이야기가 생각난다. 허상에 불과한 물 속

자신의 뼈다귀를 탐내다가 그나마 자신이 물고 있던 진짜 뼈다귀마저 놓쳐 버린 어리석은 개 말이다.

양날의 칼과 같은 것이 복지이다. 의지할 데도 도움을 청할 데도 없는 이들에게는 가뭄 끝의 단 비와도 같지만, 자생력을 갖추고 부지런한 이들에게는 오히려 생존의지를 갉아먹는 마약이 될 수도 있다. 몇 십 년 전만 해도 세계적인 경제 부국이었던 그리스·스페인·아르헨티나가 순식간에 국가부도를 맞은 것도 그 국민들이 무책임한 포퓰리즘 정치꾼들의 복지 놀음에 놀아나 나라 살림을 거덜 낸 데 따른 참담한 대가이다.

우리나라 국민들은 1960~1970년대에 '한강의 기적'을 이룬 근면하고 열정적인 사람들이었다. 그런 훌륭한 국민들을 자신의 영달에 눈이 먼 정치모리배들이 나태하고 이기적인 베짱이들로 타락시키고 있다. 무상복지라는 미명 아래 자기 국민들에게 끔찍한 마약을 권하는 이 자들은 도대체 어느 나라 정치인들인가?

21세기를 대표하는 세계적 석학 기 소르망(Guy Sorman: 1944~)은 일전에 중앙일보와의 인터뷰에서 정부가 국민에게 물고기를 주는 것이 자선이라면 물고기 잡는 법을 가르치는 것은 박애라고 강조했다. 훌륭한 지도자란 단순히 국민들에게 물고기 몇 마리를 쥐어주기보다는 "자연(自然)", 즉 자력으로 물고기를 잡을 수 있는 '능동적인 성취'의 노하우를 가르치고 또 그 정신을 널리 전파하는 사람이다. 어떠한 사심도 없이 어떠한 대가도 바라지 않고 오로지 국민들을 위해 헌신하는 사람이야말로 한 집단의 지도자, 한 나라의 통치자가 될 자격이 있다는 뜻이다. 과연 지금 우리나라에 그런 사람이 몇이나 될지 의문이다.

제19장

지나친 욕망을 버리고 태초의 순수로 돌아가라

백서본 제63장

성스러워지겠다는 욕망을 끊고 박식해지겠다는 욕망을 버리면,	絶聖棄知,
백성들이 백 배는 더 이로워질 것입니다.	民利百倍.
큰 사랑을 베풀겠다는 욕망을 끊고 정의롭겠다는 욕망을 버리면,	絶仁棄義,
백성들이 저절로 효성과 자애를 되찾을 것입니다.	民復孝慈.
정교한 것에 대한 집착을 끊고 이득을 챙기겠다는 욕망을 버리면,	絶巧棄利,
도적도 가지려는 마음이 사라지게 될 것입니다.	盜賊無有.
이 세 마디 당부를,	此三言也,
막상 글로 적고 보니 왠지 좀 부족한 것 같군요.	以爲文未足,
그래서 거기에 당부 드릴 사항들을 덧붙일까 합니다.	故令之有所屬.
꾸밈없는 바탕색을 드러내고 다듬지 않은 옥돌을 품으십시오.	見素抱樸,
사사로운 마음을 줄이고 지나친 욕심을 덜어 내도록 하십시오.	少私寡欲.
학문에 대한 집착을 끊으면 시름도 자연히 사라질 것입니다.	絶學無憂.

|해설|

본장은《도덕경》이 도가 경전일 뿐 아니라 제왕학서이기도 하다는 점

을 환기시켜 준다. 여기서 노자는 매사에 어떠한 바람이나 작위도 없는 "무위(無爲)"의 미덕에 대해 이야기하고 있기 때문이다. 보통 사람들은 자신이 한 조직의 지도자, 한 나라의 통치자가 되면 이런저런 유혹에 노출되는 경우가 많다. 그중 하나가 자신을 과시하고 남들과 차별화하고자 하는 충동이다. 예를 들어 어떤 통치자는 자신에게 온갖 수식어와 찬사를 다 갖다 붙여 거의 신과 동격으로 숭배할 것을 강요하는 경우가 있다. 또 어떤 경우는 온갖 명예와 직함을 다 달아 남들보다 훌륭해 보이려고 애쓰는 경우도 있다. 어디 그 뿐인가? 어떤 통치자는 자신을 대단한 박애주의자나 정의의 수호신이라도 되는 것처럼 포장하고 미화하는 경우도 한둘이 아니다.

'나 자신'을 드러내고 과시하기 위해 돈을 벌고 명예에 집착하고 권력을 쌓아간다. 그렇게 함으로써 내 이름 석 자를 더 많이 알리고 그 과정에서 더 유명해지고 더 높아지고 더 강력해질 수 있고 궁극적으로 보다 행복해질 수 있다고 철석같이 믿어 의심치 않는다. 구원파의 교주 유병언 일가는 바로 그같은 착각에 사로잡혀 있다가 패가망신한 대표적인 사례라고 알 수 있다.

모름지기 지도자나 통치자라면 그 같은 세속적인 유혹들에 미혹되어서는 안 되는 법이다. 그 같은 욕망을 이루기 위해 정력과 시간을 쏟아붓는다는 것은 정말 어리석은 짓이기 때문이다. 그럴 정성과 시간을 백성들에게 바치는 것이야말로 그 같은 바람을 이룰 수 있는 지름길이라는 것을 아는 사람은 그다지 많지 않은 듯하다.

노자가 본장을 "현소포박, 소사과욕, 절학무우(見素抱樸, 少私寡欲, 絶學無憂)"의 당부로 끝맺고 있는 것도 바로 이러한 이유와 무관하지 않은 것이다. 본장은 체제상으로는 제18장과 분리되어 있으나 맥락상으로는 하나로 연결되어 있다.

《도덕경》을 자세히 정독한 사람들은 노자가 문명파괴주의자나 선동가가 아니었다는 사실을 누구나 다 알 것이다. 이 부분은 위에 열거한 여섯 가지 덕목에 대한 기대나 집착으로 이해해야 전후 맥락이 자연스럽게 연결된다. "절인기의, 민복효자(絶仁棄義, 民復孝慈)"의 경우만 해도 그렇다. 여기서의 '인(仁)'과 '의(義)'를 '인자함'이나 '정의로움' 같은 덕목 자체로 이해하고 그것들을 버려져야 할 것으로 이해하면 역시 똑같은 덕목인 '효성스러움'이나 '자애로움' 역시 버려져야 할 것으로 언급되어야 앞뒤가 맞다. 그런데 한쪽은 타파해야 할 대상이고 한쪽은 회복해야 할 가치로 서로 모순되게 제시되고 있는 것이다. 도덕경에서 30번 가까이 사용된 '성(聖)'역시 유독 여기서만 부정적인 가치로 언급되고 있다. 이럴 경우 우리가 제일 먼저 고민해야 할것은 바로 '인'과 '의'에 대한 기존의 번역에 문제가 없는가이다.

우리가 본장을 읽을 때 유념해야 할 점이 있다면 그것은 《도덕경》이 도가의 경전이면서 동시에 제왕학서이기도 하다는 사실, 또 노자가 본장에서 상정하고 있는 가상의 독자는 일반 대중이 아니라 통치자들이라는 사실일 것이다. 본장에서 "성(聖)·지(知)·인(仁)·의(義)·교(巧)·리(利)"는 전통적으로 해당 글자가 나타내는 덕목 그 자체를 의미하는 것으로 여겨져 왔다. "성스러움을 끊고 박학다식함을 버리면 …… , 인자함을 끊고 정의로움을 버리면 …… , 기술을 끊고 이익을 버리면 ……" 식으로 말이다.

그러나 적어도 본장에서는 그런 전통적인 해석이 먹혀들지 않는다. 그 개개의 글자들은 바로 그 가치들을 향한 인간의 기대나 집착을 가리키는 것으로 보아야 옳기 때문이다. "성·지·인·의·교·리"는 전후 맥락상 그 자체를 부정하거나 파괴하라는 말이 아니다. 오히려 성스러워지고 박식해지고 인자해지고 정의로워지고 솜씨를 뽐내고 이득을 뽑는 데에 집착하던 당시의 통치자들에게 무엇을 바라고 작위적으로 행동하는 "유위"를 버리고 어떠한 바람도 없는 "무위"의 통치를 펼치라는 주문으로 이해되어야 옳다. 그 개개의 덕목이나 가치 그 자체는 누가 끊으라 마라 강요할 수 있는 것이 아닐 뿐더러, 또 그렇게 한다고 해서 없앨 수 있는 것도 아니기 때문이다.

노자가 말하는 성인은 어떤 일을 추진할 때 그 행동에 사사로운 목적이나 기대심리가 없고, 그 행동을 하면 이렇게 되겠지 하고 바라지도 않는다. 참된 성인의 통치는 이런저런 번뇌나 분별이나 바람이나 욕심을 떨쳐 버리는 데서 얻어지기 때문이다. 노자는 저 모든 것을 미련 없이 내려놓거나 그 같은 집착이나 욕심이나 아집을 비워 낼 때 비로소 그 모든 것으로부터 자유로워지고 궁극적으로 성인의 "무위"가 구현된다고 본 것이다.

이 점을 제대로 인식해야 노자가 본장에서 역설하고 전하고자 한 가르침을 제대로 이해할 수 있게 된다. 일부 학자는 본장의 "절학(絶學)"을 노자가 봉건 통치자들 편에서 우민정책을 선동한 음모가였다고 주장하기도 했다. 그러나 그 같은 해석은 노자의 의도를 제대로 읽지 못한 오독의 산물이라고 밖에 할 수 없다. 여기에 열거된 윤리나 가치들은 인간의 생활과 불가분의 관계에 있기 때문이다.

이 같은 모순은 바로 지금까지 우리가 《도덕경》을 바라보는 시각에서 비롯된 일종의 굴절현상이다. 즉 우리가 지금까지 노자가 본장에서 이 가르침을 주고자 한 대상이 누구인지, 또 《도덕경》이 어떤 성격의 책인지에 대해 제대로 파악하지 못한 데서 빚어진 곡해인 것이다. 지금까지 사람들은 《도덕경》이 단순한 도가철학의 경전이기에 앞서 춘추전국시대의 통치자들을 대상으로 하는 제왕술의 하나였다는 점을 간과하는 경향이 있었다. 대다수가 《도덕경》의 주요 대상이 누구인지조차 파악하지 못한 상태에서 본장을 읽다 보니 엉뚱하게 노자를 문명파괴주의자 또는 우민정치의 선동가로 둔갑시키는 어리석음을 범할 수밖에 없는 것이다.

제20장

나를 길러주는 생명의 근원을 소중히 여겨라

백서본 제64장

'그래'와 '아니',	唯與呵,
이 둘이 차이가 나 봤자 얼마나 나겠습니까?	其相去幾何.
아름다움과 추함,	美與惡,
이 둘이 차이가 나 봤자 어느 만큼이나 나겠습니까?	其相去何若.
"남이 눈치를 보니,	人之所畏,
나 역시 그들 눈치를 보지 않을 수 없다"라고요?	亦不可以不畏人.
막막하기만 하군요,	望呵,
그 끝이 보이지 않으니 말씀입니다!	其未央哉.
남들은 모두 즐거움이 넘치는군요,	衆人熙熙,
소를 바치는 큰 제사 자리에서 마음껏 먹고 즐기고는	若饗於太牢
봄날 누대에 놀러라도 가는 것 같습니다.	而春登臺.
그러나 나만은 담담하게 그런 일이라고는 없는 듯이 행동합니다,	我泊焉未兆,
갓난아기가 아직 방긋거릴 줄조차 모르는 것처럼 말입니다.	若嬰兒未咳.
고달프기만 하군요,	纍呵,
돌아갈 데조차 없는 것처럼 말입니다.	似無所歸.
남들은 다들 여유가 넘치건만	衆人皆有餘
나만 혼자 뭐라도 잃어버린 것 같군요.	而我獨遺.

바보 같은 이 내 마음은,	我愚人之心也,
참으로 어리고 어리기도 하지요!	蠢蠢呵.
남들은 매사에 훤하고도 훤한 것처럼 행동하지만,	衆人昭昭,
나만 유독 깜깜한 듯이 굴고,	我獨若昏呵.
남들은 매사를 따지고 또 따지려고 들지만,	衆人察察,
나만 유독 흐리고 또 흐리게 처신합니다.	我獨悶悶呵.
그윽하기도 합니다,	忽呵,
그것은 바다와도 같군요!	其若海,
아득하기도 합니다,	望呵,
그것은 멈출 데조차 없는 것 같군요!	其若無所止.
남들은 저마다 핑계가 있지만,	衆人皆有以,
나만 유독 순진하고 고지식하게 살아갑니다.	我獨頑以鄙.
아무리 그래도 나는 혼자만이라도 남과는 달리	吾欲獨異於人
'나를 먹여 주는 어미'를 소중하게 받드렵니다!	而貴食母.

|해설|

본장에서는 '도'에 대한 노자의 확고한 주관 또는 자기 정체성에 대해 이야기하고 있다. 사람들은 보통 일상생활을 할 때 군중의 심리에 휩쓸리는 경향이 많다. 누가 무슨 사업으로 큰돈을 벌었다고 하면 그 아이템이 자신에게 적합한 것인지 내가 그에 관한 사전 지식을 갖추고 있는지 따져 보지도 않고 너도 나도 경쟁적으로 사업에 뛰어든다. 또 누가 무슨 말을 하면 그 말이 아무리 부당해도 지인과의 대인관계나 남들의 시선 때문에 마지못해 그것을 묵인하거나 부화뇌동한다.

노자는 이 같은 인간의 군중심리가 자아내는 획일주의와 흑백논리를 경계하고 있다. 물론 무슨 일이든 다수의 의견을 따라 결정을 내리면 비교적 안전하며, 설사 일이 잘못되더라도 그 일의 실패에 대해 자신이 져야 할 책임에서 자유로울 수도 있을 것이다. 남들이 하니까 나도 그렇게 한다는 식으로 인식하고 판단하는 것이야 본인의 자유이다 그러나 그런 생각이 행동으로 이어졌다가는 오히려 일을 그르치는 것은 물론이고 자신의 정체성까지 모호해질 수도 있다. 노자가 매사에서 외물에 휩쓸리지 않고 굳은 의지로 자신만의 '도' 즉 자신을 먹이고 길러 주는 어미를 지키고 섬기는 데에 온 정성을 다 하라고 설파하고 있는 것도 이 같은 이유 때문이다.

본장에는 춘추전국시대의 나들이 문화에 대한 언급이 보인다. 당시만 해도 특정한 사상이 단일한 국가 통치이념으로 확립되지 않은 상태였다. 그렇다 보니 귀족들은 말할 것도 없고 일반 서민들도 여가가 생기면 근교로 나들이를 나가는 망중한을 즐기곤 했다. 서주시대부터 춘추시대 중기까지 500여 년 사이에 지어진 서정시들을 모아 놓은 시집인 《시경(詩經)》을 펼쳐 보면 당시 사람들이 어떻게 여가를 즐겼는지 엿볼 수 있다. 봄은 만물이 생장하는 계절이다 보니 나들이는 단순한 바람쐬기나 기분전환을 위한 소풍의 차원을 넘어 때로는 남녀가 만나 사랑을 나눌 수 있는 좋은 기회이기도 했다. 《시경》〈국풍·정풍(國風·鄭風)〉의 "그 동문을 나가니[出其東門]"에서는 정나라의 봄나들이 풍경이 소개되고 있다. 당시 정나라에서는 해마다 봄에 도읍의 성문을 나서면 나들이를 나온 사람들로 인산인해를 이루었다. 젊은 남녀들은 이 날 마음에 드는 짝을 구해 은밀한 데이트를 즐기곤 하였다.《시경》에는 남녀간의 사랑을 다룬 서정시들이 많은데 대부분 따뜻한 봄날 교외에 나들이 나갔다가 일어난 '썸씽'들을 소개하는 식이다.

당시에는 나들이를 나갔다가 우연히 가지는 데이트를 '분(奔)'이라고 불렀다. 지금도 그렇지만 당시 남녀 간의 사랑은 중매인을 끼우고 혼례라는 제도적인 절차를 거쳐야 합법적인 결합으로 인정받았다. 반면에, 나들이에서의 데이트는 그 같은 공식적인 절차가 생략된 우발적인 관계였다. 그래서 이를 은밀한 야합이라는 의미에서 '사분(私奔)'이라고 불렀다. 이 우발적인 데이트는 제도적인 절차를 거친 것이 아니었으나 당시 사람들은 이를 부끄럽다거나 비난받을 일로 여기지 않았다. 게다가 당시는 인구가 적고 다산이 장려되던 시대이다 보니 나라에서 이를 금지하기는커녕《주례》〈지관·매씨(地官·媒氏)〉에 "야합하는 이를 막지 않는다"라는 말이 나올 정도로 오히려 해마다 음력 3월 3일을 중국판 발렌타인 데이인 '상사절(上巳節)'로 정해 남녀의 만남을 장려하기까지 했다.

유교의 창시자인 공자(孔子: BC551~BC479)도 사실은 65세라는 지긋한 나이의 그의 아버지 숙량홀(叔梁紇)이 나들이를 나갔다가 15세의 앳된 처녀 안징재(顔徵在: BC568~BC535)와 눈이 맞으면서 맺어진 '열매'였다. 훗날 유교사상의 수호자를 자처한 송대 유학자들이 자신들의 대성인인 공자가 태어난 계기가 된 '사분'을 "음란한 야합[淫奔]"이라고 매도한 것은 역사의 아이러니가 아닐 수 없다.

제21장

위대한 덕은 도를 본보기로 삼는다

백서본 제65장

위대한 '덕'이 발현된 모습은,	孔德之容,
오로지 '도'만을 본보기로 따릅니다.	唯道是從.
'도'가 물질로 변환되면,	道之物,
그저 아득하고 그윽하기만 합니다.	唯望唯忽.
그윽하고 또 아득합니다만,	沕呵望呵,
속에는 형상이 깃들어 있지요.	中有象呵.
아득하고 또 그윽합니다만,	望呵沕呵,
속에는 물질이 담겨 있습니다.	中有物呵.
깊고 또 컴컴합니다만,	幽呵冥呵,
속에는 얼이 서려 있지요.	中有精呵.
그 얼은 너무도 순수하며,	其精甚眞,
그 속에는 정성스러운 마음이 담겨 있습니다.	其中有信.
지금으로부터 태고시대까지 거슬러 올라가 보아도,	自今及古,
그 이름이 떠나지 않는 것은,	其名不去,
그것이 '모든 것의 아비'를 순종하기 때문입니다.	以順衆父.
내가 무엇을 근거로	
'모든 것의 아비'가 그렇다는 것을 아느냐고요?	吾何以知衆父之然也,

바로 이것을 통해서입니다.   以此.

|해설|

　본장에서는 물화된 '도' 즉 '위대한 덕[孔德]'에 대해 이야기하고 있다. 《도덕경》에서 '도'는 우주 만물에 보편적으로 작용하는 운행 법칙이다. 이와 동시에 일정한 주기나 궤도에 따라 이루어지는 운동의 패턴을 가리키는 말이기도 하다. 따라서 그 자체만 놓고 본다면 물질이라고 할 수가 없으며, 인간의 감각으로 그 존재를 포착하거나 감지하는 것 역시 현실적으로 불가능하다.

　노자는 '도'가 만물에 작용하여 해당 사물을 매개로 물질로 변환되면서 거기에 걸맞은 모습 — "위대한 덕이 발현된 모습"을 갖추게 된다고 보았다. 이렇게 물화되는 '도'는 그 형체조차 아득하고 아련하지만 그 속에 신비로운 생명의 씨앗과 우주 탄생의 비밀을 담고 있다. 노자는 이같은 이치를 잘 파악하면 세상 만물에 두루 작용하는 운행 법칙을 깨우칠 수 있다고 역설하고 있다. '덕'에 대한 보다 자세한 언급은 제38장 "상덕부덕, 시이유덕(上德不德, 是以有德)" 부분을 참조하기 바란다.

　우주의 운행 법칙인 '도'가 물화된 '덕'의 모습은 현대물리학에서 말하는 '힉스 입자(Higg's boson)'를 닮았다. 1964년 영국의 물리학자 피터 힉스(Peter W. Higgs: 1929~)는 태초의 순간 물질에 질량을 부여한 새로운 종류의 입자를 이론화했고 한국 출신의 이휘소(1935~1979)는 물질을 구성하는 17개의 기본 입자들 중에서 유일하게 지금까지 그 존재 여부가 확인되지 않은 이 가상의 입자에 '힉스 입자'라는 이름을 붙였다. 현대물리학계의 주장에 따르면 138억 년 전 '우주의 빅뱅(big bang)'이 이루어지는 순간 발생한 에너지가 빛과 물질로 변환되었는데 그때 이 빛과 물질의 상호작용을 통해 양성자·중성자·전자가 만들어지고, 이 입자들이 다시 수많은 조합들을 만들어 냄으로써 수소·탄소·산소·철·우라늄 등 자연에 존재하는 100여 가지의 화학원소, 나아가 만물이 만들어졌다고 한다. 과학자들의 주장을 빌리자면, 힉스 입자는 기본 입자들과의 상호작용을 통해 다른 모든 입자에 질량을 부여하는 동시에 '통일성(unification)'에도 지대한 역할을 하는데, 이것이 없다면 대우주의 그어떤 원자도 상호연결된 상태로 존재할 수 없다. 즉 이 입자 없이는 어떠한 화학작용이나 생명체도 존재할 수 없다는 뜻이다.

유럽입자물리연구소(CERN)는 2013년 3월 14일 강입자 가속기 실험을 통해 힉스 입자의 존재를 확인했다. 우리 몸을 이루는 원자와 분자, 그리고 원자를 구성하는 양성자·중성자·전자, 또 양성자와 중성자를 구성하는 쿼크들은 모두가 질량을 가진 물질인데, 이 연구를 계기로 빅뱅 당시에는 물질도 빛도 아니었던 순수한 에너지가 질량을 가지는 물질 입자로 변환되는 메커니즘을 밝힐 수 있는 중요한 단서를 찾은 것이다. 그렇다면 이 입자의 발견은 단순히 과학자들의 개인적 호기심을 만족시키는 데에서 끝나는 것이 아니라 철학적으로 보더라도 인간의 사유체계에 대한 근본적인 의문을 해결하는 데에도 상당히 중요한 의미를 가지는 셈이다.

제22장
아궁이에 불을 지피려면 고개를 숙여야 한다
백서본 제66장

아궁이에 불을 지피는 이는	炊者
몸을 일으키지 않는 법입니다.	不立.
자신만 바라보고 있는 이는	自視者
남의 눈에 띌 수 없고,	不章,
자신을 드러내기에만 급급한 이는	自見者
밝다고 할 수 없으며,	不明,
자신을 떠벌리기에만 바쁜 이는	自伐者
이루는 것이 있을 리 없고,	無功,
자신만 대단하게 여기는 이는	自矜者
남을 이끄는 수장이 될 수 없습니다.	不長.
그러한 행태들은 '도'의 영역에서 말하자면,	其在道也, 曰:
한낱 남은 밥이나 혹덩이 정도에 지나지 않기에,	餘食贅形,
만물 중에는 더러 그것을 싫어하는 경우도 있습니다.	物或惡之,
그러니 욕망을 품은 이는 거기에 집착하지 않게 해야겠지요.	故有欲者弗居.

|해설|

본장에서는 겸허한 처신에 대해 이야기하고 있다. 노자에게 있어 "자현(自見)", "자시(自視)", "자벌(自伐)", "자긍(自矜)"은 모두가 자신을 드러내고 과시하는 행동들로 우주의 운행 법칙인 '도'에 어긋난다. 때문에 한 조직의 지도자가 그렇게 처신했다가는 본인이 기대하는 목적을 이루기 어려우며, 한 나라의 통치자가 그렇게 처신했다가는 나라를 잘 다스리고 훌륭한 통치자로 사랑받기 어렵다. 따라서 '도'를 받드는 사람들은 이를 "남은 밥[餘食]"이나 "혹덩이[贅形]"로 여겨 절대로 따르지 않는 것이다. 본장은 왕필본에는 제24장으로 소개되어 있다. 그러나 겸허한 처신을 당부하는 전반적인 내용이나 전후 맥락과 결부시켜 본다면 "곡즉전(曲則全)" 부분과 긴밀하게 연결되고 있기 때문에 여기서는 백서본의 예를 좇아 제22장으로 배치했다.

본장에서 가장 논란이 되는 곳은 첫 번째 구절, 즉 "취자불립(炊者不立)"일 것이다. 최근까지만 해도 왕필본은 노자의 《도덕경》을 가장 충실하게 반영한 판본으로 믿어져 왔다. 때문에 왕필본의 "기자불립, 과자불행(企者不立, 跨者不行)"은 1,700여 년 동안 노자가 집필한 《도덕경》에 처음부터 있었던 말이라는 데에 누구도 이의를 제기하지 않았다. 그 의미역시 "까치발을 하면 똑바로 설 수가 없고 가랑이를 벌리면 제대로 걸을 수가 없다"로 해석되었다. 그렇다 보니 학자들은 두 구절의 의미와 해석을 둘러싸고 그동안 다양한 의견을 개진해 왔다. 고형(高亨: 1900~1986) 같은 사람은 '기(企)'와 '과(跨)'를 "자현·자시·자벌·자긍"과 유사한 행위로 보아 "노예를 부리는 주인의 교만한 행동"으로 해석했다. 또 진고응은 "기자불립, 과자불행"을 일종의 "호들갑스럽고 자기과시적인" 행동으로 해석하고 "이 같은 경망스러운 행태는 자연에 반하는 행위들이어서 일시적이며 오래갈 수는 없다"라는 가르침을 준다고 보았다. 정도의 차이는 있겠지만 많은 학자가 이처럼 "자시자부장(自視者不章)·자현자불명(自見者不明)·자벌자무공(自伐者無功)·자긍자부장(自矜者不長)"에 대한 이해를 근거로 진고응, 고형 식으로 '자신이 잘나고 대단하다는 것을 남들에게 보여주고 자랑하는 행위'를 가리키는 것으로 설명해 온 것이다.

그러나 1973년 전한대의 백서본이 출토되면서 기존의 주장은 수정이 불가피해졌다. 백서본에는 본장 첫 구절이 "취자불립"으로 적혀 있었기 때문이다. 2012년 공개된 한간본에도 해당 부분이 "취자불립"으로 나와 있는 것이 확인되었다. 이 구절을 글자 그대로 번역하면 "아궁이에 불을 지피는 이는 몸을 일으키지 않는다" 정도가 된다. 문제는 이렇게 번역하면 그 의미가 고형이나 진고응의 해석과는 너무 거리가 멀어진다는 것이다. 많은 사람들이 아궁이에 불을 지피는 행위와 자기과시 사이에서 어떠한 상관성도 찾아내지 못했기 때문이다. 그렇다 보니 백서본과 한간본의 발견은 1,700년 동안 풀지 못했던 오랜 숙제를 해결하기는커녕 오히려 새로운 의문을 자아냈다.

'취(炊)'의 경우를 예로 들면, 백서본 정리팀에서는 '취(吹)'의 자형과 발음을 딴 가차자로 보아 이를 고대 도가의 스트레칭의 일종인 '도인술(導引術)'의 동작들 중의 하나로 보았다. 윤진환(尹振環: 1934~)은 이것이 '吹'의 가차자임에는 동의하면서도 이를 '과장하다'로 해석했다. 고명(高明)은 고대에는 '炊'의 발음이 '기(企)'와 같아서 두 글자가 함께 통용된

적이 있음을 근거로 여기서는 왕필본처럼 "企"의 의미로 해석해야 한다
는 주장을 내놓았다. 또 하상공본에는 이 부분이 "기자불립, 과자불행
(跂者不立, 跨者不行)"으로 나와 있는 점에 착안한 허항생은 "炊"는 '기
(跂)'를 잘못 적은 것으로 보는 한편, "기자불립(跂者不立)"이 "과자불행
(跨者不行)"과 수사·구조적으로 대구를 이루는 데에 주목하여 백서본
필사주체가 "과자불행"을 실수로 누락시켰을 것이라는 주장을 하기도
했다. 그러나 이 같은 해석들은 완전히 잘못된 것이다. 백서본에서 적어
도 "취자불립"의 경우는 가차자를 사용하거나 필사과정에서 오류가 발
생한 적도 없다. 따라서 이 부분은 글자의 원래 의미 그대로 "아궁이에
불을 지피는 이는 몸을 일으키지 않는다"로 해석해야 옳다. 이 네 글자
는 노자가 본장에서 설파하고자 한 가르침을 아주 완벽하게 함축하고
있기 때문이다.

　이 의문을 풀자면 춘추전국시대 또는 한대의 의·식·주 생활을 먼저
이해할 필요가 있다. 중국인들은 한나라 무제(武帝)가 대제국을 건설하
고 있던 전한대까지만 해도 지금의 한국인이나 일본인들처럼 마루나 방
에서 무릎을 꿇고 앉아 생활했다. 지금은 생활방식이 많이 서구화되어
부엌에서 음식을 요리하려면 선 채로 가스렌지에 불만 켜면 되지만 옛
날에는 그렇지 못했다. 예전에는 밥 한번 해 먹으려면 나지막한 아궁이
에 장작이나 짚을 넣고 불을 지핀 후 한참 동안 그 앞에 쪼그리고 앉아
있어야 했다. 얼굴에 검정 한번 안 묻히고 매운 연기에 눈물 한번 안 흘
리고 음식을 만든다는 것은 상상조차 할 수 없었다. "취자불립"의 해답
은 바로 여기에 있다. 쪼그리고 앉는다는 것은 곧 몸을 낮춘다는 의미이
고 몸을 낮춘다는 것은 곧 자신을 낮추고 겸허하게 처신하는 것을 뜻한

다. 그렇게 본다면 "취자불립"은 맥락상 그 뒤의 "자시자부장(自視者不章)·자현자불명(自見者不明)·자벌자무공(自伐者無功)·자긍자부장(自矜者不長)"과도 자연스럽게 연결되고, 자신을 낮추고 겸허하게 처신할 것을 당부하는 본장의 대의와도 완벽하게 부합되는 셈이다.

주방 풍경을 묘사한 한대의 화상석(부분도). 왼쪽에는 찜통 속 음식을 살피는 사람과 함께 굴뚝이 달린 아궁이 앞에 무릎을 꿇고 앉아 불을 지피는 사람이 보인다

그러나 백서본이 작성된 후 다시 수백 년이 지난 왕필의 삼국시대에는 북방민족 등 주변 민족들과의 교류·전쟁·교역 등의 접촉을 통하여 의자가 수입되고 밀가루 음식이 많아지고 새로운 취사도구와 요리법이 도입되었다. 그 수백 년의 기간 동안 중국인의 생활방식에 상당히 큰 변화가 발생한 것이다. 그렇다 보니 제5장 "띠강아지[芻狗]"의 경우처럼 왕필 또는 그 이후의 사람들이 "취자불립"에 담겨 있는 문화적 코드를 제대로 파악하기란 쉽지 않았으리라.

후대 학자들이 "취자불립"의 의미를 제대로 이해하지 못했다는 또 다른 증거는 왕필본 등 후대 판본들에서 "취자불립"을 대체한 "기자불립, 과자불행"의 성격만 보더라도 쉽게 짐작할 수가 있다. "기자불립, 과자불행"은 앞서 말한 바처럼 "까치발을 하면 제대로 설 수 없고 가랑이를 벌리면 제대로 다닐 수 없다"로 해석된다. 여기에서 자신을 낮추고 겸허하게 처신하라는 노자의 당초의 가르침을 떠올릴 수 있는 사람이 얼마나 되겠는가? 그러니 왕필 이래로 1,700여 년 동안 수많은 학자가 "기자불립, 과자불행"과 그 뒤에 이어지는 구절들 사이의 연결고리를 찾는 과정에서 많은 오독과 시행착오를 겪을 수밖에 없었던 것이다.

우리가 사는 인간세상에서는 세월이 흐르면 사람만 바뀌는 것이 아니라 각자가 저마다 일상에서 접하는 언어·풍습·문화까지 함께 변해 버리는 일이 많다. 그래서 세월이 흐르고 이런저런 변화를 거치면서 문화적 단층을 겪게 되면 당초에는 평이하게 쓴 글조차 난해하게 여겨지고 급기야 오독까지 발생하게 되는 것이다. 고전을 연구하거나 번역할 때에 이러한 인문 환경이나 역사 배경의 추이를 세심하게 살피지 않으면 아무리 왕필·주자·이황 등과 같이 대단한 학자라도 헛다리를 짚을 수밖에 없다.

제23장

성인은 경쟁하지 않기에 맞서는 적이 없다

백서본 제67장

굽히면 온전해지고,	曲則全,
휘면 곧아지며,	枉則正,
패이면 차고,	窪則盈,
해지면 새로워지며,	敝則新,
줄어들면 얻고,	少則得,
많아지면 어지러워집니다.	多則惑.
이 같은 이치에 따라	是以
성인은 '하나'를 받잡음으로써,	聖人執一,
세상 사람들의 목자가 됩니다.	以爲天下牧.
자신을 남에게 보이려 애쓰지 않으니,	不自視,
자연히 더 눈에 띄고,	故章.
자신을 남 앞에서 드러내려 애쓰지 않으니,	不自見,
자연히 더 빛이 나며,	故明.
자신을 남 앞에서 떠벌리지 않으니,	不自伐,
자연히 그 공로를 지니게 되고,	故有功.
자신을 대단하게 여기지 않으니,	弗矜,
자연히 남을 이끄는 수장이 될 수 있는 것입니다.	故能長.

남들과 경쟁하지 않으니,　　　　　　　　　　　　夫唯不爭,

자연히 그와 맞서겠다고 나설 이가 없을 수밖에요.　　　故莫能與之爭.

옛날의 '굽히면 온전해진다'라는 말씀이,　　　　　　古之所謂曲全者,

어찌 그저 말로만 그치겠습니까?　　　　　　　　　幾語哉.

그렇게만 처신하면 온전하게 태초로 돌아가게 될 것입니다.　　誠全歸之.

|해설|

　본장에서는 겸허한 처신에 대해 이야기하고 있다. 세상 만물에는 "곡(曲)⇔전(全), 왕(枉)⇔직(直), 와(窪)⇔영(盈), 폐(敝)⇔신(新), 소(少)⇔득(得), 다(多)⇔혹(惑)"의 변증법적인 대립과 통일의 양면이 존재한다. 이 특성들은 우주에서 뫼비우스(Möbius)의 띠처럼 번갈아 순환하고 영향을 미친다. 즉 '곡' 속에 '전'으로의, '왕' 속에 '직'으로의, '와' 속에 '영'으로의, '폐' 속에 '신'으로의, '소' 속에 '득'으로의, '다' 속에 '혹'으로의 변화의 단서들이 깃들어 있는 것이다. 이 특성들은 겉보기에 서로 대립하고 있는 것 같지만 실제로는 동전의 양면처럼 정반과 표리를 이루면서 서로 순환하고 소통한다.

　사람의 경우도 마찬가지이다. 사람들은 매사에서 언제나 성공하고 싶어 한다. 그러나 그 같은 바람은 때로 난관에 봉착하거나 남에게 방해를 받기도 한다. 사람들은 보통 자신의 욕망이나 이상에 대한 의지를 꺾기보다 오히려 남들과 경쟁하고 반목하느라 열을 올리기 십상이다. 노자는 그런 사람들에게 "불자시·불자현·불자벌·불긍(不自視·不自見·不自伐·

弗矜)", 나아가 남들과 경쟁하지 않는 "부쟁(不爭)"의 미덕을 실천할 것을 당부한다. 자신의 욕망을 절제하면서 차분하고 겸허하게 처신한다면 굳이 남들과 경쟁하지 않더라도 언젠가는 바라는 것을 이루게 되는 것이 우주의 섭리이기 때문이다. 본장은 왕필본 제22장에 해당한다.

　고대 중국에서 선현의 '말씀'은 어떻게 기록되었을까? 춘추전국시대에는 문자를 기록하는 소재로 대나무와 비단이 선호되었는데, 보통 전자를 '죽간(竹簡)', 후자를 '백서(帛書)'라고 부른다. 비단에 글을 쓰는 기록 문화는 이미 춘추시대부터 시작되었으며,《안자춘추(晏子春秋)》,《묵자(墨子)》,《한비자(韓非子)》등에 따르면 전국시대에 이미 보편화되어 있었던 것으로 보인다. 백서의 장점은 무엇보다도 가볍고 부피가 적다는 것이었다. 글을 아무리 길게 써도 무게가 가벼운 데다가 몇 번 접거나 말면 휴대하거나 보관하기에 편리했다. 그러나 소재가 섬유질이다 보니 시간이 지나면 부식되기 쉬운 반면 가격은 너무 비싸서 일반인들은 엄두도 낼 수 없었다. 따라서 백서는 상류층이나 중요한 상황에서 제한적으로 사용될 수밖에 없었다.

　고대 중국에서 문서 작성에 가장 널리 사용된 기록 소재는 어디서나 쉽게 구할 수 있는 대나무였다. 대나무는 원래 남방계 식물이므로 죽간에 문자를 기록하는 문화는 남방에서 전래되었을 것이다. 대나무가 나지 않는 북쪽에서는 대신 나무를 깎아서 사용했다.《의례》〈빙례(聘禮)〉에 따르면 글자가 100자를 넘는 긴 글은 죽간에 적고 100자 미만의 짧은 글은 목판에 적었다. 대나무는 보통 가늘게 쪼갠 죽간을 부식을 막기 위해 증기로 찐 후 이것들을 끈으로 일일이 엮어서 책으로 만들었는데 이를 '간책(簡策)'이라고 불렀다.

대나무는 구하기는 쉬웠으나 부피가 너무 많이 나간다는 것이 결정적인 단점이었다. 전하는 바에 따르면 진나라 시황제는 매일 결제할 공문을 석(石), 즉 지금의 60kg 단위로 계산했다고 한다. 또, 전한대 시인인 동방삭(東方朔: BC161~BC93)은 편지 1통을 쓰는 데에 죽간을 3,000대나 쓴 일도 있었다고 하는데 그렇다면 그 '편지'는 두 사람이 겨우 운반할 수 있을 정도로 부피가 크고 무거웠을 것이다.

죽간은 글을 쓰는 순서도 백서와는 달랐다. 백서는 지금처럼 글을 먼저 쓴 후 비단을 적당하게 끊어 마감했다. 반대로 죽간의 경우는 책을 엮은 다음에 글을 썼는데, 그 이유는 긴 글을 써서 죽간의 양이 많아지면 책으로 엮는 과정에서 자칫 순서가 흐트러지거나 글자가 지워지는 등 여러 가지 번거로운 일들이 발생할 수 있었기 때문이다. 이처럼, 춘추전국시대와 한대는 죽간과 백서가 문서 작성의 중요한 기록 소재로 사용된 시대였다. 죽간과 백서가 역사의 뒤안길로 사라진 것은 후한대에 환관 채륜(蔡倫: 61~121)이 종이를 발명하고 남북조시대에 그것이 점차 널리 사용되면서부터이다.

고대 중국에서 글을 쓸 때에는 가로쓰기가 아닌 세로쓰기가 선호되었다. 그 이유에 대해서는 이설이 분분해서 혹자는 그 이유를 고대의 제책 방식에서 찾기도 한다. 고대에 널리 사용된 죽간은 세로로 세워 차례로 가로로 엮어나갔는데 이 같은 제책 방식이 쓰기의 방향을 결정했다는 것이다. 혹자는 천지의 운행원리와 "하늘은 존귀하고 땅은 비천하다"라는 세계관이 '위⇒아래'의 세로쓰기를 결정했다고 주장하기도 한다. 한자의 기원이 된 갑골문자 자체가 문서 기록보다는 신탁·주술적

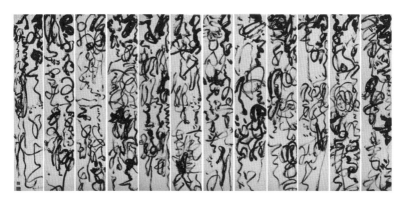

《도덕경》 제1-2장 부분을 광초체(狂草體)로 표현한 중국서예가 채옥룡(蔡玉龍)의 작품

기능이 더 강했으니 "하늘로부터 내려받는다"라는 종교적 의미를 그대로 글쓰기에 부여했을 가능성이 없지는 않다. 한자의 구조에서 그 이유를 찾는 경우도 있다. 한자는 마지막 획이 대부분 아래에서 끝나다 보니 우리의 궁서체나 알파벳의 필기체처럼 글자와 글자를 이어가면서 신속하게 받아쓰자면 아무래도 가로쓰기보다는 세로쓰기가 훨씬 효율적이었을 것이다 어쨌든 이 같은 독특한 쓰기 습관은 시간이 지나면서 사람들의 뇌리에 그대로 각인되어 기록 소재가 종이로 대체된 한대 이후에도 후대 사람들, 나아가 한자사용권의 주변 나라에까지 전해졌다.

제24장

세찬 폭우도 하루종일 쏟아질 수는 없다

백서본 제68장

말을 아끼는 것은 저절로 그렇게 되는 것입니다.	希言自然.
회오리바람도 아침 내내 몰아칠 수는 없으며,	飄風不終朝,
폭우도 하루 종일 쏟아질 수는 없지요.	暴雨不終日.
누가 그렇게 만들겠습니까?	孰爲此
하늘과 땅이 조화를 부려도 오래가지 못하는데,	天地而弗能久,
하물며 사람의 경우야 오죽하겠습니까.	而況於人乎.
그래서 맡은 일에 힘쓰면서	故從事
따르면 '도'에서 하나로 어우러지고,	而道者同於道,
얻으면 '덕'에서 하나로 어우러지고,	得者同於德,
잃으면 잃음에서 하나로 어우러지게 되는 것입니다.	失者同於失.
이렇게 '덕'에서 하나로 어우러지면,	同於德者,
'도' 역시 얻게 될 것이요,	道亦得之.
잃음에서 하나로 어우러지면	同於失者,
'도' 역시 잃게 될 것입니다.	道亦失之.

본장에서는 끊임없이 변화하는 우주의 섭리에 대해 이야기하고 있다. 노자는 회오리바람과 폭우의 비유를 들어 통치자가 나라를 다스릴 때 무조건 온갖 법령과 강압으로 백성들을 괴롭히면 언젠가는 저항에 부딪히고 말 것이라고 경고한다. 따라서 자신과 나라의 명맥을 오래 이어가려 한다면 '도'와 '덕'에 입각하여 "(불필요한) 말을 삼가라는 가르침[不言之敎]", 즉 법령의 기능이 최소화된 무위의 통치를 펼침으로써 '도'의 본질에 보다 다가설 것을 주문하고 있다. '언(言)'은 원래 '말(씀)'을 뜻하며 이 책에서도 대부분 원래의 의미에 따라 번역했다. 그러나 기존의 번역대로 이를 통치자가 백성들을 다스리기 위하여 정하는 온갖 법령들을 두루 가리키는 말로 확대해서 해석해도 무방하다. 본장은 왕필본 제23장에 해당한다.

세상에서는 선의에서 시작했든 그 반대이든 간에 지나치게 과격하고 부자연스러운 시도는 언젠가는 역풍을 만나고 만다. 그 대표적인 인물이 진(秦)나라의 시황제(始皇帝) 영정(嬴政: BC259~BC210)이다. 진나라는 중국에서 최초로 봉건적인 중앙집권체제를 수립했던 나라로 시황제에 이르러 중원을 통일하는 데에 성공하였다. 시황제는 이어서 법가 출신의 재상 이사(李斯)의 자문에 따라 엄격한 법령을 정하고 가혹한 형벌제도를 시행하는가 하면 흉노(匈奴)를 막는다는 명목으로 수천 킬로미터에 걸쳐 만리장성을 쌓는 대토목공사를 강행했다. 그러나 이 같은 엄격한 법령과 가혹한 폭정은 결국 전국에서 반란이 일어나게 만들었고, 그 결과 진나라는 시황제가 중원을 통일한 지 20년도 되지 않아 멸망하고 만다.

개혁의 취지는 서로 달랐지만 시황제와 비슷한 불운을 맞은 인물로 북송(北宋)의 정치가였던 왕안석(王安石: 1021~1086)을 꼽을 수 있다. 당시의 북송은 고급 관료들과 대지주들의 토지 겸병과 백성 착취로 농업 생산성이 크게 저하되어 있었다. 더욱이 세수는 한정되어 있는데 요(遼), 서하(西夏) 등 북방민족에게 엄청난 액수의 평화유지금까지 지출해야 했기 때문에 국가 재정은 큰 곤란에 빠져 있었다. 당시 막 황제로 즉위한 신종(神宗)은 이 같은 난국을 타개하기 위해 왕안석을 재상으로 중용하고 그의 개혁을 적극 지원했다. 이에 왕안석은 청묘법(靑苗法), 면역법(免役法), 농전수리법(農田水利法), 방전균세법(方田均稅法), 보갑법(保甲法) 등 일련의 '신법'들을 제정하고 전방위적인 개혁을 단행했다. 그러나 이론상으로는 톱니바퀴처럼 잘 굴러갈 듯이 보여도 현실에서는 그렇지 못한 것이 세상의 이치이다.

그의 개혁은 당초 국가재정과 민생안정이라는 좋은 취지에서 계획된 것이었다. 아닌 게 아니라 초기에는 그 역시 황제의 강한 의지에 힘입어 개혁을 과감하게 밀어붙였고 그 결과 행정 효율이나 농업 생산, 재정 수지에서 성과를 얻는 데에도 성공했다. 그러나 "급할수록 돌아가라"라는 말이 있듯이, 보통 여러 분야의 개혁을 동시에 진행할 경우에는 시간을 길게 잡고 충분한 의견수렴과 사전 모의실험을 거쳐 한 단계씩 차근차근 진행해야 옳은 법이다. 왕안석은 그 같은 기본 작업에 소홀했다. 그는 개혁의 당위성만 역설하면서 정작 주변 사람들의 의견을 무시하고 내부 논의를 허용치 않았다. 백성들을 위한다면서 백성들의 입장에서 매사를 기획하고 진행하지 않고 '나 자신'의 생각만 고집하고 관철시키려 했다. 거기에는 그의 개인적인 공명심도 어느 정도 작용했을 것이다. 그렇다 보니 당초에는 좋은 취지에서 시작된 개혁들이 나중에는 관리들은 관리들대로 자신의 실적만 채우기에 급급하고 수혜대상이 되어야 할 농민들은 농민들대로 거꾸로 과도한 국역에 혹사당하는 어이없는 사태가 벌어져 그의 야심찬 개혁도 결국 좌초하고 말았다.

어느 나라이든 정치가나 사업가들은 자신이 하는 일에서 단 시일 내에 가시적인 효과를 얻고 이를 통해 남들로부터 능력을 인정받고 자신의 업적을 과시하려는 유혹에 빠지는 경우가 많다. 그런 경우 절대적으로 필요한 것이 '나 자신'을 죽이는 일이다. 매사에서 나를 낮추고 역지사지의 정신으로 남들의 입장에서 일을 진행해야 좋은 결과를 얻을 수 있는 것이다. 아무리 훌륭한 취지에서 시작한 일이라 해도 그 일을 진행하는 과정에서 발생할지 모를 다양한 변수들에 대한 철저한 사전 분석과 의견 수렴도 없이 자신의 생각만 무리하게 고집하고 밀어붙인다면 그 역시 '도'를 따르지 않은 "유위(有爲)"요 또 다른 의미의 폭정일 뿐이다.

제25장
도는 절로 그렇게 되는 이치를 본보기로 삼는다
백서본 제69장

물질이 만들어지고 그것이 뭉쳐져,	有物混成,
하늘과 땅보다도 먼저 생성되었으며,	先天地生.
기척조차 없고, 자취마저 없음에도,	肅呵, 穆呵,
홀로 선 채 그 위치를 바꾸지 않으니,	獨立而不改,
'하늘과 땅의 어미'로 삼을 만하다고 하겠습니다.	可以爲天地母.
내 아직 그 이름을 알지 못하기에,	吾未知其名,
그것에 '도'라고 자를 붙입니다.	字之曰道.
그러고는	
되는 대로 그것에 '큰 것'이라고 이름을 붙여 봅니다.	吾强爲之名曰大.
그것은 커지면서 조금씩 움직여 가고,	大曰逝.
그렇게 가다 보니 점점 멀어지지만,	逝曰遠.
멀어졌다가도 이내 되돌아오지요.	遠曰反.
도가 크고,	道大,
하늘이 크고,	天大,
땅이 크듯이,	地大,
임금 역시 큽니다.	王亦大.
나라에 큰 것이 네 가지 있는데,	國中有四大.

임금도 그중의 한 자리를 지키고 있는 거지요.	而王居一焉.
사람은 땅을 본보기로 삼고,	人法地,
땅은 하늘을 본보기로 삼으며,	地法天,
하늘은 '도'를 본보기로 삼습니다.	天法道,
그리고 '도'는 저절로 그렇게 되는 섭리를 본보기로 삼지요.	道法自然.

|해설|

　본장에서는 '도'의 탄생 과정과 그 가치에 대해 이야기하고 있다. 노자는 제1장·제4장·제14장·제21장 등에서의 논의를 본장에서 심화시켜 '도'의 존재와 그 작용 원리에 대해 설명하고 있다. '도'는 소리도 형체도 없지만 하늘과 땅이 생기기도 전부터 존재하면서 끊임없이 작용하면서 우주 만물을 잉태한 '어미' 역할을 해 왔다. 여기서 "숙가, 목가(肅呵, 穆呵)"는 우주 만물에 두루 작용하지만 감지할 수 없는 '도'의 본성을 두고 한 말이다. 또 그 뒤의 "독립이불개(獨立而不改)"는 곧 '도'가 독자적인 운동 규칙과 함께 일정한 주기 또는 궤도에 따라 작용하고 있음을 암시한다. '도'를 하늘과 땅의 어미, 즉 "천지모(天地母)"로 삼을 만하다고 한 노자의 말은 바로 이 같은 '도'의 운동 규칙과 주기·궤도에 따른 작용을 염두에 둔 것이라고 할 수 있다.

　그 뒤에 이어지는 "대왈서, 서왈원, 원왈반(大曰逝, 逝曰遠, 遠曰反)"은 바로 이 같은 일정한 주기, 궤도를 가지고 이루어지는 '도'의 운동 방식을 부연한 것이다. 이 같은 '도'의 특성은 어떤 의미에서는 세상의 주재자인 하늘보다도 앞선 그 무엇이다. 노자의 이 같은 주장은 "선생님은 괴변·완력·난동·귀신에 대해서는 이야기하신 적이 없다(子不語怪力亂神)" 《논어》〈술이(述而)〉라는 공자의 종교관과 마찬가지로 '하늘' 또는 '상제' 가 우주 만물을 창조하고 또 주재한다는 원시 신앙의 논리와는 대척점 에 서 있다.

고대에는 아기가 태어나도 한 번 병을 얻으면 제대로 치료를 받지 못 한 채 죽는 일이 많았다. 《주례(周禮)》의 기록처럼 고대인들이 "아기가 태 어난 후 석 달이 지나면 이름을 붙여 준 것"은 바로 그 같은 높은 사망 률 때문이었다. 그렇다 보니 생후 3개월째 되는 날 붙여 주는 이름도 제 대로 된 것이 아니었다. 언제 죽을지 알 수가 없기 때문에 아기의 이름 은 신체적 특징이나 생년월일에 따라 대충 짓는 일이 많았다. 정(鄭)나 라 장공(莊公)은 출산과정에서 발부터 나왔다고 해서 '오생(寤生)'이라는 이름이 붙었다. 또 진(秦)나라 헌공(獻公)의 이름은 전갈을 뜻하는 '채 (蠆)', 공자 아들의 이름은 잉어를 뜻하는 '리(鯉)'였다. 전한대의 문장가 인 사마상여(司馬相如: BC179?~BC118?)의 이름은 더 직설적이어서 '견자 (犬子)'였다. 이런 식의 이름들은 '개똥이'처럼 아기의 무병장수를 기원하 는 의미에서 붙인 것이었으리라.

물론 이같은 작명원칙에도 간혹 예외는 있었다. 기원전 705년 춘추시 대 노(魯)나라의 환공(桓公: ?~BC694)이 대부(大夫) 신유(申繻)에게 작명 방법을 문의하자 그는 출생 시의 상황[信], 상서로운 글자[義], 비슷한 글 자[象], 만물의 이름[假], 부친과 비슷한 이름[類] 등의 기준에 따라 지어 야 한다고 대답하고 있다. 또 《주례》에서는 이름에 써서는 안 될 글자로 자국의 나라 이름[國]·벼슬 이름[官]·산천 이름[山川]·질병 이름[隱疾]·짐승 이름[畜牲]·기물 이름[器幣] 등을 소개하고 있다. 도교의 영향을 많이 받았던 당·송대부터는 '오행설(五行說)'의 영향으로 상생(相生)의 의미를 담아 "화(火)⇒목(木)⇒토(土)⇒금(金)⇒수(水)"식으로 이름을 짓기도 했는데 이 작명법은 지금도 우리나라에서 널리 사용되고 있다.

《춘추》나 《공양전(公羊傳)》에 따르면 두 글자 이름은 당시 예법에 어긋났기 때문에 당사자는 물론 그 집안까지 웃음거리가 되는 일이 많았다. 이 전통은 한대까지 이어져 왕망(王莽: BC45~AD23)은 중국에서는 두 글자 이름은 쓰지 말라는 명령을 내릴 정도였으며, 전한에서 동진까지 수백 년 동안 황제들 중 90%가 넘는 50명이 외자 이름을 썼다. 중국에서 두 글자 이름이 보편화된 것은 이민족과의 교류가 잦아진 위진남북조시대부터이다.

격식을 갖춘 이름인 '자(字)'는 이미 주나라 때부터 사용되었다. 《예기》 〈단궁(檀弓)〉에 따르면 "태어난 지 만 3개월이 되면 이름을 지어 주었기 때문에 '젖이름[乳名]'이라고 했다. 나이가 스물이 되면 아비가 되는 법도를 따르게 되기에 친구 등의 주위 사람들도 더 이상 그 사람의 이름은 부를 수 없어서 관례를 마치면 자를 지어주었다."

말하자면 '자'는 병사의 고비를 넘기고 살아남아 성년이 된 자녀에게 사회의 일원이 된 것을 축하하는 뜻에서 성대한 의식과 함께 지어주는 정식 이름이었던 셈이다. 그래서 남녀 모두 성년이 되면 가까운 친지들은 이름을 부를 수 있었지만, 다른 사람들은 각별한 사이가 아닌 이상 당사자를 존중하는 뜻에서 자를 불러 주는 것이 관례였다. 자를 지어 주는 시점은 성별에 따라 차이가 있어서 《예기》〈곡례(曲禮)〉에서는 남자는 관례를 치르는 스무 살에, 여자는 그보다 빨라서 출가해서 비녀를 꽂는 열다섯 살이 되면 지어 주었다고 한다.

이름과 자는 그 의미에 있어서도 밀접한 관련이 있었다. 자는 이름이 나타내는 의미를 부연하는 역할을 했다. 즉 ① 공자의 애제자 안회(顔回)의 자인 자연(子淵), 《삼국지연의》에 등장하는 제갈량(諸葛亮)의 자인 공명(孔明), 도연명(陶淵明)의 자인 원량(元亮)처럼, 이름과 자의 의미가 같거나 ② 남송 학자 주희(朱熹)의 자인 원회(元晦), 원대 서화가 조맹부(趙孟頫)의 자인 '앙(昂)'처럼 이름과 자의 의미가 정반대인 경우도 있었다. 또 경우에 따라서는 ③ 고전의 문구를 빌려 쓰기도 했는데 조조(曹操)의 이름과 그 자인 맹덕(孟德)은 《순자》의 "夫是之謂德操(보통 이를 일컬어 '덕조'라고 한다)"에서, 조운(趙雲)의 이름과 그 자인 자룡(子龍)은 《주역》의 "雲從龍, 風從虎(구름은 용을 좇고 바람은 범을 좇는다)"에서 딴 것이었다.

이름과 자의 이 같은 상관관계는 《도덕경》에도 그대로 반영되고 있다. 노자는 태초에 뭉쳐져 하늘과 땅보다 먼저 생성되었으며, 우주 만물 어디에나 두루 작용하고 있는 보편적인 특징에 주목하여 첫이름을 "큰 것"이라고 붙였다. 그리고 기척도 없고 소리도 없이 홀로 존재하면서도 나름대로 주기성과 순환성을 보이는 운행 법칙의 특성에 주목하여 '도'라고 자를 붙이고 있는 것이다.

제26장

군자는 자신의 자리를 떠나지 않는다

백서본 제70장

점잖음은 가벼움에는 근본과도 같고,	重爲輕根,
차분함은 부산함에는 주재자와도 같습니다.	靜爲躁君.
그렇기 때문에	是以
군자는 하루 종일 다니더라도,	君子終日行,
자신의 짐수레 곁을 떠나는 일이 없지요.	不遠其輜重.
눈앞에 고래 등 같은 대궐이며 성대한 잔치 자리가 펼쳐져도,	雖有榮館燕處,
언제나 초연한 마음을 잃지 않습니다.	則昭若.
그런데 어떻게	
만승이나 되는 군사력을 보유한 큰 나라의 임금으로서	若何萬乘之王
그 몸을 세상에서 가볍게 굴릴 수 있겠습니까?	而以身輕於天下.
가볍게 처신하다가는 근본을 잃고,	輕則失本,
부산하게 행동하다가는 주재자의 자리를 잃고 말 것입니다.	躁則失君.

|해설|

본장에서는 통치자의 진중한 처신에 대해 이야기하고 있다. 여기에 언급된 군대에서 군수물의 수송에 사용하는 짐수레의 일종인 "치중(輜重)"은 곧 '자기 자리' 또는 '본분'의 또 다른 표현이다. 노자는 본장에서 '경(輕)⇔중(重)', '조(躁)⇔정(靜)'의 변증법적인 대립관계를 통해 모름지기 통치자가 되고자 하는 사람은 자신의 자리를 지키면서 진중하고 차분하게 처신하라고 조언하고 있다.

춘추전국시대는 '덕치'니 '박애'니 하는 제자백가의 가르침들은 현실과 동떨어진 배부른 소리로 치부되던 시대로, 오로지 상대를 쓰러뜨리지 않으면 내가 죽는다는 식의 약육강식의 논리만 지배하고 있었다. 시대 상황이 그렇다 보니 힘깨나 쓰는 제후국들은 체통이나 남들의 이목 따위는 아랑곳도 하지 않고 자신의 사리사욕을 채우기 위해서라면 마치 도적 두목처럼 몸을 마구 굴려 온갖 권모술수를 다 동원하고 이웃나라를 침략하고 약탈과 살육을 일삼았다. 통치자가 한 나라의 주인이라는 신분에 걸맞는 진중함과 차분함을 지키라는 노자의 호소는 바로이 같은 살벌한 세태에서 비롯된 것이었다.

본장의 번역과 관련하여 짚고 넘어가야 할 것이 "영관(榮館)"과 "연처(燕處)"이다. "榮館"은 왕필본에는 "영관(榮觀)"으로 되어 있다. 그러나 그보다 수백 년 전의 백서본에는 "환관(環官)", 한간본에는 "榮館"으로 적혀 있는 것을 보면 '관(觀)'이나 '관(官)'이 사실은 '관(館)'의 발음을 딴 가차자일 가능성이 크다. 하상공은 "榮觀"을 "궁궐을 가리킨다"고 해석했는데 '영(榮)'이 호화로운 모습을 나타내고 '환(環)'은 어떤 물체가 고리가 맞물리듯이 이어져 있는 모습을 나타내므로 "榮館"은 화려하고 거대한 대궐이나 대저택을 가리키는 것으로 이해할 수 있겠다. "연처"의 경우, 그동안 다양한 의미로 해석되었으나 대부분 올바른 번역이 아니다. 《예기》

중국 고대의 짐수레 '치중'

〈경해(經解)〉에는 "'천자'는 천지와 비견된다. …… 그는 조정에 섰을 때에는 인자하고 성스러움 그리고 예법과 정의의 절차를 받들며 주연이 베풀어지는 자리에서는 '아(雅)'나 '송(頌)' 같은 음악을 듣는다"라는 기록이 나온다. 이 기록에 근거한다면 "연처"는 군주가 조정에서 공식 행사를 마친 후 풍악이 흐르고 주연이 베풀어지는 자리로 이해해야 옳은 것이다.

5,000년 중국 역사에서는 어느 왕조 어느 시대이든 간에 '하늘의 아들'을 자처하는 최고 통치자가 천하를 호령해 왔다. 그러나 아무리 하늘의 아들을 자처해도 백성들과의 교감에 실패하면 그 신성불가침의 권력도 힘을 발휘하지 못했으며 그 자신 또한 무사할 수 없었다. 기원전 878년에 즉위한 주(周)나라 여왕(厲王: ?~BC828)은 자신의 욕망을 다스리는데에 미숙한 임금이었다. 그가 통치하는 동안 주나라에는 재난과 가뭄이 잇따랐다. 거기다가 귀족들까지 주색에 탐닉하고 가렴주구를 일삼는 바람에 백성들이 도저히 생계를 이을 수 없을 정도였다. 나라꼴이 그 지경인데도 불구하고 여왕은 자신의 탐욕을 채우기 위해 온갖 명목으로

백성들을 수탈하는 데에만 몰두했다.

　게다가 예량부(芮良夫)의 충언을 무시하고 간신을 중용하여 산천의 이익을 독점하면서 백성들이 그 안에서 땔감을 하거나 낚시를 하는 것조차 엄금했다. 그 일로 나라에서 원성이 잇따르자 이번에는 동족의 나라인 위(衛)나라에서 신통하다는 무당을 불러 불평불만을 털어놓는 사람들을 감시하고 급기야 목숨까지 빼앗았다. 더 이상 폭정을 참지 못한 도성 사람들은 기원전 841년 정변을 일으켜 그를 지금의 산서성 곽현(霍縣) 인근인 체(彘) 땅으로 추방한 후 천자의 자리를 비워 둔 채 조정 대신인 주정공(周定公)과 소목공(召穆公)에게 국정을 대리하게 한다. 중국 역사에서는 이 해부터 여왕의 아들 선왕(宣王)이 즉위하는 기원전 828년까지의 14년 동안을 '공화(共和)'라고 부른다. 중국 역사에서 평민 계급이 이성적인 항쟁을 통해 폭군을 몰아 낸 사례는 이 사건이 유일한데, 그 주도 세력이나 전개 과정을 보면 1688년에 영국에서 일어난 '명예혁명'과도 닮은 점이 많다.

　중국에서는 지금까지 '공화'의 유래와 관련하여 "소공과 주공 둘이 번갈아 정사를 보았기 때문에 '공화(함께 조화시키다)'라고 불렀다"는 《사기》〈주본기(周本紀)〉에서의 사마천의 주장을 정설로 여겨 왔다. 그런데 전국시대 위나라의 사관이 작성했다는 《죽서기년(竹書紀年)》에는 "공백화가 왕위 문제에 간여했다", 《좌전》〈소공·26년(召公卄六年)〉에도 "제후가 자신의 자리를 벗어나 임금의 정사에 간여했다"라고 기존의 통설과 다른 사실을 전하고 있다.

　이 기록들을 근거로 삼는다면 그 14년 동안은 지금의 하남성 휘현(輝縣) 일대인 위(衛)나라 공(共) 땅의 백작이던 희화(姬和: BC853?~BC758)

가 자신의 영지를 벗어나 주나라의 국정을 대리했던 셈이다. 그렇다면 '공백 화'를 '소공과 주공' 두 사람으로 잘못 안 사마천의 고증에는 문제가 있다고 하겠다. 중국에서는 19세기 이후로 다수의 참여와 합의로 국정을 이끌어 나가는 서양의 정치체제를 가리키는 'republic'을 한자어로 옮기는 과정에서 '공화'라는 용어를 사용하기 시작했다.

기원전 828년 선왕이 즉위하면서 주나라에는 다시 왕정이 회복되었다. 그러나 선왕도 제후들의 기대를 저버린 채 전횡을 일삼고 어진 신하들을 함부로 죽였으며, 그 아들 유왕(幽王: BC795~BC771)은 미녀 포사(褒姒)의 웃음을 얻기 위해 봉화를 올려 제후들을 우롱하는 기행을 벌인 끝에 결국 북방민족인 견융(犬戎)에게 죽음을 당했다. 기원전 770년 평왕(平王: BC781?~BC720)이 낙읍(洛邑)으로 천도함으로써 동주(東周)시대를 열었으나 천자의 권위는 더 이상 제후들에게 먹혀 들지 않았고, 제후들 역시 더 이상 천자의 명령에 귀를 기울이지 않았다. 이제 왕실의 권위는 사라지고 오로지 힘의 논리만 지배하기 시작한 것이다. 제후들은 천자의 재가도 없이 군대를 움직였고 강대국들은 천자의 눈치도 보지 않고 약소국을 마음껏 유린하고 약탈했다. 550년 동안 지루하게 이어지는 하극상과 대혼란의 춘추전국시대는 이렇게 그 서막을 열었던 것이다.

제27장
성인의 마음은 누구에게나 열려 있다
백서본 제71장

잘만 다니면 바퀏자국을 남길 일이 없고,	善行者無轍跡,
잘만 말하면 허물을 남길 염려가 없으며,	善言者無瑕適,
잘만 세면 산가지를 쓸 이유가 없습니다.	善數者不用籌策.
잘만 닫으면	善閉者
빗장이 없더라도 그 문을 열지 못할 것이고,	無關籥而不可啓也.
잘만 묶으면	善結者
매듭이 없더라도 그 줄을 풀지 못할 것입니다.	無繩約而不可解也.
그렇기 때문에	是以
성인은 언제나 남들을 구원하기를 잘도 하면서	聖人恒善救人
그들을 포기하는 일이 없으며,	而無棄人,
설사 그것이 사물이라 하더라도 결코 버리는 법이 없으니,	物無棄財,
이를 '밝음을 좇는다'고 할 것입니다.	是謂襲明.
그러니 좋은 이는	故善人,
좋은 이의 스승이요,	善人之師也.
좋지 않은 이 또한	不善人,
좋은 이의 자산이라고 할 수 있는 거지요.	善人之資也.
그런데도 스승을 소중하게 여기지 않거나,	不貴其師,

자산을 아끼지 않는다면,　　　　　　　　　　　　　　不愛其資,

제아무리 똑똑한 척해도 사실은 단단히 미혹에 빠진 셈입니다.　　雖知乎大迷.

이러한 이치를 '그윽하고 오묘하다'고 하겠습니다.　　　　　是謂眇要.

|해설|

　본장에서는 통치자가 사람들을 대하는 자세에 대해 이야기하고 있다. 심성이 좋고 자신에게 도움이 되는 사람에게만 잘 대해 주면서 심성이 좋지 않고 자신과 무관한 사람이라고 해서 소홀하게 대한다면 그런 사람은 하나만 알고 둘은 모르는 헛똑똑이일 뿐이다. 그래서인지 노자는 첫머리에서 '잘 다니기·잘 말하기·잘 세기·잘 닫기·잘 묶기' 등의 비유를 들어 성인은 "습명(襲明)"과 "묘요(眇要)"의 덕목을 갖추어야 한다고 역설한다. 여기서 "습명"은 누구에게나 편견 없이 똑같이 베푸는 자세이며 "묘요"는 누구나 자신의 본보기로 똑같이 존중하는 자세이다. 즉 상대가 누구이든 간에 잘났다, 못났다, 슬기롭다, 어리석다, 착하다, 나쁘다 하는 식의 잣대를 들이대거나 차별함이 없이 똑같이 큰 사랑을 베풀라는 말이다. 이처럼 대상을 가리지 않는 성인의 무조건·무차별적인 큰 사랑은 불교의 '자비'나 기독교의 '박애'와도 일맥으로 상통하는 셈이다.

　불가에서 사랑을 베푸는 방법에 대해 비교적 상세하게 언급하고 있는 경전은 《금강경(金剛經)》이다. 이 불경의 〈묘행무주(妙行無住)〉 편에서는 누군가에게 사랑을 베풀 때 그 대상의 '색(色)·성(聲)·향(香)·미(味)·촉

(觸)·법(法)'을 따져서는 안 된다고 강조하고 있다. 여기서 '색·성·향·미·촉·법'이란 인간이 눈·귀·코·혀·몸·마음 등의 감각과 의식을 통해 포착되는 외물의 존재, 즉 '상(相)'을 가리킨다. 보통 사람들은 남들을 대할 때 잘난 이·못난이·뚱뚱이·홀쭉이·착한 이·나쁜 이…… 식으로 '이름'을 붙이곤 한다. 또 누구한테는 베풀고 누구는 건너뛰고, 나중에 덕을 볼 이 분께는 이 만큼 드려야지 별로 도움도 안 되는 저 놈에게는 요 만큼도 과분하지…… 이런 식으로 등급을 매기기도 한다. 어디 그 뿐인가? 내 귀가 좋아하는가, 내 코가 좋아하는가, 내 혀가 좋아하는가, 내 몸이 좋아하는가, 심지어 내 마음이 좋아하는가…… 등등 오만 가지 시시콜콜한 잣대들을 다 들이대며 분별하고 집착한다. 이처럼 사람들이 외물을 인식하고 거기에 자신이 감정과 가치를 이입해서 매사를 재단하려는 마음을 '분별심(分別心)'이라고 한다.

불교의 가르침에 따르면 이 같은 사람들의 분별심이 8만 4,000가지의 번뇌를 일으킨다고 한다. 그러나 앞서 제1장에서도 설파하고 있듯이, 나를 포함한 이 세상 만물의 색·성·향·미·촉·법이란 영원히 불변하거나 불멸하는 고정된 실체가 아니다. 그런데도 거기에 집착하는 것은 얼마나 어리석은 일인가? 물론 인간 자체가 감정의 동물인 데다 인생을 사는 동안 학습과 경험에 따라 저마다 나름대로 가치관을 가지고 나름의 처세 원칙을 가지는 것은 어쩔 수 없다. 그러나 그 정도가 지나치면 이성적인 판단력이 흐려지는 것은 물론이고 그로 인해 온갖 망상과 번뇌가 다 쌓이게 되고 급기야 서로 간에 집착과 갈등, 반목과 상잔을 일으키게 된다.

보통 사람들의 경우도 그렇지만 특히 사회적으로 중요한 위치에 있거나 큰일을 하는 사람들에게 있어 이 같은 '분별심'은 최대의 적이다. 한 나라의 통치자가 자기 말을 고분고분 따르는 이는 더 많이 챙겨 주고 거역하는 이는 가진 것까지 빼앗으려 든다면 훌륭하다고 할 수 없다. 인명 구조원이 바다에서 사람들이 허우적거리고 있는데 누구는 예쁘다고 구해 주고 누구는 못났다고 밀어 낸다면 어떻게 되겠는가 종교인의 경우도 마찬가지이다. 언필칭 사랑을 베풀고 그 정신을 실천한다면서 자신의 신자가 아니거나 코드가 다르다고 해서 상대를 몰인정하게 대하고 심지어 그들을 이간하고 증오를 심는다면 그런 자들은 신을 대리할 자격조차 없다. 그래서 불교에서는 누구든지 나의 감각과 의식이 만들어 내는 '분별심'과 집착을 다 벗어던지고 모든 생명을 동등하고 공평하게 사랑하고 보듬으면 마음의 평화를 얻어 무념(無念)·무상(無相)의 참된 깨달음에 이르게 된다고 설파한다.

그런 의미에서 본장에서 노자가 설파하고 있는 "습명"과 "묘요"의 자세는 불가의 가르침과도 그 궤를 같이하는 셈이다. '좋음[善]'과 '좋지 않음[不善]'을 구분하거나 어떤 딱지를 붙이려 하지 말고 누구에게나 마음을 열고 공평하게 대하고 보듬는 마음가짐. 그것이야말로 참된 통치자의 자세이다. 이 같은 이치를 깨닫지 못한다면 제아무리 똑똑한 척해도 결국은 한낱 어리석은 사람에 불과할 뿐이다.

제28장
세상의 본보기가 되려거든 암컷의 미덕을 지켜라
백서본 제72장

수컷의 이로움을 알더라도,   知其雄,

암컷의 자리를 지킴으로써,   守其雌,

세상의 계곡물이 되도록 하십시오.   爲天下溪.

세상의 계곡물이 되면,   爲天下溪,

영원한 덕이 언제나 당신 곁을 떠나지 않을 것입니다.   恒德不離,

영원한 덕이 떠나지 않으면,   恒德不離,

갓난아기로 되돌아갈 것입니다.   復歸於嬰兒.

순결의 이로움을 알더라도,   知其白,

오욕의 자리를 지킴으로써,   守其辱,

세상의 샘이 되도록 하십시오.   爲天下谷.

세상의 샘이 되면,   爲天下谷,

영원한 덕이 언제나 충만할 것입니다.   恒德乃足,

영원한 덕이 충만한 경지에 이르면,   恒德乃足,

다듬지 않은 천연의 옥돌로 되돌아갈 것입니다.   復歸於樸.

하양의 이로움을 알더라도,   知其白,

검정의 자리를 지킴으로써,   守其黑,

세상의 본보기가 되도록 하십시오.   爲天下式.

세상의 본보기가 되면,	爲天下式,
영원한 덕은 언제나 변하지 않을 것입니다.	恒德不忒.
영원한 덕이 변하지 않으면,	恒德不忒,
'끝이 존재하지 않는 경지'로 되돌아갈 것입니다.	復歸於無極.
옥돌은 다듬어지면 보배로운 옥기가 되고,	樸散則爲器,
성인은 기용되면 뭇 관리들의 지도자가 되겠지만,	聖人用則爲官長,
무릇 최고의 걸작이란 가공이 없는 원형 자체입니다.	夫大制無割.

|해설|

본장에서는 겸허한 자세에 대해 이야기하고 있다. 보통 사람들은 우주 만물이나 자연 현상들에 대해 저마다 딱지를 붙이고 의미를 부여하고 가치를 따지기를 좋아한다. 동물의 경우를 예로 들어 보자. 수컷이라고 하면 사람들은 힘·권력·정복 등의 단어들을 떠올리지만 암컷에 대해서는 무기력과 굴종의 상징으로 폄하하는 것이 보통이다. 색깔의 경우도 그렇다. 흰색은 깨끗함과 순수를 상징하는 색깔이라고 여겨 호감을 품지만 검은색은 더러움과 오욕을 상징하는 색깔로 폄하되기 일쑤이다. 어찌 보면 무능이나 오욕을 상징하는 암컷이나 검은색·오욕을 기피하고 권력이나 정의를 상징하는 수컷이나 흰색·순수를 선호하는 것은 인간이라면 누구나 자연히 품게 되는 '인지상정'일 것이다.

노자가 암컷이나 검은색·오욕 등이 사람들이 꺼리는 가치들이라는 사실을 몰랐을 리가 없다. 그럼에도 불구하고 그는 적어도 진정한 '도'를 따르거나 만인의 지도자가 되고자 하는 사람들은 기꺼운 마음으로 암 컷과 검은색과 오욕의 자리를 지키며 자신을 낮출 것을 당부하고 있다. 그는 이처럼 겸허하게 처신할 때 비로소 갓난아기와 천연의 옥돌, 나아 가 한계가 존재하지 않는 최고의 경지에 도달할 수 있다고 보았다.

우리는 보통 특정한 사람이나 사물이 어떠한 가공이나 미화도 없이 그 본연의 순수한 심성을 지니고 있는 것을 가리켜 '소박하다'라고 말한 다. 이때 '소(素)'는 '하양(white)'이 아니라 염색해서 화려하게 꾸미기 직 전의 천의 고유한 '바탕색(ground colour)'을 가리킨다. '박(樸)'의 경우 그 동안 그 의미가 잘못 알려져 있었다. '樸'은, "나무 원목을 말한다(木素 也)"라는《설문》의 설명처럼, 그동안 본래 가공되지 않은 나무 원목, 즉 '통나무(raw log)'라는 의미로 해석되어 왔다.《도덕경》에서는 '樸'이 제 15장, 제19장, 제28장, 제32장, 제37장, 제57장 등, 여섯 대목에서 총 8회 에 걸쳐 사용되었다. 이 중에서 '소박하다(simple)' 또는 '순수하다(pure)' 로 해석할 수 있는 제57장의 경우를 제외하면, 나머지 일곱 군데에서는 왕필, 어쩌면 그보다 훨씬 이전부터 모두 '통나무'의 의미로 굳게 믿어져 왔다. 사실 '樸'을 그렇게 해석한다고 해도 노자의 가르침이나 전후 맥락 에서 크게 벗어나 보이지는 않는다. 일단 말은 되기 때문이다. 다만 그렇 게 해석할 경우 제32장의 "<u>통나무</u>는 작기는 하지만(樸雖小)"이나 제37장 의 "이름 모를 <u>통나무</u>로 눌러 주렵니다(鎭之以無名之樸)"처럼, 일부 대목 에서 그 의미가 왠지 부자연스럽고 생뚱맞다는 느낌을 갖게 된다. 그런 느낌을 강화시키는 근거는 너무도 많다.

우선, 고대 중국의 문헌 기록에서 '박(樸)'은 부수로 '나무 목[木]'이 붙기는 했지만 단순히 '나무 원목'이라는 의미만 나타낸 것은 아니었다. 단옥재의 《설문해자주》에 따르면, "확장되어 모든 사물들을 부르는 이름으로 사용되기도 한다. 예를 들어 《설문》〈석부(石部)〉에서 '광(礦)'이란 구리나 쇠의 원석을 말한다'고 한 것이 그것이다. '박(璞)'이라고 쓰는 것은 속자이다." 말하자면 '樸'은 '통나무' 말고도 자재들 중에서 가공을 거치지 않은 소재나 원석까지 아울러 나타내는 글자였던 셈이다. 실제로 고문에서는 "樸↔璞"의 쌍방향 차용이 빈번하며, 그래서 단옥재도 두 글자를 서로 통용되는 글자로 인식한 것으로 보인다.

《도덕경》의 경우 현재 목판 인쇄본으로 전해지는 왕필본 등 후대 판본에는 글자가 모두 '樸'으로 통일되어 있다. 그러나 필사본의 형태로 출토된 초기 《도덕경》들은 경우가 상당히 다르다. 시기가 가장 빠른 초간본에는 '樸'이 제19장에서 '𣏾'(본서 제6쪽 초간본 갑조 사진 참조), 제15장에서 '樻', 제37장에서는 '𣙻' 등으로 서로 다르게 적혀 있다. 《도덕경》뿐만 아니라 《주역·려(周易·旅)》《소왕(昭王)》《간대왕(柬大王)》《어총사(語叢四)》등, 전국시대 및 전한대 죽간이나 백서들을 살펴보면 방금 언급한 '樸-𣏾-𣙻-樻-僟-僕' 및 '榑'과 '剝'은 모두 '業', 즉 '박'이라는 발음을 공유하는 글자들로, 서로 통용되고 있는 것을 확인할 수 있다. 그러나 이 글자들은 알고보면 모두가 '옥돌'을 뜻하는 '박(璞)'의 가차자들이다. 문자학자 당란(唐蘭: 1901~1979)은 《은허문자기(殷墟文字記)》에서 '璞'에 해낭하는 갑골문자를 갑골문1-4와 같이 소개하고 있다.

갑골문1-4는 형태를 조금씩 달리하고 있지만 옥 원석의 의미를 그런대로 충실히 반영하고 있다. 갑골문1의 경우 장인이 두 '손'으로 끌 같은 '공구'를 가지고 '돌'을 깎거나 다듬는 동작이 형상화 되어 있다. 갑골문

갑골문1　　　갑골문2　　　갑골문3　　　갑골문4

서로 다른 형태로 작성된 갑골문의 '박'. 그러나 기본적으로 '산-옥
돌-공구를 쥔 손'이라는 의미소를 공유하고 있는 것을 볼 수 있다.

2-4에서는 좌우가 바뀌기는 했지만 개개의 의미소를 보다 자세하게 묘
사하여 '산'에서 장인이 '손'으로 '공구'를 써서 '옥돌'을 채취하여 '삼태기'
에 담는 모습이 그대로 표현되어 있다. 여기서 '산(山)' 양쪽으로 드리워
진 2개의 줄은 산 속의 굴을 형상화 한 것으로 '광산'으로 이해해도 무
방하다. 초간본의 '𣪊'에는 '공구'와 '삼태기'와 '손'의 의미소만 남고 그 발
음조차 알 수가 없지만 본질적으로 위의 갑골문자들과 같은 글자임을
직감할 수 있다. 이 갑골문자는 금문(金文)에는 보이지 않다가 진나라
시황제가 중원을 통일한 후 본격적으로 사용하기 시작한 소전(小篆)에
서부터 그 의미나 형태에서 다소 편차가 큰 '樸'으로 표기되고 발음 역
시 '박'으로 굳어졌다. 그렇다면 이미 기원전 3세기 이전에 '옥돌'의 의미
를 나타내는 글자에 상당한 변화가 있었던 셈이다.

　당란의 주장에 근거할 때 '옥돌'을 뜻하는 갑골문자는 전국시대에 이
르러 초간본의 '𣪊' 식으로 간소화되었을 것이고, 때로는 '喾'이나 '樘' 식
의 약자도 사용되었을 것이다. 즉 갑골문자에서 "𣪊⇒喾⇒樘⇒樸"의
변천과정을 거친 것이다. 《설문》에는 '樸'만 보이고 '璞'에 대한 언급이
없는 것을 보면 그 글자는 이보다 나중에 만들어졌을 가능성이 크다. 그
렇다면 그 이전인 전국시대는 물론이고 노자가 《도덕경》을 집필할 당시

에는 '옥돌'의 의미를 표현할 때 '樸'을 대신 차용할 수밖에 없었을 것이다. 백서본의 경우, 갑본에는 '악(握)', 을본에는 '樸'으로 적혀 있는데, 전자는 전국시대의 필사본을 베끼는 과정에서 그 발음과 자형이 유사한 두 글자 사이에서 이루어진 "樸⇒握"의 오독의 결과로 보인다.

둘째, "樸=옥돌"의 관계를 방증해 주는 또 다른 단서는 제(齊)나라 선왕(宣王: BC350~BC301)과 안촉(顔斶)의 일화이다.《전국책》〈제책·4(齊策四)〉에 따르면, 제나라의 유능한 '사인'인 안촉은 선왕이 직하 학궁(稷下學宮)을 열고 천하의 인재들을 우대한다는 소문을 듣고 선왕을 알현한다. 그러나 안촉은 선왕이 자신을 함부로 대하자 크게 실망한 나머지 선왕의 만류에도 불구하고 이렇게 한마디 한 후 고향으로 내려간다.

"아름다운 옥은 산 속에서 납니다만 그것을 다듬자면 옥돌을 깰 수밖에 없습니다. 그렇게 되면 보물처럼 값지게 되기야 하겠지만 당초의 옥돌은 더 이상 원형을 지킬 수 없습니다. 관리는 재야에서 납니다만 추천받아 기용되면 국록을 받게 됩니다. 그렇게 되면 존귀하게 되기야 하겠지만 자신의 몸과 의지는 더 이상 온전히 지킬 수 없습니다."

이 일화에 대하여《전국책》의 저자는 이렇게 총평하고 있다. "안촉은 만족할 줄 알았던 셈이다. 이렇듯 원래의 바탕으로 돌아가고 처음의 옥돌로 돌아가면 한 몸이 다하도록 모욕당할 일이 없을 것이다." 이 일화에서《전국책》의 저자가 '樸'을 '통나무'가 아닌 '옥돌'로 이해하고 있음을 발견할 수 있다. 게다가 여기서는 '박(璞)'이 안촉의 옥에 대한 비유와 함께 사용되고 있어서 해당 글자가 본자로서 '옥돌'의 의미를 나타낸다는 사실을 바로 확인할 수 있다.

셋째, 또 다른 단서는 "반박귀진(返樸歸眞)"이다. 도교 쪽에서 처음 사용하기 시작한 것으로 보이는 이 4자 성어는 수련을 통하여 세속적인 유혹과 욕망으로부터 벗어나 본연의 소질과 순수한 심성으로 돌아감으로써 심신의 원기를 회복할 것을 호소하는 말이다. 지금은 사회적으로 널리 사용되고 있는데, 한자로는 보통 "返璞歸眞"으로 적지만 때로는 "返樸歸眞"으로 적기도 한다. 동일한 성어에 '통나무'와 '옥돌'이라는 서로 판이한 의미를 가진 글자가 혼용된다는 것은 무엇을 뜻하는가? 그것은 '樸'과 '璞' 둘 중 어느 한 쪽이 의미와는 무관하게 가차자(假借字)로 충당되었다는 뜻일 것이다. 한자는 원래 글자마다 개별적인 의미를 가지는 것이 보통이지만 초기의 어떤 단어는 그 의미에 걸맞은 글자를 갖지 못한 경우도 있었다. 이런 경우 그 발음을 공통분모로 삼는 비슷한 글자를 임시로 빌어씀으로써 제2의 의미를 나타냈는데 그것이 가차자인 것이다.

중국사회과학원 어언연구소의 《현대한어사전(現代漢語詞典)》(2005)이나 중국대백과전서 출판사의 《중화성어대사전(中華成語大詞典)》(2003) 등, 중국에서 상당한 공신력을 가진 사전들은 '樸'을 잘못된 표현, 즉 가차자로 보고 "返璞歸眞"을 바른 표현으로 소개하고 있다. 그런데 노신(魯迅)·주자청(朱自淸)·양실추(梁實秋)·왕안억(王安憶) 등 근현대 중국 문단의 거두들은 과거 오히려 '璞'을 오자로 보아 "返樸歸眞"으로 표기했다. 그 후 그들의 큰 '이름값' 때문에 "返樸歸眞"으로 써도 문제가 없다는 주장이 힘을 얻으면서 지금은 광고나 인터넷·소설 등 일상에서 오히려 전자보다 더 많이 사용되고 있는 실정이다. 말하자면 제19장 "현소포박(見素抱樸)”에 대한 유명 인사들이 기시감(旣視感) 때문에 ‘樸’으로 오용된 것이 이 같은 표기상의 혼란을 야기한 셈이다. 즉 처음에는 ‘璞’이던 것이 나중에 ‘樸’으로 와전되었다는 뜻이다. 그렇다면 《도덕경》의 ‘樸’을 무조건 ‘통나무’와 결부시켜야 할 이유는 없는 셈이다.

넷째, 그동안 《도덕경》과 ‘통나무’의 유일한 연결고리는 ‘樸’이라는 글자였다. 그것 말고는 《도덕경》이나 춘추전국시대 문헌 어디에도 노자 또는 도가사상과 ‘통나무’가 모종의 상관관계를 가지거나 동시에 거론된 사례를 찾기 어려운 것이다. 그런데 고대 중국에서 옥이 성인이나 통치자의 상징물로서 정치·사회적으로 신성하게 여겨져 왔다는 점, 그리고 《도덕경》에서도 많은 대목에서 성인, 통치자와 관련하여 옥을 언급하고 있는 점 등에 주목하여 ‘樸’을 ‘옥돌’로 해석하면 과거에는 해결되지 않았던 문제들까지 해결의 단서를 찾을 수 있게 된다. 그 대표적인 경우가 제28장의 “박산즉위기(樸散則爲器)”와 “대제무할(大制無割)”에 대한 해석이다. 《전국책》에 소개된 안촉의 일화를 참조할 때, “대제무할”은 이를 정치행위와 결부시키려고 애쓴 기존의 주장들과는 달리 “최고의 가공은 옥을 자르지 않고 옥돌 그대로 두는 것”이라는 새로운 해석이 가능해진다. 제15장의 “돈가, 기약박(敦呵, 其若樸)” 역시 마찬가지이다. ‘돈’은 초간본에는 ‘둔(屯)’, 백서본에는 ‘돈(沌)’, 왕필본 등에는 ‘돈(敦)’으로 나와 있다. 그동안 “樸=통나무”라는 선입견이 강하다 보니 해당 글자의 해석을 둘러싼 갑론을박이 끊이지 않았다. 그런데 ‘樸’을 ‘옥돌’로 해석하면 ‘돈’은 자연히 ‘튼실하다(sturdy)’ 또는 ‘튼튼하다(strong)’의 의미가 되어야 하며, 초간본의 ‘屯’이나 백서본의 ‘沌’ 역시 사실은 ‘敦’의 발음을 빌린 가차자임을 손쉽게 추론해 낼 수 있는 것이다.

석질과 옥질이 섞인 천연의 옥 원석 '박(樸)'

'樸'의 의미나 해석에 대해서는 그동안 국내외적으로 많은 연구논문이 발표되었고 지금도 논란이 이어지고 있다. 그러나 위에서 살펴본 것처럼, 노자가 《도덕경》에서 '통나무'를 언급하거나 이를 만물의 순수한 본성을 비유하는 말로 사용했을 가능성은 희박하다. 《도덕경》에는 '나무'와 관련된 언급이 더러 나오기는 하지만, '樸'의 용례들을 제외하면 어디에서도 '나무'를 순수한 본성이나 소박한 바탕과 결부시킨 경우가 없다는 것도 그 방증이다. 따라서 적어도 《도덕경》에서만큼은 '樸'을 가공하지 않은 투박한 옥 원석, 즉 '옥돌(raw jade)'의 의미로 해석해야 옳다. 만일 우리가 《도덕경》의 원형을 찾아가고 노자의 가르침을 정확하게 이해하고자 한다면 '樸'을 둘러싼 그동안의 오독, 오역들에 대한 전면적인 검토와 수정이 시급하다고 본다.

마지막으로, 지금까지 장석창, 진고응 등 일부 학자는 맨 마지막의 "부대제무할(夫大制無割)"의 '제(制)'를 일종의 통치행위로 이해하여 "대제"를 '위대한 정치'로 해석하기도 하였다. 그러나 이상에서 살펴본 '樸'의 의미에 착안할 때, '제'는 옥돌의 가공을 염두에 둔 표현이며 의미상으로도 '통치'보다는 '성인'이나 '인재'와 가까우므로 그 본연의 의미 그대로 이해하는 것이 좋겠다.

제29장

세상은 바란다고 해서 얻어지는 것이 아니다

백서본 제73장

장차 세상을 다 가지겠다는 욕심으로	將欲取天下
거기에 힘쓰고 있습니까?	而爲之,
그렇다면 내가 보기에 그 목적은 이룰 수가 없을 것 같군요.	吾見其弗得已.
세상이라는 것은,	夫天下,
신령스러운 그릇과도 같아서,	神器也,
무턱대고 바란다고 해서 얻어지는 것이 아닙니다.	非可爲者也.
바라다가는 오히려 그것을 망치게 될 것이요,	爲者敗之,
집착하다가는 오히려 그것을 놓치고 말 것입니다.	執者失之.
만물 중에는 앞질러 가는 때가 있는가 하면 뒤따르는 때도 있고,	物或行或隨,
뜨거울 때가 있는가 하면 찰 때도 있고,	或熱或炊,
굳셀 때가 있는가 하면 꺾일 때도 있고,	或强或挫,
도드라질 때가 있는가 하면 꺼질 때도 있기 때문입니다.	或培或墮.
그렇기 때문에 성인은	是以聖人,
지나치다 싶은 것은 주저 없이 버리고,	去甚,
크다 싶은 것은 과감하게 버리고,	去泰,
사치스럽다 싶은 것 역시 서슴없이 버리는 것입니다.	去奢.

본장에서는 매사에서 어떠한 사심도 작위도 없는 "무위"의 처세에 대해 이야기하고 있다. 보통 사람들은 누구나 어떤 목표를 세워 놓고 그로 인해 나중에 얻어질 반대급부를 떠올리면서 자신을 독려하곤 한다. 학생은 하버드대학교 같은 훌륭한 학교에 진학하기를 바라고, 직장인은 빌 게이츠(Bill Gates)처럼 세계적인 부와 명성을 지닌 CEO가 되기를 바라고, 정치가는 한 나라를 대표하는 대통령이 되기를 바란다. 그러나 어느 쪽이 되었건 간에 그 꿈들은 그렇게 만만하게 이루어지지 않는다. 자신이 이루고자 하는 일이 있거나 가지고자 하는 것이 있을 때 그 소망을 가장 빨리 이룰 수 있는 길은 무엇일까? 역설적이지만 그것을 향한 자신의 마음을 비우는 것이다.

노자는 사람들이 매사에서 무슨 결과를 바라거나 또 그 같은 마음으로 거기에 지나치게 집착하면 오히려 그 일을 망치고 아무것도 얻지 못한다고 보았다. 어떤 대상이나 일에 집착하거나 어떤 대가를 바란다는 것은 곧 나 자신이 사심을 가지고 있다는 것 즉 "유위(有爲)"를 뜻하기 때문이다.

'지난 1,000년에서 가장 훌륭한 경영인'으로 선정된 바 있는 일본의 전설적인 경영인인 마쓰시타 고노스케(松下幸之助: 1894~1989)는 독특한 경영 철학과 탁월한 국제 감각으로 수많은 브랜드를 개발해 세계 시장에서 큰 성공을 거두었다. 전성기에는 '마쓰시타'라는 이름의 회사만도 570여 개나 되고 사원이 무려 19만 명을 넘을 정도였다니 그가 '기업 경영의 신'으로 일컬어진 것도 어쩌면 당연하다고 하겠다. 그런 그가 자신의 성공 비결로 꼽은 것은 바로 지독한 가난과 허약한 몸과 초라한 학력이었다. 그가 오늘날 위대한 인물이라는 찬사를 받는 이유는 단순히 570여 개의 회사를 일구고 19만 명의 사원을 거느린 대기업의 총수여서가 아니었다.

일본의 '경영의 신' 마쓰시타 고노스케

그가 남들보다 훌륭한 것은 바로 자신의 과거에 갇혀 남들 눈을 의식하고 자기 신세를 한탄하는 데에 시간을 허비하지 않고 오히려 그 어렵고 힘들었던 시절을 자기 발전의 자산으로 소중하게 간직하면서 인생의 매 순간에 최선을 다했기 때문이다.

일찍 부모를 여읜 그는 가난 때문에 어려서부터 공장에서 허드렛일을 거드는 불우한 환경 속에서도 자신의 처지를 슬퍼하기는커녕 오히려 남들보다 더 열심히 일했다. 태어날 때부터 제대로 먹지 못해 몸이 허약했지만 부모 탓을 하고 속상해 하기보다는 틈이 날 때마다 운동을 하면서 건강을 유지하는 데에 각별히 노력했다. 게다가 초등학교조차 중퇴할 수밖에 없었지만 그 일을 부끄럽게 여기기보다는 오히려 그 덕분에 책과 세상 사람들을 스승으로 삼아 더 많은 것을 배울 수 있었다면서 고맙고 다행스럽게 여겼다. 자신의 인생의 약점들을 부끄럽게 여기고 감추려 하지 않고 평생 동안 소중한 자산으로 생각하면서 자신을 다스리고, 매사에 임할 때마다 바람이나 집착을 가지지 않고 매 순간 최선을 다해 노력한 점, 이러한 자기관리와 처신이야말로 그를 전설적인 CEO로 만든 결정적인 원동력이었다.

본장에서 노자가 말하고자 하는 것은 어찌 보면 마쓰시타의 성공 비결과도 닮은 점이 있다. 외물에 마음이 흔들리지 않도록 항상 마음을 비우는 데에 집중하고, 무슨 일을 하든 간에 극단으로 치닫거나 지나치게 과욕을 부리지 말고 항상 절도를 지키라는 것이다. 그렇게 자신의 본분을 지키면서 묵묵하게 '도'를 실천하노라면 언젠가는 그에 상응하는 보답을 받게 된다는 것이다. 그런데 그게 언제일까? 글쎄다, 그런 대가조차 바라지 말고 그런 생각조차 떠올리지 말라는 것이 노자의 가르침이 아닐까?

제30장
올바른 도가 아니라면 당장 그쳐라
백서본 제74장

'도'로 군주를 보좌하는 이는,	以道佐人主,
무력으로 세상 사람들을 핍박하지 않습니다.	不以兵强於天下,
그 대가가 자신에게 되돌아오기 쉽기 때문이지요.	其事好還.
군대가 머무는 곳은,	師之所居,
황폐해져 가시나무만 무성해지고 맙니다.	楚棘生之.
그래서 전쟁에 뛰어난 이는 승부를 내는 선에서 끝낼 뿐,	善者果而已矣,
그 틈을 타서 상대방을 핍박해서는 안 됩니다.	毋以取强焉.
승부를 내되 절대로 교만하게 행동하지 마십시오.	果而毋驕,
승부를 내되 절대로 뻐기지 마십시오.	果而勿矜,
승부를 내되 절대로 떠벌리지 마십시오.	果而毋伐,
승부를 내되 마지못해 하는 선택이라고 여기십시오.	果而毋得已居,
이를 '승부만 낼 뿐 상대를 핍박하지 않는다'고 하겠습니다.	是謂果而不强.
만물은 당장은 기운이 왕성하더라도 언젠가는 노쇠해지는 법입니다.	物壯則老,
이 이치를 저버린다면 그것은 '도를 따르지 않는 것'입니다.	謂之不道.
혹시라도 '도'를 따르지 않고 있다면,	不道,
어서 멈추십시오.	早已.

　본장에서는 전쟁에 임하는 자세에 대해 이야기하고 있다. 만물은 항상 왕성한 것같이 보여도 언젠가는 노쇠하고 시들기 마련이다. 아무리 막강한 힘을 가진 나라나 통치자라고 해도 좋은 세월이 영원히 지속될 수는 없다. 어제는 이겼어도 오늘은 지고 오늘은 약하다가도 내일은 강해지는 것이 인간세상의 이치이다. 지금 전쟁에서 이겼다고 해서 상대를 함부로 대하다가는 나중에 서로 입장이 바뀌었을 때 어떤 꼴을 당하게 될지 알 수 없다. 이 같은 이치를 깨우치지 못하는 것은 '도'를 따르지 않는 것이어서 머지않아 자멸하고 만다. 따라서 노자는 그 같은 행태를 당장 중단할 것을 충고한다. 본장에서 그의 주장의 무게중심은 바로 "물장즉노(物壯則老)"에 놓여 있는 셈이다.

　노자는 전쟁을 즐기는 호전주의자가 아니었다. 그렇지만 지금까지 알려진 것같이 모든 형태의 전쟁을 반대하는 극단적인 반전주의자도 아니었다. 그는 자국의 영토와 국민을 지키기 위한 최소한의 자위적인 전쟁은 불가피하다고 보았다. 어떤 학자는 본장과 제31장 등 일부 대목이 전쟁과 병법을 화제로 다루고 있다고 해서《도덕경》을 병법서라고 주장한다. 그러나 81개 장이나 되는《도덕경》에서 병법이나 전쟁을 언급한 부분은 본장과 제31장, 제71장 등 일부에 불과하다.《도덕경》에 전쟁에 대한 언급이 많은 이유는 노자가 활동한 시기가 춘추전국시대였기 때문이다. 여기저기서 크고 작은 전쟁이 빈번하게 벌어지던 난세를 사는 사람의 입장에서 전쟁은 하나의 일상이었다. 그렇다 보니 자신이 원하든 원하지 않든, 전쟁을 지지하든 반대하든 간에 어떤 방식으로든 그에 관해 언급할 수밖에 없었던 것이다.

공자(孔子)가 저술한 노(魯)나라의 역사책 《춘추》에 따르면 춘추시대 242년 동안 중원에서 벌어진 군사행동은 483차례가 넘었다고 한다. 소국인 송(宋)나라와 정(鄭)나라만 해도 크고 작은 싸움을 49번이나 벌였다고 하니 당시 전쟁이 얼마나 빈번했는지 짐작하고도 남는다. 오늘날은 전쟁이 종료되면 평화협정과 피해보상, 포로송환 정도로 사후처리가 끝나는 경우가 많다. 그러나 당시에는 승부가 갈린 후에도 패자에 대한 승자의 보복과 약탈이 지루하게 자행되었다. 진(陳)나라가 초(楚)나라와 연합해서 정나라를 정벌할 때는 우물을 메우고 나무를 남벌하면서 무자비한 파괴를 자행했고, 초나라 군사가 송나라를 포위했을 때에는 도성을 사수하던 송나라 사람들이 양식과 땔감까지 바닥나자 서로 자식을 바꿔서 잡아먹어 백골이 낭자할 정도로 참혹한 광경이 벌어졌다. 그러나 전국시대에 비하면 이 정도는 그나마 약과였다. 전국시대에는 전쟁이 길면 몇 년이나 지속되었다. 게다가 당시에는 전쟁의 최종 목표가 적의 완전 섬멸이었기 때문에 일단 전쟁이 벌어졌다 하면 사상자가 수만 명을 넘는 것이 예사였으며 많을 때에는 수십만에 이르렀다.

《사기》〈백기열전(白起列傳)〉에는 적군을 하도 잔인하게 다루어 '인간백정[人屠]'으로 불렸던 진나라의 명장 백기(?~BC257)의 일화가 소개되어 있다. 그는 기원전 294년에는 24만 명이나 되는 한(韓)·위(魏) 동맹군을 모두 참수했고, 기원전 273년에는 13만 명의 위나라 군사를 참수하고 2만 명의 조(趙)나라 군사를 황하에 수장시켰다. 최대의 참극은 기원전 260년에 발생했다. 그는 장평(長平)에서 어린 병사 240명을 제외한 40만여 명의 조나라 군사를 전부 생매장해 버렸다. 우리나라 서울광장의 최대 수용 인원이 3만 명 정도이므로 최소한 서울광장 13개를 채울 수 있는 인원을 한꺼번에 몰살한 셈이다. 비무장으로 투항한 포로를 그것도 40만여 명이나 한꺼번에 파묻었다는 것은 지금으로서는 상상조차 할 수 없는 일이다. 그러나 패자에 대한 인도적인 관리 매뉴얼이 존재할 리가 없던 당시에는 정도의 차이만 있을 뿐 이 같은 참극은 수시로 반복되고 있었다.

후방에 남는 백성들 역시 고통스럽기는 마찬가지였다. 전선으로 끌려가지 않았다는 것뿐이지 전쟁에 투입되는 엄청난 군량과 군수물자의 조달은 고스란히 후방에 남은 노약자나 부녀자·아이들의 몫이었기 때문이다. 후방에 남는 사람들은 이들이 소비할 식량까지 추가로 생산해야 했으니 그 부담은 평소보다 갑절이나 늘 수밖에 없었다. 그 뿐만 아니었다. 일단 전쟁이 벌어지면 소나 말 같은 가축의 징발도 동시에 이루어졌는데 그 수가 수만 두에서 최대 십 수만 두까지 이르렀다.《전국책》의 기록에 따르면 한 번의 전쟁에 투입되는 무기와 말과 수레는 당사국에 10년 안에는 회복이 불가능할 정도로 엄청난 경제적 손실을 안겨다 주었다고 한다. 이 같은 징병과 징발의 장기화가 필연적으로 경제의 파탄으로 이어졌을 것은 자명하다. 전쟁을 치르더라도 승부를 겨루는 선에서 그치고 적을 불쌍히 여기는 마음을 가지라는 노자의 가르침은 바로 이같은 혹독하고 처절한 시대 상황 속에서 나온 것이었다.

제31장

불행을 몰고 오는 전쟁을 미화하지 마라

백서본 제75장

일반적으로 병기라는 것은,	夫兵者,
불행을 가져다주는 도구입니다.	不祥之器也.
만물 중에는 더러 그것을 꺼리는 경우도 있으니,	物或惡之,
욕심을 품은 이들은 거기에 집착하지 않게 해야 합니다.	故有欲者弗居.
군자는 일상생활에서는 왼쪽을 높게 칩니다만,	君子居則貴左,
병기를 사용하는 비상시에는 오른쪽을 높게 치지요.	用兵則貴右.
그래서 병기라는 것은,	故兵者,
군자가 가까이할 도구가 아닌 것입니다.	非君子之器.
병기라는 것은,	兵者,
불행을 가져다주는 도구입니다.	不祥之器也.
그러니 피치 못할 상황에서 그것을 사용하게 되더라도,	不得已而用之,
담담한 마음으로 다루는 것을 최선으로 여기되,	恬襲爲上,
미화하는 일이 없도록 하십시오.	勿美也.
만일 미화한다면,	若美之,
이는 곧 사람 죽이는 짓을 즐기는 격입니다.	是樂殺人也.
사람 죽이기를 즐긴다면,	夫樂殺人,
세상에서 자신의 뜻을 펼칠 수 없게 될 것입니다.	不可以得志於天下矣.

그렇기 때문에	是以
경사스러운 자리에서는 왼쪽을 높게 치고,	吉事上左,
초상을 치르는 자리에서는 오른쪽을 높게 치는 거지요.	喪事上右.
또 그렇기 때문에	是以
편장군이 왼쪽에 자리 잡고,	偏將軍居左,
상장군이 오른쪽에 자리 잡는 것은,	上將軍居右,
초상을 치르는 예법에 따라 전쟁에 임하라는 말인 게지요.	言以喪禮居之也.
죽인 사람이 많을 때에는,	殺人衆,
슬프고 애잔한 마음으로 그 자리에 임하고,	以悲哀莅之.
전쟁에서 이기더라도,	戰勝,
초상을 치르는 예법에 따라 그 자리에 있어야 합니다.	以喪禮居之.

|해설|

　본장에서는 전쟁을 대하는 자세에 대해 이야기하고 있다. 여기서 노자는 전쟁을 상징하는 병기는 불길한 도구이며 '도'를 지향하는 군자들은 좋아하지 않는다고 설파하고 있다. 어떤 사람들은 본장의 내용을 확대 해석하여 노자가 전쟁 자체를 거부한 반전주의자였다고 주장하기도 한다. 그러나 그것은 오해이다. 노자는 인간이 존재하는 한 전쟁은 피할 수 없는 필요악이라는 점을 잘 알고 있었다. 따라서 그가 전쟁과 관련하여 관심을 가지는 부분은 "어떤 방법으로 이길 것인가"가 아니라 "어떤 자세로 임할 것인가"였다. 부득이하게 전쟁을 벌일 수밖에 없다면 상가에 문상을 하듯 슬픈 마음으로 임하되, 절대로 그 행위를 미화하거나 살인을 즐기지 말라는 것이다. 그러면서 그는 만일 전쟁을 수행하는 과정에서 살인을 즐긴다면 그 사람은 세상에서 자신의 이상을 펼 수 없게 될 것이라는 경고도 잊지 않는다.

본장의 "이비애이지(以悲哀莅立)"의 '이(莅)'는 왕필본 등에는 모두 '읍(泣)'으로 나와 있다. 따라서 학자들은 지금까지 이 부분을 "(많은 사람을 죽이게 되므로) 애통하게 울어야 할 것이다" 식으로 해석한 경우가 많다. 그러나 백서본의 경우 갑본과 을본, 한간본에는 모두 '립(立)'으로 되어 있는 것을 보면 후대 판본들이 형태가 비슷한 '莅'를 '泣'으로 오독했을 가능성이 크다. 이 점은 왕필본 등보다 빠른 전한대의 백서본, 한간본에 모두 '립'으로 나와 있고 "이비애이지" 부분이 그 뒤의 "이상례거지(以喪禮居之)"와 내용상으로 대구를 이루고 있는 점을 통해서도 충분히 유추가 가능하다.

고대에 중국인들은 왼쪽과 오른쪽에 어떤 의미를 부여했을까? 주나라의 역사를 다룬 《일주서(逸周書)》에서는 "경사스러운 의식을 치를 때에는 왼쪽으로 돌아 하늘에 순응함으로써 근본을 세우는 반면, 전쟁 관련 의식을 치를 때에는 오른쪽으로 돌아 땅에 순응함으로써 전쟁에 행운이 따르기를 기원한다"라고 소개하고 있고 전한대의 《모시고훈전(毛詩故訓傳)》에서는 "왼쪽은 '양'의 길이어서 조회·제사 등의 행사에서 따르며 오른쪽은 '음'의 길이어서 초상·전쟁 등의 행사에서 따른다"라고 소개하고 있다. 하상공은 본장의 좌우와 관련하여 "왼쪽은 생명과 관련된 자리이다. '음'의 길은 사람을 죽이는 일과 관련이 있다. 편장군이 서열이 낮으면서도 '양'의 자리에 서는 것은 그가 죽이는 일을 담당하지 않기 때문이며, 상장군이 서열이 높으면서도 '음'의 자리에 서는 것은 그가 죽이는 일을 전담하기 때문이다. 상장군이 오른쪽에 서는 이유는 초상을 치르는 예법에서 오른쪽을 높게 치기 때문으로 망자의 경우는 '음'을 더 귀하게 여기는 것이다"라고 주석을 붙였다. 송대의 범응원 역시 "왼쪽은 '양'이어서 생명을 주관하고 오른쪽은 '음'이어서 죽음을 주관한다. 그래서 일상생활을 할 때에는 왼쪽을 높게 치지만 병기를 사용할 때에는 오른쪽을 높게 친다. 일반적으로 사람을 죽인다거나 전쟁을 벌이는 일은 일상적인 것이 아니기 때문이다"라고 덧붙이고 있다.

고대 중국에서는 이처럼 왼쪽이 행운을 가져다주는 생명의 자리라고 여긴 반면 오른쪽은 불행과 관계가 있는 죽음의 자리라고 여겼다. 물론 이 같은 관습이 항상 절대적으로 지켜진 것은 아니었다. 예를 들어 춘추시대의 전형적인 전투였던 차전을 벌일 때에는 노자가 본장에서 언급한 규칙이 적용되지 않았다. 당시 전차에는 '갑사(甲士)'로 불리는 3명의 전차병이 탑승했다. 이들 중에서 전차를 모는 '어수(馭手)'를 기준으로 그 오른쪽에는 창으로 무장하고 때로는 조수 역할을 하는 '차우(車右)'가, 왼쪽에는 활로 무장한 '차좌(車左)'가 자리 잡았는데 서열은 '차좌'가 '차우'보다 높았다. 또 장수가 탑승할 경우에는 '어수'를 기준으로 왼쪽에는 장수가 자리 잡고 오른쪽에는 창으로 무장한 병사가 자리 잡았다.

제32장
멈출 줄 알면 위태로운 일을 당하지 않는다
백서본 제76장

'도'는 언제나 이름이 없습니다. 　　　　　　　　　　　道恒無名.

천연의 옥돌은 작을지는 모르나 　　　　　　　　　　　樸雖小

그럼에도 불구하고

　세상의 그 누구도 함부로 굴복시키지 못합니다. 　　而天下弗敢臣.

그러나 제후나 임금이 만일 그것을 제대로 지키기만 한다면, 　侯王若能守之,

만물이 저절로 복종하게 될 것이요, 　　　　　　　　　　萬物將自賓,

하늘과 땅의 기운이 서로 합쳐져 　　　　　　　　　　　天地相合

단 이슬을 내려 줄 것이며, 　　　　　　　　　　　　以俞甘露,

백성들은 명령을 내리지 않더라도 　　　　　　　　　　民莫之令

저절로 가지런해질 것입니다. 　　　　　　　　　　　而自均焉.

옥돌은 가공되고 나면 이름을 갖게 되지요. 　　　　　始制有名.

이름까지 그렇게 생겼다면, 　　　　　　　　　　　　名亦旣有,

그쯤에서 그칠 줄 알아야 합니다. 　　　　　　　　　夫亦將知止.

그칠 줄을 알면, 　　　　　　　　　　　　　　　　知止,

자연히 위태롭지 않게 되기 때문이지요. 　　　　　　所以不殆.

'도'가 세상에 작용하고 있는 상황을 비유로 들자면, 　譬道之在天下也,

옹달샘이 강·바다와 함께하는 상황과도 같을 것입니다.

　　　　　　　　　　　　　　　　　　　猶小谷之與江海也.

|해설|

  본장에서는 자기절제의 미덕에 대해 이야기하고 있다. '도'는 보통사람들에게 이름조차 알 수 없는 보잘것없는 존재이다. 그러나 동시에 이 세상의 그 누구도 굴복시킬 수 없는 위대한 존재이기도 하다. 따라서 통치자들이 이를 잘 받들어 지키면 만물이 귀의하고 온 세상이 태평해질 것이라고 보았다. 그는 여기서 투박한 천연의 옥돌이 가공되어 특정한 '이름'을 가지게 되면 그 정도에서 멈추라고 당부한다. 여기서 '멈춘다'는 것은 곧 자신의 욕망을 절제할 줄 안다는 의미이다. 때문에 그는 누구든지 이 같은 절제력을 가진다면 '도'의 작용으로 절대로 위태로운 일을 당하지 않게 될 것이라고 설파하고 있는 것이다.

  본장의 내용은 그동안 여러 군데가 오역되어 왔다. 그중에서도 가장 논란이 되는 것은 맨 마지막 문장이다. 이 부분은 왕필본에는 "유소곡지어강해(猶小谷之於江海)"로 나와 있다. 그래서 그동안 '어(於)'를 처소를 나타내는 전치사 '~로(toward)', '지(之)'를 '가다(go)'라는 의미의 동사로 보아 "골짜기의 물이 흘러 강과 바다로 가는 것과도 같다" 식으로 번역해 왔다.

  그러나 이는 상당히 잘못된 번역이다. 왜냐하면 왕필본과 시기, 체제가 비슷한 하상공본은 물론이고 그보다 수백 년 전의 초간본, 백서본, 한간본에도 모두 "유소곡지여강해(猶小谷之與江海)"로 적혀 있기 때문이다. 대부분의 판본에 공통적으로 사용된 '여(與)'가 왕필본에만 '於'로 되어 있다는 것은 곧 왕필이 '與'를 '於'와 동일한 의미로 이해했다는 뜻이다. 그가 이 부분에 "시내와 샘이 강과 바다를 찾는 것은 강과 바다가 그것들을 불러서가 아니다. 부르지도 찾지도 않았는데도 스스로 귀의하는 것은 비유하자면 도가 세상에 실천되어져 명령하지 않아도 저절로 공평해지고 찾지 않아도 저절로 얻어지는 것과 같다"라고 주석을 붙인 일은 이 점을 잘 뒷받침해 준다. 왕필 이후로 지금까지 다수의 학자가 이 부분을 "시내·샘물이 강·바다로 흘러드는 것과도 같다" 식으로 해석한 것도 사실은 이 같은 오해의 산물이다.

그러나 이러한 해법의 가장 큰 문제는 ① '與'가 또 다른 품사로 충당될 가능성과, ② 그 앞 동사 "재(在)"와는 의미·맥락상으로는 물론이고 수사적으로도 서로 대응관계에 있다는 점을 간과하고 있다는 것이다. 실제로 ③ 왕필본을 제외한 대부분의 판본에 '與'로 되어 있다는 것 자체가 왕필의 교감·해석상의 오류를 방증하고 있다.

그러면 '與'는 어떤 의미·품사로 이해해야 옳을 것인가? 《관자》〈패언(覇言)〉에는 "강한 나라를 누르고 약한 나라를 돕는가 하면 포악한 나라를 막고 탐욕스러운 나라를 제지하는가 하면 망해가는 나라를 살리고 위태로운 나라를 안정시킴으로써 끊어지려던 세상을 이어지게 한다면 이런 사람은 온 세상 사람들이 떠받드는 분이요 제후들이 함께하는 분일 것이다" 부분이 나오는데 당대 학자 윤지장(尹知章: 669?~718?)은 "'與'는 가까운 것"이라고 해석했다.

'與'가 동사로 충당된 사례는 《도덕경》에서도 쉽게 찾아볼 수 있는데 "장욕거지, 필고여지(將欲去之, 必姑與之)"(제36장)나 "천도무친, 항여선인(天道無親, 恒與善人)"(제81장) 등이 그것들이다. '與'가 동사로 사용되었음을 입증해 주는 또 다른 근거는 그 앞에 있다. "비도지재천하야(譬道

之在天下也)"는 수사적으로 그 뒤에 이어지는 "유소곡지여강해야"와 대구를 이룬다. 《설문》에 따르면 "'與'란 무리를 이루어 함께 어울리는 것을 가리킨다." 그렇다면 지금까지 언급한 사례들을 근거로 할 때 본장에서는 제36장, 제81장과 마찬가지로 '與'를 '함께하다(together with)'나 '어울리다(follow)'로 해석해야 옳은 것이다.

마지막 근거는 그 문장관계에서 확인할 수 있다. 마지막 문장은 전체적으로는 「譬A, 猶B也」구조의 복문이다. 이때 A와 B는 서로 비교관계에 있기 때문에 "A를 비유하자면 B와 같다" 식으로 해석된다. 장석창은 이와 관련해서 "유소곡지여강해"는 원래는 '강·바다가 옹달샘과 함께하는 것과 같다', 즉 "유강해지여소곡(猶江海之與小谷)로 되어야 노자 사상에 부합된다고 보았으나, 그것은 이 복문의 대응관계를 제대로 파악하지 못한 데서 빚어진 오독이다. 이 복문은 도가 세상 사람들에게 영향을 주듯이 옹달샘 역시 강과 바다가 힘을 얻도록 영향을 주는 존재라는 의미를 내포하고 있다.

제33장
남을 이기기에 앞서 나를 넘어서라
백서본 제77장

남을 아는 이를	知人者,
똑똑하다고 한다면,	知也.
자신을 아는 이는	自知者,
밝다고 할 것입니다.	明也.
남을 이기는 이를	勝人者,
힘이 세다고 한다면,	有力也.
자신을 이기는 이는	自勝者,
강인하다고 할 것입니다.	强也.
만족할 줄 아는 이를	知足者,
넉넉하다고 한다면,	富也.
꿋꿋하게 실천하는 이는	强行者,
뜻을 품었다고 할 것입니다.	有志也.
자신의 자리를 떠나지 않는 이는,	不失其所者,
오래갈 것이며,	久也.
죽는 순간까지도 함부로 처신하지 않는 이는,	死而不妄者,
영원할 것입니다.	壽也.

　본장에서는 자기수양에 대해 이야기하고 있다. 우리는 간혹 사람들로부터 "무엇을 위해 살 것인가"라는 물음을 받게 된다. 그러면 보통은 "이 세상에서 가장 높은 자리까지 올라가기 위해서, 많은 것을 알기 위해서, 많은 돈을 벌기 위해서, 또는 많은 것들을 누리기 위해서……"라고 대답할 것이다. 그런데 이 많은 대답들에 언급된 수많은 이상과 목표들은 거의 예외 없이 '외물'들이라는 것이다. 삼라만상이 펼쳐진 이 세상에서 만물의 본질이나 이치를 인식하고, 치열한 생존경쟁에서 남들을 이기고, 남들이 저마다 즐기고 누리는 것들을 가지고, 남들과 공감대를 가지면서 그들과 함께 어우러지는 일은 물론 인생에서 상당히 중요한 일로 여기고 거기에 큰 의미를 부여하고 있는 것이다.

　그러나 100년도 되지 않는 짧은 인생을 살고 가면서 이 육신의 주인인 '나 자신'을 제대로 아는 사람은 과연 몇이나 될까? 노자가 본장에서 들려주고 싶어 하는 이야기는 나 자신에 대한 관심이다. 그는 인생에서 그 어떤 것보다 더 소중하고 값진 일이 나 자신에 관심을 기울이고 나 자신의 가치를 깨우치는 일이라고 말한다. 그가 여기서 남을 아는 것보다 자신을 아는 것, 남을 이기는 일보다 자신을 이기는 일, 그리고 매사에 만족을 아는 것, 옳다고 생각하면 꿋꿋하게 실천하는 것, 자신의 자리를 지키는 것, 언제나 진중함을 잃지 않는 처신을 주문하고 거기에 큰 가치와 의미를 부여하고 있는 것도 바로 이 같은 이유 때문이다.

　우리나라는 1960년대 초기만 해도 세계 최빈국이었다. 그 후로 열정이 넘치는 국민들과 혜안을 가진 지도자가 한마음으로 노력한 결과 '한강의 기적'을 이루었고, 덕분에 우리나라는 문화·경제·과학·기술·예술 등 많은 분야에서 국제무대의 앞자리를 차지할 정도로 고도성장을 이룩했다. 요즘 우리나라에서는 집집마다 애견 한두 마리 키우지 않는 집이 없고 번듯한 자가용 한두 대 굴리지 않는 집이 없다. 그리고 뉴욕에서 유행한다는 베이글과 '스타벅스' 커피를 현지인들과 같은 시각에 즐기고, 와인도 이제는 등급과 산지까지 가려 가면서 즐길 정도가 되었다. 그때는 쌀밥 한 그릇만이라도 배부르게 먹어보는 것이 큰 소원이더니 이제는 복에 겨워 그조차 웰빙을 위해 양을 줄일 정도가 되었다. 겉모습들이 이처럼 화려하고 황홀하기에, 그래서 우리는 우리나라가 선진국인 줄로만 철석같이 알고 있었다.

그러나 금년에 있었던 세월호 침몰사고와 그 수습과정, 그리고 그 이후에 연출된 온갖 상황들은 '대한민국'이라는 나라의 추하고 참담한 그늘들을 그야말로 밑천 하나 남기지 않고 적나라하게 보여 주었다. 'G20' 선진국이라는 화려한 화장 밑에 드러난 우리의 민낯은 한낱 형편없는 '후진국 그 자체'였던 것이다. 우리는 그동안 용케 몸에 최고급 양복을 챙겨 입었지만 정작 자신이 머리에 상투를 틀고 갓을 쓰고 있다는 사실조차 모르고 있었다. 1960년대의 '한강의 기적'이 없었다면 우리나라는 선진국 대열은커녕 아마 지금도 모든 면에서 명실상부하게 동남아와 아프리카 근처만 헤매고 있었을 것이다. 어쩌면 우리가 비정상이었는지도 모른다. 남들이 수백 년 동안 수많은 투쟁과 시련과 고통과 희생을 통해 가까스로 일구어 낸 경제발전과 민주주의를 우리는 단 몇 십 년 만에 동시에 얻었으니 그 같은 엄청난 경제적·사회적 격변들을 거치고 이겨

낸 자신들이 얼마나 놀랍고 대단해 보였겠나?

그러나 껍데기는 용케 선진국'처럼' 바꿀 수 있었지만 정작 알맹이 —
시민의식은 여전히 1960~1970년대 후진국 수준을 벗어나지 못하고 있
다. 가만히 한번 생각해 보자. 경제적 성장은 눈부실 정도이지만 내부적
으로는 얼마나 이런저런 문제들이 많은가? 정치·사회·문화·예술·교
육…… 심지어 종교에 이르기까지 어느 한 군데인들 선진국다운 구석이
있기는 한가? 소프트웨어는 최신식으로 업데이트했는지 모르지만 하드
웨어는 제대로 업그레이드조차 '하지' 않고 여전히 구태를 벗지 못하고
있는 것이 이 '대한민국'인 것이다.

"개인이건 집단이건, 원리 원칙을 무시하고 편법과 적당주의로 처신해
온 우리 사회, 대충대충 빨리빨리 밀어붙여 공기를 단축하는 것을 자랑
거리로 여겨 온 건설업체의 그릇된 관행. 그리고 공공장소에서 함부로 침
을 뱉고, 피우다만 담배를 서슴없이 내버리며, 쓰레기를 아무데나 내던지
고, 차선과 신호를 무시하고 질주하는 등 이런 기본적인 질서가 지켜지
지 않은 잘못된 우리 생활습관이 마침내는 다리를 무너지게 하고, 온갖
비리를 낳게 하여 우리 사회를 휘청거리게 한 것이다. …… 국민소득이
좀 불어났다고 해서, 국제경기에서 메달을 몇 개 더 차지했다고 해서 선
진국이 되는 것은 아니다. 그 나라 국민들의 자질과 교양과 시민의식과
책임감과 도덕성이, 버젓한 세계시민의 수준에 도달해야만 비로소 선진
국의 문턱에 들어설 수 있다. 속은 빈 채 밖에 드러난 현상이나 물질의
더미만으로 어떻게 선진국 대열에 설 수 있겠는가."

이 글은 법정 스님이 삼풍백화점 붕괴사고 후에 쓴 〈선진국 문턱은 낮지 않다〉의 한 대목이다. 그로부터 20여 년이라는 긴 세월이 지났지만 황새걸음처럼 성큼성큼 이루어진 경제발전과는 대조적으로 시민의식이나 사회시스템들은 여전히 뱁새마냥 산업화 이전에서 겉돌고 있고 있다. 점입가경으로 '개구리 올챙이 적 생각 못 한다'더니 이제는 좀 잘 살게 됐다고 외국 노동자들을 무시하거나 마구 대하기까지 한다. 단 한 푼이라도 더 벌고 가족을 부양하기 위해서 온갖 더럽고 힘든 노동 현장을 다 뛰어다니며 땀을 흘리는 그들의 모습이 바로 1960~1970년대의 우리 모습이던 것도 까맣게 잊고 말이다.

우리가 명실상부한 선진국으로 진입하고자 한다면 무엇보다 먼저 거기에 걸맞은 시민의식부터 갖추어야 한다. 자신의 이익을 위해 남의 행복을 빼앗기를 당연하게 여기고, 담배를 꼬나물고 거리를 휘젓고 다니다가 남들에게 상해를 입히고, 정숙을 요하는 도서관에서 부스럭거리면서 음식을 먹고, 자기 물건 아니라고 공공장소의 기물을 함부로 다루고, 상사가 부하의 업적을 '당당하게' 가로채고, 타의 모범이 되어야 할 학자들이 학문 발전이나 인재 육성에 쏟아야 할 열정을 엉뚱한 언론플레이나 파워게임에 허비하는 행태 …… 이런 후진적인 생활태도와 의식수준으로는 선진국 진입은 앞으로도 요원할 수밖에 없다. 자신을 낮추고 남에게 기회를 줄 줄 아는 사람이야말로 진정한 선진시민이다. 자신의 욕망을 절세하고 사회적 약자들에게 관심을 가지고 배려할 줄 아는 사회야말로 정말 건강한 사회이다. 이 같은 조건들이 충족될 때 선진국이라는 이름은 저절로 뒤따른다. 적어도 노자는 우리에게 그렇게 가르치고 있는 것이다.

제34장

도는 끊임없이 움직이는 것이다
백서본 제78장

'도'는 떠다닙니다.	道汎呵,
그것은 왼쪽으로 갈 수도 있고 오른쪽으로 갈 수도 있지요.	其可左右也.
공을 이루고 일을 해내건만	成功遂事
그렇다고 그 명성을 가지려고 기를 쓰지도 않으며,	而弗名有也.
만물이 그것에 귀의하건만,	萬物歸焉
그렇다고 주재자 행세를 하려고 들지도 않는다면,	而弗爲主,
언제나 욕심이 없는 것이니,	則恒無欲也,
어떻게 보면 '작은 것'이라고 부를 수도 있겠습니다.	可名於小.
또한 만물이 그것에 귀의하건만,	萬物歸焉
그렇다고 주재자 행세를 하려고 들지도 않으니,	而弗爲主,
그런 것을 보면 '큰 것'이라고 부를 수도 있는 것입니다.	可名於大.
그렇기 때문에	是以
성인이 위대한 인물이 될 수 있는 것은,	聖人之能成大也,
자신이 위대해지기를 바라지 않기 때문입니다.	以其不爲大也,
그래서 위대한 인물이 될 수 있는 거지요.	故能成大.

　본장에서는 '도'의 본성과 그 위대한 작용에 대해 이야기하고 있다. 이미 제1장에서도 보았듯이 노자에게 있어 '도'는 고정불변의 존재가 아니다. 그것은 다양한 형태의 물질로 변환되기도 하고, 때로는 왼쪽 때로는 오른쪽으로 가기도 하고, 또 어떨 때에는 위로 아래로 움직이기도 하면서 온누리에 두루 작용한다. 이 말은 곧 '도'가 수시로 변화하는 항변성(恒變性)과 동시에 온 누리에 유동하며 작용하는 편재성(遍在性)을 가지며, 나아가 그 작용을 통해 다양한 형태의 조화로 세상에 체현된다는 의미이다. 이 같은 '도'의 본성은 '도'를 묻는 동곽자의 물음에 대한 장자의 답변을 통해 보다 생생하게 설명되고 있다. 노자나 장자가 상정하는 '도'는 이렇듯 눈·귀·코·입·손 등 인간의 감각기관으로 포착하거나 감지하기 어려운 것이다. 그러나 그것은 인간의 주관적인 상상 속에 고정되어 존재하는 '관념'이 아니라 우리가 살고 있는 이 자연계에 엄연히 존재하되 다양한 형체로 변환되면서 우주 만물에 두루 작용하는 '그 무엇'이다. 왕필본 등 후대 판본에는 "기가좌우야(其可左右也)"와 "성공수사(成功遂事)" 사이에 '만물을 만들고 낳건만 자기 공치사를 하는 일이 없다'라는 내용의 "만물작이생, 불사(萬物作而生, 弗辭)"가 들어가 있다. 그러나 백서본에는 갑본과 을본 모두 이 구절이 보이지 않는다.

　이 세상에서 영원불변의 존재란 있을 수 없다는 것은 복식의 변천사를 통해서도 확인할 수 있다. 중국에서 복식제도는 대략 하나라, 은나라 때부터 갖추어지기 시작했고 주나라에 이르러 예법과 격식을 중시하는

'예치(禮治)'가 이루어지면서 본격적으로 정비되기 시작했다. 당시의 복식은 착용자의 신분에 따라 차이가 있기는 하지만 기본적으로 투피스 형식의 복식 즉 상의로는 저고리, 하의로는 치마가 착용되었다. 당시 사람들은 일반적으로 치마를 먼저 입고 그 위에 무릎까지 내려오는 저고리를 입은 후 허리띠를 매는 순서로 옷을 착용했다. 이때 저고리에는 파랑·빨강·노랑·하양·검정의 다섯 가지 원색이 사용되었고, 치마에는 이 원색들의 혼합색이 사용되곤 했다.

춘추시대에는 상·하의가 통으로 연결된 원피스 형식의 '심의(深衣)'가 등장했는데, 이 두루마기는 기존의 단조로운 복식에 변화를 가져와 평상복이나 정장으로는 물론이고 제사의식에 착용하는 예복으로도 큰 인기를 얻었다. 당시 신발로는 목이 짧은 신발인 '이(履)', 목이 적당히 긴 간편한 가죽신인 '혜(鞋)', 나무를 밑창으로 댄 '석(舃)'이 있었는데, 이 중에서 '석'은 주나라 천자만 사용할 수 있는 것으로 용도에 따라 하양, 검정, 빨강의 세 가지 색깔로 구분되었다.

전국시대에 접어들면서 중국의 복식에는 지금까지의 고정관념을 깨는 엄청난 변화가 발생한다. 조(趙)나라의 무령왕(武靈王: BC340~BC295)이 군사력 강화를 목적으로 북방민족의 복식인 '호복(胡服)'을 최초로 중원에 도입한 것이다. '호복'은 비교적 짧은 재킷을 상의, 바지를 하의로 한 투피스 형식의 복식이었다. 이 호복에서 사람들의 주목과 거부감을 동시에 받은 것은 바지였다. 인류가 4,000여 년 전부터 입기 시작했다고 하는 바지는 본질적으로 기마, 유목이라는 문화적 특성 속에서 자연스럽게 발명된 것으로 말을 타고 활동하기 편하고 보온 효과가 높다는 장점을 가지고 있었다. 그러나 농경문화의 영향으로 전통적으로 치마를 하의로 착용했던 중국인들에게 바지는 아무래도 낯선 복식일 수밖에 없었을 것이다. 실제로 당시 조나라에서는 '호복'이 문화적으로 미개하다고 여겨지던 '오랑캐'의 복식인 데다 하의도 치마가 아니라고 해서 도입 당시부터 상당한 반발이 있었다. 그러나 보다 원

호복을 착용한 기병이 말을 탄 채 활을 겨누는 모습

활하고 효율적인 전쟁의 수행은 조나라의 생존과도 직결되었으므로, 결국 시간이 지나면서 널리 성행하게 된다. 가죽 장화인 '화(靴)'는 목이 길어서 말을 타거나 활동할 때 장딴지를 보호해 주었기 때문에 이때 함께 도입되었다.

황현반(黃現璠)의 《고서해독초탐(古書解讀初探)》에 따르면 '호복'은 그 후로도 오랫동안 그 용도가 군복으로만 제한되어 있었으며, 이것이 민간에 전해지기 시작한 것은 삼국시대 이후인 서진(西晉: 266~316) 때부터라고 한다. 남북조(南北朝: 420~589)시대에는 한족이 지배하던 남조에서는 여전히 군복으로 용도가 제한되어 있었으나 북방민족이 정복한 북조에서는 평상복으로까지 널리 보급되었다. 그러다가 북방계 왕조인 수·당대에 남북이 통일되고 서역과의 교류도 빈번해지면서 '호복'은 황제로부터 서민들까지 널리 사용하는 '국민복'으로 중국문화 속에 깊숙이 뿌리를 내리게 된다.

제35장
위대한 도를 받들면 세상이 모두 순종한다
백서본 제79장

위대한 형상을 받들면,	執大象,
온 세상 사람들이 따를 것입니다.	天下往.
그렇게 따르면서도 해치지 않으니,	往而不害,
자연히 세상이 평안하고도 태평스러워지지요.	安平大.
음악과 음식은,	樂與餌,
지나는 나그네의 발길을 멈추게 만듭니다.	過客止.
이에 비하여 '도'는 막상 말로 표현되더라도,	故道之出言也,
담백하기만 할 뿐 아무 맛도 없지요.	淡呵, 其無味也.
또한 보아도	視之,
그 존재를 시원하게 알아볼 수도 없고,	不足見也.
들어도	聽之,
그 기척을 후련하게 알아챌 수도 없습니다.	不足聞也.
그럼에도 불구하고 아무리 써도,	用之,
절대로 마르는 법이 없지요.	不可旣也.

본장에서는 앞장에 이어 '도'의 특성과 그 작용에 대해 이야기하고 있다. 노자가 본장에서 강조하고 있는 것은 "집대상, 천하왕(執大象, 天下往)"의 이치이다. 음악은 미묘한 선율로 사람들의 마음을 끈다. 마찬가지로 음식은 매혹적인 맛으로 사람들의 혀를 사로잡는다. 그러니 아름다운 음악과 맛있는 음식에 길을 가던 사람들이 발길을 멈추는 것은 어쩌면 당연한 일일지도 모르겠다. 이에 비해 '도'는 음악이나 음식과는 달리 아무 색깔도 맛도 냄새도 형체도 소리도 없는 '맹물' 같은 존재이다. 그럼에도 불구하고 그 작용과 영향력은 너무도 크고 무궁무진하다. 음악이나 음식은 범속한 통치자의 말초적인 욕망만 자극할 뿐이다. 그러나 '도'는 비록 아무 매력도 갖고 있지 않지만 단단히 지킨다면 세상 사람들을 저절로 귀의하게 만든다는 것이다. 그래서 노자는 통치자들이 세상을 태평성대로 이끌고자 한다면 감각적인 욕망에 탐닉하고 지배당할 것이 아니라 소박하고 참된 '도'를 지키라고 당부한다.

각종 행사에서 지켜야 할 예법을 소개하고 있는 《예기(禮記)》에는 당시 사람들이 연회에서 즐기던 음식들에 대해 비교적 상세하게 전하고 있다. 그 기록들에 따르면 당시 귀족의 잔칫상에는 16가지의 음식을 올렸다고 한다. 그 음식들은 네 줄로 차려졌으며 각 줄마다 네 가지 음식이 올려졌다. 뼈가 있는 안주는 상석의 왼쪽, 얇게 저민 고기는 오른쪽에 차렸고 밥은 각각 왼쪽, 탕국은 오른쪽에 올렸다. 그리고 채를 썰거나 구운 고기는 상석에서 좀 멀찍이, 식초나 간장 따위는 좀 가깝게 차

한대 화상석에 묘사된 고대의 연회 모습

렸으며 찐 파 등의 반찬은 그 옆에 놓았다. 또 술이나 음료는 탕국과 같은 방향에 차렸으며, 말린 고기 따위를 올릴 경우 굽은 것은 왼쪽, 곧은 것은 오른쪽에 차렸다고 한다. 춘추전국시대에는 육류로 돼지·소·양·닭·물고기·거위 등 '여섯 가지 짐승[六牲]'의 고기가 차려졌는데 평소에는 다른 육류를 사용하기도 했다. 그중에서도 개고기는 양기를 보충하고 몸을 덥힌다 하여 삼국시대 이전까지는 양고기나 돼지고기보다도 더 인기가 많았으며, 보통 가을바람이 불기 시작할 때부터 겨우내 즐겨 먹었다고 한다. 전국시대의 5대 자객들 중 한 사람인 섭정(聶政)이나 유방의 의형제였던 번쾌(樊噲)가 한때 개 백정이었다는 사실은 잘 알려져 있다.

고금과 동서를 막론하고 잔칫상에 빠질 수 없는 단골 메뉴는 술이다. 춘추전국시대에는 술 한 잔을 마시더라도 거기에 걸맞은 예절을 따라야 했다. 예를 들어 주인이 잔을 들고 손님 자리로 가서 술을 권하는 것을

'헌(獻)'이라고 했고, 그 술을 받아 마신 손님이 답례로 주인에게 권하는 것을 '작(酢)', 주인이 다시 술을 잔에 따라 먼저 자신이 마신 다음 손님에게 권하는 것을 '수(酬)'라고 했다. 지금은 남의 불순한 행동을 폄하하는 말로 변질되기는 했지만 '수작'은 원래 이처럼 주인과 손님의 술상 예절을 가리키는 고상하고 호의적인 표현이었다.

본장의 '이(餌)'는 원래 동물에게 먹이는 먹이나 그것을 잡는 미끼를 뜻하는 글자이다. 그러나 여기에는 그 대상이 나그네이고 '樂'과 함께 사용된 것을 볼 때 사람을 유혹하는 미끼라는 어감을 강조하기 위해 의도적으로 사용한 것으로 보인다. 양수달(楊修達)은 "'악여이(樂與餌)' 부분은 남들과 마시고 먹는 것을 좋아하는 것을 말한다. 여기서 '악(樂)'은 발음이 '락'이지 음악을 뜻하는 것이 아니다"라는 의견을 내놓은 바 있다. 문법적으로 볼 때 그 같은 해석이 불가능한 것은 아니다. 다만 그렇게 해석하면 그 뒤에 이어지는 "과객지(過客止)"와의 연결이 그다지 자연스럽지 못하게 된다. 따라서 여기서는 전후 맥락상 '이'는 '음식', '악'은 '음악'의 의미로 해석하는 것이 옳다.

제36장
물고기는 연못을 벗어날 수 없다
백서본 제80장

접을 작정이라면,	將欲歙之,
반드시 일단 펼쳐야 되고,	必姑張之.
가냘프게 만들 작정이라면,	將欲弱之,
일단 강하게 만들어야 합니다.	必姑强之.
또 벗어날 작정이라면	將欲去之,
일단 함께해야 하며,	必姑與之.
빼앗을 작정이라면,	將欲奪之,
일단 주어야 하는 법이지요.	必姑予之.
이를 '은은한 밝음'이라고 하겠습니다.	是謂微明.
부드럽고 가냘픈 것이 강한 것을 능가하며,	柔弱勝强,
물고기는 연못을 벗어날 수 없는 법입니다.	魚不可脫於淵.
그러니 나라의 날카로운 도구는,	邦利器,
남에게 함부로 보여서는 안 될 것입니다.	不可以示人.

|해설|

본장에서는 처세에 있어서의 부드러움과 가냘픔의 미덕에 대해 이야기하고 있다. 노자는 여기서 오므리기와 펼치기, 약하게 만들기와 강하게 만들기, 벗어나기와 함께하기, 빼앗기와 주기를 서로 변증법적인 대립항으로 제시하면서 누구든지 특정한 목적을 이루고자 한다면 당장 자기 욕심을 채우려고 달려들 것이 아니라 적절한 시기가 올 때까지 시간적 여유를 충분히 두고 객관적인 여건을 충분히 고려하면서 마음을 비우고 자신의 실력을 키우면서 차근차근 준비해 나갈 것을 주문하고 있다. 남들의 눈에는 그 같은 처세가 한없이 무력하고 한심해 보일지 모르지만 매사를 우격다짐으로 밀어붙이는 것보다 훨씬 슬기로운 대응 방법이라는 것이다. 노자에 따르면 이처럼 실력을 키우면서 자신의 목표를 향해 차근차근 나아가는 모습은 "미명(微明)"이다.

여기에 언급된 "물고기[魚]"나 "나라의 날카로운 도구[邦之利器]"는 곧 '감추어진 실력'을 뜻한다. 그동안 권모술수를 조장하는 발언으로 왜곡되었던 앞부분은 사실은 노자가 본장에서 진짜 설파하고자 한 성인의 세 가지 처세 원칙, 즉 "유약승강(柔弱勝强)"이나 "어불가탈어연(魚不可脫於淵)"이나 "방이기, 불가이시인(邦利器, 不可以示人)" 등으로 이끌기 위한 일종의 사전 포석이라 할 수 있다. 이 처세 원칙들은 궁극적으로 노자가 본장에서 강조하고 있는 "미명"의 가르침과 일맥으로 맞닿아 있다. 본장은 한비자 이래로 지금까지도 많은 학자에 의하여 통치자들의 마키아벨리 식 권모술수를 조장하는 내용으로 곡해되어 왔다. 본장의 내용을 피상적으로만 이해하면 그 같은 오해가 생길 수밖에 없다. 그러나 그것은 노자의 본래의 의도와는 거리가 멀다. 본장에서 노자가 설파하는 가르침은 "미명"의 처세 원칙이기 때문이다.

그동안 학계 일각에는《도덕경》을 마키아벨리의《군주론》과 유사한 제왕학서, 노자의 철학적 주장을 통치자의 이익만을 중시하는 권모술수로 바라보는 시각이 존재해 왔다. 물론 두 책은 당시의 통치자들을 가상의 독자로 상정하고 그 권력을 유지하고 국정을 처리하는 데에 유익한 통치술을 조언한 제왕학서라는 점에서 비슷한 점이 없지 않다. 실제로 노자는 오랫동안 주나라의 사관으로 봉직했고, 주나라를 떠나면서 저술한《도덕경》이 수신·통치·외교·전쟁·형벌 등, 국정 전반에 대한 조언들을 담고 있는 것도 엄연한 사실이다. 이런 점들에 착안한다면《도덕경》을 일종의 제왕학서로 해석하는 것도 큰 오독은 아닌 것이다. 그래서인지 후한대의 사학자 반고(班固: 32~92)도《도덕경》을 "군주된 이들의 통치의 비결"로 평가한 바 있다. 그럼에도 불구하고 양자는 많은 부분에서 현격한 차이를 보인다.

두 책의 가장 큰 차이는 그 저술 의도에서 찾아볼 수 있다.《군주론》은 철저하게 '통치자의 시점'에 충실한 제왕학서이다. 마키아벨리는 이 책에서 오로지 "어떻게 하면 통치자의 권력을 수호·강화·존속시킬 수 있을까"에만 관심을 두고 있는 듯하다. 그리고 거기서 백성들은 그저 통치행위에서의 수동적인 실험동물 정도로만 치부된다. 그가《군주론》도처에서 통치자의 권모술수를 정당화하는 논조를 취하고 있는 것도 이 같은 맥락에서 이해할 수 있다. 이에 비하여,《도덕경》은 '백성들의 시점'에 입각해서 통치술을 논한 제왕학서라고 할 수 있다. 이 책에서 노자의 주된 관심사는 "어떻게 해야 통치자의 권력을 축소·제한할 수 있을까"이며 이와 함께 "통치자와 백성들의 관계는 어떻게 설정되어야 하는가"에 대해서도 진지하게 다루고 있다. 겸허한 통치와 욕망의 절제, 전쟁의 최소화, 형벌의 간소화 등의 문제들에 대한 논의들은 백성들의 민생, 복리에 대한 노자의 관심을 잘 보여 준다. 게다가 백성들에 대한 통치자의 어떠한 권모술수나 폭정도 인정하지 않는 노자의 정치관은 마키아벨리의 입장과는 엄연히 구분된다.

　두 책은 백성들을 바라보는 시각에서도 분명한 차이를 보인다.《군주론》에서 귀족을 포함한 백성들을 보는 마키아벨리의 눈은 상당히 차갑고 매섭다. 그는 인간이란 존재는 "은혜를 모르며 변덕스럽고 위선적이며 비겁하고 탐욕스럽다"고 확신하고 있었다. 따라서 통치자가 백성들을 다스릴 때 그들로부터 얻을 수 있는 것이 사랑과 두려움이고 이 둘 중의 하나를 선택해야 한다면, 기꺼이 후자를 택하여 그들에게 두려움의 대상으로 각인되어야 한다고 충고한다. 물론 그의 이 같은 단호한 입장은 철저하게 통치자의 이익과 안전을 우선시 하는 것으로 거기에 백성들이 자리 잡을 여지는 없어 보인다. 그런 의미에서 백성들에 대한 마키아벨리의 이 같은 시각은 '성악설'을 주장하면서 인간을 교정의 대상으로 여겼던 순자(荀子: BC313~BC238)와도 닮은꼴이다.

　그러나 노자의 입장은 이와는 정반대이다.《도덕경》이라는 프리즘을 통해 비치는 백성들에 대한 노자의 시각에는 박애정신이 넘친다. 굳이 특정 대목을 예로 들지 않더라도,《도덕경》어디에서도 백성들에 대한 의심이나 혐오·부정의 그림자는 찾아볼 수가 없다. 백성들을 순진무구한 어린아이들로 비유하고, 그들을 위해 봉사하고 그들에게 공로와 기회를 양보하는 것이 통치자의 올바른 자세라고 누누이 강조하고 있다. 천진무구한 백성들의 욕망을 자극하고 그들을 강압적으로 다루어서는 안된다고 경고하고 있는 점 역시 노자가 마키아벨리와는 정치적으로 완전히 대척점에 서 있음을 시사해 주는 대목이다. 이 같은 이유 때문에 근대 중국의 학자 엄복(嚴復: 1854~1921)은 노자를 민주정치의 선구자로 높이 평가하였다. 최근 북경대 철학과 교수 왕박(王博: 1967~) 역시 "고대 중국의 철학 전통 속에서 노자만큼이나 백성들의 권익과 자주성, 그리고 여기서 출발하는 군주권의 절제를 역설한 철학자는 없었다"라면서 《도덕경》과 그의 철학적 주장의 의의를 새로운 관점에서 재해석하기도 하였다.

제37장
도는 언제나 바라는 것이 없다
백서본 제81장

'도'는 언제나 바라는 것이 없습니다.	道恒無爲.
그러나 제후나 임금이 그것을 지키기만 한다면,	侯王若能守之,
만물이 저절로 감화될 것입니다.	萬物將自化.
그것들이 감화되고 나서도 욕심이 고개를 든다면,	化而欲作,
나는 그것들을 이름조차 없는 옥돌로 눌러 주렵니다.	吾將鎭之以無名之樸.
이름 없는 옥돌로 눌러 주면,	鎭之以無名之樸,
아무래도 모욕을 당할 염려가 없게 될 테니 말입니다.	夫將不辱.
모욕을 당하지 않고 차분한 상태를 유지한다면,	不辱以靜,
하늘과 땅은 저절로 올바르게 될 것입니다.	天地將自正.

|해설|

〈도경(道經)〉의 마지막 장인 본장에서는 앞장에 이어 '도'를 지키는 통치자의 통치술에 대해 이야기하고 있다. '도'는 언제 어디서나 두루 작용하며 만물에게 이로움을 주지만 그렇다고 해서 그 대가를 바라는 일은 없다. 노자는 만일 세상의 제후나 천자가 이 '도'를 지키고 따른다면 만물이 저절로 감화될 것이라고 설파하고 있다. 아울러 그는 세상이 제 자리를 찾아 태평성대를 누리려면 차분한 상태를 유지하라고 주문한다. 여기에 등장하는 '나'는 노자를 가리키는 동시에 세상의 통치자들 모두에게 해당되는 말이기도 하다. 이미 제3장에서도 보았듯이, 훌륭한 통치자란 백성들의 욕망을 부추기고 그들을 시험으로 내몰지 않기 때문이다. 그리고 그 같은 통치야말로 성인의 바람이 없는 "무위(無爲)"와 "자연(自然)"의 통치이기 때문이다.

본장의 첫 문장은 판본마다 다소 차이가 있다. 예를 들어, 백서본에는 "도항무명(道恒無名)"으로 되어 있다. 반면에, 초간본에는 "도항무위야(道恒無爲也)", 왕필본 등 후기 판본에는 "도상무위이무불위(道常無爲而無不爲)"로 고쳐져 있다. 사실 백서본의 "도항무명"도 어색하지는 않아 보인다. 그러나 전후 맥락을 따져 볼 때 본장에서는 "무위"와 "자연"의 가르침이 강조되고 있으므로 초간본 등의 예를 좇아 "도항무위(道恒無爲)"로 이해하는 것이 보다 자연스러울 것 같다. 또 "무명지박(無名之樸)"은 제32장 "시제유명(始制有名)" 등에서 보는 것처럼, 가공하지 않아 그에 어울리는 이름을 가지지 않은 천연의 옥돌을 두고 한 말로 이해할 수 있다.

세상에는 그저 돈만 많이 벌고 감투만 높게 쓰고 계급장만 주렁주렁 달면 저절로 남들의 존경을 받을 수 있다고 생각하는 사람이 많다. 그러나 그런 사람들은 한낱 왕관을 쓴 원숭이들일 뿐이다. 인생에서 성공했다는 것은 '무엇이 되느냐'가 아니라 '어떻게 사느냐'로 결정되기 때문이다. 그런 의미에서 남아프리카공화국의 넬슨 만델라(Nelson Mandela:

1918~2013)는 노자가 본장에서 역설하는 가르침에 잘 어울리는 지도자였다.

만델라가 2013년 95세를 일기로 운명하는 순간까지 전 세계 사람들의 존경을 받은 것은 단순히 그가 인권운동가이고 대통령이고 노벨상 수상자였기 때문만은 아니었다. 그의 진정한 위대성은 바로 그의 겸허하고 소탈한 삶의 자세에 있었다. 그는 한때 남아공 백인 정부의 극단적 인종차별정책에 반대했다는 이유로 27년 동안 옥중생활을 하면서 인간 이하의 수모와 고통을 받았다. 온갖 우여곡절을 다 겪은 끝에 71세의 나이에 자유를 되찾은 그는 1994년 남아공 최초의 민주투표에서 국민들의 인종을 초월한 압도적 지지로 대통령이 되었다. 권좌를 차지하는 순간 과거의 통치자들이 자주 그랬듯이 국가권력을 거머쥔 김에 오랜 기간 자신에게 고통을 준 사람들에게 복수를 할 수도 있었다. 또 과거 민주화운동에 앞장섰던 경력을 내세워 얼마든지 부귀와 영화를 누릴 수도 있었을 것이다. 그러나 그는 사사로운 복수나 개인적 축재보다는 무조건적인 헌신과 국가적 화해의 길을 택했으며, 2004년 대외활동을 중단할 때까지 세계 각지에 평화와 화합의 메시지를 전파하는 데에 앞장섰다.

사사로운 감정을 절제하고 항상 자신을 낮추고 낮은 데에 임하면서 자신보다는 남을 걱정하고 자신은 제쳐 두고 남을 앞에 세우려고 애쓰는 마음. 심지어 그 수많은 고통들조차 감사하게 여기고 기꺼이 감수하는 자세. 간혹 만델

겸허한 지도자의 모습을 보여 준 넬슨 만델라

라의 사진을 보면 우리 주변의 순수하고 인자한 동네 할아버지들을 떠올리게 된다. 항상 웃음을 띠고 있는 그의 얼굴 어디에도 악의나 그늘은 보이지 않았다. 아무리 이러저리 둘러봐도 수십 년의 수감생활을 버텨냈을 것 같지 않은 부드러움과 사랑이 넘쳐난다.

"지도자는 양치기와 같다. 늘 무리의 뒤에 머물며 가장 날렵한 이는 앞장서 가게 하고 다른 이들은 뒤에서 지휘받고 있다는 느낌조차 없이 따라가도록 해야 한다. …… 승리를 자축할 때는 다른 이들을 앞세우고, 위험이 있을 때는 자신이 앞으로 나서는 이야말로 진정한 지도자다. …… 사람들이 스스로 무언가를 하도록 다독거리고 또 그것이 자신들의 생각이었다고 여기게 만드는 이야말로 현명한 지도자다."

만델라는 이전에 《도덕경》을 읽어 보았던 것일까? 그가 남긴 많은 명언들, 그리고 자신을 낮추고 사람들의 충고에 귀를 기울이며 끝까지 남의 행복을 위해 헌신한 그의 이 같은 삶의 자세는 노자가 예찬했던 이상적인 통치자 — 성인의 모습 그 자체이기 때문이다.

덕경

백서본 상　　경
한간본 노자상경

제38장
덕이 높은 사람에게는 언제나 덕이 함께한다
백서본 제1장

최고의 덕을 갖춘 이는 자신의 덕을 드러내려 애쓰지 않습니다.	上德不德,
그렇기 때문에 언제나 덕을 품고 있지요.	是以有德.
덕이 낮은 이는 덕을 잃지 않으려고 기를 씁니다.	下德不失德,
그렇기 때문에 그에게는 덕이 없는 거지요.	是以無德.
최고의 덕을 갖춘 이는 바람이랄 것도 없을 뿐더러	上德無爲
무엇을 이루겠다고 애를 쓰는 일도 없습니다.	而無以爲也.
최고의 인을 갖춘 이는 어떤 바람을 갖고 있기는 해도	上仁爲之
그것을 이루겠다고 애를 쓰는 일은 없습니다.	而無以爲也.
최고의 의를 갖춘 이는 어떤 바람을 갖고 있기는 하지만	上義爲之
그것을 이루겠다고 애를 쓰기도 합니다.	而有以爲也.
최고의 예를 갖춘 이는 어떤 바람을 갖고 있을 뿐만 아니라	上禮爲之
자신에게 호응하는 이가 없거라도 하면,	而莫之應也,
당장 팔을 걷어붙이고 남을 잡아끌려고 듭니다.	則攘臂而扔之.
그래서 도를 잃고 나면 덕을 드러내려 하고,	故失道而后德,
덕을 잃고 나면 큰 사랑을 드러내려 하고,	失德而后仁,
큰 사랑을 잃고 나면 정의로움을 드러내려 하고,	失仁而后義,
정의로움을 잃고 나면 예법을 드러내려 하는 거지요.	失義而后禮.

예법을 드러내려 한다는 것은,	夫禮者,
그만큼 사람들의 성실성과 정성이 각박해졌다는 증거이자	忠信之薄
사회가 어지러워졌다는 징후입니다.	而亂之首也.
미리 안다는 것 또한,	前識者,
도의 화려한 일면이지만	道之華
사람을 어리석게 만드는 단초이기도 하지요.	而愚之首也.
그렇기 때문에	是以
훌륭한 사나이라면 여유로움을 추구하지,	大丈夫居其厚,
각박함에 집착하지 않으며,	而不居其薄,
충실함을 추구하지,	居其實,
화사함에 집착하지 않습니다.	而不居其華.
그러니 그것들을 버리고 이것들을 택하도록 하십시오.	故去彼取此.

|해설|

본장에서는 도가철학의 중요한 철학개념인 '덕'에 대해 집중적으로 이야기하고 있다. 전한대의 백서본과 한간본에는 본장이 《도덕경》의 첫 번째 장으로 배치되어 있다. 노자는 여기서 '덕'을 '상덕(上德)'과 '하덕(下德)'으로 구분하고 전자를 '도'의 정신에 가장 부합되는 경우로 보았는데, 앞서 보았던 제21장의 "공덕(孔德)"·제28장의 "항덕(恒德)"·제51장의 "현덕(玄德)" 등은 여기서 말하는 "상덕(上德)"에 해당한다. 그런 의미에서 노자의 '상덕'은 자연의 객관적인 운행 법칙에 순응하고 통치자도 어떠한 공로나 이익, 즉 주관적인 의지의 개입 가능성을 불허하며 따라서 궁극적으로 "무위이무불위(無爲而無不爲)"의 경지에 이른다.

전한대 판본인 엄준본 및 후대 판본인 왕필본, 하상공본에는 "하덕위지이유이위(下德爲之而有以爲)" 부분이 보이는데 "덕이 낮은 이는 어떤 바람을 갖고 있으면서 그 일로 무엇에 힘쓰는 바가 있다" 정도로 해석된다. 그러나 한간본과 부혁본에는 "하덕위지이무이위(下德爲之而無以爲)"로 나오며 그보다 이전의 것인 백서본의 경우 이 구절이 갑본과 을본에서 모두 보이지 않는다. 시기적으로 가장 빠른 초간본에는 본장 부분이 통째로 빠져 있어서 어느 쪽이 《도덕경》의 원형과 부합되는지 알 길은 없다.

그러나 전후 맥락이나 각 판본의 혼란상에 착안할 때 해당 부분은 애초에 《도덕경》에 없던 구절이 필사 과정에서 잘못 섞여 들어갔고, 왕필본 등에 이르러 전후 맥락에 맞추기 위해 다시 고쳐졌다고 보는 것이 합리적일 듯하다. 본장의 내용 자체가 "상덕(上德)⇒상인(上仁)⇒상의(上義)⇒상례(上禮)"의 순서로 구성되어 있고 그 설명 역시 "무위이무이위(無爲而無以爲)", "위지이무이위(爲之而無以爲)", "위지이유이위(爲之而有以爲)", "위지이막지응야, 즉양비이잉지(爲之而莫之應也, 則攘臂而扔之)" 식으로 논리적으로 잘 맞물려 있기 때문이다.

반면에, "하덕(下德)"의 경우는 그 설명이 "상인"과 완전히 중복되어 있다. 이 책에서는 편의상 "하덕"의 설명 부분을 꺾쇠로 표시한 후 한간본, 부혁본의 예에 따라 그대로 남겨 놓았다. 참고로, 여기서 '차(此)'는 "여유로운 본질[厚]"과 "충실한 내면[實]"을 가리키며, '피(彼)'는 "각박한 모습[薄]"과 "화사한 외면[華]"을 가리킨다.

‘덕(德)’이라는 글자는 이미 갑골문(甲骨文)에서 그 모습을 나타내고 있다. 이 글자는 부수에 해당하는 ‘彳’가 ‘길’을 뜻하고 몸통에 해당하는 ‘悳’이 눈으로 ‘정면을 똑바로 주시하는 모습’을 형상화 한 회의자(會意字)이다. 이 두 요소를 조합하면 결연한 의지로 대상을 주시하면서 앞으로 나아간다는 의미가 되며 나중에는 여기서 ‘고수·집중·전념’이나 ‘열정·신념’ 등의 의미가 새로 파생된다.《도덕경》에서 ‘덕’은 “상덕(上德)·현덕(玄德)·공덕(孔德)·적덕(積德)”처럼 모두 41번 사용되고 있는데 그 의미는 이와는 다소 거리가 있다. 노자 역시《도덕경》에서 ‘덕’의 개념에 대해 구체적으로 언명한 적이 없기 때문에 그 정확한 의미를 단언하기는 쉽지 않다. 다만 “도생지이덕축지, 물형지이기성지(道生之而德畜之, 物形之而器成之)”(제51장) 등에 근거할 때 ‘도’가 만물을 생성시키는 주체를 가리킨다면 ‘덕’은 그 만물을 자라게 하는 주체를 가리킨다고 할 수 있지 않을까 싶다. 즉 ‘도’가 우주 만물에 보편적으로 작용하는 운행 법칙이라면 ‘덕’은 그 ‘도’가 현상계에서 작용하여 특정한 형체를 가진 사물로 체화(體化)·물화(物化)된 경우인 셈이다.

갑골문1	갑골문2	금문1	금문2	금문4	소전	예서(백서본)

중국 고문자 ‘덕(德)’의 변천 양상

　‘도’와 ‘덕’에 대한 이 같은 구분법은 후한대에까지 계승되어 도교 경전인《태평경(太平經)》에서는 “‘도’란 하늘이요 양의 기운이요 생명을 주관하며 '덕'이란 땅이요 음의 기운이요 양육을 주관한다(道者, 天也, 陽也, 主生. 德者, 地也, 陰也, 主養)"라고 해석하기도 했다. 노자는 '덕'이라는 것을 우주의 운행 법칙인 '도'가 우주와 세상에 작용함으로써 발현되는 현상의 결과물로 보았던 것 같다. 형체를 가진 사물들은 모두가 형체가 없는 '도'의 작용으로 생성된 것으로 그 속에 '도'의 법칙성이 내재한다. 따라서 '덕'은 '도'를 떠나서는 발현될 수 없고, 반드시 사물을 매개로 해서만 발현될 수 있는 셈이다.

간단한 예를 자연계에서 찾아보도록 하자. 우리는 해마다 눈이 녹고 나무에 움이 돋고 들의 풀들에 싹이 트는 것, 그리고 꽃이 피고 단풍이 드는 것을 관찰함으로써 계절의 변화를 겪는다. 노자의 입장에서 한 해를 주기로 하는 이 같은 계절의 변화-대체-반복이 '도'라면 눈이 녹고 움이 돋고 싹이 트고 꽃이 피고 단풍이 들 때 눈·움·싹·꽃·단풍 등과 같은 개개의 가시적인 현상들은 곧 '도'가 끊임없이 작용하는 과정에서 '얻어진' 결과물 ── '덕'인 것이다.

'도'는 형체가 없으나 메마른 가지 사이로 파르라니 돋아나는 움을 통해 그 존재를 드러낸다. '도'는 소리가 없으나 어둠 속 귀뚜라미를 통해 계절의 변화를 알린다. 만일 움이나 싹이나 꽃이나 단풍이나 눈 따위가 없다면 우리로서는 '도'가 이 우주에 존재하는지, 또 어떻게 작용하는지를 인식할 길이 없다. 그런데 우주에 펼쳐지는 수많은 가시적인 사물과 현상들을 통해 볼 수도 들을 수도 만질 수도 없는 '도'의 존재와 그 작용을 간접적으로나마 체감할 수 있게 되는 것이다.

이런 '도'와 '덕'의 관계를 가장 생생하게 설명한 것은 장자이다. 그는 《장자》〈외편·지북유(外篇·知北遊)〉에서 동곽자(東郭子)가 '도'가 어디에 있느냐고 묻자 '땅강아지-개미-돌피 열매-피-기와-벽돌-똥-오줌'에 있다고 대답한다. 장자가 여기서 예시하고 있는 보기들은 바로 '도'의 작용을 통해 현현된 개개의 '덕'의 모습들일 것이다.

후한대의 허신은 《설문》에서 "'덕'은 오르는 것을 가리킨다"라고 설명했고, 삼국시대의 왕필 등은 "'덕'이란 얻는 것을 가리킨다"라고 설명했다. 위의 설명을 감안한다면 '덕'에 대한 그들의 해석도 형체가 없는 것이 특정한 형체를 '얻는다'거나 '(거기에) 편승한다'라는 의미로 이해할 때 전혀 이치에 어긋나는 것은 아닌 셈이다. 이 책에서도 '덕'을 이 같은 의미로 이해했으나 이를 번역할 때에는 '도'와의 대응관계를 감안하여 편의상 그대로 '덕'으로 처리했다.

제39장
만인의 존경을 받으려거든 거친 돌이 되라
백서본 제2장

옛날 '하나'를 얻은 경우를 따져보건대,　　　　　　　昔之得一者,

하늘은 하나를 얻음으로써 맑아지고,　　　　　　　天得一以淸,

땅은 하나를 얻음으로써 평안해지고,　　　　　　　地得一以寧,

신은 하나를 얻음으로써 영험해지고,　　　　　　　神得一以靈,

샘은 하나를 얻음으로써 채워지고,　　　　　　　　谷得一以盈,

제후나 임금은

하나를 얻음으로써 세상의 본보기가 되었습니다.　　侯王得一以爲天下正.

'하나'가 이러한 결과들을 가져다준 거지요.　　　　其致之也.

하늘이 그렇게 해서 맑아진 것이 아니라면　　　　　天毋已淸

머잖아 갈라져 버리고 말 것이요,　　　　　　　　將恐裂,

땅이 그렇게 해서 평안해진 것이 아니라면　　　　　地毋已寧

머잖아 무너져 버리고 말 것이요,　　　　　　　　將恐發,

신이 그렇게 해서 영험해진 것이 아니라면　　　　　神毋已靈

머잖아 스러져 버리고 말 것이요,　　　　　　　　將恐歇,

샘이 그렇게 해서 채워진 것이 아니라면　　　　　　谷毋已盈

머잖아 말라 버리고 말 것이요,　　　　　　　　　將恐竭,

제후나 임금이 그렇게 해서 존귀하고 높아진 것이 아니라면　侯王毋已貴以高

머잖아 멸망해 버리고 말 것입니다.	將恐厥.
그러니 누구든 기필코 존귀해지고 싶다면	故必貴
비천함을 근본으로 삼아야 할 것이요,	而以賤爲本,
기필코 높아지고 싶다면	必高
겸허함을 토대로 삼아야 할 것입니다.	而以下爲基.
대개 이 같은 이치에 따라	夫是以
제후나 임금은 자신을	侯王自謂
'외롭다' '모자라다' '유능하지 못하다' 하고 부르는 것이니,	孤寡不穀.
이런 경우가 비천함을 근본으로 삼은 예가 아니겠습니까?	此其賤之本與.
그렇지 않습니까?	非也.
그러므로 몇 개나 되는 명예를 누리게 되었다고 해도	故至數譽
따지고 보면 아무 명예도 없는 것과 다를 바 없는 것입니다.	無譽.
그러니,	是故,
반질반질한 옥이 되겠다고 욕심 부리지 말고,	不欲祿祿若玉,
거칠거칠한 돌로 남도록 하십시오.	珞珞若石.

|해설|

본장에서는 통치자의 겸허한 처신에 대해 이야기하고 있다. 보통 사람들은 '나 자신'이 남보다 잘 생기고 똑똑하고 가진 것도 많고 대단한 인물이 되기를 바란다. 그러나 지금 잘 나가다가 나중에 패가망신하는 것보다는 지금 좀 불우하더라도 나중에 훌륭하게 거듭나는 것이 훨씬 나을 수도 있다. 그런데도 사람들은 그런 선후 관계는 안중에도 두지 않고 그저 눈앞의 이익과 부귀에만 집착하기 일쑤이다. 노자는 제후들이나 임금이 자신을 낮추는 이치를 예로 들면서 그런 화려하고 잘난 사람이 되기보다 차라리 볼품없고 거칠거칠한 돌로 남으라고 당부한다. 지금은 힘들고 어렵고 고통스러울지 모르지만 언젠가는 운명이 좋게 변할 수가 있기 때문이다. "하나[一]"는 '도'의 다른 이름이지만 여기서는 자신을 낮추는 겸허함의 미덕으로 해석해도 좋겠다.

'겸칭(謙稱)'은 사회적 신분이 높은 사람이 제3자에게 자신을 겸손하게 낮추어 부를 때 사용하는 호칭이다. 중국에서 겸칭은 일반 평민이나 관리들만 사용한 것은 아니었으며 때로는 지체 높은 천자나 제후들도 사용했는데 본장에 언급된 '고(孤)', '과(寡)', '불곡(不穀)'은 그 대표적인 예들이다. 진(晉)나라의 학자 두예(杜預: 222~285)는 《좌전》〈희공·4년(僖公四年)〉 "어찌 <u>부족한</u> 내 의지로 그렇게 하자는 것이겠소? 선대 임금의 우호관계 그것을 계승하자는 의도일 뿐이요"에 대해 "'고'니 '과'니 '불곡'이니 하는 것들은 제후들이 자신을 낮추어 부르는 말이다. '고'는 외롭다는 말이고 '과'는 덕이 부족하다는 말이며 '불곡'은 유능하지 못하다는 뜻이다"라고 주석을 붙이고 있다. 여기서 '고', '과', '불곡'에 대한 소개는 맥락상의 의미이며 사전적으로 어떠한 의미를 가지고 있는지에 대해서는 아직도 논란이 진행되고 있다. 마찬가지로 《이아》〈석고(釋詁)〉에 따르면 "곡'이란 유능한 것을 가리킨다."

'고'에 대해 공영달은 《예기》〈곡례〉 "먼 땅의 작은 제후는 …… 자신을 '고'라고 부른다"에 대해 "'고'란 그저 옹립만 되었을 뿐 덕과 능력은 없다는 말이다"라고 설명하고 있다.《좌전》에 따르면 '과인(寡人)'은 춘추시대에 제후가 신하에게 사용하던 것으로 비교적 널리 사용되었다. 그 의미에 대해서는 〈곡례〉의 "그가 백성들에게 말할 때에는 자신을 '과인'이라고 부른다"에 대해 공영달이 "'과인'이란 자신이 덕이 부족한 사람이라는 말이다"이라고 설명하고 있다. 그런데《광아(廣雅)》〈석고〉의 "'고'란 혼자임을 가리킨다"나 "'과'란 외로운 것을 가리킨다"라고 한 것을 보면 '외톨이' 또는 '외로운 이'라는 의미로 이해해도 좋을 듯하다. 어떤 학자는 이를 겸칭이 아니라 '세상에서 유일무이한 지존'이라는 의미로 해석하기도 하지만 여기서는 맥락상 상당히 부자연스럽다.《좌전》의 용례들을 살펴보면 '과인'은 주로 외교 무대에서 사용되고 있는데 이 경우 자신은 '과인', 상대측 제후에게는 '군(君)'으로 부르는 것이 관례였다.

　여기서 주목할 겸칭은 '불곡'이다. 두예는《좌전》의 예를 들어 "불선(不善)"으로 설명한 바 있다. 당대의 공영달은 이와 관련하여 "('곡'은) 그 뜻은 '유능하다'이다. '곡'은 사람을 키우는 곡물이니, (이 말은) '나는 사람을 키워주는 곡물보다 못하다'라는 의미로서, 자신을 낮추는 표현이다"라고 설명하고 있다. 어떤 학자는 '불곡'을 '밥도 먹지 못하다' 식으로 해석하기도 했으나 맥락상 맞지 않다. '불곡'은《좌전》에서 총 21번 사용되고 있는데, 양백준(楊伯峻: 1909~1992)은 이를 천자만이 사용할 수 있는 겸칭으로 보았다. 이 호칭이 춘추전국 이후에는 그 자취를 감추고 있는 것을 보면 전혀 근거가 없는 말은 아닌 듯하다. 고형은 이와 관련하여 '고'니 '과인'이니 하는 겸칭은 자신이 혼자여서 신하와 백성들의 지지를 필요로 한다는 취지에서 사용하게 된 것이며 '불곡' 역시 자신이 어질지 못한 사람이어서 그들의 도움을 필요로 한다는 취지에서 사용하게 된 것으로 모두가 도가의 영향을 받았을 가능성이 있다고 보았다.

참고로, '짐(朕)'은 원래 춘추전국시대에는 '나'를 뜻하는 1인칭 대명사로 사용되었으나 진나라 시황제가 여섯 나라를 멸망시키고 중앙집권을 강화하면서 황제가 자신을 일컫는 대명사로 독점하기 시작했다. 앞서의 '고', '과', '불곡'이 모두 자신을 남 앞에서 낮추는 겸칭인 데 비하여 '짐'은 남들을 의식하지 않은 표현이어서 여기서도 당당함을 넘어선 시황제의 오만함을 엿볼 수 있다.

제40장
훌륭한 관리는 묵묵히 도를 실천할 따름이다
백서본 제3장

훌륭한 관리는 '도'를 들으면,　　　　　　　　　　　　上士聞道,

그저 그 가르침을 열심히 실천할 따름입니다.　　　　董能行之.

평범한 관리는 '도'를 들으면,　　　　　　　　　　　　中士聞道,

'실제로 존재하기는 할까 없는 것은 아닐까' 하고 의심을 합니다.　　若存若亡.

반면에, 모자란 관리는 '도'를 듣고 나면,　　　　　　下士聞道,

마구 비웃어 대지요.　　　　　　　　　　　　　　　　大笑之.

그렇게 비웃음을 당하지 않으면,　　　　　　　　　　弗笑,

'도'로 삼기 부족한가 봅니다.　　　　　　　　　　　　不足以爲道.

그래서　　　　　　　　　　　　　　　　　　　　　　是以

옛 격언에도 이런 말씀이 있나 봅니다:　　　　　　　建言有之, 曰:

"밝은 도는 어두운 것 같다.　　　　　　　　　　　　明道如眛,

나아가는 도는 물러서는 것 같다.　　　　　　　　　進道如退,

편평한 도는 울퉁불퉁한 것 같다.　　　　　　　　　夷道如纇,

최고의 덕은 샘물과도 같다.　　　　　　　　　　　　上德如谷,

더없는 순결함은 때가 탄 것 같다.　　　　　　　　　大白如辱,

너른 덕은 부족한 것 같다.　　　　　　　　　　　　廣德如不足,

굳건한 덕은 구차스러운 것 같다.　　　　　　　　　建德如偸,

순수한 바탕은 탁한 것 같다.   質眞如渝.

극한의 네모에는 모서리가 없다.   大方無隅,

극한의 그릇에는 완성이란 없다.   大器免成,

극한의 가락에는 소리가 없다.   大音希聲,

극한의 형상에는 형체란 없다."   大象無形.

'도'는 이토록 위대하건만 고정된 이름조차 없습니다.   道褒無名.

그러나 '도'라는 것은,   夫唯道,

시작하기도 잘하듯이 마무리 역시 잘하는 것이 아닐까 싶습니다.   善始且善成.

|해설|

　본장에서는 '도'를 대하는 자세에 대해 이야기하고 있다. 노자는 '훌륭한 관리[上士]', '평범한 관리[中士]', '모자란 관리[下士]' 등 세 부류의 사람들이 '도'에 대해 보이는 반응을 소개하면서 사람들에게 '도'를 지키면서 매사에 최선을 다할 것을 당부한다. 보통 사람들은 어떤 사물이나 현상과 마주했을 때 본장의 '모자란 관리'처럼 그 한 측면만 보고 전체를 다 아는 것처럼 단정하는 경우가 많다. 이런 사람은 너무도 자기 주견이 강해서 항상 자신이 직접 보고 듣고 맡고 만지는 것만 진리로 받아들인다. 또 어떤 경우에는 '평범한 관리'처럼 자신이 들은 '도'가 과연 실제로 존재하는 것인지 어쩌면 사실은 허상이 아닌지 일일이 재고 따지면서 끊임없이 의심의 눈길을 거두지 않는다.

　그러나 '도'는 눈으로도 귀로도 코로도 손으로도 인식되는 것이 아니며, 어디가 시작이고 어디가 끝인지 그 한계조차 가늠할 수 없을 정도로 크고 위대하다. 게다가 시시각각 끊임없이 변하기까지 한다. 그래서 네모나 보이지만 끝을 찾을 수가 없고, 형상처럼 보이지만 형체가 없고, 소리 같은데도 소리가 들리지 않는 것이다. 이처럼 오묘한 '도'의 실체를 얕은 지식만으로 왈가왈부한들 논쟁만 지루하게 거듭될 뿐 확실해지고 얻어지는 것은 아무것도 없다.

　노자가 사람들에게 '훌륭한 관리'의 자세를 배울 것을 당부하는 것도 바로 이 같은 이유 때문이다. 언제나 묵묵히 자신의 자리를 지키면서 자신이 맡은 일에 최선을 다하는 것, 이것이야말로 '도'를 받드는 올바른 자세라는 것이다. 본장은 왕필본 제41장에 해당하지만 백서본에서는 갑본과 을본 모두 제40장에 배치되어 있다.

　《도덕경》에는 우리들에게 익숙한 격언이나 성어가 더러 보이는데 "대기면성(大器免成)" 역시 그런 것들 중의 하나이다. 이 4자 성어는 왕필본에는 "대기만성(大器晚成)"으로 나와 있다. 그래서 그동안 우리나라는 물론이고 중국, 일본에서도 이를 「주어(大器)＋부사(晚)＋동사(成)」구조로 보아 "큰 그릇은 더디게 이루어진다"라고 해석하고 "훌륭한 인재는 오랜 기간에 걸쳐 서서히 만들어지는 법이다"라는 의미로 이해하는 것을 당연하게 여겨 왔다. 그러나 그것은 오독이요 오역이다.

　초기 필사본인 초간본·백서본·한간본을 살펴보면 이 부분은 각각 "대기만성(大器曼成)", "대기면성(大器免成)", "대기면성(大器勉成)"으로 적혀 있다. 1990년대 초간본 연구팀은 '만(曼)'은 '늦다[晚]'의 의미로 읽어야 한다는 판독 소견을 내놓았다. 반면에 금석학자 구석규(裘錫圭:

1935~)는 "'曼'은 '邊'의 의미로 읽어야 되지 않을까 싶다"라면서 '曼'을 '더디다[慢]'로 해석해야 한다고 주장했다. 이와 관련하여 진주(陳柱) 같은 학자는 '晩'은 '없다[免]'의 의미와 같으므로, '면성(免成)'은 '이룬 것이 없다'와 같다고 지적했다. 또 북경대 교수 누우열(樓宇烈: 1934~)은 다음과 같은 의견을 개진하기도 했다.

> "나는 '大器晚成'부터가 잘못된 것이 아닌가 싶다. 본장에서 '대방무우·대음희성·대상무형(大方無隅·大音希聲·大象無形)'을 언급했고 제28장에서는 '대제무할(大制無割)' 등을 언급하고 있는데 이 경우 '대(大)'가 들어가면 그 의미는 정반대가 된다. '방(方)'은 모가 나 있다는 의미인데 '대방(大方)'이 되면 '모가 없다'가 된다. '음(音)'은 소리가 있다는 의미인데 '대음(大音)'이 되면 '소리가 없다'가 된다. '상(象)'은 형상이 있다는 의미인데 '대상(大象)'이 되면 '형상이 없다'가 된다. 또 '제(制)'는 가공이 있다는 의미인데 '대제(大制)'가 되면 '가공이 없다'가 되어 버리는 것이다. 그런데 '대기(大器)'의 경우만 '만성(晚成)'으로 되어 있어서 이상과는 달리 그릇의 상반된 의미가 성립되지 않는 것이다. …… 백서본 을본에는 '大器免成'으로 되어 있는데 이때의 '면(免)'은 어쩌면 '만(晚)'의 가차자일 수도 있다. 그러나 이상의 분석 결과에 근거할 때 '晚'의 가차자가 아닐 수도 있는 것이다. 따라서 당연히 '免' 본래의 의미대로 해석해야 옳다고 본다. …… 그렇게 되어야 '대방무우·대음희성·대상무형' 등과도 의미상으로 일치하기 때문이다."

'면(免)'의 의미에 대한 진주와 누우열의 분석은 상당히 논리적이고 정확하다. 춘추전국시대 고문에서 '免'은 '만(晚)' 또는 '면(勉)'과 함께 사용되는 글자였기 때문이다. 실제로 《통전(通典)》〈병전(兵典)〉 "비록 바람이 불고 파도가 하늘까지 치솟더라도 기울거나 드러눕는 일이 <u>없다</u>" 등과 같이 '免'이 '없다(nothing)'의 의미로 사용된 용례들이 다수 확인된다. 《국어》〈진어(晉語)〉 "그가 함부로 행동하지 못하고 멀리 달아난다면 그 외국의 지인에게 후하게 재물을 내려 그런 사태가 <u>없</u>도록 함으로써 그의 덕에 보답하면 되지 않겠는가"나 《상군서(商君書)》〈간령(墾令)〉 "간사한 백성에게 기댈 데가 <u>없</u>으면 못된 일을 저지르려 해도 그렇게 할 수 없을 것이다" 등과 같이 '勉'이 '免'의 가차자로 사용된 용례들도 많다.

'만(曼)' 역시 '무(無)' 또는 '불(不)'의 의미로 사용되곤 했는데, 전한대의 양웅(揚雄: BC53~AD18)이 지은 《법언(法言)》의 〈오백(五百)〉 "주나라 사람들은 정의를 실천한 경우가 많았으나 진나라 사람들은 실천하지 않은 경우가 많았다. 실천한 사람들은 그것을 갖추었으나 그렇지 않은 사람들은 그것이 <u>없어졌다</u>"나 〈중려(重黎)〉 "신이나 요귀 따위는 너무도 막연해서 있는 것 같기도 하고 없는 것 같기도 하기에 성인께서 말씀하신 적이 <u>없다</u>" 등이 그 예이다. 수사적인 면에서 보더라도 마찬가지이다.

본장만 해도 "대방무우, 대기면성, 대음희성, 대상무형" 모두 영어의 제3형식처럼 「주어+동사+목적어」 구조를 공유하고 있다. 그렇다면 "대기면성"의 '免'은 품사적으로 부사('더디게')가 아니라 그 앞뒤의 다른 구절들과 마찬가지로 동사일 가능성이 큰 것이다. 이상의 근거들에 주목한다면 그동안 널리 알려져 있던 왕필본의 '晚'은 단순한 '免'의 오기일 뿐인 셈이다.

따라서 백서본의 '免', 초간본의 '曼', 한간본의 '勉'은 "대방무우·대음희성·대상무형"이나 "대제무할"의 '無'나 '希'처럼 '없다'로 해석해야 한다. 바꿔 말하자면 "大器免成"은 전형적인 「주어(大器)＋부정사(免)＋동사(成)」구조의 동사술어문이며, 그 의미 역시 "극한의 (크기를 가진) 그릇에는 완성이란 있을 수 없다"가 되는 셈이다.

제41장
도는 돌고 도는 것이다
백서본 제4장

태초로 되돌아간다는 것은,	反也者,
도가 끊임없이 움직이고 있다는 뜻이요,	道之動也.
만물이 가냘픈 상태를 유지하고 있다는 것은,	弱也者,
도가 쉬지 않고 작용하고 있다는 뜻입니다.	道之用也.
세상의 만물은	
모두가 '존재하는 그 무엇'에서 생성된 것입니다만,	天下之物生於有,
존재하는 그 무엇도	
'아무것도 존재하지 않던 태초'에서 비롯되었지요.	有生於無.

|해설|

　본장에서는 '도'의 본성과 작용에 대해 이야기하고 있다. 지구가 쉬지 않고 돈다는 지동설을 최초로 제기한 것이 갈릴레오(Galileo Galilei: 1564~1642)라면 '도'가 끊임없이 돈다는 주장을 최초로 내놓은 것은 노자가 아니었을까 싶다. 노자는 여기서 '도'를 특정짓는 두 가지 특성으로 "되돌아가는 것[反]"과 "가냘픈 상태를 유지하는 것[弱]"을 들고 있다.

되돌아간다는 것은 곧 '도'가 일정한 궤도를 따라 도는 방식으로 운동을 하고 있다는 것을 뜻한다. 또 가냘픈 상태를 유지한다는 것은 '도'가 이 같은 순환·반복적 주기운동을 하면서 세상 만물에 지속적으로 영향을 미치고 있다는 뜻이다. 우주에서 생성('유')과 소멸('무')의 순환·반복이라는 운동 방식이 '도'의 형체가 수시로 변화를 거듭하고 있다는 것을 보여준다면, 그 같은 운동이 일정한 주기를 유지하면서 반복된다는 것은 그 본질만은 언제나 변함없이 존속되고 있다는 것을 말해 준다.

어떤 의미에서는 우리가 봄을 깨닫는 나뭇가지에 트는 움이나 가을을 느끼는 떨어지는 단풍잎은 그 자체가 곧 '도'의 작용 — '덕'의 발현이라고도 할 수 있을 것이다. 백서본의 갑본과 을본에는 모두 이 다음에 배치된 제42장과 하나로 통합되어 있다. 그러나 본서에서는 편의상 왕필본의 체제를 따라 그대로 제41장으로 두었다.

은(殷), 주(周) 두 시대를 거치면서 고대 중국의 통치자들은 자신들의 왕권을 하늘로부터 부여받은 신성불가침의 절대권력으로 미화했다. 주나라 때에는 이 같은 "하늘⇒왕"으로의 권력계승관계를 대외적으로 과시하기 위해 그 왕을 '하늘의 아들', 즉 '천자(天子)'로 불렀다. 이와 함께 주나라 왕실에서는 왕과 하늘의 관계를 가장 극적으로 보여 줄 수 있는 장치인 점성술(占星術)과 역법(曆法)에도 지대한 관심을 보여 천문 관측을 전담하는 관리를 두고 있었다. 춘추전국시대는 다양한 학문 유파의 경쟁으로 자연현상에 대한 과학적인 접근이 이루어지기 시작한 시기였다. 게다가 천자의 권위가 실추되고 제후들이 발호하면서 '천명관(天命觀)'에 입각한 전통적인 천문사상이 사람들로부터 의심받기 시작했다.

당시 사람들은 단순히 천문관측을 통해 왕권계승을 정당화하는 데에서 머물지 않고 여기서 더 나아가 우주 만물에 관심을 가지고 자연을 탐구하기 시작했는데 중국만의 독특한 천문학적 체계도 바로 이 같은 과정을 통해 서서히 자리 잡아 갔다. 예를 들어, 천문관측 데이터들이 다년간 축적되면서 '28수(二十八宿)'를 대표로 하는 천상좌표체계가 구축되어 해와 달을 위시하여 금성·목성·수성·화성·토성 등 다섯 별의 공전운동 및 동지점을 비교적 정확하게 측량할 수 있게 되었다.

천문학의 발전은 역법의 확립에도 상당한 영향을 주었다. 중국에서는 이미 하나라 때부터 양력과 음력을 절충하여 1년을 365+1/4일로 정한 혼합력이 사용되었다. 당시 사람들은 여기에 적당히 윤달을 추가함으로써 1년의 절기와 시후를 합리적으로 배분하고 이를 농사 일정에 신축적으로 반영하려고 애썼다. 전국시대 문헌인 《요전(堯典)》의 "366일 단위로 끊고 윤달로 사철을 정하고 한 해를 이루었다"라는 기록은 당시의 상황을 잘 보여 준다. 중국에서 윤달의 적용은 고대 그리스보다 160년이나 빨랐으며, 《사기》〈진시황본기〉에 따르면 문화적으로 낙후되어 있던 진(秦)나라에서조차 이미 선공(宣公) 때인 기원전 675~664년에 윤달이 사용되고 있었다고 한다.

한 해의 기점인 정월이나 윤달을 정하는 방법은 나라마다 조금씩 달랐다. 이때에는 나라마다 현지의 기후나 실정에 따라 전욱력(顓頊曆)·은력(殷曆)·주력(周曆)·하력(夏曆) 등 서로 다른 역법들을 사용하고 있었다. 예를 들어 '천자국' 주나라와 제후국들은 춘추시대까지는 대부분 주나라의 역법인 주력을 따랐다. 그러나 진(晉)나라와 여기서 분가한 전국시대의 한(韓)·위(魏)·조(趙) 세 나라는 사철과 현지의 기후에 부합되어 농사에 가장 잘 맞는 하나라 역법인 하력을 따랐다. 진(秦)나라는 처음에는 다른 나라들과 함께 주력을 따르다가 소왕(昭王) 42년(기원전 265)부터 전욱력을 따라 10월을 '세수(歲首)'로 삼았다. 초나라 역시 처음에는 주력을 따랐으나 전국시대부터는 진(秦)나라처럼 하력의 10월을 1월로 삼았다. 각 역법에서 정월로 정한 달을 살펴보면, 주력에서는 동짓달, 은력에서는 그 다음달, 하력에서는 그 다음다음달을 각각 정월로 정하고 있다. 기원전 64년의 '율리우스력(Julian Calendar)'과 기본적으로 동일한 전욱력의 경우 19년 사이에 윤달을 7번 두어 당시 세계에서 가장 정확한 역법으로 여겨졌다. 전국시대에 나라별로 사용되던 역법과 정월은 다음과 같았다.

〈전국시대 각국의 역법 및 달〉

역법 (해당국)	1년 12달 (12간지로 표시)											
	인	묘	진	사	오	미	신	유	술	해	자	축
주력 (주 · 노)	3	4	5	6	7	8	9	10	11	12	정	2
하력 (위 · 조 · 한)	정	2	3	4	5	6	7	8	9	10 세수	11	12
전욱력 (진)	정	2	3	4	5	6	7	8	9	10 세수	11	12
초력 (초)	4	5	6	7	8	9	10	11	12	정	2	3
은력 (은)	2	3	4	5	6	7	8	9	10	11	12	정

* 주력을 따랐던 진나라와 초나라는 나중에 전욱력을 도입하면서 10월을 '세수' 즉 정월로 정함

전국시대에 보다 효율적인 농사를 위해 창안된 '24절기' 역시 우수(雨水)가 경칩(驚蟄) 다음에 오는 등 지금과는 체제가 좀 달랐다. 《도덕경》 등 춘추전국시대에 저술된 중국의 문헌들을 읽을 때에는 그 나라에서 어떤 역법을 사용했고 몇월을 정월로 삼았는지 확인할 필요가 있다. 《초사(楚辭)》나 《여씨춘추》는 하력을 따랐지만, 《춘추》와 《맹자》는 주력을 따른 경우가 많고, 《좌전》은 주력을 따르면서 때로는 하력을 따랐고, 《시경》은 하력과 주력을 나란히 따르고 있기 때문이다. 만일 이 점을 고려하지 않으면 시간을 계산 또는 설정하는 과정에 착오를 범할 수도 있다.

제42장

남을 함부로 대하는 사람은 결과가 좋을 수 없다

백서본 제5장

도는 '하나'를 낳고,	道生一,
'하나'는 둘을 낳으며,	一生二,
둘은 셋을 낳고,	二生三,
셋은 만물을 낳습니다.	三生萬物.
또한, 만물은 음기를 등지고 양기를 보듬고 있다가,	萬物負陰而抱陽,
두 기운이 반응하여 하나로 어우러집니다.	中氣以爲和.
세상 사람들이 꺼리는 것은,	天下之所惡,
외롭거나 부족하거나 유능하지 못한 상황들입니다.	唯孤寡不穀.
그럼에도 불구하고	
임금이나 제후들이 굳이 이렇게 자신을 부르는 것은,	而王公以自名也,
만물이 때로는 줄이면 붙어나는가 하면,	物或損之而益,
때로는 불리면 줄어들기도 하기 때문입니다.	或益之而損.
이는 남이 가르쳐 준 것을,	故人之所敎,
잘 헤아린 후 다시 남에게 가르쳐 주는 것과 같은 이치이지요.	亦議而敎人.
그래서	
"남을 마구 대하는 자는 좋게 죽지 못한다"고 하는 거지요.	故强梁者不得死,
나는 앞으로 이 말을 '배움의 아비'로 삼으렵니다.	吾將以爲學父.

|해설|

　본장에서는 현명한 대인관계에 대해 이야기하고 있다.《도덕경》여러 대목에서 빈번하게 언급하고 있는 것처럼 '도'는 언제 어디서나 존재하면서도 끊임없이 변화를 거듭한다. 외롭고 부족하고 무능하다가도 단란하고 여유롭고 유능해지기도 하고, 줄었다 불고 불었다 줄기도 하며, 내가 남의 가르침을 받기도 하고, 그런 내가 다시 남을 가르치는 입장이 되기도 한다. 따라서 이 세상에서 대인관계를 가질 때에는 남을 무작정 거칠게만 대해서는 안 되며 가능하면 자신을 낮추고 겸허하고 부드럽게 처신하는 것이 현명할 수도 있다는 것이다.

　도입부의 "도생일, 일생이, 이생삼, 삼생만물, 만물부음이포양, 중기이위화(道生一, 一生二, 二生三, 三生萬物, 萬物負陰而抱陽, 中氣以爲和)" 부분은 우주의 보편적인 운행 법칙인 '도'가 만물을 생성하는 과정을 묘사하고 있다. 따라서 이 부분을 본장의 핵심 내용으로 여긴 학자들은 지금까지 '도'와 우주 탄생의 관계나 "일·이·삼"이 가리키는 대상 등의 문제에만 주목해 왔다. 그러다 보니 여러 학자가 그 뒤의 "천하지소오, …… 오장이위학부(天下之所惡, …… 吾將以爲學父)" 부분은 맥락상 어울리지 않는다는 주장을 제기하는 일이 많았다. 예를 들어, 장석창은 이 부분 때문에 "앞뒤 내용이 맥락상 이어지지 않는 것 같다"고 했고 고형·진주·엄영봉·진고응 역시 이에 동조하여 본장에 제39장의 내용이 일부 섞여 들어갔을 가능성을 제기했다. 그러나 이들의 주장은 본장의 대의를 제대로 읽어 내지 못한 오독의 산물이다.

　본장에서 노자의 가르침의 무게중심은 그 뒷부분 즉 "물혹손지이익,

혹익지이손(物或損之而益, 或益之而損)"에 놓여 있기 때문이다. 게다가 "도생일, …… 삼생만물"과 "만물부음이포양, 중기이위화"는 서로가 별개의 두 문장이 아니라 맥락상 하나로 연결되어 있다. 두 문장이 "도⇒일⇒이⇒삼⇒만물⇒이(음양)⇒일(화)"의 순서로 분화에서 다시 환원까지 '도'의 항변성과 순환반복운동의 원리를 들려주고 있는 것이다. 그가 여기서 하고자 하는 말은 자명하다. 때로는 줄었다가도 불고 불었다가도 줄며 불행이 행복이 되고 강자가 약자가 되는 우주의 섭리를 명심하고, 대인관계에서도 무조건 강자의 논리를 앞세우기보다는 암컷처럼 부드럽고 겸허하게 처신하라는 것이다.

얼마 전 국내에서는 〈관상(觀相)〉이라는 영화가 흥행몰이를 하면서 면상(面相), 수상(手相), 사주(四柱), 풍수(風水) 등의 명리학(命理學)에 대한 관심이 부쩍 많아졌다. 관상가들은 보통 온갖 명사들을 다 들먹이면서 누가 용의 상이니 누가 부귀를 누릴 상이니, 점술가들은 누가 최고의 사주이니 누가 부귀를 누릴 팔자이니, 풍수가들은 어디가 최고의 명당이니 하면서 저마다 바람을 잡는다. 심지어 이해 당사자들은 물론이고 각종 매체들까지 그렇게 부채질을 해대는 바람에 점집이나 사주카페가 때 아닌 호황을 누리고 있단다. 그러나 그런 소리에 휘둘려져 일희일비할 필요는 없다.

인생이란 그 자체가 영원히 바뀌지 않는 '상수(常數)'보다는 '변수(變數)' 즉 불확실성이 지배하는 세계이다. 정해진 운명이니 정해진 귀천이니 정해진 빈부니 하는 것은 그저 황당무계한 소리일 뿐이다. 얼핏 생각하기에 사람의 면상·수상·족상·사주·팔자·풍수·별자리·혈액형 같은 것들은 영원히 변하지 않는 '상수'인 것처럼 보인다. 그러나 제1장에서 이미 확인했듯이, 고정되어 영원히 바뀌지 않을 것 같은 그 '상수'들 역시 우리가 알지 못하는 사이에 조금씩 변화하고 조화를 부린다. 인간이라는 존재 역시 한 곳에 붙박혀 살아가는 초목 같은 존재가 아닌 이상 일생 동안 여러 곳을 다니면서 수많은 사람들과 인연을 맺고 관계를 가질 수밖에 없다.

그렇다면 면상·수상·사주·풍수 같은 것들 역시 인생의 매 순간 매 장면에서 다른 사람들과의 관계 속에서 다양하게 반응하고 변화하는 것은 당연하다. 그리고 그 과정에서 발생하는 무수한 변수들은 자연히 개개인의 운명을 조금씩 바꾸어가게 된다. 사람의 운명이라는 것은 이렇듯 면상, 사주, 풍수 따위가 아니라 자신의 마음가짐이나 타인과의 관계들에 따라 얼마든지 바뀔 수 있는 것이다. 고정된 명당이란 없으며 아무리 나쁜 풍수도 사람의 정성으로 얼마든지 명당으로 만들 수 있다는 최창조 교수의 풍수론도 바로 이 같은 인식에서 출발하고 있다.

인류의 역사에서 수많은 사람들이 그 시대를 대표하고 명성을 누리는 명사가 되거나 정반대의 악인으로 변하기도 하는 것은 그가 타고난 상이나 고정된 사주팔자의 영향이라기보다는 그들이 일생 동안 조우해온 수많은 인적 물적 '변수'들과 그것들에 대해 자신이 보인 반응의 결과들이다. 아무리 훌륭한 외모를 타고나서 좋은 가정, 좋은 학벌, 대단한 벼슬을 하더라도 사람 한번 잘못 만나면 하루아침에 패가망신을 할수가 있다. 또 아무리 형편없는 사주를 갖고 불운한 가정에서 태어나 제대로 된 학교 하나 마치지 못하더라도 자신의 노력과 인간관계 여하에 따라 얼마든지 인생이 바뀔 수가 있다. 다만 혹시 자신의 운명을 바꾸겠다고 얼굴을 고치고 유도 분만을 하고 명당을 찾아 헤매는 사람들이 있다면 지금부터라도 그 정력과 시간과 재물을 주변 사람들과 좋은 인연을 만드는 데에 의미 있게 쓰라고 말하고 싶다. 자신의 인생과 운명은 면상·수상·족상·사주·팔자 따위가 아니라 자기수양(또는 자기개발)을 하고 스스로 자신의 인생

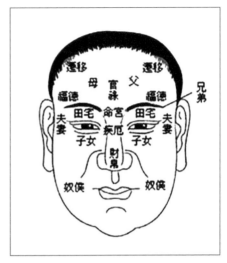

《마의상서(麻衣相書)》에서 소개하고 있는 면상 분석법. 전통적으로 관상법에서는 사람의 얼굴을 통하여 당사자의 여러 가지 운세를 점칠 수 있다고 여겼다.

과 운명을 개척해 나가는 '나 자신', 그리고 다른 사람들과의 수많은 관계들에 달려 있기 때문이다. 이것이 '도'의 본성이요 노자의 가르침이다.

제43장
부드러운 것이 강한 것을 압도한다
백서본 제6장

세상에서 가장 부드러운 것이,	天下之至柔,
세상에서 가장 단단한 것 위를 달리고,	馳騁於天下之至堅,
형체도 없는 것이,	無有
틈조차 없는 곳까지 스며듭니다.	入於無間.
나는 이런 경우들을 통하여	吾是以知
바람이 없다는 것이 얼마나 이로운지 깨닫게 됩니다.	無爲之有益也.
말을 삼가라는 가르침과,	不言之教,
바람이 없는 것이 가져다주는 이로움,	無爲之益,
세상에서 이 경지에 도달할 수 있는 이는 드물 것입니다.	天下希能及之矣.

|해설|

본장에서는 통치자의 바람직한 처신에 대해 이야기하고 있다. 물은 세상에서 가장 부드러운 데다가 형체조차 없다. 그럼에도 불구하고 세상에서 아무리 단단하고 튼튼한 존재라도 물을 당해 내지 못한다. 노자는 부드럽고 가냘픈 물이 그 같은 저력을 발휘할 수 있는 것은 바로 아무 말도 없고 아무 바람도 없이 묵묵히 '도'에 순응하는 본성 때문이라고 보았다. 그래서 노자는 통치자에게 물의 본성을 본받아 말을 삼가고 어떤 일에 대한 기대를 품지 않도록 하라고 당부한다. 물론 세상을 살아가면서 하고 싶은 말을 아낀다거나 어떤 일을 하면서 좋은 결과나 대가를 바라지 않는다는 것이 말처럼 쉬운 일은 아니다. 그러나 노자는 누구든지 물의 본성을 본받아 사심 없이 묵묵히 자신의 자리를 지키며 본분에 충실하면 언젠가는 저절로 바라는 바를 이루게 될 것이라고 설파하고 있다.

그동안 본장에서 가장 오독이 많았던 곳은 첫머리의 "천하지지유, 치빙어천하지지견(天下之至柔, 馳騁於天下之至堅)" 부분이었다. 여기서 "천하지지유"는 물을 가리키고 "천하지지견"은 토양이나 암석을 가리키며 "천하지지유, 치빙어천하지지견"이란 물이 땅 위 또는 바위 속을 흐르는 것을 두고 한 말이다. 부드럽고 가냘프기 짝이 없는 물이 그 단단한 땅이나 돌을 뚫고 어디든지 자유자재로 종횡무진으로 누비고 다니니 얼마나 대단한 일인가. "천하지지유, 치빙어천하지지견"은 바로 그 같은 물의 본성을 예찬한 것이다. 하상공이 이 부분에 대해 "'가장 부드러운 것'이란 물이고 '가장 단단한 것'이란 쇠나 돌이다. 물은 단단한 것을 뚫고 단단한 것 속으로 들어가 통하지 않는 곳이 없다"고 부연한 것도 그 같은 이유 때문이었을 것이다.

이 부분은 왕필본 등에는 "천하지지유, 치빙천하지지견(天下之至柔, 馳騁天下之至堅)"으로 되어 있다. 그래서 지금까지 학자들은 대부분 이 구문을 「주어+동사+목적어」 구조로 이해하고 "세상에서 가장 부드러운 것이 세상에서 가장 단단한 것을 부린다"식으로 해석해 왔다. 그러나 이 문장은 문법적으로 영어의 제5형식과 비슷한 「주어＋동사＋보어」 구조에 해당한다. 즉 동사와 보어 사이에 들어가기 마련인 전치사 '어(於)'나 '우(于)'나 '호(乎)'가 생략된 경우인 것이다. 이 점은 초기 판본인 백서본 갑본의 "천하지지유, □치빙어천하지지견", 을본의 "천하지지□, 치빙호천하□□□", 한간본의 "천하지지유, 치빙어천하지지견"을 통해 분명하게 확인할 수 있다. 이 부분의 오독, 오역은 왕필본의 삼국시대에 즈음하여 초기 판본들 속의 전치사들이 당시의 수사적 관례에 따라 임의로 삭제되면서 발생하기 시작했을 것이다.

이 같은 사실은 이 부분에 사용된 어휘들의 성격을 통해서도 어느 정도 짐작할 수 있다. 허신의 《설문》에 따르면 '치(馳)'란 몹시 빨리 달리는 것을 뜻하며 '빙(騁)'은 정면을 향해 똑바로 치닫는 것을 말한다. 그렇다면 "치빙(馳騁)"은 말이나 마차가 도로를 '빠르게 달리는 것(gallop)'을 나타내는 자동사인 셈이다. 중국의 역서들 중에는 "치빙"을 "가어(駕馭)" 등으로 번역한 경우가 더러 보인다. 그런데 그 의미는 '조종하다(handle)' 또는 '지배하다(rule)'에 가까워서 타동사에 속하기 때문에 원래의 의미와는 거리가 있다. 자동사인 경우에는 그 뒤의 성분이 보어가 되지만 그것을 타동사로 보면 그 뒤의 성분은 자연히 목적어로 해석할 수밖에 없기 때문이다. 국내 역서들 중에서 "치빙"을 '조종하다' 또는 '지배하다'라고 번역한 것들은 대부분 이 같은 중국 학자들의 오류를 그대로 답습한 경우에 해당한다.

이상의 근거들에 주목하면 이 문장은 "세상에서 가장 부드러운 것이 세상에서 가장 단단한 것을 부린다"가 아니라 "세상에서 가장 부드러운 것이 세상에서 가장 단단한 것 <u>위를 달린다</u>" 식으로 번역되어야 한다는 점을 알 수 있다. 아마 왕필 당시의 학자들은 위진남북조시대 문단의 관례에 따라 전치사를 생략했을 것이고 적어도 그 같은 수사적 관례에 익숙한 당시 사람들은 그 의미를 이해하는 데에 큰 지장이 없었을 것이다. 그러나 그 후로 다시 수백 년이라는 세월이 흐르고 여러 번의 문화적 단층을 겪으면서 후세 사람들은 이 부분을 이해하는 데에 혼선을 빚기 시작했을 것이다. 그 결과가 바로 우리가 지금까지 전혀 문제가 없다고 굳게 믿었던 "세상에서 가장 부드러운 것이 세상에서 가장 단단한 것을 부린다" 식의 오역들이다.

제44장
만족할 줄 알면 길고 오래갈 수 있다
백서본 제7장

명성과 목숨은,	名與身,
어느 쪽이 내게 더 가깝겠습니까?	孰親.
목숨과 재물은,	身與貨,
어느 것이 내게 더 많겠습니까?	孰多.
얻는 것과 잃는 것은,	得與亡,
어느 쪽이 내게 더 해롭겠습니까?	孰病.
아무리 아껴도 언젠가는 몽땅 써 버리는 날이 오기 마련이고,	甚愛必大費,
아무리 많이 모아도	
언젠가는 죄다 날려 버리는 날이 오기 마련입니다.	多藏必厚亡.
그래서 만족할 줄만 알면 모욕을 당하지 않고,	故知足不辱,
멈출 줄만 알면 위태로워지지도 않아서,	知止不殆,
길고 오래갈 수 있는 거지요.	可以長久.

|해설|

본장에서는 자기절제에 대해 이야기하고 있다. 《도덕경》을 읽어 보면 노자가 인간의 욕망을 원천적으로 부정하는 극단적인 금욕주의자는 아니었다는 것을 알 수 있다. 오늘날 우리 사회는 물질문명이 발달하고 그로 인하여 욕망이 한없이 증폭되면서 이제 사람들이 자신조차 통제가 불가능한 "심애(甚愛)"와 "다장(多藏)"의 극한상황으로 치닫고 있다. 그러나 그 정도가 심해서 명리(名利)에 지나치게 집착하면 그것이 나에게 이로움을 가져다주는 것이 아니라 오히려 해악으로 작용할 수 있다. 노자역시 명예나 재물에 대한 과도한 집착이나 욕심은 결국 자신을 욕보이고 파멸시킨다고 여겼다. 그래서 그는 명예욕과 재물욕보다는 인간의 가치를 우선순위에 놓고 "만족할 줄 알기[知足]"와 "그칠 줄 알기[知止]"의 자기 수양을 통하여 적절한 선에서 욕망을 절제하는 것이 패가망신으로부터 자신을 지킬 수 있는 유일한 방법이라고 설파한 것이다. 자신의 내면을 성찰하고 인격을 도야하는 데에 써도 모자랄 정력과 시간을 허황된 명예와 재물을 쫓아다니는 데에 모두 허비한다면 얼마나 어리석은 일이겠는가?

《회남자》와 《사기》에 따르면 춘추시대 노나라의 재상 공의휴(公儀休: ?-?)는 물고기 요리를 대단히 즐기는 사람이었다. 어느날 그가 제자와 담소를 나누고 있는데 어떤 사람이 나랏일로 고생이 많다면서 싱싱하고 큰 잉어 두 마리를 선물로 보내 왔다. 그러자 그는 두 말 하지 않고 잉어를 도로 주인에게 돌려주는 것이었다. 그 사람이 물러간 후 제자가 도저히 이해할 수 없다는 표정으로 어째서 잉어를 받지 않았는지 묻자 공의휴는 이렇게 대답했다.

"자네도 알다시피 나는 물고기 요리라면 사족을 못 쓰지. 그래서 더더욱 그 사람이 가져온 잉어를 받을 수 없었던 거야. 만일 내가 아까 잉어를 받았다면 그 사람이 넣는 청탁을 들어 줘야 했을 걸세. 그렇게 되면 나는 국법을 어길 수밖에 없지 않겠나? 그랬다가 감옥에 갇히기라도 해 보게. 내가 그렇게 좋아하는 물고기 요리도 그 다음부터는 영영 먹을 수 없게 되고 말겠지. 정 물고기가 먹고 싶으면 차라리 내 돈으로 사서 먹으면 그만일세."

잉어 한두 마리가 비싸 봤자 얼마나 비싸겠는가. 그 정도는 사실 뇌물 축에도 못 드는 사소한 성의 표시로 생각하고 넘길 수도 있다. 설사 두 마리 정도 챙긴다고 해도 나중에 탈이 날 걱정은 없는 것이다. 그러니 굳이 자그마한 성의를 표시하려고 하는 사람을 그렇게 돌려보낼 필요까지는 없었다. 그러나 공의휴의 생각은 달랐다. 그는 우리보다 슬기로운, 아니 보다 정확하게 말한다면 대단히 현실적인 사람이었다.

이 세상에서 공짜란 없다. 누군가로부터 선물을 받으면 당장은 아니더라도 언젠가는 그에 상응하는 보답을 해야 하는 법이다. 오늘은 잉어 두 마리지만 내일은 갈비 세트가 되고 모레는 자동차 키 …… 이런 식으로 이런저런 뇌물을 받기 시작하면 그것이 빌미가 되어 이권에 개입하고 나중에는 별별 청탁을 다 받아줄 수밖에 없게 된다. 명색이 국법을 지키면서 공정하게 국정을 이끌어야 할 자리에 있는 공직자가 저도 모르는 사이에 국법을 위반해서 명예가 실추되는 것은 물론이고 자칫하다가는 감옥에 갇히고 목이 달아날 수도 있다. 그렇게 되면 자신이 평소에 즐기던 소소한 행복을 빼앗기는 것은 물론이고 '탐관오리'라는 불명예까지 평생 동안 지고 살아야 한다. 그럴 바에야 차라리 지금 눈앞의 잉어를 포기하는 것이 훨씬 남는 장사인 것이다.

　그러나 인류의 역사를 되돌아보면 이처럼 간단한 산수조차 못해서 한 순간에 패가망신한 사람들을 숱하게 찾아볼 수 있다. 관리 또는 공무원이라는 것은 애초에 나라에서 군주와 백성들을 위해 봉사한다는 명예를 구하기 위해서 지원하는 것이다. 그런데 봉사는 커녕 자기 사리 사욕을 챙기는 데에만 바쁘다면 그것은 곧 자신의 영혼을 파는 짓을 하는 것과 다를 바가 없다. 어디 옛날만 그랬는가? 지금 우리나라만 보더라도 똑똑한 머리로 좋은 대학을 나오고 높은 지위에까지 올라 만인이 우러러보는 명망을 누리던 사람이 자잘한 뇌물과 이권에 코가 꿰어 순식간에 죄인으로 전락해서 두고두고 남들로부터 손가락질을 당하는 경우들을 어렵지 않게 찾아볼 수 있다. 그런 얄궂은 인생들을 보노라면 삶을 살아가면서 자신의 욕망을 절제하고 본분을 지킨다는 것이 얼마나 어렵고도 중요한 일인지 새삼 느끼게 된다.

제45장
본보기가 되려면 맑고 차분함을 잃지 마라
백서본 제8장

완벽하게 이루어진 것도 왠지 부족한 것 같습니다만,	大成如缺,
그 작용은 다하는 법이 없습니다.	其用不敝.
넘칠 듯이 찬 것도 왠지 빈 것 같습니다만,	大盈若冲,
그 작용은 마르는 법이 없습니다.	其用不窮.
또한 더없이 곧은 것은 어딘지 꺾어진 것 같고,	大直如屈,
더없이 정교한 것은 뭔가 어설픈 것 같으며,	大巧如拙,
한껏 차오른 것은 왠지 이제 막 생겨나는 것 같지요.	大贏如絀.
분주하게 움직이면 냉기를 이겨 내고,	躁勝寒,
차분하게 있으면 열기를 이겨 내나니,	靜勝熱,
누구든지 맑고 차분한 상태를 유지한다면,	清靜,
세상의 본보기가 될 것입니다.	爲天下正.

|해설|

본장에서는 자기수양의 이로움에 대해 이야기하고 있다. 노자는 여기서 사람들에게 마음을 비우고 맑고 차분한 자세를 잃지 말 것을 역설한

다. 사람들은 특정한 사물을 대할 때 그 외형에 지배되는 경향이 많다. 그래서 부족하거나 비거나 찌그러지거나 어설퍼 보이는 것들에 대해서는 왠지 부자연스럽거나 이상하게 여겨 그 의미를 폄하하곤 한다. 무엇이든 완벽하고 꽉 차고 곧고 정교해야만 심리적으로 만족과 안정을 느끼는 것이 '인지상정'이기 때문이다. 그러나 노자는 그 같은 외물의 모습에 집착하지 말라고 당부한다. 이 세상의 모든 존재와 형체들은 끊임없이 변화하고 있어서 어느 한 모습, 어느 한 시점에 머물러 있는 것 자체가 무의미한 일이기 때문이다. 그는 오히려 그 같은 외물에 마음을 빼앗길 것이 아니라 맑고 차분한 마음 상태를 유지하도록 자기수양에 전념하라고 충고한다. 그래야 세상의 본보기가 될 수 있다는 것이다.

높이 204cm의 '밀로의 비너스(Venus de Milo)'는 1820년 에게 해 밀로스 섬의 아프로디테 신전 인근에서 밭을 갈던 농부에 의해 발견되었다. 당시 마침 현지에 머무르고 있던 프랑스 해군은 이를 사들여 국왕 루이 18세에게 진상했고 얼마 후 왕명에 따라 루브르 박물관에 소장되었다. 이 여신상은 발견 당시 이미 두 팔이 떨어져 나간 상태였다. 당시는 예술품의 완벽미와 대칭미를 중시했기 때문에 초기에는 그다지 좋은 평판을 듣지 못했다. 팔이 떨어져 나갔으니 그 자체만 놓고 보면 완성품이라기보다는 고작 하찮은 파손물에 불과했다.

그러나 시간이 지나면서 인체의 아름다움과 균형미를 이상적으로 살린 비너스의 진가를 알아보는 사람들이 나타나기 시작했다. 어떤 사람은 비너스가 불완전한 외형에도 불구하고 황금비율이 완벽하게 반영된 데에 감탄하기도 하고, 또 어떤 사람은 무게중심을 한쪽 다리에 두어 자세가 다소 불안정한 듯하면서도 전체적으로 S자 곡선을 이룸으로써 인체가 보여 줄 수 있는 아름다움을 가장 훌륭하게 연출해낸 데에 놀라기도 했다. 이렇게 해서 처음에는 사람들에게서 외면당하던 비너스가 어느 사이에 전 세계 사람들로부터 '헬레니즘의 전형'이라는 극찬을 받기에 이르렀다.

물론 당시 사람들 중에는 비너스가 '불구'인 것이 아쉬웠던지 최초로 제작될 당시에는 두 팔이 어떤 자세를 취하고 있었을까에 호기심을 가지는 사람도 적지 않았다. 미술계에서도 수백 가지의 복원 방안을 참고하는 등 비너스의 원형 복원을 위해 엄청난 노력과 열정을 쏟아부었다. 최근의 연구에 따르면 밀로의 비너스는 원래 오른손을 왼쪽 다리 부근까지 드리우고 왼손은 사과를 든 채 앞으로 내민 자세로 만들어졌었다고 한다. 물론 어쩌면 최초의 모습은 그랬을지도 모른다.

그러나 비너스가 두 팔을 온전하게 가지고 있었다면 지금과 같이 아름다움의 전형이라는 찬사를 누릴 수 있었을지 의문이다. 그런 의미에서 볼 때 비너스의 존재는 노자의 본장에서의 가르침을 뒷받침해 주는 훌륭한 증거라고 할 수 있다. 동시에 무엇이든 완벽하고 꽉 차고 곧고 정교한 것이 좋다는 우리의 고정관념에 대한 흥미로운 역설이 아닐까 싶다.

제46장
만족을 모르는 것만큼 큰 불행은 없다
백서본 제9장

세상에 '도'가 제대로 작용하고 있을 때에는,　　　　　　　　天下有道,

달리는 말조차 되돌려 거름을 지웁니다만,　　　　　　　　卻走馬以糞.

세상에서 '도'가 사라져 버리면,　　　　　　　　　　　　天下無道,

군마조차 변방에서 새끼를 낳는 처지가 되고 말지요.　　　戎馬生於郊.

죄악으로 치자면 욕심을 부리는 것만큼 큰 것이 없고,　　罪莫大於可欲,

불행으로 치자면 만족을 모르는 것만큼 큰 것이 없으며,　禍莫大於不知足,

허물로 치자면 얻겠다고 발버둥치는 것만큼 큰 것이 없습니다.　咎莫憯於欲得.

만족할 줄 아는 것이야말로 참된 만족이라는 이치를 깨우친다면,　知足之爲足,

언제나 만족을 누릴 것입니다.　　　　　　　　　　　　　恒足矣.

|해설|

　본장에서는 자기 절제의 중요성에 대해 이야기하고 있다. 노자는 제
30~31장에 이어 전쟁을 화제로 삼아 무분별한 전쟁에 반대하면서 통치
자들에게 욕망을 절제하고 만족할 줄 알라고 당부한다. 인생에서 만족
한다는 것이 어떤 의미인지를 깨우친다면 언제나 여유롭고 행복할 것이

라는 뜻이다. 고형 등 많은 학자들은 그동안 본장이 노자의 군사이론 또는 전쟁관을 소개하는 대목이라고 보았다. 물론 전반부에서 평화시와 전시의 대비를 통해 '도'를 설명하는 반면 후반부에서는 자신의 욕망을 다스릴 것을 주문하고 있어서 얼핏 그런 느낌이 드는 것도 사실이다. 그러나 자세히 따져 보면 그것은 일종의 착각이다. 여기서 전반부에 제시한 내용은 후반부의 본론을 설파하기 위해 사전에 준비해 놓은 예시이기 때문이다. 본장에서 노자가 가장 힘주어 강조하는 가르침은 "지족지위족, 항족의(知足之爲足, 恒足矣)"이다. 즉 전쟁관을 개진하고 있는 것이 아니라 욕망의 절제를 당부하고 있는 것이다. 현존하는 판본들 중 가장 오래된 초간본에는 전반부가 빠져 있는 것도 이 같은 이유 때문일 것이다.

고문에서 '분(糞)'은 원래 '대변, 똥'을 뜻하는 명사이다. 그러나 《예기》〈월령(月令)〉 "음력 6월에는 …… 밭에 거름을 줄 수 있고 땅을 기름지게 할 수 있다"에서 보듯이 때로는 "거름을 주다"라는 의미의 동사로 충당되기도 한다. 이와 관련하여 왕필은 "세상에 '도'가 존재하면 만족할 줄 알고 멈출 줄 알기에 바깥에서 찾는 것이 없고 저마다 자신의 내면을 갈고 닦을 뿐이기에 달리던 말도 되돌려 밭을 가꾸고 거름질 한다고 한 것이다", 하상공은 "여기서 '분'은 밭에 거름을 주는 것을 가리킨다. 나라를 다스리는 이는 병기나 갑옷을 사용하지 않고 달리던 말도 되돌려 밭을 가꾼다. 몸을 다스리는 이는 양기와 정력을 되돌려 자신의 몸을 보양한다"라고 설명한 바 있다. 《한비자》·《문자(文子)》·《회남자》·《염철론(鹽鐵論)》·《한서》 등의 전적이나 장형(張衡)의 〈동경부(東京賦)〉, 장협(張

協)의 〈칠명(七命)〉 등의 시가에는 본장의 "각주마이분(卻走馬以糞)"과 거의 동일한 문구가 공통적으로 사용되고 있다. 아마 《도덕경》에서 파생된 것으로 보이는 이 문구는 전국시대 이후로 한대까지 '태평성대'를 뜻하는 관용적인 표현으로 널리 사용된 것으로 보인다.

'분(糞)'은 춘추전국시대에 사용되던 파종법인 '분종법(糞種法)'을 가리키기도 한다. 《주례》〈지관·초인(地官·草人)〉에서 "대개 '분종'을 할 경우, 붉고 단단한 땅에는 소를 쓰고 연홍빛 땅에는 양을 쓰고 비옥한 땅에는 큰사슴을 쓰고, 메마른 못에는 사슴을 쓰고, 염분 있는 땅에는 오소리를 쓰고, 푸석한 땅에는 여우를 쓰고, 찰기가 있으면서 푸석한 땅에는 돼지를 쓰고, 가볍고 연한 땅에는 개를 쓴다"라고 한 것이 그 예이다.

후한대 학자 정현은 여기에 주석을 붙여 "대개 '분종'이라는 농작법을 쓴다고 하는 것은 모두 그 짐승을 삶아내고 그 육수를 쓰는 것을 말한다. '소를 쓴다'고 한 것은 소뼈를 고은 육수에 종자를 적시는 것을 가리키는데 이런 파종법을 '분종'이라고 한다. …… 척박한 밭에서 '분종'을 쓸 수 없을 경우에는 누에똥에 벼 종자를 섞어서 파종하면 그 벼가 벌레를 먹지 않는다"라고 부연하고 있다.

농가에서는 보통 밭에 거름을 뿌리고 일정 기간이 지난 다음에 거기에 씨를 뿌린다. 그런데 '분종'은 여러 형태로 조제된 거름에 종자를 적시거나 버무려 말린 다음 그것을 다시 밭에 뿌리는 파종법이었던 셈이다. 이 방법은 토질을 부드럽고 기름지게 개선하는 데에 효과적이어서 당시에 많이 사용되었다고 한다.

제47장
문을 나서지 않고도 세상 물정을 안다
백서본 제10장

대문을 나서지 않고도,	不出於戶,
세상이 돌아가는 물정을 다 알 수 있고,	以知天下.
창문을 내다보지 않더라도,	不窺於牖,
하늘이 돌아가는 '도'를 알 수가 있습니다.	以知天道.
나선 길이 멀면 멀수록,	其出彌遠,
아는 것은 그만큼 줄어들기 마련입니다.	其知彌少.
그렇기 때문에 성인은	是以聖人
다니지 않아도 물정을 알고,	弗行而知,
보지 않아도 세상 이치에 밝으며,	弗見而明,
굳이 바라지 않아도 세상일을 다 이루는 것입니다.	弗爲而成.

|해설|

맥락상 앞장과 연결되어 있는 본장에서는 주로 세상 만물을 인식하는 학문의 방법에 대해 이야기하고 있다. 노자는 세상 만물이 각자 형체를 달리하지만 그 내면에는 하나의 공통점 ― '도'를 공유하고 있으며 만물은 '도'의 작용에 따라 생성·존재·소멸을 거듭한다고 보았다. 그렇다면 굳이 집 밖으로 나가지 않더라도 대상이 어떤 것이든 간에 그 원리만 제대로 깨우치면 이를 바탕으로 온갖 사물과 현상들의 추이를 통찰할 수 있는 셈이다. 물론 노자는 이때 중요한 것이 자기수양과 내적 성찰이라고 보았다.

노자의 이 같은 학문 방법은 지난 1950~1960년대에 일부 학자의 비판을 받았다. 고형 같은 학자는 "외계에 대한 관찰을 부정하고 실천에서 일탈된 이 같은 인식 방법은 엄청난 유심론으로 비판 받아 옳다"라면서 노자의 주장을 '우물 안 개구리' 식의 단견으로 격하하기도 했다. 그러나 알다시피 노자는 본장에서 세상 만물에 대한 지식이나 일상에서의 경험 자체를 부정한 일이 없다. 일부 학자의 그 같은 공격은 당사자가 피상에만 얽매여 노자의 가르침을 제대로 이해하지 못했음을 스스로 인정하는 것과 다를 바가 없다.

본장에서의 노자의 가르침과 맥락상 가장 잘 어울리는 것은 《장자》〈내편·양생주(內篇·養生主)〉의 포정(庖丁)의 일화이다. 포정의 일화는 비교적 잘 알려져 있으므로 여기서는 남송대 철학자 주희(朱熹: 1130~1200)가 제기한 '이일분수설(理一分殊說)'에 대해 이야기해 볼까 한다. 노자에게 상당히 비판적이었던 주희는 자신의 '이일원론(理一元論)'을 설명할 때 '월인천강(月印千江)'의 비유를 든 일이 있다. 불교에서 유래한 '1,000개의 강에 달이 비친다'는 의미의 이 비유는 원래 부처의 공덕이 어떤 차별이나 편애도 없이 온 누리를 두루 골고루 비춘다는 점을 역설하기 위해 불가에서 흔히 사용하던 것이었다. 그런데 주희가 이것을 주자학의 이론을 설명하는 중요한 논거로 변용한 것이다.

팔월 한가위에는 중천에 보름달이 뜬다. 하늘에는 달이 하나뿐이지만 우리는 물이 있는 곳이라면 어디서든지 반짝이는 달을 볼 수 있다. 서울의 한강, 항주(杭州)의 서호(西湖), 인도의 갠지스 강, 프랑스의 센 강, …… 우리가 들고 있는 술잔 속, 그리고 당신을 바라보고 있는 사랑하는 사람의 반짝이는 눈동자 속에서 말이다. 지상에 비치는 이 수 많은 달들은 그 크기나 형체나 매개를 서로 달리하고 있다. 그러나 그것들은 저마다 어김없이 반짝이는 보름달들이다. 게다가 간혹 물결이 일거나 파문이 생기기라도 하면 그 수천 개의 달들은 다시 수만, 수억, 무량개(無量個)의 달들로 쪼개지며 영롱하고 매혹적인 빛을 반짝인다. …… 물론 그 무량개의 달들은 사실은 하늘에 뜬 달이 물에 반사되면서 생겨난 허상들이다. 혹시라도 중천의 달이 사라지기라도 하면 지상의 그 무량개의 달들은 금세 빛을 잃고 자취를 감추고 만다. 그런 의미에서 본다면 그 지상의 달들은 하늘의 달이 수많은 매개체들을 통해 현현되는 일종의 '그림자' 즉 허상들인 셈이다.

주희의 주장에 근거한다면 인간세상과 우주에는 만물이 생멸하고 온갖 현상들이 다 펼쳐지지만 그 삼라만상은 모두를 관통하고 있는 보편적인 운행 법칙인 '태극(太極)'의 작용 속에서 완성된다. 그는 사람은 누구나 그 같은 태극의 이치를 받아들일 자질을 갖추고 있으나 수시로 일렁이는 욕망이 그것을 방해한다고 보았다. 그러면서 누구든지 태극의 이치를 깨우치고자 한다면 허상에 불과한 그 그림자들에 마음을 빼앗겨 이리저리 헤맬 것이 아니라 자기수양과 내적 성찰에 정진하여 자신의 마음을 맑고 잔잔한 상태로 유지해야 한다고 보았다. 이렇게 해서 개발된 그의 "이치는 하나이나 그것이 나뉘어 저마다 달리보이는 것뿐"이라는 '이일분수설'은 그 후로 주자학의 핵심 명제로 활용되었다. 그런데 이 주장의 논리체계나 용어들은 대충 살펴보더라도 노자가 《도덕경》에서 설파한 철학적 주장과 상당히 유사한 점이 많다. 게다가 주희가 지상의 천 개의 달을 총괄하는 하늘의 달을 '태극'이라고 명명한 점

노자를 비판하면서도 그로부터 적잖은 영향을 받은 남송대 학자 주희

이나 학문의 방법 역시 "대문을 나서지 않고도, 세상이 돌아가는 물정을 다 알 수 있고, 창문을 내다보지 않더라도, 하늘이 돌아가는 '도'를 알 수 있다"라는 노자의 주장과 일맥으로 상통한다. 엄밀한 의미에서 말하자면 주희의 '이일분수설'은 노자가 《도덕경》에서 설파한 도가철학의 사유체계를 변용한 '그림자 달'이라고 할 수 있는 셈이다.

제48장
세상을 얻으려면 일을 벌이지 마라
백서본 제11장

학문에 힘쓰는 이들은 나날이 늘려려 들지만,　　　　　　　　爲學者日益,

'도'에 힘쓰는 이는 나날이 줄이려 노력합니다.　　　　　　　爲道者日損,

이렇게 줄이고 또 줄이다 보면,　　　　　　　　　　　　　損之又損,

바람이 없는 경지까지 이르게 되지요.　　　　　　　　　　以至於無爲,

바람이 없어지면 무엇이든 이루지 못하는 것이 없게 될 것입니다. 無爲而無不爲.

장차 세상을 얻으려 한다면,　　　　　　　　　　　　　　將欲取天下,

언제나 괜한 일을 벌이지 않도록 하십시오.　　　　　　　　恒無事.

누구든지 일을 벌이면,　　　　　　　　　　　　　　　　及其有事也,

세상을 얻기 어렵게 될 테니 말입니다.　　　　　　　　　又不足以取天下矣.

|해설|

　본장에서는 '도'를 닦는 일의 이로움에 대해 이야기하고 있다. 세속적 학문은 사람들에게 세상 만물에 대한 지식을 얻게 해 준다. 그러나 그렇게 얻어지는 지식들이 절대적인 진리인 것은 아니다. 아무리 그것을 배워도 정답을 찾기가 어렵고 배우면 배울수록 공허함만 느끼게 된다. 게다가 아는 것이 많아지면 많아질수록 인간의 욕망 역시 풍선처럼 크게 부풀어 오르기 마련이다. 그러나 현실 세계에서는 사회구조나 본인의 능력상의 한계 때문에 그렇게 증폭된 욕망을 충족시키기 어렵다. 그렇다 보니 학문에 힘쓰면 힘쓸수록 느는 것은 무력감과 자괴감뿐이다. 노자는 이 같은 세속의 번뇌들을 떨쳐 버리고 정신적인 평화를 얻으려면 학문을 끊고 그 열정을 '도'를 닦는 데에 돌리라고 주문한다. '도'에 전념하면 이상과 현실 사이의 괴리를 초월하게 되고, 그렇게 되면 세속적인 번뇌와 욕망도 자연히 점차 사그라져 그 어떠한 목적도 지향하지 않는 "무위(無爲)"의 경지에 이르게 된다는 것이다. 본장은 세속적인 학문을 멀리하고 '도'를 닦는 데에 전념할 것을 강조하고 있다는 점에서 맥락상 제47장과 연결되어 있다.

등산 이야기를 해 보자. 어떤 사람은 산에 오를 때 정상을 정복하겠다는 거창한 목표를 정하기도 한다. 그런데 그 목표를 달성하자면 아침 일찍 집을 나와 부지런히 산을 올라가야 한다. 정상에서 점심이라도 즐기자면 조금도 여유를 부릴 틈이 없다. 그렇다 보니 몸은 여기에 있는데 마음은 벌써 내가 목적하는 곳으로 달려가고 있다. 걷고 있는 도중에도 다른 것들은 아무것도 눈에 들어오지 않는다. 하산할 때도 마찬가지이다. 해가 떨어져 주변이 어두워지기 전에 내려오려다 보니 조금도 머뭇거릴 틈이 없다. 그렇게 시간에 쫓겨 등산을 하고 나면 산을 다녀오기는 다녀왔는데도 마음 한구석은 왠지 모르게 허전하다.

그런데 어떤 사람은 등산을 하는 방법이 이와는 정반대이다. 산에 오를 때 딱히 목적을 정하지 않는 것이다. 그저 산책 삼아 가볍게 시간이 되는 만큼 발이 닿는 대로 한 걸음 한 걸음 내디디며 순간순간을 느긋하게 즐긴다. 그것만으로도 충분히 즐겁고 만족스럽다. 사전에 어떤 목표를 정하고 시작한 일이 아니라서 그런지 발걸음도 한결 가볍고 마음도 여유롭다. 그래서 도중에 가끔은 꾀꼬리 소리에 귀를 기울여 보기도 하고, 길 가에 핀 이름 모를 꽃에 눈을 가져가기도 하고, 이런저런 풍경을 만나면 저도 모르는 사이에 탄성을 지르기도 한다. 그렇게 여유를 즐기다 보니 정상은커녕 산 중턱까지 올라가지도 못했지만 그래도 시간이 아깝달까 아쉽다는 생각은 전혀 들지 않는다.

학자들은 그동안 《도덕경》에 등장하는 "무위(無爲)"나 "유위(有爲)"의 '위'를 '하다(do)' 또는 '힘쓰다(strive)'의 의미로 해석해 왔다. 그러나 《도덕경》에서 관련 용례들을 살펴보면 '위'는 단순한 인식이나 매진을 나타낸다기보다는 오히려 모종의 결과나 목표 또는 보상을 상정하는 경향이 더 강하다. 즉 의미상으로는 행위 주체의 의지가 개입되는 '(기대 심리를 가지고 모종의 목적을) 의도하다(intend)·기대하다(expect)·갈망하다(desire)' 등과 더 가까운 것이다. 이렇게 사용된 '위'의 사례는 한대 이전의 고문에서도 찾아볼 수 있다.

《한비자》〈존한(存韓)〉의 "한비가 진나라로 온 것은 자신이 한나라를 살릴 수 있다는 것을 과시하고 한나라에 중용되기를 바란 행동이 분명합니다"나 《사기》〈화식열전(貨殖列傳)〉의 "세상 사람들 다정다감한 것도 죄다 이익을 바라고 몰려오는 것이고 세상 사람들 아등바등 대는 것도 죄다 이익을 바라고 가는 것이다" 등은 그 대표적인 예들이다. 이런 경우에서 '위'는 공통적으로 행위 주체가 어떤 행위를 통해 모종의 대가를 얻는 것을 상정한다. 고형이 과거 앞의 《한비자》〈존한〉의 예에 대해 "여기서의 '위'는 구한다는 의미와 같다"라고 부연한 것도 이 때문이다.

《도덕경》에서 '위'는 이처럼 일상에서 어떤 목표에 집착한다거나 그 과정에서 어떤 대가를 기대하는 것을 가리킨다. 즉 "유위"가 정상 정복처럼 내가 어떤 일을 할 때마다 거기에 집착하거나 어떤 대가를 바라는 것이라면, "무위"는 가벼운 산책처럼 어떤 대상이나 목표에 대한 집착이나 기대 없이 그저 매 순간을 여유롭게 '즐기는 것'을 가리키는 것이다. 따라서 본서에서는 "무위"와 "유위"의 '위'를 상황에 맞추어 '바람'이나 '기대' 또는 '목적'의 의미로 해석하였다.

본장의 "무위이무불위(無爲而無不爲)"에 대한 해석 역시 마찬가지이다. 이 구절을 앞서의 '하다'나 '힘쓰다'의 의미로 해석하면 "하는 일이 없더라도 하지 않는 바가 없다" 또는 "힘쓰는 일이 없더라도 힘쓰지 않는 일이 없다"가 된다. 그러나 그렇게 되면 문법적으로 말은 통할지 모르나 논리적으로는 받아들이기가 쉽지 않다. 그래서인지 정양수(鄭良樹), 왕신(王晨) 등 일부 학자는 노자가 '무불위'라는 말을 한 적이 없다는 점을 들어 "무위이무불위"라는 명제 자체가 노자의 주장이 아니라 전국시대의 한비자가 법가의 논리를 정당화할 의도로 억지로 끼워 넣은 것이라고 보았다. 대만의 역사학자인 전목(錢穆: 1895~1990)역시 이같은 논리에 입각하여 "이것은 순전히 인간사의 이해득실에 주목한 것이고 순전히 권모술수에 대응하기 위한 계산"이라면서 노자를 마키아벨리와 다를 바 없는 음모가로 폄하한 바 있다.

그러나 이 같은 주장은 '위'의 함의를 잘못 해석하면서 빚어진 오해이다. "무위이무불위"는 노자의 철학적 주장에서 중요한 명제들 중의 하나이다. 따라서 해당 명제는 노자의 사상적 체계·가치·의도와 결부되어 있을 수밖에 없다. 실제로 이 구절이 초기 판본들에도 그대로 언급되어 있는 것을 보면 노자 아닌 제삼자가 나중에 끼워 넣었을 가능성은 낮은 셈이다. 그렇다면 문제의 단서는 그 해석에서 찾을 수밖에 없다. 글자는 같지만 "무불위(無不爲)"에서는 '하다'로 해석하더라도 "무위"에서는 이와 다른 의미로 해석해야 앞뒤가 자연스럽게 연결된다는 뜻이다.

"무불위"의 해석 역시 마찬가지이다. 이 구절의 주장은 노자가 실제로 그렇게 할 것을 천명한 것이라기보다는 "무위"라는 자신의 가르침을 보다 설득력 있게 개진하기 위해 일종의 '방편'으로 제시된 것으로 이해해야 옳다고 본다. 즉 "그 어떤 바람이나 목적도 없이(무위)" 순수한 마음으로 순간순간에 충실하고 온 정성을 다할 때 "무엇이든 이루지 않는 것이 없게 된다(무불위)." 바로 이것이 노자가 강조한 "무위"의 경지이자 그동안 우리가 오독해 온 "무위이무불위"의 참뜻인 것이다.

제49장
성인은 신하의 마음을 헤아릴 줄 안다
백서본 제12장

성인은 언제나 자신의 마음을 지우고,	聖人恒無心,
신하들의 마음을 자신의 마음으로 삼습니다.	以百姓之心爲心.
훌륭한 이에게 잘 대해 주고,	善者善之,
훌륭하지 않은 이에게도 역시 잘 대해 준다면,	不善者亦善之,
훌륭함으로 덕을 이루는 셈입니다.	德善也.
마찬가지로, 정성스러운 이에게 정성스럽게 대해 주고,	信者信之,
정성스럽지 않은 이에게도 역시 정성스럽게 대해 준다면,	不信者亦信之,
정성스러움으로 덕을 이루는 셈입니다.	德信也.
성인이 세상에 계실 때에는,	聖人之在天下也,
숙이고 또 숙이면서,	歙歙焉,
세상 사람들을 위하여 마음을 그들과 조화시키나니,	爲天下渾心.
신하들이 그 귀와 눈을 모두 그에게 집중시키면,	百姓皆注其耳目焉,
성인은 그들을 모두 해맑은 미소로 보듬어 주지요.	聖人皆孩之.

본장에서는 신하들을 대하는 통치자의 자세에 대해 이야기하고 있다. 사람들은 보통 자신에게 호의적이거나 자신의 이해와 부합되는 사람에게는 호감을 가지고 무한한 신뢰를 보낸다. 반면에 자신에게 비판적이거나 낯설고 이질적인 사람들은 불신하거나 기피하는 경향이 있다. 물론 인간은 감정의 동물이다 보니 내색하지 않더라도 그 같은 감정을 떨쳐버리기가 쉽지는 않다. 그러나 인간은 사회적인 동물이기에 자신이 싫어하는 사람들과는 평생 담을 쌓고 좋아하는 사람들만 만나고 살 수도 없는 노릇이다. 어제의 적이 오늘은 벗이 되고 오늘의 벗이 내일은 적이 될 수도 있는 것이 세상 이치가 아니던가. 이처럼 복잡한 상황 속에서 사람들에게 무엇보다 중요한 것이 '역지사지(易地思之)'의 정신이다.

노자는 모름지기 한 나라의 통치자가 되고자 하는 사람은 '나'와 '나의 이익'을 생각하는 사사로운 마음을 떨쳐버리고 언제나 신하와 백성들의 마음을 헤아리고 그들을 배려할 줄 알아야 한다고 충고한다. 그런 의미에서 본장의 가르침은 제5장 "성인불인, 이백성위추구(聖人不仁, 以百姓爲芻狗)"의 연장선상에 있다고 할 수 있다. 오로지 약육강식과 하극상의 논리만 지배하던 당시에 전통적으로 지배와 군림의 대상으로만 치부되던 신하(나아가 백성)들의 마음을 헤아리고 그들을 존중하라는 노자의 호소는 상당한 문화적 충격으로 다가왔을 것이다. 어쩌면 공자의 "백성은 나라의 근본이다(民爲邦本)"나 맹자의 "백성들이 가장 귀하고 나라가 그 다음이며 군주가 가장 하찮다(民爲貴, 社稷次之, 君爲輕)" 식의 유가적 민본주의 사상도 이 같은 노자의 가르침에서 자극받은 것이었을는지도 모를 일이다. 혹시라도 한 나라의 어버이이자 훌륭한 본보기로서 만인의 뇌리에 오래도록 기억되고자 하는 사람이 있다면 노자의 이 같은 가르침에 귀 기울일 필요가 있겠다. '백성(百姓)'은 제77장에 소개해 놓은 것처럼 원래 춘추시대에는 '중신'이나 '영주'를 가리키는 표현으로 사용되었으나, 본문을 읽을 때에는 그 대상을 일반 백성까지 넓혀 이해해도 무방하다고 본다.

본장에서 노자의 가르침은 모두 "백성개주기이목언, 성인개해지(百姓皆注其耳目焉, 聖人皆孩之)"에 함축되어 있다. 여기서 논란이 되는 것은 '해(孩)'를 어떻게 해석할 것인가 하는 문제이다. 이 글자는 다른 판본에는 모두 '孩'로 나와 있다. 때문에 학자들은 이 글자의 의미를 '아이'로 보아 "성인개해지(聖人皆孩之)"를 "성인은 그들을 모두 <u>아이처럼 대한다</u>" 식으로 번역하는 경향이 있다. 그러나 문제가 그렇게 간단한 것은 아니다.

이 글자는 시대나 판본에 따라 표기를 조금씩 달리해 왔다. 예를 들어 왕필본 등에는 모두 '孩'로 통일되어 있다. 반면에 한대 판본인 백서본, 엄준본, 한간본에는 각각 '해(咳)'·'해(駭)'·'해(絯)'로 조금씩 다르게 나와 있다. 당대 판본의 경우도 마찬가지여서, 부혁본에는 백서본처럼 '咳'로 나와 있는 반면 돈황본에는 '해(恠)'로 되어 있다. 그런데 옥편을 찾아보면 이 한자들은 자형만 다른 것이 아니라 그 의미에서도 상당한 차이를 보인다. 예를 들어 '駭'는 '놀라다', '咳'는 '반짝이다', '恠'는 '괴로워하다' 식으로 저마다 의미상으로 큰 편차를 가지고 있는 것이다. 이처럼 시대·판본마다 다른 글자로 기록되다 보니 왕필 이후로 1,700년이 지난 지금까지도 이 중 어느 것이 본래의 글자이며 어떤 의미가 원형에 가장 가까운가 등의 문제를 놓고 치열한 논쟁이 그치지 않고 있는 것이다. 고형은 고대에 '孩'와 '咳'가 '애(閡)'의 가차자로 통용되기도 했던 점에 착안하여 "성인개해지"가 "성인이 신하들의 귀와 눈을 모두 <u>가리는 것</u>"을 뜻한다고 보았다. 이 해석은 한동안 주겸지, 고명, 허항생 등의 지지를 받으면서 노자를 우민정책을 획책한 음모가로 공격하는 데에 아주 유용한 무기가 되었다. 이에 비하여, 장석창은 이 부분을 "성인이 그들을 모두 <u>아이처럼 대하면서</u> 그들이 좋은지 좋지 않은지 미더운지 미덥지 못한지를 따지지 않는 것을 말한다"라고 보았다. 진고응 역시 같은 맥락에서 "성인은 그들을 모두 <u>아이처럼 대한다</u>"라고 해석했다.

얼핏 보면 장석창·진고응의 주장이 제법 그럴듯해 보인다. 왜냐하면 하상공이 이미 이에 대해 "성인은 신하들을 아이나 벌거숭이 아기처럼 사랑하고 마음에 두며 그들을 키우고 기르되 그들의 보답을 다그치거나 바라지 않는다"라고 해석한 바 있기 때문이다.

그러나 여기서 명심해야 할 것은 장석창·진고응 등 많은 학자들이 참고한 왕필본의 '孩'는 《도덕경》이 저술될 당시 심지어 그 후 수백 년이 지난 백서본의 한대까지도 중국에 존재하지 않고 있었다는 사실이다. 그 글자가 중국에 사용되기 시작한 시점은 빨라도 후한대부터였던 것으로 추정된다. 게다가 무엇보다도 이 글자는 허신이 《설문》을 편찬하던 후한대, 나아가 노자가 《도덕경》을 집필할 당시에는 지금과는 사뭇 다른 의미로 사용되고 있었다. 그 증거는 "여영아지미해(如嬰兒之未孩)"(제20장)에서도 쉽게 확인된다. 제20장에서 '해(孩)'는 '아이(baby)'를 나타내는 것이 아니라 일종의 의태어로 갓난아기가 천진난만하게 방긋거리는 모습을 형용하고 있기 때문이다. 의태어로서의 '孩'의 용례는 《도덕경》에만 국한된 것이 아니다.

《예기》〈내칙(內則)〉 "세 달이 다 찰 즈음 아버지가 아기의 오른손을 잡아서 방긋거릴 줄 알 즈음에 이름을 붙여준다"나 《장자》〈천운(天運)〉 "아이가 태어나 다섯 달이 되면 말을 할 줄 알고 방긋거리기 시작하기도 전에 사람을 분간할 줄 알게 된다", 《열자》〈양주(楊朱)〉 "100년을 누리는 경우가 1,000명 중에 하나도 없을 정도이다. 설사 하나라도 있다고 하더라도 방긋거리며 안겼던 시절에서 정신이 오락가락하는 노년기까지 가는 경우는 거의 그 절반 정도밖에 되지 않는다" 등에서도 '孩'는 한결같이 '방긋거리다(grin)'라는 의미로 사용되고 있다. 허신이 《설문》에서 "'해(咳)'란 아이가 웃는 것을 가리킨다"라고 소개한 것을 보면 그 글자는 후한대까지만 해도 '방긋거리다'의 의미로 사용되고 있었던 셈이다.

바라보는 사람의 마음까지 녹여버릴 정도로 해맑게 웃고 있는 아기. 노자는 통치자들이 아기처럼 모든 편견과 욕심을 버리고 열린 마음으로 백성을 대하라고 당부한다.

따라서 본장의 '孩' 역시 '방긋거리다'라는 의미에 유념하면서 '해맑은 미소로 대한다' 식으로 해석하는 것이 보다 합리적이라고 본다. 전후 맥락을 살펴볼 때 아이처럼 천진난만하게 방긋거린다는 것은 곧 상대가 누구이든 가리거나 따지지 않고 어떠한 편견이나 사심도 없이 모두에게 공평하게 대한다는 의미로서, 백성들에 대한 성인의 박애와 헌신의 정신을 상징하는 것으로 해석할 수가 있기 때문이다.

제50장
죽음 앞에서도 초연하게 행동하라
백서본 제13장

삶에의 미련에서 벗어나,	出生,
죽음의 길로 당당히 들어가십시오.	入死.
살아남는 부류가 열에 셋이 있다면,	生之徒十有三,
죽는 부류도 열에 셋이 있습니다.	死之徒十有三,
그런데 백성들의 경우 자기 목숨을 살리려고 애쓰다가,	而民生生,
잘못해서 죽는 길로 들어서는 부류가 열에 셋이 있지요.	動皆之死地之十有三.
어째서 그렇겠습니까?	夫何故也.
그들이 자기 목숨을 살리겠다고 집착하기 때문입니다.	以其生生也.
듣자니, "자기 목숨을 지키는 데에 뛰어난 이는,	蓋聞善執生者,
산길을 다니면서도 외뿔소나 범을 피하지 않고,	陵行不避兕虎,
군대에 들어가서도 갑옷을 입거나 병기를 들지 않는다.	入軍不被甲兵,
외뿔소는 그 뿔로 받을 데조차 없고,	兕無所揣其角,
범은 그 발톱으로 할퀼 데조차 없으며,	虎無所措其蚤,
병기 역시 그 날로 찌를 데조차 없기 때문이다"라고 하더군요.	兵無所容其刃.
어째서 그렇겠습니까?	夫何故也.
그런 이에게는 죽는 곳이란 존재하지 않기 때문입니다.	以其無死地焉.

본장에서는 삶과 죽음을 대하는 자세에 대해 이야기하고 있다. "어떻게 하면 수명을 연장할 수 있을까?" "어떻게 하면 영원히 죽지 않을 수 있을까?" 세상 만물은 일반적으로 삶에 집착한다. 이 같은 삶에의 집착은 죽음에 대한 불안과 공포의 다른 이름이다. 어떻게 보면 이러한 경향은 생명을 가진 존재들에게서는 공통적으로 볼 수 있는 현상이다. 물론 어떤 존재이든 간에 삶에 대한 의지 자체는 원초적인 본능이어서 긍정적인 에너지를 만들어 주고 삶의 질을 충실하게 만들어 주기도 한다. 그러나 그런 고민이나 번뇌는 다 부질 없는 것이다. 어차피 인간은 100% 죽게 되어 있기 때문이다.

하이데거(Martin Heidegger: 1889~1976)도 말했듯이 우리는 태어나는 순간부터 이미 죽음을 향해 달려가고 있다. 어디 인간뿐이겠는가? 세상 만물과 우주 자체가 시시각각 끊임없이 변화하고 신진대사하는 중이다. 그런 상황에서 삶과 죽음에 집착한들 그 우주의 섭리에서 벗어날 수 있는 사람이 누가 있겠나? 노자가 본장에서 말하고자 하는 가르침은 이런 것이다. 삶과 죽음의 번뇌를 벗어던지고 죽음 앞에서 초연하라. 만일 삶의 소중함을 안다면 자신에게 허락된 시간들을 그런 고민에 낭비하지 말고 보다 값지고 의미 있는 일에 써라. 지금 이 순간에 최선을 다하라 (Carpe Diem)!

왕필본 등에는 "생생(生生)" 뒤에 새로 보어를 추가하여 '목숨을 살리겠다는 욕심이 지나치다'라는 의미의 "생생지후(生生之厚)"로 바꾸어 놓았다. 물론 이는 "민생생(民生生)"이나 "기생생(其生生)"의 구조에 대한 문법적인 이해가 부족한 탓에 빚어진 오독이다. "민생생"이나 "기생생"은 문법적으로 「주어＋동사＋목적어」 구조를 공유하고 있다. 이때 뒤의 '생(生)'은 명사로서 '생명·목숨'을 뜻한다. 고문에서 '생'이 동사로 충당될 때에는 ① '태어나다(birth)'나 ② '살다(live)', 또는 《도덕경》 여러 군데에서처럼 ③ '낳다·생성하다(generate)'의 의미로 사용된다. 따라서 학자들은 여기서도 "살다·살아가다" 또는 "생성하다" 식으로 해석하는 경향이 있다. 그러나 여기서는 ④ "이기불자생야(以其不自生也)"(제7장)이나 《사기》〈편작열전(扁鵲列傳)〉 "태자께서 불행히도 돌아가셨다고 들었사오나 신이 그를 살릴 수가 있나이다"처럼 '살리다·살게 해 주다(save)'의 의미로 해석해야 옳다.

근래에 우리나라에서는 '웰다잉(well-dying)'이 화두가 되고 있다. 그것도 트렌드인지 TV만 켜면 '관에 누워 과거 반성하기'니 '자기 유서 미리써 보기'니 하면서 별별 행태가 다 연출되고, 사람 몇만 모이면 너도나도 '웰빙(well-being)'이나 '웰다잉'에 대해 한마디씩 거든다. 어찌 보면 이웃 나라에서 수입된 이런 '웰빙' 또는 '웰다잉' 타령조차도 사실은 삶에 대한 집착과 죽음에 대한 공포가 만들어 낸 또 다른 헤프닝이요 호들갑이 아닐까 싶다. 그러나 '유(有)'와 '무(無)'가 이름만 다를 뿐이지 본질은 하나이듯이, 사실 '웰빙'과 '웰다잉'은 이름은 달라도 본질은 하나이다. 목숨이 붙어 있는 동안 최대한 행복하게 잘 살자는 것이다. 그러면 무엇이 행복하고 잘 사는 삶인가? 최고의 음식, 최고의 생활, 최고의 명성을 누리면서 사는 것이 '웰빙'이고 '웰다잉'인가?

우리가 지향해야 할 것은 육체적인 '웰빙·웰다잉'이 아니라 정신적인

《산해경》에 소개된 외뿔소의 모습. 얼핏 서양의 상상의 동물인 유니콘(Unicorn)을 닮았다.

'웰빙·웰다잉'이다. 내게 허락된 인생을 보다 의미 있고 보다 가치있게 보다 알뜰하게 사는 것이 웰빙이고 또 그렇게 마무리하는 것이 웰다잉인 것이다. 우리 주변을 돌아보면 '통이 큰' 사람들이 너무도 많다. 지금의 생활 수준으로도 충분한데도 돈에 무슨 원한이 그렇게 쌓였는지 매일 매순간 한 푼이라도 더 벌어들이려고 몸부림친다. 자신이 잘되고 유명해지기 위해 어떻게 하면 남을 이용하고 남의 것을 빼앗을까 머리 굴리는 데에만 바쁘다. 심지어 어떤 경우에는 내가 불행하고 못 사니까 너희들도 똑같이 고생해야 한다면서 남의 행복을 짓밟고 남을 괴롭히는 데에만 바쁜 사람들도 적지 않다. 이런 사람들은 정말 '통이 큰' 사람들이다. 자신의 수명을 이런 식으로 통 크게 탕진하고 있으니 말이다. 그것도 자신의 일도 아닌 남의 일에……

미래에 아무리 의학이나 과학이 발전해서 장기들을 교체하고 클론(clone)을 만들어 낸다고 해도 하나의 개체로서는 끝이 있기 마련이다. 인간에게 허락된 수명은 100년도 되지 않는다. 그렇게 짧기에 더욱 소중한 삶의 시간들을 그렇게 함부로 몸을 굴리면서 마구 살 수는 없다. 그런 식으로 아무렇게나 수백 년을 사느니 차라리 인생의 매 순간을 소소한 행복에 감사하면서 자신의 자리에서 최선을 다하면서 사는 10년이 보다 의미 있고 가치 있는 삶이 아니겠는가?

우리가 선택해서 살게 된 인생은 아니지만 어차피 이 인생도 누구에게나 단 한번 주어진 인생이다. 우리가 이 광대한 우주 속에서 인간으로 태어난 것은 거의 계산이 불가능할 정도로 희박한 확률 속에서 이루어진 대사건이다. 이처럼 단 한번뿐인 인생이라면 아무렇게나 마구 살면서 인간의 수명이 너무 짧다고 투덜거리지 말고 매 순간 매 찰나조차 아름다운 발자국을 찍으면서 '나 자신'을 위해 소중하고 보람 있고 의미 있게, 그리고 고맙게 살다 가야 옳지 않겠나? 그것이야말로 진정한 '웰빙'이고 '웰다잉'이 아닐까 싶다.

제51장
만물은 스스로 도를 우러러 받든다
백서본 제14장

'도'가 만물을 낳고 '덕'이 그것을 뿌리내리게 해 주면,	道生之而德畜之,
만물은 형체를 갖추게 되고 도구는 그것으로 만들어집니다.	物形之而器成之.
그렇기 때문에	是以
만물이 도를 우러러 받들고 덕을 소중하게 여기는 거지요.	萬物尊道而貴德.
도가 우러러 받들어지고,	道之尊,
덕이 소중히 여겨지는 것은,	德之貴也,
그런 명예를 부여하는 존재가 따로 있는 것이 아니라	夫莫之爵
언제나 저절로 그렇게 되어 왔습니다.	而恒自然也.
도는 만물을 낳아 주고 뿌리내리게 해 주고,	道生之畜之,
자라게 해주고 움트게 해 주고,	長之遂之,
열매를 맺게 해 주고 익게 해 주고,	亭之毒之,
크게 해 주고 덮어 줍니다.	養之覆之.
만물을 낳으면서도 가지지 않고,	生而弗有也,
그것들을 위해 힘쓰면서도 뻐기지 않으며,	爲而弗恃也,
그것들의 수장으로 있으면서도 간섭하지 않으니,	長而弗宰也,
이를 '신비로운 덕'이라고 하겠습니다.	是謂玄德

   본장에서는 만물의 생성과정에서 작용하는 '도'와 그 '신비로운 덕'에 대해 이야기하고 있다. '도'는 세상 만물을 생성시키고 '덕'은 그것들이 자랄 수 있도록 여건을 만들어 준다. 세상 만물은 그렇게 조성된 환경 속에서 저마다 고유의 형체를 갖추게 되고 최종적으로 도구도 완성된다. 이 일련의 과정에서 '도'는 만물을 생성시키고 또 그것들에게 두루 작용하지만 그것들을 가지려 들거나 자신의 공로를 떠벌리려 들거나 영향력을 행사하려 들지 않는다.

   그런 의미에서 이 같은 '도'의 신비로운 덕은 《도덕경》에서 설파하는 "무위"의 가르침과도 부합되는 셈이다. '도'는 만물을 생성시키고 이로움을 주면서도 굳이 그것들을 가지거나 자신의 공로를 떠벌리거나 그들의 일에 사사건건 간섭하지 않더라도 만물이 자발적으로 우러러 섬기고 명예를 부여한다. 노자는 '도'의 이러한 겸허한 본성을 '신비로운 덕'으로 예찬하고 있는 것이다.

   지도자의 혜안은 자신이 한 일에 대해 그 어떤 대가도 바라지 않을 때 더욱 빛난다. 우리 주변을 둘러보면 간혹 인재를 발탁하거나 조그만 선행을 베풀었다는 핑계로 자신의 역할을 미화하고 공공연히 이런저런 대가를 요구하면서 잇속을 챙기려 드는 자들을 볼 수 있다. 어떤 사람들은 그것으로도 모자라는지 자신이 도움을 준 사람에게 사사건건 간섭하고 영향력을 행사하려고 들기도 한다. 노자는 모름지기 '도'를 받들고 따르는 사람들이라면 이 같은 유혹으로부터 자유로워져야 한다고 설파하고 있다. 보물을 만들었다고 그것을 독점하거나 남들 앞에서 자기

공치사를 하거나 이런저런 간섭을 하기보다는 묵묵히 그 뒤에 서서 자신이 키워 낸 천리마가 제 기량을 유감없이 펼치도록 격려하고 성원해 주는 자세. 노자는 이 같은 자세야말로 성인의 "무위"의 정신이며 사람들이 '도'를 받들고 성인을 존경하는 이유라고 믿었으리라.

진(晉)나라의 시인 좌사(左思: 250~305)는 산동성의 임치(臨淄) 출신으로 누이동생이 무제(武帝)의 빈으로 간택되자 온가족이 낙양으로 이주했다. 과거에 자기 고향을 읊은 〈제도부(齊都賦)〉를 지은 바 있던 그는 낙양(洛陽)의 크고 화려한 모습에 찬탄하면서 삼국시대의 세 도읍, 즉 업성(鄴城)·성도(成都)·건업(建業)의 연혁·지리·풍토·특산·명소 등을 읊은 시가를 짓기로 결심했다. 그는 역사에 남을 걸작을 쓰겠다는 마음으로 대문간·정원·변소에 붓과 종이를 준비해 놓고 좋은 생각이 떠오르면 바로 메모를 해 놓는가 하면 관련 정보들을 수집하기 위해 한동안 지금의 사서에 해당하는 비서랑(秘書郎)으로 일하기를 자청하기도 했다. 그는 그렇게 10년 동안 각고의 노력을 기울인 끝에 드디어 〈삼도부(三都賦)〉를 완성할 수 있었다.

그러나 외모가 별로이고 말주변도 없는 데다가 명문가 출신도 아니다 보니 처음에는 아무도 그의 작품을 거들떠보지 않았다. 평소 자신의 실력에 큰 자부심을 갖고 있던 좌사는 자신이 오랫동안 공을 들인 〈삼도부〉가 남들의 무관심 속에 묻혀 버리는 것을 도저히 참을 수 없었다. 그래서 당시 낙양의 명사로 유명하던 황보밀(皇甫謐: 215~282)을 찾아가 작품평을 부탁했다. 황보밀은 좌사의 글 솜씨를 칭찬하면서 기꺼이 서문을 써 주겠다고 자청하고 나섰다. 얼마 후에는 장재(張載)·유규(劉逵)

·위권(衛權) 등 당시의 명사들이 차례로 해제를 맡아 〈삼도부〉를 극찬했다. 당시 《박물지(博物志)》를 지어 명성을 날리던 장화(張華: 232~300) 역시 소문을 듣고 〈삼도부〉를 본 후 독자가 다 읽고 나서도 여운을 느끼게 하고 오래 지난 후에도 새로운 느낌을 가지게 만든다"라면서 찬사를 아끼지 않았다. 당대의 명사들이 이렇게 극찬을 하자 낙양의 권문세족들은 호기심과 군중심리에 이끌린 나머지 너도나도 경쟁적으로 〈삼도부〉 전문을 필사해서 소장하기 시작했고, 그 바람에 낙양에서는 한동안 종이를 구하기가 힘들 정도였다. 명문가 출신으로 당시 문단에서 명성을 떨치던 육기(陸機: 261~303)는 그 소식을 전해 듣고 "어떤 백면서생이 주제를 모르고 사고를 쳤나 보군. 내가 같은 소재로 시가를 쓰기만 하면 그 친구 작품은 술항아리 덮개 취급을 당하게 될 걸" 하고 비아냥거렸다. 그러나 직접 그 내용을 본 후에는 그 글 솜씨에 탄복하면서 같은 제목의 작품을 짓겠던 애초의 생각을 접었다고 한다.

자신의 목표를 정하고 10년 동안 거기에 온 노력을 경주해 마침내 공을 이룬 좌사도 대단하지만, 이보다 더 대단한 것은 아무 매력도 배경도 없는 좌사의 진가를 알아본 황보밀 등의 혜안이다. 아무리 훌륭한 천리마가 있더라도 그 재능을 알아보고 활용할 줄 아는 사람이 없다면 그 천리마는 들판을 제대로 달려보지도 못하고 마구간에서 일생을 마칠 수도 있다. 아무리 값진 옥돌이 있다고 해도 그 진가를 발견하고 다듬어 내는 사람이 없다면 그 옥돌은 빛을 제대로 발산해 보지도 못한 채 더러운 흙 속에서 수백 년을 허송할 수도 있다. 그들이 제대로 기량조차 펴지 못한 채 더러운 마구간이나 땅 속에서 병들고 지치고 심지어 소중한 목숨까지 버린다면 본인에게도 불행한 일이지만 사회적으로는 또 얼마나 큰 손실이겠는가? 그런 의미에서 이 일화는 숨어 있는 인재를 발굴하고 적지적소에 활용할 줄 아는 지도자의 혜안(慧眼)이나 스승의 역할이 얼마나 중요한지 잘 일깨워 주고 있는 셈이다.

여기서 한 가지 짚고 넘어가야 할 것이 "낙양지귀(洛陽紙貴)"의 의미이다. 한·중·일 세 나라에서 모르는 사람이 없는 이 말은 그동안 그 의미가 잘못 알려져 있었다. 여기서 '귀(貴)'는 통상적으로 우리가 떠올리곤 하는 '비싸다(expensive)'나 '오르다(go up)'가 아니라 '희소하다(rare)'나 '소중하다(precious)'라는 의미로 이해해야 옳다. 제70장의 "지아희, 칙아귀의(知我希, 則我貴矣)" 등,《도덕경》의 경우만 보더라도 '귀'가 모두 '희소하다'나 '소중하다'의 의미로만 사용되고 있다. 물론 낙양 사람들이 〈삼도부〉를 베껴 소장할 생각으로 종이를 사 들이고 종이가 만들어지는 족족 다 팔려 나가다 보니 급기야 낙양에서 품귀현상이 일어나면서 종잇값이 비싸지기는 했으리라. 그러나 '귀'만 놓고 보면, 그 의미는 맥락상 '희소하다'가 되어야 자연스러운 것이다.

'귀'의 의미가 지금처럼 '비싸다'로 완전히 굳어진 것은 그보다 1,000여 년이 지난 송대 무렵부터로 추정된다. 일본 학계에서는 "낙양지귀"의 의미를 "낙양지가귀(洛陽紙價貴)"로 파악해서 "낙양의 종잇값을 올려놓다(洛陽の 紙價を 高める)" 식으로 해석하는 경우가 많다. 그러나 그 같은 해석은 자의적인 것으로, 그 문법·맥락상의 의미와는 엄연히 거리가 있다. 앞으로는 "낙양지귀"를 "낙양에서 종이가 (구하기 어려울 정도로) 귀해졌다"라는 의미로 이해하는 것이 바람직하다고 본다.

제52장
세상을 낳은 도를 지키면 위태로울 일이 없다

백서본 제15장

세상에 시작이 있었나니,	天下有始,
그 시작을 '세상을 낳은 어미'라고 합니다.	以爲天下母.
이렇게 그 어미의 내력을 알고 나면,	旣得其母,
이로써 그 자식에 대하여 알 수 있지요.	以知其子,
그 자식을 알았으니,	旣知其子,
돌아가 그 어미를 굳게 지키십시오.	復守其母,
그렇게 하면 몸이 다 스러지더라도 위태롭지 않을 것입니다.	沒身不殆.
욕망의 구멍을 틀어막고,	塞其兌,
감각의 문을 닫아 걸면,	閉其門,
그 몸이 다할 때까지 곤란해지지 않을 것입니다만,	終身不堇.
욕망의 구멍을 열어젖히고	啓其兌,
세속적인 일에만 몰두한다면	濟其事,
그 몸이 다할 때까지도 구제받지 못할 것입니다.	終身不救.
작은 것까지 알아보는 것은 '밝다'고 하고,	見小曰明,
부드러움을 지키는 것은 '굳세다'고 하겠습니다.	守柔曰强.
그 빛을 써서,	用其光,
그 '밝음'으로 되돌아가,	復歸其明,

자신에게 그 어떤 재앙의 여지조차 남기지 않는다면, 　　母遺身殃,

이를 '영원불변의 섭리를 따른다'고 할 것입니다. 　　是謂襲常.

|해설|

　본장에서는 '도'와 만물의 관계, 그리고 자기수양에 대해 이야기하고 있다. 노자는 '세상의 어미[天下母]'를 알면 이를 토대로 '그 자식[其子]'을 알 수 있다고 보았는데, 여기서 '세상의 어미'와 '그 자식'은 사실은 우주의 운행 법칙인 '도'와 그로부터 생성된 만물의 관계에 대한 은유적인 비유이다. 그리고 '세상의 어미'는 곧 《도덕경》 제1장에 언급되었던 '만물의 어미[萬物之母]' 즉 이 세상 만물이 존재하게 된 것을 뜻하는 '유(有)'에 대한 또 다른 이름이다. 그리고 '그 자식'이란 세상 만물과 그것들이 만들어 내는 온갖 조화와 현상들을 두루 일컫는 말로 이해할 수 있다.

　노자는 누구든지 '도'의 본질을 깨우치면 우주 만물의 유래와 양자의 상호관계를 깨우칠 수 있게 된다고 보았다. 물론 만물과 그것들이 빚어 내는 온갖 조화들에 대해 알게 되었다고 해서 '도'를 소홀히 대해서는 안 된다. 만물과 온갖 조화들은 모두가 바로 이 '도'에서 비롯되기 때문이다. 근본을 소홀히 대하는데 어떻게 만물과 온갖 조화들이 만들어질 수 있겠는가? 그는 사람들이 이 같은 '도'와 만물의 관계를 통찰하고 '도'를 굳게 지키면 위태로운 일을 당하지 않게 될 것이라고 충고한다. 그러면서 사소한 부분까지 살피려고 애쓰고 부드러움의 미덕을 지키려고 노력함으로써 그 과정에서 얻어진 지혜의 빛을 빌어 밝은 본성으로 되돌아갈 것을 주문한다. 이것이야말로 영원불변의 섭리인 '상(常)'를 따르는 자세이기 때문이다.

어떤 학자는 본장의 "색기태(塞其兌)"를 입을 다무는 것, "폐기문(閉其門)"을 귀와 눈을 막는 것으로 해석하면서 이 두 상황을 도가의 '도인술(導引術)'과 결부시켜 해석하기도 한다. 그렇다면 '도인술'이란 무엇을 말하는 것인가? 동진(東晉)의 도학자 갈홍(葛洪: 284~364)은 《포박자내편(抱朴子內篇)》〈별지(別旨)〉에서 "몸을 펴고 굽히거나 내려다보고 올려다보거나 걷고 눕거나 기대고 서거나 제자리걸음을 걷거나 느린 걸음을 걷거나 옹알이를 하고 숨을 쉬는 따위를 모두 '도인'이라고 한다"라고 설명하고 있다. 말하자면 전신운동과 호흡운동이 접맥된 이 수련법은 그 구성이나 동작에 있어 지금의 맨손체조와 유사한 '도교식 스트레칭' 정도로 이해할 수 있는 셈이다. 다만 통상적인 체조나 스트레칭이 근육을 이완시키고 관절을 움직여 주는 '목적'에 따라 구성되는 데 비해 이 수련법은 그 같은 동작들이 기(氣)와 혈액을 순조롭게 소통·순환시키기 위한 일종의 '수단'으로서 활용되었다. 따라서 동작마다 정해진 순서가 있는 것이 아니며 수련자의 편의에 따라 진행되곤 했다.

도인술은 단순히 기혈을 이완시키고 굳은 몸을 부드럽게 풀어주는 원래의 기능 이외에도 장생불로를 위한 양생술(養生術)로 간주되어 도가는 물론이고 민간에서도 널리 활용되었다. 《후한서》〈방술열전(方術列傳)〉에서는 여러 명의 방사(方士)를 소개하고 있는데 그 다수가 도인술에 정통한 사람들이었다고 하니 이들이 도가 도인술의 발전·보급에 나름대로 기여한 셈이다. 그러나 이때의 도인술은 단순한 건강 유지나 질병 예방의 차원을 넘어 장생불로의 신선이 되는 데에 유익한 수련으로 여겨지기도 했다. 그러나 나중에는 신비주의적인 색채가 강해지면서 무신론자들의 비판을 받았다.

1974년 호남성 장사시 마왕퇴 3호 고분에서 출토된 백서본 〈도인도(導引圖)〉는 도교와 함께 한대에 유행했던 도인술의 대체적인 활용 양상을 살펴볼 수 있는 대단히 중요하고 진귀한 자료이다. 이 그림에는 총 44개의 도인술 동작이 채색화로 묘사되어 있는데 각 동작 옆에는 간단하게 해당 동작의 이름이 소개되어 있다. 이 그림을 근거로 할 때 당시의 도인술은 그 용도로 따지자면 질병을 치료하거나 건강을 관리하기위해, 운동 방식으로 따지자면 서서 하거나 앉아서 하거나 또는 걸으면서 하는 경우도 있었다. 또 그 내용에 있어서는 단순한 팔다리운동은 물론이고 도구를 사용하거나 이를 호흡운동과 결합시키거나 동물의 행동을 모방한 동작도 있었다.

도인술은 몸을 건강하게 유지하고 질병을 예방하거나 치료하는 데에 유익할 뿐 아니라 자신의 몸을 지키는 데에도 유용했다. 그렇다 보니 시간이 흐르면서 다양한 이름과 방식으로 발전해 가게 되는데 역근경(易筋經)·오금희(五禽戲)·팔단금(八段錦)·용호공(龍虎功)·태극권(太極拳)·형의권(形意拳)·팔괘장(八卦掌) 등은 그 대표적인 예들이다.

제53장
도둑의 허세를 따르는 것은 올바른 도가 아니다
백서본 제16장

누가 나를 조금이라도 깨닫도록 이끌어 준다면,	使我介有知,
위대한 '도'의 길을 걸으며,	行於大道,
오로지 나쁜 길로 빠질까 조심하고 또 조심할 것입니다.	唯施是畏.
위대한 도의 길은 그토록 평탄하건만,	大道甚夷,
백성들은 유난히 샛길만 좋아하는군요.	民甚好懈.
조정은 철저하게 타락해 버리고,	朝甚除,
논밭은 엉망으로 황폐해졌으며,	田甚蕪,
곳간조차 텅텅 비어 버렸건만,	倉甚虛.
화려한 옷을 차려 입고,	服文綵,
날카로운 검을 차고,	帶利劍,
먹는 것이 지겨울 지경인데	厭食
그걸로도 모자라 재물까지 넘쳐 날 정도라면,	而齎財有餘,
이런 경우는 '도둑의 허세'라고 할 것입니다.	是謂盜夸.
'도둑의 허세'를 부리는 것은,	盜夸,
도를 따르는 자세가 아닙니다.	非道也.

|해설|

　본장에서는 잘못된 정치의 폐해에 대해 이야기하고 있다. 춘추전국시대에는 통치자들이 권력과 재부를 독점하다시피 했으며 그들이 먹고 즐기는 대부분의 물자들이 수많은 백성과 노예들의 노동을 통해서 확보되었다. 그런데 생산성이 향상되고 국가체제가 강화될수록 통치자들의 탐욕은 줄어들 줄 모르고 오히려 나날이 증폭되어만 갔다. 오로지 하극상과 약육강식의 논리만 지배하던 당시에 각국의 통치자들은 천자조차 안중에 두지 않고 거침없이 행동하면서 욕망을 채우기에만 급급했다. 그들은 그것으로도 모자랐던지 채워지지 않는 욕망을 채우기 위해 이웃나라와 수시로 전쟁을 벌였고, 거기에 투여되는 온갖 부담들은 대부분 백성들에게 지웠다.

　그렇다고 해서 당시의 통치자들이 백성들을 소중하게 대우해 준 것도 아니었다. 춘추시대의 역사를 기록한 《좌전》을 보면, 제(齊)나라의 경공(景公)은 사소한 죄를 지은 사람에게도 혹형을 남발하는 바람에 길거리에 의족을 파는 사람이 넘쳐 짚신 가격이 폭락할 정도였다. 또 진(晉)나라의 영공(靈公)은 백성들로부터 많은 세금을 거두어 궁궐을 치장하면서도 백성들이 길을 다닐 때 쇠구슬을 쏘아 그들이 다치고 피해 다니는 모습을 즐기는 악취미를 일삼았다. 또 칼 수집이 취미였던 거(莒)나라의 임금 경여(庚興)는 새 칼이 완성되면 날이 잘 드는지 시험하기 위하여 아무한테나 칼을 휘둘렀다고 한다.

　《도덕경》 뒷부분에는 현실 정치에 대해 언급한 대목이 비교적 많은데, 본장 역시 그러하다. 본장의 "조심제, 전심무, 창심허, 복문채, 대이검, 염식이재재유여(朝甚除, 田甚蕪, 倉甚虛, 服文綵, 帶利劍, 厭食而齎財有餘)"부분에서는 나라와 백성들이야 어찌되든 오로지 자신을 드러내거나 그 밑도 끝도 없는 탐욕을 채우기에만 급급한 당시 통치자들의 그릇된 행태들에 대해 언급하고 있다. 노자는 여기서 나라를 이롭게 하고 백성들에게 복을 가져다주어야 할 의무를 실천하지 않는 통치자들을 직설적으로 '도둑'이라고 비판하고 있다. 그의 입장에서 볼 때 통치자라는 자리는 그냥 주어지는 것이 아니었다. 항상 겸허한 자세로 어떻게 해야 나라를 이롭게 하고 백성들이 행복하게 잘 살 수 있게 할 수 있는지 끊임없이 고민하고 노력을 아끼지 않는 사람에게만 통치자로서의 자격과 권위가 생기는 것이다.

그런데 그런 고민이나 노력은 조금도 없이 그저 자신의 사리사욕과 부귀영화를 챙기는 데에만 몰두한다면 그런 자는 통치자가 아니라 일개 '도둑'일 뿐이라는 것이다. 노자는 이 같은 인식에 따라 오로지 자신의 사리사욕과 부귀영화만 챙기는 통치자들의 행태를 직설적으로 "도둑의 허세"라고 비판하면서 그들에게 올바른 '도'를 좇아 백성들을 아끼고 선정을 베풀라고 충고하고 있다. 이를 통해 당시 부도(不道)하는 통치자들에 대한 노자의 입장이 어떠했는지 엿볼 수 있는 셈이다.

"백성들이 가장 귀하고 나라가 그 다음이며 군주가 가장 하찮다"《맹자》〈진심(盡心)〉라는 맹자의 민본주의 또는 민주주의적 정치관은 '역성혁명(易姓革命)'의 빌미를 제공했다고 하여 그 후로 통치자와 유학자들 사이에서 두고두고 논란을 일으켜 왔다. 그러나 《도덕경》을 정독하다 보면 그 같은 진보적인 정치관은 그 뿌리를 오히려 노자에게서 찾는 것이 옳다는 생각을 갖게 된다. 한나라의 개국공신인 장량(張良)을 위시하여 후한대의 '황건적(黃巾賊)' 등, 역사적으로 중국에서 도가사상을 신봉하는 인물이나 집단이 왕조의 교체의 정당성을 역설하거나 역성혁명을 주도한 일이 많았던 것도 《도덕경》에서 드러나는 노자의 정치관과 전혀 무관하지는 않을 것이다.

나라의 도둑들은 인류 역사의 매 순간마다 존재해 왔다. 최근 몇 십년 사이만 해도 우리의 뇌리에 잔상이 남아 있는 '도둑'들만 해도 한둘이 아니다. 먼저 루마니아의 독재자 차우셰스쿠(Nicolae Ceausescu: 1918~1989)를 예로 들어 보자. 그는 1972년 '절친'이던 김일성을 방문했다가 받은 영감으로 '인민의 집'을 조성한 것으로 유명하다. 이 '집'은 총 700명의 건축설계사와 2만 명 이상의 인부가 투입되어 24시간 내내 공사를 계속했는데 지상 12층 지하 8층의 대형 건물로 내부에는 1,100개의 방과 480개의 샹들리에를 갖추고 거기다 20만 m2나 되는 어마어마한 면적에 특별 제작한 양탄자를 깔았다. 그는 오로지 자신만을 위한 이 '인민'의 궁전을 조성하기 위해 수도 부쿠레슈티의 20%나 되는 유적지를 파괴하고 30%가 넘는 국가예산을 쏟아부었다. 자국의 농산물과 공산품 역시 굶주리고 헐벗는 자국민들을 위해서가 아니라 이 '집'의 공사비용을 마련할 목적으로 해외로 수출됐다고 한다.

도둑질의 규모로는 이라크의 후세인(Saddam Hussein: 1937~2006)도 막상막하였다. 그는 한 바빌론 유적지에서 1,000여 명의 주민을 쫓아내고 600개의 방이 있는 축구장 5개 넓이의 4층짜리 별장을 조성했는데 바닥에 깔린 대리석이 수만 m²나 되었다. 기가 막히는 것은 이런 엄청난 규모의 별장이 이미 이라크 도처에 수십 개나 세워져 있었다는 사실이다.

통이 크기는 리비아의 카다피(Muammar Gaddafi: 1942~2011)도 마찬
가지였다. 그가 주로 머물던 군사 요새 '바브 알아지지야'는 고급 대리석
으로 장식되고 벽마다 예술작품이 걸렸으며 방마다 고급 엔티크 가구
들로 채워져 있었다. 게다가 그의 여흥을 위해 회전목마 등의 놀이기구
들이 화려하게 갖추어진 놀이동산과 아프리카 각국에서 보내진 온갖
희귀한 동물들로 채워진 동물원까지 갖추어져 있었다고 한다.

2014년 2월 야반도주한 우크라이나의 야누코비치(Viktor Yanukovych:
1950~)의 경우는 더 가관이다. 그가 여의도 면적의 절반이나 되는 큰 면
적에 803억 원이나 되는 거금을 쏟아부은 호화저택 '메지히랴'는 그야
말로 하나의 거대한 테마파크였다. 그는 스포츠광답게 그 안에 골프·테
니스·승마·사격·볼링·요트·사냥 등 온갖 스포츠 경기장은 물론이고
롤스로이스를 포함한 70여 대의 클래식 외제차와 고가의 모터사이클들,
심지어 대항해시대의 범선을 모방한 대형 해적선까지 갖춰 놓기까지 했
다고 한다. 만일 그 일족이 누린 호사까지 다 포함시킨다면 아마 그 규
모는 우리들이 상상조차 할 수 없을 정도가 될 것이다.

이 중에서 러시아로 야반도주해 가까스로 목숨을 건진 야누코비치를
제외하면 차우셰스쿠는 민중봉기로 온몸이 벌집이 되었고, 후세인은 포
로 신세로 총살되었으며, 카다피는 더러운 하수구에 숨어 지내다가 성
난 국민들에게 조리돌림을 당한 후 사살당하는 비참한 최후를 맞았다.
노자도 경고했듯이 올바른 '도'를 따르지 않는 통치자는 언젠가는 국민
들로부터 외면 받고 결국 자신의 목숨까지 잃고 마는 법이다.

지금 북한에는 3대에 걸쳐 정권을 세습해 온 '김씨 왕조'가 버티고 있

다. 수백만이 넘는 백성들이 기아와 폭정과 인권 유린으로 쓰러져 가고 있는데도 지금 이 순간에도 자기 일족만 잘 먹고 잘 살자고 반세기가 넘도록 백성들을 볼모로 삼아 그들의 고혈을 짜고 동족의 가슴에 대못을 박고 있다. '파도'라는 블로거(http://blog.donga.com/thbae/archives/1684)의 전언에 따르면, 몽골에는 지금 30대 초반~40대 중반의 북한 노동자들이 1,000여 명 정도 있는데 북한대사관이 1인당 하루 30달러의 노임을 챙기면서도 정작 그들의 숙식에는 관심도 없어서 몇 년째 제대로 된 거처 없이 영하 30도의 혹한에도 차디찬 시멘트 바닥에 몸을 누이며 여기저기를 전전하고 있다고 한다. 외화벌이를 위해 자국민을 수만 리나 떨어진 이역 땅에 데려다 놓고도 그들의 숙식이나 안전에는 관심도 없이 오로지 그들이 피땀 흘려 번 노임에나 눈독을 들이고 있다니 이쯤되면 날강도가 따로 없는 셈이다. 차우세스쿠나 후세인·카다피·야누코비치보다 더 잔인하고 고약한 이 도둑이 장차 어떤 운명을 맞게 될지 궁금할 따름이다.

제54장
나 자신을 통하여 세상을 통찰하라
백서본 제17장

'도'를 잘 세우면 뽑히지 않고,	善建者不拔,
잘 보듬는다면 빠지지 않으리니,	善抱者不脫,
자손들이 제사를 멈추지 않을 것입니다.	子孫以祭祀不絶.
그 이치를 나 자신에 적용시켜 갈고 닦는다면,	脩之身,
그 덕은 참될 것이요,	其德乃眞.
집안에 적용시켜 갈고 닦으면,	脩之家,
그 덕은 여유로워질 것입니다.	其德有餘.
또 고을에 적용시켜 갈고 닦으면,	脩之鄕,
그 덕은 오래갈 것이요,	其德乃長.
나라에 적용시켜 갈고 닦으면,	脩之邦,
그 덕은 풍요로워질 것이요,	其德乃豊.
세상에 적용시켜 갈고 닦으면,	脩之天下,
그 덕은 온 누리에 두루 미칠 것입니다.	其德乃溥.
나 자신을 통해 남을 통찰하고,	以身觀身,
내 집안을 통해 남의 집안을 통찰하고,	以家觀家,
내 고을을 통해 남의 고을을 통찰하고,	以鄕觀鄕,
내 나라를 통해 남의 나라를 통찰하고,	以邦觀邦,

내 세상을 통해 남의 세상을 통찰할 수 있기 때문이지요.　　以天下觀天下.

내가 무엇을 근거로

세상이 그렇게 돌아가는 것을 아느냐고요?　　吾何以知天下之然哉.

바로 이를 통해서입니다.　　以此.

|해설|

본장에서는 '도'를 지키면서 자기수양을 하는 방법과 그 이점에 대해 이야기하고 있다. 철학자들은 전통적으로 외물과 외계에 대한 관찰과 사유를 중요하게 생각해 왔다. 노자는 이와는 정반대였다. 그는 "선건자불발, 선포자불탈(善建者不拔, 善抱者不脫)"의 예를 들어 노자 자신의 '도'를 받아들여 자기수양을 통해 '나'의 내면에 '덕'을 쌓을 것을 역설하고 있다. 그러면서 개인의 수양으로부터 나라의 통치, 나아가 세상을 이해하는 데에 이르는 전 영역에서 덕을 갈고 닦는 일이 얼마나 중요한 의미를 지니는지 들려준다.

그는 자신 속에서 '도'를 갈고 닦는 데에 최선을 다하면 그 과정에서 참된 덕을 얻게 되고, 그 범위를 '집안⇒고을⇒나라⇒세상'으로 넓혀 나가면 그 덕 또한 여유롭고 오래가고 풍요롭고 온 누리에 두루 미치게 될 것이라고 보았다. 아울러 이처럼 '도'를 지키며 자기수양에 전념하면 그것을 준거로 삼아 남의 집안, 고을, 나라, 세상의 상황들까지 알 수 있게 될 것이며, 그 과정은 비단 개인의 입신과 처세의 토대가 될 뿐 아니라 때로는 후손들에게서까지 존경을 받는 근거가 될 것이라고 주장한다.

본장에서 노자가 제시하고 있는 수양법은 유가에서 역설하는 "격물(格物)-치지(致知)-성의(誠意)-정심(正心)-수신(修身)-제가(齊家)-치국(治國)-평천하(平天下)"의 정치관보다 앞설 뿐 아니라 맥락에 있어서도 어느 정도 부합된다.

여기에서는 '방(邦)'과 '국(國)'에 대해 이야기해 볼 필요가 있을 것 같다. "그 '도'를 나라에 적용시켜 갈고 닦는다면" 부분의 경우 왕필본 등에는 "수지어국(脩之於國)"으로 나오지만 가장 오래된 초간본에는 "수지방(脩之邦)"으로 적혀 있다. 백서본의 경우는 양상이 다소 복잡해서 을본에는 "수지국(脩之國)"으로 적혀 있으나 갑본의 경우 훼손으로 인해 글자 판독이 원천적으로 불가능하다. 다만 그 다음에 이어지는 "내 나라를 통해 남의 나라를 통찰하고" 부분이 을본에는 "□□□국(□□□國)"으로 적혀 있는 데 비해 갑본에는 "이방관방(以邦觀邦)"으로 되어 있다. 《한비자》〈해로(解老)〉에도 그 글자가 '국'이 아닌 '방'으로 인용되어 있는 것을 보면 해당 부분은 원래 "수지방"이었을 것임을 짐작할 수 있는 셈이다. 한간본에는 이 부분이 "수지국"으로 적혀 있는 것으로 확인되고 있다.

'나라'를 뜻하는 글자가 판본마다 차이를 보이게 된 것은 당시 유행하던 '피휘(避諱)'와 관계가 있다. 한나라의 초대 황제인 고조(高祖)의 이름자가 '방(邦)'인데 황제가 되기 이전에 필사된 갑본에는 그대로 '방'으로 표기했으나 황제를 지낸 후에 작성된 을본에는 그 이름자를 피해 비슷한 의미의 다른 글자인 '국'으로 고쳤기 때문이다. 고형은 갑본에 사용된 22개의 '방'이 을본에서 모두 '국'으로 고쳐진 것 자체가 을본의 필사 주체가 의도적으로 고조의 이름자를 피한 반면 갑본은 그렇지 않다는 사실, 즉 유방이 황제가 되기 이전에 필사된 것임을 입증한다고 보았다.

'방'과 '국' 두 글자는 보통 우리말로는 '나라(country)'로 번역하지만 그것이 나타내는 의미가 완전히 동일한 것은 아니다. 《주례》의 주석에 따르면 규모가 큰 나라를 '방', 작은 나라를 '국'으로 구분해서 불렀으며 때로는 '방'이 있는 곳을 '국'으로 부르기도 했다고 한다. 또, 단옥재의 설명에 따르면 옛날에는 외적을 막기 위한 방어용 성곽이 축조되어 있는 곳만 '국' 또는 '읍(邑)'으로 불렸으며 그 같은 성곽이 없이 임금으로부터 책봉을 받은 일반 영지는 '방'으로 불렸다고 한다. 그렇다면 원래 '국'은 천자나 제후가 직접 다스리던 직할령으로 성곽이 세워진 도읍지를 가리키는 반면 '방'은 천자 또는 제후에 의해 가신에게 분봉된 영지를 가리키는 것으로 이해할 수도 있는 셈이다.

제55장
천진난만한 벌거숭이 아기가 되라
백서본 제18장

덕을 두텁게 품은 이는,	含德之厚者,
벌거숭이 아기에 비유할 수 있을 것입니다.	比於赤子.
벌도 전갈도 살무사도 뱀도 물지 않을 뿐더러,	蜂蠆虫蛇弗螫,
날카로운 발톱을 가진 새나 사나운 짐승도 덮치지 않습니다.	攫鳥猛獸弗搏,
뼈는 무르고 근육은 부드럽지만	
꽉 쥔 주먹은 그렇게 단단할 수가 없지요.	骨弱筋柔而握固.
암수가 교합하는 이치를 알지 못하면서도	
고추가 오뚝해지는 것은,	未知牝牡之合而脧怒,
정기의 극치를 보여 주며,	精之至也.
종일 울고 울어도 목이 쉬지 않는 것은,	終日號而不嚘,
조화의 극치를 보여 줍니다.	和之至也.
이 조화를 '영원불변의 섭리'라고 하고,	和曰常,
이 같은 조화의 이치를 아는 것을 '밝다'고 하겠습니다.	知和曰明,
반면에, 목숨을 늘이겠다고 바둥거리는 것을 '흉하다'고 하고,	益生曰祥,
내 마음이 내 기운을 부리는 것을 '억세다'고 하겠습니다.	心使氣曰强.
만물은 기세가 왕성해도 노쇠해지게 마련입니다.	物壯則老,
이 이치를 저버린다면 그것은 '도를 따르지 않는 것'입니다.	謂之不道.

‘도’를 따르지 않고 있다면,   不道,

어서 멈추십시오.   무己.

|해설|

본장에서는 작위가 없는 "무위(無爲)"의 처세에 대해 이야기하고 있다.
《도덕경》에는 제10장, 제20장, 제28장 등과 같이 '도'를 터득한 사람을
갓난아이에 비유한 경우가 많은데, 여기서도 노자는 사람들에게 자기수
양을 통해 순수하고 부드러운 아기, 즉 태초의 상태로 되돌아갈 것을 역
설하고 있다. 그에게 있어 아기는 어떠한 선입견이나 욕심도 없이 겸허한
마음으로 자신을 우주의 운행 법칙 ― '도'에 내맡긴 존재이다. 그는 인
간이 성장해 가면서 눈과 귀를 외계로 향하고 마음과 의지를 외물의 자
극에 방치하고 온갖 욕망에 지배당하게 내버려 두는 것은 '도'에 어긋나
므로 언젠가는 불행을 맞게 된다고 보았다.

본장의 번역에서 문제가 되는 것은 제30장에도 나오는 "부도, 조이(不
道, 무己)" 부분이다. "부도(不道)"의 '도'는 이 책 제1장 "가도(可道)"의 '도'
나 "불법(不法)"의 '법'과 마찬가지로 동사로 충당되었기 때문에 '따르다,
좇다(conform)'의 의미로 해석해야 한다. 문제는 "조이(무己)"이다. 이 부
분은 왕필본에는 "조이"로 되어 있지만 일부 판본에는 "조망(무亡)"으로
나와 있다. 따라서 학자들은 대부분 이를 '목숨이 다하다' 또는 '끝장이
나다' 식으로 해석해 왔다.

고형만 해도 ① 당대 학자 왕빙(王冰: 710?~805)이《황제내경(黃帝內

經)》〈소문(素問)〉에 대한 주석에서 "조이"를 "조망"으로 인용하고 ② '망(亡)'이 앞의 '강(强)'과 각운(-ang)이 일치하는 점에 착안하여 "부도, 조이"를 "도에 맞지 않으면 일찍 멸망한다" 식으로 해석한 바 있다. 다른 학자들의 경우를 보면 "도에 맞지 않으면 반드시 일찍 죽는다"(임계유), "도에 맞지 않으면 금방 사그라지고 말 것이다"(진고응), "도를 얻지 않으면 일찍 죽고 말 것이다"(허항생) 등으로 조금씩 다르게 번역하고 있다.

고문에서 '이(已)'는 일반적으로 '다하다(exhausted)'로 해석되는 경우가 많다. 따라서 이들의 해석도 일견 그럴 듯해 보인다. 그러나 이를 '죽음'과 결부시키는 것은 본장 그리고 제30장의 전후 맥락과 결부시켜 볼 때 다소 무리한 설정이 아닐까 싶다. '이'가 동사로 충당되면 대체로 ① 《시경》〈정풍·풍우(鄭風·風雨)〉 "비바람 몰아쳐 온 천지가 그믐밤 같은데 닭은 울기를 그치지 않네", 《순자(荀子)》〈유좌(宥坐)〉 "이 세 가지를 중단하고 나서야 비로소 형벌을 가할 수 있게 된다" 등의 경우처럼 '그치다, 멈추다', ② '이루다, 끝내다', ③ '버리다, 포기하다' 등과 같이 단순히 행위의 종결을 나타내는 경우가 많다.

반면에 '죽다(die)' 또는 '멸망하다(collapse)'처럼 특정한 존재의 파멸을 뜻하는 의미로 사용된 사례는 좀처럼 찾아보기 어렵다. 이 같은 경향은 《도덕경》에서의 사용 양상을 비교해 보면 더욱 두드러지게 드러난다. 《도덕경》에서 '이'는 모두 12번 사용되었다. 그런데 이 중에서 5번은 '이미'라는 부사로, 4번은 '~일 것이다'라는 어조사로, 3번은 제30장, 제55장의 "조이"와 제9장의 "불약기이(不若其已)"처럼 '그치다, 멈추다'라는 동사로 충당되고 있다. '죽다'나 '멸망하다'의 의미로 사용된 경우는 단 1건도 보이지 않는 것이다.

이와 관련하여 역자의 지인으로 만주어(滿洲語)에 밝은 송강호 선생은 아주 그럴 듯한 단서를 귀띔해 주었다. 그의 확인에 따르면, 명대 말기에 간행된 것으로 추정되는 만주어《도덕경》에는 이 부분이 "자카 만두치 삭다 옴비. 어러버 도로 아퀴 섬비. 도로 아퀴 버 어르더컨이 나카"로 나와 있다. 그런데, '나카(naka)'는 '그치다'라는 의미를 가진 동사 '나캄비(nakambi)'의 명령형이기 때문에 이 부분을 우리말로 번역하면 "어떤 것이든 장성하면 늙게 된다. 이것을 도가 없다고 한다. 도가 없는 것을 당장에 그쳐라"가 된다. 그렇다면 '已'의 사전적인 의미나《도덕경》에서의 용례, 만주어《도덕경》의 사례를 종합해 볼 때 해당 글자는 '그치다'로 해석하는 것이 보다 합리적이라고 본다.

중국 역사에서 직업적인 의사는 서주시대에 이미 그 모습을 나타내었다. 즉 음식의 위생을 담당하는 '식의(食醫)', 계절별로 두통(봄)·옴(여름)·학질(가을)·해소천식(겨울)을 담당하는 '질의(疾醫)', 천연두·궤양·자상 등을 담당하는 '양의(瘍醫)', 동물의 질병을 다루는 '수의(獸醫)' 식으로 의사들 사이에서 초보적인 역할 분담이 이루어지기 시작한 것이다. 그러나 보다 중요한 발전은 춘추전국시대에 이루어졌다. 이때부터 기존의 의학 정보들을 종합한 몇 가지 진단방법이 통용되는데, 병자의 안색·거동·설태를 통해 병을 판단하는 '망(望)', 병자의 목소리·호흡·배설물 등을 통해 병을 판단하는 '문(聞)', 병자에게 발병 시점·병력·증상·습관 등을 확인하는 '문(問)', 병자의 신체를 접촉하거나 맥박을 재어 병을 판단하는 '절(切)'이 그것들이었다. 이러한 진단 방법들은 정확한 진단과 효과적인 치료를 위해 병행되는 일이 많았으며 때로는 여기에 탕약, 침술, 안마 등의 치료법이 추가되었다. 특히 이때 널리 사용되던 치료법들 중의 하나였던 침구는 이미 임상에서 아홉 가지 방식으로 시술되고 있었으며 보통은 나무껍질이나 마른풀을 태우는 뜸도 병행되었다. 이처럼 다양한 진단, 치료가 가능해지면서 민간에는 의화(醫和)·의완(醫緩)·편작(扁鵲: BC407~BC310) 같은 명의들이 다수 배출되었다. 당시 '신의(神醫)'로 추앙받던 편작의 경우 산부인과·소아과·오관과(五官科) 등 여러 분과에 두루 해박한 데다 의술 역시 탁월해서 그의 이름을 모르는 이가 없을 정도였다고 한다. 그가 닷새 동안 인사불성이던 진(晉)나라의 권력자 조간자(趙簡子: ?~BC496)를 기사회생시킨 일화는 유명하다.

이 시기의 의술의 발전과 명의의 배출은 의학이론의 체계화를 견인했다. 이 시기에는 기원전 3세기 전후에 저술된 《황제내경(黃帝內經)》을 위시하여 중국 최초의 의학서인 《오십이병방(五十二病方)》·《족비십일맥구경(足臂十一脈灸經)》·《음양십일맥구경(陰陽十一脈灸經)》 등이 차례로 저술되어 중의학이론의 발전에 지대한 영향을 주었다. 특히 총 18권으로 구성된 《황제내경》은 도가 '음양오행설(陰陽五行說)'의 원리를 인체의 각 장부(臟腑)와 경락(經絡)에 적용시켜 얻어진 총 311가지의 증상과 '절'과 '망'이 조화된 독특한 진단방법들을 소개하고 있다. 게다가 여기에는 내과·외과·침술·안마·도인(導引) 등 다양한 치료 방법과 해부학 지식들이 망라되었다. 이 책에는 이와 함께 질병이 발생하기 전에 이를 예방하거나 초기 단계에 완치하는 방법에 대해서도 소개하고 있는데, "질병이 발생하기 이전에 치료하기[治未病]"이나 "질병의 초기단계에 치료하기[救其萌芽]" 등의 의학적 소견들은 《도덕경》 제64장에서의 노자의 가르침과도 상통하는 바가 있다.

제56장
진리를 깨우친 사람은 말을 아낀다
백서본 제19장

'도'를 깨우친 이는 말을 하지 않습니다.	知者弗言,
그러나 떠벌리는 이는 깨우치지 못했기 일쑤이지요.	言者弗知.
성인은 욕망의 구멍을 틀어막고,	塞其兌,
감각의 문을 닫아 걸고,	閉其門,
남의 눈을 부시게 하는 빛을 누그러뜨리고,	和其光,
티끌들과도 하나가 되고,	同其塵.
남을 다치게 하는 날을 갈아 내고,	挫其銳,
남을 어지럽히는 타래를 푸니,	解其紛,
이를 '신비로운 동화'라고 합니다.	是謂玄同.
그래서 성인은 가까이하려 해도 그렇게 할 수 없고,	故不可得而親,
멀리하려 해도 그렇게 할 수 없으며,	亦不可得而疏
이롭게 하려 해도 그렇게 할 수 없고,	不可得而利,
해롭게 하려 해도 그렇게 할 수 없으며,	亦不可得而害.
귀하게 받들려 해도 그렇게 할 수 없고,	不可得而貴,
천하게 다루려 해도 그렇게 할 수 없습니다.	亦不可得而賤,
그래서 세상 사람들에게 귀인으로 받들어지는 거지요.	故爲天下貴.

|해설|

　본장에서는 통치자의 자기수양 또는 겸허한 처신에 대해 이야기하고 있다. 보통 사람들은 대인관계를 가질 때 자신의 성향이나 가치관에 따라 누구는 멀리하고 누구는 가까이하거나, 누구는 귀하게 받들고 누구는 천하게 다루기도 한다. 사람들을 일일이 재고 따지는 이 같은 '분별심(分別心)'은 인간의 본성이기에 누구도 여기서 자유로울 수 없을 것이다. 그러나 당사자가 한 나라, 한 조직을 대표하고 영도하는 위치에 있는 사람일 때에는 이야기가 달라진다. 그런 사람들에게 있어 '분별심'은 극복해야 할 악덕이다. 중요한 자리에서 자신의 성향과 가치관에 치우쳐서 말하고 행동하다 보면 자연히 이런저런 편견을 가지고 사람을 대하고 자신의 이해에 따라 남들을 차별할 수가 있기 때문이다. 노자는 '그는 여기서 통치자가 자기수양을 통해 자신을 낮추고 사사로운 감정과 마음을 비운 채 백성들과 '신비로운 동화'를 이루어야 한다고 당부하고 있다. '신비로운 동화'란 어떤 가치나 이념에 지배되지 않고 물아가 하나로 어우러지는 경지를 가리킨다. 그 같은 경지에 도달해야 비로소 만인으로부터 이상적인 통치자로 추앙받을 수 있다고 여긴 것이리라.

　자신을 과시하는 행동은 인간에게 있어 대단히 원초적인 욕망이다. 특정한 분야에서 자신의 재능을 드러내고 남들의 인정을 받는다는 것은 대단히 중요하고 의미 있는 일임에 틀림이 없다. 그러나 한 조직의 지도자나 한 나라의 통치자에게는 이 같은 행동은 오히려 독이 되는 경우가 많다. 그런 점에서 본다면 로마제국의 황제였던 네로(Nero: 37~68)는 아주 흥미로운 경우라고 할 수 있다. 그는 매사에 열정과 자신감이 넘치는 청년이었다. 그런 그에게 단 하나 그러나 너무도 큰 단점이 있다면 그것은 바로 거의 병적인 자기과시욕이었다.

서기 65년, 그리스의 올림픽에 경쟁의식이 동한 그는 운동과 음악을 겨루는 짝퉁 올림픽을 '네로니아'로 명명하고 5년마다 1번씩 개최하게 했다. 다음 해에는 그리스의 도시들이 음악제 우승자에게 수여하는 월계관을 바치자 "그리스인들은 내 음악의 진가를 이해하는 섬세한 귀를 가졌구나" 하고 한껏 우쭐해져서 그 길로 그리스로 달려가 제국판 '나는 가수다'에 정식으로 도전장을 낸다. 그는 데뷔 공연을 마친 후 갑자기 지진으로 극장이 무너지자 생뚱맞게도 그것을 신의 계시로 받아들여 3년에 걸친 제국 순회공연을 시작했다. 순회 기간에 그의 머릿속에는 국정이나 민생 걱정은커녕 오로지 어떻게 해야 최고의 노래 실력을 뽐내고 승리의 월계관을 휩쓸 수 있을까 하는 생각뿐이었다. 그는 고민 끝에 배우들과 숙식을 함께하기도 하고, 심사위원들에게 뇌물을 돌리기도 했으며, 5,000명의 젊은이로 구성된 인류 역사상 최초(?)의 박수부대까지 몰고 다니면서 직접 무대에 서서 사람들의 갈채를 받아야 직성이 풀렸다. 순회 기간에 그가 무대에 서서 노래를 시작하면 아무도 극장을 나갈 수 없었다. 따라서 임산부가 그의 노래를 들으면서 아기를 낳는가 하면 그의 노래를 견디다 못한 사람들이 극장 담을 넘어가거나 급사한 척 꾸며서 들것에 실려 나가는 촌극이 벌어지기도 했다. 그렇게 순회공연을 마치고 3년 만에 로마로 귀환했을 때에는 그가 그리스 전역에서 쓸어온 월계관이 1,000개가 넘었다고 한다. 자신을 과시하고 매사에 나서기를 너무도 좋아한 그는 그래서 제국의 경영에 온 열정을 기울였던 선대의 황제들과는 너무도 다른 사람이었다.

그의 자기과시욕은 비단 음악에만 해당되는 것은 아니었다. 그는 궁전 건설에 천문학적인 예산을 쏟아부었는데 국고가 탕진되자 서민들에게서 강탈한 재물로 공사를 계속했다. 64년에 로마 시내의 건축물과 거리들이 지겹다고 불을 질러 온 시내를 잿더미로 만들고 그 죄를 기독교도들에게 뒤집어씌운 일은 너무도 유명하다. 그는 자신보다 잘난 사람이 존재할 수 있다는 것을 절대로 현실로 인정하지 않았다. 그래서 자신을 옹립한 충신이자 제국의 동부 수비를 책임진 브루스(Bruce)를 독살하는가 하면 역시 믿음직한 브레인이자 훌륭한 스승이던 세네카(Seneca: BC4~AD65)를 죽음으로 몰았다. 점입가경으로 트라세라는 사람이 퉁명스럽고 권위적인 교육자의 인상을 가졌다는 이유만으로 자살을 강요하기까지 했다. 그의 잘난 척하기에 들러리를 서는 데에 지친 로마 시민들은 결국 얼마 후에 네로에게서 등을 돌렸고 원로원과 그의 반대세력은 그 기회를 놓치지 않고 그를 '국가의 적'으로 선언하고 일제히 반기를 들었다. 너무도 '잘났던' 그는 자신의 하인 집에 숨었다가 32세의 젊은 나이에 스스로 목을 찔러 자살하고 말았다. 일설에 따르면 그는 삶을 마감하는 순간까지도 연극의 한 장면을 연기하듯이 이렇게 외쳤다고 한다.

"아, 전도유망하던 훌륭한 예술가 한 사람이 이렇게 죽고 마는구나!"

제57장
바른 도로 나라를 다스려라
백서본 제20장

바른 도로 나라를 다스리고,	以正治邦,
신기한 계책으로 전쟁에 임하십시오.	以奇用兵,
그렇게 하면 일을 벌이지 않고도 세상을 얻게 될 것입니다.	以無事取天下.
내가 무엇을 통해서 그런 이치를 아느냐고요?	吾何以知其然也哉.
대체로 세상에서 삼가고 꺼리는 것이 많으면 많을수록	夫天下多忌諱
백성들은 더욱 가난해지고,	而民彌貧.
백성들에게 이로운 물건이 많으면 많을수록	民多利器
그 나라는 더욱 어두워지기 마련입니다.	而邦家滋昏.
또, 사람들에게 아는 것이 많으면 많을수록	人多知
신기한 물건들은 더욱 늘게 되고,	而奇物滋起,
위세품들이 눈길을 끌면 끌수록	法物滋章
도적들은 그것을 가지려는 욕심이 더 많아질 것입니다.	而盜賊多有.
그렇기 때문에	是以
성인은 이렇게 말합니다.	聖人之言, 曰:
"내가 바라는 것이 없으니 백성들이 저절로 감화되고,	我無爲而民自化,
내가 차분한 수양을 즐기니 백성들이 저절로 올곧아지고,	我好靜而民自正,
내가 일을 벌이지 않으니 백성들이 저절로 넉넉해지고,	我無事而民自富,

내가 남들이 마음을 두지 않는 일에 관심을 기울이니　　　我欲不欲
백성들이 저절로 천연의 옥돌로 돌아가는구나!"　　　　　而民自樸.

|해설|

　본장에서는 백성들에 대한 통치자의 자유방임 또는 불간섭에 대해
이야기하고 있다. 고대의 통치자들은 자신의 권력을 신으로부터 부여받
았다고 믿는 경향이 강했다. 자신이 하는 말은 곧 신의 계시요 자신이
행하는 일은 곧 신의 역사라는 식으로 거창한 의미를 부여하고 자신들
의 행동을 정당화했다. 그래서 자신의 탐욕을 채우기 위해 수시로 전쟁
을 일삼고 백성들을 착취하는가 하면 이런저런 법령을 제정하고 왕관·
어가·보검·옥새·의장·악기 등, 온갖 위세품을 늘어놓고 자신의 위엄과
권력을 과시하기에 바빴다.

　작위가 없는 "무위(無爲)"의 통치가 얼마나 중요한지 설파하는 노자의
철학적 주장은 이 같은 당시 통치자들의 행태들에 대한 일종의 반작용
이라 할 수 있다. 노자가 성인의 말을 빌어 본장에서 통치자들에게 주
문하는 미덕은 네 가지이다. 사사로운 목적을 가지고 일을 벌이지 말라
는 "무위", 항상 차분하고 진중하게 자신을 갈고 닦으라는 "호정(好靜)",
당장 필요하지 않은 일에 괜히 매달리지 말라는 "무사(無事)", 남들이 주
목하지 않는 일에 관심을 가지라는 "욕불욕(欲不欲)"이 그것이다. 그는
통치자가 이 네 가지 미덕을 지킨다면 본인이 굳이 애쓰지 않더라도 백
성들이 저절로 감화되고 올곧아지고 넉넉해지고 순박해진다고 보았다.

본장을 이해하는 과정에서 논란이 되는 것이 "법물(法物)"의 해석 문제이다. 왕필본에는 이 부분이 "법령(法令)"으로 나와 있다. 때문에 그동안 고형·임계유·진고응·허항생·부패영(傅佩榮) 등, 중국학자들은 모두 이를 대부분 '법령' 또는 '법조문' 식으로 번역해 왔다.

그러나 초기 판본들을 살펴보면 그 같은 번역에 의문을 품게 된다. 백서본 을본에는 해당 부분이 "법물"로 적혀 있고 초간본과 한간본, 그리고 후한대의 하상공본에도 역시 "법물"로 나와 있기 때문이다. 대부분의 판본이 "법물"로 적고 있는 것을 보면 당초《도덕경》에는 "법물"로 되어 있었을 가능성이 크다.

그렇다면 "법물"은 어떻게 해석해야 좋을까? 하상공은 이와 관련해서 "'법물'이란 좋은 물건을 말한다. 진귀하고 좋은 물건이 많이 생기면 농사를 그만 두어 굶주림과 추위가 동시에 닥치기 때문에 도적이 많아진다"라고 설명한 바 있다. 또《후한서(後漢書)》〈광무제기(光武帝紀)〉의 "익주에서 공손술에게 악사와 종묘의 악기·수레·가마 등을 보내오니 이로써 '법물'이 비로소 갖추어지게 되었다"에 당나라 고종 때의 장회태자(章懷太子) 이현(李賢: 655~684)이 붙인 주석을 보더라도 "'법물'이란 어가와 의장대와 의식을 말한다"라고 적고 있다.

이러한 기록들에 근거할 때 위진(魏晉)·남북조시대 및 수·당대까지도 "법물"은 이전과 비슷한 뜻, 즉 통치자의 권력과 위엄을 상징하는 '위세품(威勢品)'의 의미로 사용되었음을 알 수 있다.

그렇다면 본장의 '법물' 역시 왕관이나 보검·옥새 등과 같이 통치자의 위엄과 권력을 과시하기 위해 제작해서 의전이나 제사의식에서 사용한 '위세품'이나 의장으로 해석하는 것이 보다 합리적인 해법이 아닐까 싶다. "법물"이 법령이나 법조문의 의미로 사용된 사례는 왕필본 이외에는 그 어디서도 찾아볼 수가 없다. 따라서 왕필본에 "법령(法令)"으로 나와 있다고 해서 이를 '법령' 또는 '법조문'으로 이해하는 것은 그다지 합리적인 해석이라고 할 수 없는 셈이다. 게다가 "법물"이 '드러내다, 눈길을 끌다'라는 의미의 "장(章)" 및 "도적다유(盜賊多有)"와 함께 사용되고 있는 것을 보더라도 '위세품'이 원형에 훨씬 가깝다고 하겠다.

제58장
행복 속에도 때로는 불행이 도사리고 있다
백서본 제21장

정치가 엉성하면 엉성할수록,	其正閔閔,
백성들은 순박하고 또 순박해질 것이요,	其民純純.
정치가 세심하면 세심할수록,	其正察察,
나라는 영악하고 또 영악해질 것입니다.	其邦缺缺.
불행에도,	禍,
때로는 행복이 깃들고,	福之所倚.
행복에도,	福,
때로는 불행이 도사리지요.	禍之所伏.
그러니	
그 끝에 기다리는 것이 불행일지 행복일지 누가 알 수 있겠습니까?	孰知其極.
거기에는 올바른 것이란 따로 존재하지 않나니,	其無正也,
올바르다고 여겼던 것이 바뀌어 이상한 것이 되기도 하고,	正復爲倚,
좋다고 여겼던 것이 바뀌어 요망한 것이 되기도 하기 때문이지요.	善復爲妖.
사람들이 이 같은 이치에 어두운 탓에,	人之迷也,
불행에 빠지는 일이 한두 번이 아니었습니다.	其日固久矣.
이런 까닭에 성인은	是以
반듯하지만 남을 베는 일이 없게,	方而不割,

날카롭지만 남을 찌르는 일이 없게,	兼而不刺,
올곧지만 남을 함부로 대하는 일이 없게,	直而不肆,
빛나지만 남의 눈을 어지럽히는 일이 없게 처신하는 것입니다.	光而不燿.

|해설|

　본장에서는 통치자의 탄력적인 국정 운영과 겸허한 처신에 대해 이야기하고 있다. 사람들은 보통 진리나 정의는 영원히 변하지 않는다고 믿는 경향이 있다. 그러나 세상일이라는 것이 '모 아니면 도'로 확연하게 구분되거나 영원불변의 것은 아니며, 거기에는 언제나 양면성과 가변성이 존재하기 마련이다. 노자도 이미 제1장에서 세상에서 영원한 것이란 없다고 잘라 말하지 않았는가. 이렇듯 우리가 불행이라고 생각한 것이 때로는 행복이 될 수도 있고 행복이라고 철석같이 믿었던 것이 어디서는 불행으로 변할 수도 있는 것이 이 세상인 것이다. 한번 행복해지고 나면 언제까지나 그 행복이 이어지고, 한번 부자가 되고 나면 그 행운이 평생 자신과 함께할 것 같지만, 아쉽게도 이 세상에서 행복과 불행은 언제나 야누스(Janus)의 두 얼굴처럼 하나로 맞붙어 있다.

　행복이나 정의는 '도'와도 같은 것이다. 그 본질 자체는 언제나 변함이 없으나 그 외형은 이처럼 수시로 다양한 모습으로 바뀌어 나타나기 때문이다. 이처럼 한 치 앞을 내다 볼 수 없는 이 인간세상에서, 언제 어떻게 변할지 알 수 없는 대우주의 운행 법칙 속에서 우리가 할 수 있는 최선의 대응은 무엇인가? 노자는 모름지기 한 나라의 통치자라면 국정을 운영할 때 무조건 자신만의 잣대와 가치관을 고집하기보다는 때로는 상황논리를 좇아 어느 정도 융통성을 가지고 탄력적으로 유연하게 임할 필요가 있다고 설파하고 있다.

중국문학 작품들 중에서 한·중·일 세 나라에서 한결같이 폭넓은 독자층에게 읽혀지고 사랑받는 작품이 있다면 그것은 나관중(羅貫中: 1330?~1400?)의《삼국지 연의(三國志演義)》가 아닐까 싶다. 우리나라만 하더라도 수백 년 전에 처음 소개된 이래로 중국 소설로는 유일하게 10종이 넘는 다양한 판본이 소개되었는가 하면 지금도 교양서나 만화, 라디오 연속극, 게임 등 다양한 장르에서 대중으로부터 큰 인기를 모으고 있다. 그럼에도 불구하고 정작 이 작품이 사람들에게 전하고자 한 교훈에 대해서는 아는 사람이 그다지 많지 않은 듯하다.

과연 나관중이《삼국지 연의》를 통해 우리에게 하고자 한 말은 무엇일까? 유비·관우·장비 세 형제의 의리인가? 출신을 따지지 않고 유능한 인재들을 중용한 조조의 용인술인가? 아니면 삼라만상의 이치를 꿰뚫은 제갈량의 신출귀몰 하는 지략인가? 수많은 영웅호걸들이 펼쳐 보이는 충절과 용맹인가? 그것도 아니면 대인관계에서 요긴한 처세술이나 정치판의 권모술수들일까?

"세상의 대세에 대해 이야기하자면,	話說天下大勢,
쪼개진 지 오래되면 반드시 다시 합쳐지고,	分久必合,
합쳐진 지 오래되면 반드시 다시 쪼개지는 법이다."	合久必分.

이 말은 《삼국지 연의》의 첫 회와 마지막 회에서 스쳐가듯이 간단하게 언급되고 있다. 그러나 사실은 이 소설 전체를 관통하는 주제를 담고 있다. 인간세상은 분열과 통일, 치세와 난세 등 온갖 이합집산(離合集散)을 반복하면서 끊임없이 변화를 거듭한다. 아무리 한 시대를 주름잡은 영웅호걸도 어느 사이에 사라져 버리고 또 다른 인물이 그 자리를 채우는 것이 인간세상의 이치이다. 그러니 그 같은 항변(恒變)하는 '도'의 이치를 깨닫고 겸허한 자세로 거기에 순응하라. 영웅이니 호걸이니 명분이니 권력이니 하는 온갖 외물들에 마음을 빼앗기고 거기에 세월을 허비하지 말고 그럴수록 '나 자신'을 다독거리고 사소한 행복조차 고맙게 여기며 겸허한 자세로 인생을 즐겨라! 나관중이 전하고자 한 교훈은 바로 이것이 아닐까 싶다.

물론 《삼국지 연의》의 이 같은 교훈은 두말할 나위도 없이 노자가 《도덕경》에서 설파하고 있는 가르침들과도 닮은 부분이 적지 않다. 나관중으로부터 300년 후 청대 초기의 모종강(毛宗崗: 1632~1709)이 《삼국지 연의》의 체제를 지금과 같이 바꾸면서 그 첫머리를 양신(楊愼: 1488~1559)의 가사인 〈임강선(臨江仙)〉으로 장식한 것도 그가 이 같은 도가적 가르침을 정확하게 꿰뚫고 있었기 때문이었다.

"거침없는 장강의 물 동녘으로 흘러가며,　　　滾滾長江東逝水,

그 물보라가 역사 속 영웅들을 모두 쓸어가 버리니,　　浪花淘盡英雄

누가 옳고 그르며 누가 이루고 망쳤느냐조차

　어느 새 부질없는 일 되었구나.　　　是非成敗轉頭空,

푸르른 산은 전과 다름없이 서 있고,　　　青山依舊在,

붉은 석양은 또 얼마나 많이 겪었더냐?	幾度夕陽紅.
백발의 어부와 나무꾼은 강가에서,	白髮魚樵江渚上,
가을 달과 봄바람 무던히도 보던 사이더니,	慣看秋月春風.
탁주 한 병 들고 다시 만난 것 반가워하며,	一壺濁酒喜相逢.
예와 지금의 이런저런 일들을,	古今多少事,
웃고 이야기 나누면서 모두 털어놓는다!"	都付笑談中.

과연 인생에서의 최종 승리자는 누구인가?《삼국지 연의》에서처럼 이 세상의 모든 것을 다 가진 것처럼, 또 그 같은 부귀와 영화가 영원할 것으로 믿고 자만하던 그 수많은 영웅과 호걸들인가? 그렇지 않다. 지금 이 순간에도 큰 욕심 부리는 일 없이 싸구려 막걸리 한 주전자와 깍두기 안주조차 고맙게 여기며 묵묵히 자신의 자리에서 최선의 노력을 다하고 있는 이름조차 모를 어부와 나무꾼들이야말로 진정한 승리자들이다.

중국 문예에서 애용되는 어부와 나무꾼의 모티브는 '안분자족(安分自足)'의 도가적 의미를 담고 있다.

제59장
만인의 어버이가 되려거든 절약을 생활화하라
백서본 제22장

사람을 다스리고 하늘을 섬기는 데에는,	治人事天,
절약하는 것보다 좋은 방법은 없을 것입니다.	莫若嗇.
절약을 하면,	夫唯嗇,
그로 인하여 남들보다 먼저 '도'를 실천하게 되지요.	是以早服.
먼저 도를 실천한다면,	早服,
이를 '덕을 두텁게 쌓는다'고 할 것입니다.	是謂重積德.
덕을 두텁게 쌓으면,	重積德
세상에서 극복하지 못할 일이 없게 되지요.	則無不克,
극복하지 못할 일이 없다는 것은,	無不克
곧 그 능력의 한계를 알 수 없다는 의미일 것입니다.	則莫知其極.
그 능력의 한계조차 알 수 없는 경지에 이르면,	莫知其極,
비로소 나라를 가질 수 있게 되고,	可以有國.
나라를 가진 어미는,	有國之母,
그렇게 해서 길고 오래갈 수 있게 되나니,	可以長久.
이를 '뿌리를 깊이 박고 밑둥을 다지며	是謂深根固柢
생명을 늘이고 시력을 오래가게 해 주는 도'라 하겠습니다.	長生久視之道也.

　본장에서는　근검절약에 대해 이야기하고 있다. 보통 사람들은 물자를 아끼는 것을 아주 하찮은 일로 여기는 경향이 있다. 그러나 근검절약은 단순히 어떤 물자를 아끼고 줄이는 데에서 끝나지 않고 자신의 마음을 다스리고 욕망을 제어하는 과정이기도 하다. 본장의 내용을 읽어 보면 노자는 일상에서의 근검절약 역시 또 다른 자기수양의 과정으로 여긴 듯하다. 평소 내 것 또는 남의 것이라고 해서 물자를 함부로 낭비한다면 그런 사람은 자신을 제대로 다스린다고 할 수 없다. 그렇게 사소한 일에서도 주위나 남에 대한 배려가 없는 사람에게 어떻게 나라를 다스리고 백성들을 보듬는 중대사를 안심하고 맡길 수가 있겠는가? 반면에, 평소 한 방울의 물이나 한 칸의 화장지도 소중하고 알뜰하게 절약할 줄 아는 사람이라면 무슨 일에서든지 열정과 정성을 바칠 준비가 되어 있다고 할 수 있다. 본장에서 노자가 근검절약이라는 하찮은 생활습관을 남들보다 먼저 깨달음을 얻고 온갖 시련들을 다 극복할 수 있는 역량을 키우는 자기수양의 한 과정으로 인식한 것도 바로 이러한 맥락에서 이해할 수 있겠다.

　인류의 역사를 돌이켜 보면 최고의 전성기를 맞이하는 순간이 곧 파멸의 단초가 되는 사례가 많았다. 17~18세기 프랑스 절대왕정의 상징인 부르봉(Bourbon) 왕가의 루이 14세(Louis XIV: 1638~1715)는 프랑스를 유럽대륙에서 가장 화려하고 강력한 나라로 발전시킨 절대군주였다. 그러나 오만하고 독선적인 데다 탐욕스럽기까지 한 임금이었던 그는 한편으로는 통치자의 무절제한 생활이 많은 사람들에게 얼마나 엄청난 고통과 불행을 안겨 주는지 잘 보여 준 '반면교사'이기도 하다. 5세의 나이로 즉위한 후 72년 동안 재위한 그는 "짐은 곧 국가다(L'État, c'est moi)"라는 명언을 남겼으며 자신을 곧잘 태양의 신 아폴로(Apollo)에 빗대곤 했다. 이 같은 과대망상은 단순한 유년기의 농담으로 끝난 것이 아니었다. 그 후에도 자신이 정말 '태양왕'임을 증명(?)해 보이려는 듯이 발레극에서 직접 아폴로 역을 맡는가 하면 사람들에게 찬란한 태양의 이미지를 각인시키려는 듯이 자신의 궁전과 조각상 심지어 책상 다리들까지 황금으로 화려하게 장식하는 데에 몰두했다.

하루는 당시 재무장관이던 푸케(Nicolas Fouquet: 1615~1680)의 초대를 받아 갔다가 그의 장엄한 성과 이국적인 장식물, 아름다운 정원, 화려한 공연, 온갖 산해진미에 매료된다. 얼마 후 그는 푸케를 부정부패와 반역죄로 몰아 그 재산을 모두 몰수해 버린다. 그의 욕심은 거기서 끝나지 않았다. 그는 당시 명성을 날리던 건축가·화가·조경설계가들을 총동원해서 푸케보다 더 화려하고 아름다운 궁전을 세울 것을 명했다. 그로부터 50년이라는 긴 세월 동안 엄청난 인력과 물력이 투입된 끝에 '거울의 방'을 축으로 총 680미터 길이로 조성된 베르사이유의 궁전이 세워졌다. 그의 사치와 향락은 거기서 그치지 않았다. 과시욕이 대단한 그는 700여 점이나 되는 자신의 초상화를 실물보다 크고 화려하게 그리게 했다. 식탐 역시 엄청나서 10가지 요리를 한 코스로 하는 식사를 매일 아침에 세 코스 저녁에 다섯 코스씩 차려 내게 했다. 이렇듯 그 한 사람의 탐욕을 충족시키기 위해 날마다 낭비되는 돈은 그야말로 상상을 초월할 정도였다.

그러나 양지가 있으면 자연히 음지가 생기기 마련이다. 그의 탐욕을 채우느라 누적된 천문학적인 규모의 부채는 결국 그 후손들이 떠맡아야 했다. 온화한 성품의 루이 16세는 국가재정의 정상화를 위해 조세개혁을 선언하고 왕실 예산을 전대의 1/10로 줄이는 등 검소한 생활로 솔선해서 수범을 보였다. 그 왕비 마리 앙투아네트(Marie Antoinette: 1755~1793) 역시 평소 지출이 왕실 예산을 초과하는 일이 절대 없었고, 선대와는 달리 빈민 구제에도 각별한 관심을 가지는 등 남편의 노력에 적극적인 내조를 마다하지 않았다.

그러나 이 젊은 부부가 아무리 허리띠를 졸라 매도 그들의 통 큰 조부가 72년 동안 마음껏 즐기고 누리면서 거덜 낸 적자를 메꾸기에는 역부족이었다. 설상가상으로 거기에 온갖 명목의 세금에 시달리던 서민들의 원성과 왕정 반대세력의 악성 유언비어까지 더해지면서 프랑스는 온 나라가 최악의 상황으로 치닫기 시작했다. 결국 루이 16세와 앙투아네트는 단두대에서 혁명의 제물이 되고 한때 유럽을 호령했던 프랑스는 무정부상태의 잔혹한 공포정치에 수십 년 동안 유린당해야 했다.

루이 14세는 재위기간 동안 유럽대륙에서 프랑스의 국위를 최고의 정점까지 끌어올렸다. 그러나 다음 세기에는 프랑스를 극한의 나락으로 떨어뜨리고 나아가 온 유럽을 혼란과 전쟁의 도가니로 몰고 간 원인제공자이기도 했던 것이다. 부르봉 왕가의 흥망사를 살펴보면 권세의 정점에 올랐을 때 거기에 안주하지 않고 미래를 대비할 줄 아는 혜안을 가진 사람이야말로 진정한 명군이라는 생각을 가지게 된다.

제60장
큰 나라를 다스리는 일은
작은 물고기를 삶는 것과 같다
백서본 제23장

큰 나라를 다스리는 일은	治大國
작은 물고기를 삶는 것과 같습니다.	若烹小鮮.
'도'를 받들고 세상에 군림한다면,	以道莅天下,
아무리 대단한 귀신이라도 신통력을 부리지 못합니다.	其鬼不神.
귀신이 신통력을 부리지 못할 뿐 아니라,	非其鬼不神也,
그 신통력이 사람을 해칠 수도 없지요.	其神不傷人也.
그 신통력만 사람을 해치지 못하는 것이 아니라,	非其神不傷人也,
성인 역시 그들을 해치지 않을 것입니다.	聖人亦弗傷也.
이처럼 귀신과 성인이 똑같이 사람에게 해를 끼치지 않으니,	夫兩不相傷,
그 덕이 오롯이 사람에게로 돌아가는 것입니다.	故德交歸焉.

|해설|

   본장에서는 나라를 다스리는 방법에 대해 이야기하고 있다. "보기 좋
은 떡이 먹기도 좋다"는 말이 있듯이, 음식은 맛도 좋아야 하겠지만 이

왕이면 보기만 해도 식욕이 돌 정도로 모양새까지 그럴 듯해야 하는 법이다. 잉어 요리를 예로 들어 보자. 잉어를 삶거나 국을 끓일 때 중요한 것은 식재료가 솥 바닥에 눋지 않도록 적당한 시점에 저어 주기를 잊지 않는 것이다. 그렇게 몇 번 저어 주면 국물도 고소하게 즐길 수 있고 살코기도 제대로 맛볼 수 있게 된다. 반면에, 시도 때도 없이 국자를 들이대서 마구 휘저어 대는 것은 금물이다. 그 열기와 물살에 껍질이 벗겨지고 살점이 부서져 버리면 정작 그릇에 담아 낼 때에는 먹을 만한 살점 하나 없이 뼈만 남을 수도 있기 때문이다. 잉어처럼 큰 물고기도 그 정도이니 붕어, 피라미같이 작은 물고기의 경우는 더 말할 나위도 없을 것이다.

노자는 나라와 백성을 다스리는 일도 이런 이치와 다를 것이 없다고 보았다. 나라를 다스리면서 온갖 법령을 제정하고 갖가지 명목의 부역으로 시도 때도 없이 백성들을 혹사시키고 착취하다가는 민심이 이반되어 통치는 고사하고 통치자 자신의 목숨조차 부지하기 어려워질 수도 있다. 정치개혁을 시도할 경우도 마찬가지이다. 적절한 강도와 적절한 시점을 지키면서 절도 있게 추진해야 사람들의 거부감을 최소한으로 줄이면서 최대한의 효과를 창출할 수가 있다. 그런데 이 같은 게임의 룰을 지키지 않고 무작정 자신의 의지만 관철시키려고 든다면 그런 사람은 의지가 강하다는 소리는 들을 수 있을지 모르나 통치자로서는 실격이다. 여기서 노자는 통치자가 물고기를 삶듯이 '도'를 지키며 나라를 다스리면 아무리 큰 역경과 위협이 닥쳐도 극복할 수 있다고 설파하고 있는 것이다.

기존의 역서들을 보면 본장에서 가장 오역이 빈번한 곳이 "팽소선(烹小鮮)" 부분이다. '팽(烹)'은 원래 물을 솥에 넉넉히 붓고 끓여 식재료를 삶는 요리법을 뜻한다. 이 글자는 왕필본 등 후대 판본에는 모두 '팽'으로 나와 있다. 그러나 한대 예서에서는 '형(亨)'으로 썼으며, 그래서 백서본과 한간본에는 '형'으로 적혀 있다. 청대에 편찬된 《강희자전(康熙字典)》에서는 이와 관련하여 다음과 같이 설명하고 있다.

"고대에는 '형'자 하나가 세 가지 의미를 아울러 나타냈다. 그러다가 나중에 거기에 한 획을 추가해서 바친다는 뜻의 '향헌(享獻)'의 '향'이 되었고, 점 네 개를 더 추가해서 요리한다는 뜻의 '팽임(烹飪)'의 '팽'이 되었다. ……《설문》·《옥편》에는 '팽'이라는 글자가 보이지 않으며 《유편》에서부터 비로소 '화부'에 '팽'자가 수록되기 시작했다. 경전에서 원래 '형'으로 되어 있던 부분은 지금 민간에서 모두 '팽'으로 쓰게 된 것이다."

《유편(類篇)》은 송대의 정치가이자 학자인 사마광(司馬光: 1019~1086) 등이 펴낸 11세기의 자전이므로 이 세 글자의 '분업'은 아무리 빨라도 한 ·당대 이후에나 비로소 이루어졌을 것이다. 그렇다면 《사기》〈한신전(韓信傳)〉의 유명한 고사성어 "토사구팽(兔死狗烹)"의 원문인 "교토사, 엽구팽(狡兔死, 獵狗烹)" 역시 원래는 "교토사, 엽구형(狡兔死, 獵狗亨)"이었다는 말이 된다. 이상의 기록들에 근거할 때 '형(亨)'은 원래 ① 형통하다, ② 삶다, ③ 바치다의 세 가지 의미를 나타내었다. 그러다가 나중에 초기 한자의 의미와 기능에 분화가 발생하면서 그 의미 범주가 '형통하다'로 축소된 반면 '바치다'라는 의미를 나타내기 위해 '향(享)'을, '삶다'라는 의미를 나타내기 위해 '팽(烹)'을 각각 새로 만들어 쓰게 된 셈이다.

그렇다면 본장의 '팽'도 '삶다'로 해석해야 정상이다. 실제로《한비자》〈해로〉의 "작은 물고기를 <u>삶으면서</u> 여러 번 고기를 저으면 그 살이 부서지기 마련이고 큰 나라를 다스리면서 여러 번 법령을 바꾸면 백성들이 고통을 당하기 마련이다"이나 왕필의 "젓지 말라는 말이다", 당대 초기의 도사(道士) 성현영(成玄英)의 "작은 물고기를 <u>삶을 때</u> 그것을 휘저으면 살이 흐무러지며 그대로 놓아두면 자연히 온전할 수 있는 바, 나라를 다스릴 때 인위적인 조작을 가하지 않으면 태평해지지만 부산스럽게 흔들어 놓으면 어지러워진다는 말이다", 범응원의 "보통 작은 물고기를 <u>삶을 때</u>에는 저으면 안 된다. 그것을 저어 대다가는 고기가 다 부서져 버린다" 등, 전국시대 이래의 각종 문헌의 용례들을 보면 적어도 송·원대 이전의 사람들은 모두가 "팽=삶다"로 알고 있었던 셈이다.

국내 역서들 중에는 이를 '굽다', '지지다', '찌다'로 번역하는가 하면 심지어 '요리하다' 식으로 두루뭉술하게 넘어간 경우까지 있다. 같은 글자를 어쩌면 이렇게도 다채롭게 오역할 수 있는지 그 번역자들의 상상력이 그저 놀라울 따름이다. 물론 '팽'에 대한 오역은 중국에서도 수시로 발견된다. 고형·임계유·진고응·허항생 등이 이를 '지지다'로 해석한 것이 그러한 예인 것이다.

그러면 중국의 학자나 역서들은 어째서 그 같은 오독·오역을 범한 것일까? 음식대국인 중국이지만 한대나 그보다 늦은 육조시대까지만 해도 식재료를 요리할 때 물에 삶거나 찌는 경우가 많았으며 기름을 사용해서 지지거나 튀기는 경우는 그렇게 많지 않았다. 그런데 그 후 오랜 세월이 흘러 국제교류가 활발했던 송·원대를 거치면서 요리에 기름이

많이 들어가기 시작했다. 모르긴
몰라도 '팽'의 의미가 기름을 두른
팬에서 뜨거운 불로 식재료를 살
짝 데친 후 다시 조미를 하면서 신
속하게 볶아내는 '지지다'로 변형
된 것도 아마 이 무렵이었을 것이
다. 노자가 《도덕경》을 집필할 당시
에는 '삶다'이던 '팽'이 그로부터
2,500여 년의 세월을 거치는 동안

서주시대에 고기를 삶거나 국을 끓이는 데 사용했
던 청동제 솥

생활 환경과 요리법의 변천에 따라 의미가 '지지다'로 완전히 변해 버린
것이다. 허항생이 '팽'을 '지지다'로 해석하면서 "작은 생선을 지질 때 화
력은 세면 안 된다. 지나치게 세면 작은 생선이 타 버리기 때문이다"라
는 동떨어진 설명을 하고 있는 것도 고대의 생활 환경이나 요리의 변천
과정에 대한 사전 지식이 없는 상태에서 무의식적으로 번역을 하는 바
람에 빚어진 해프닝이라 할 수 있다. 중국에서 출판된 《도덕경》 역주서
의 상당수가 이런 식의 오역들로 점철되어 있으므로 우리말로 번역할
때에는 각별한 주의를 기울일 필요가 있다.

제61장
큰 나라는 자신을 낮추는 것이 바람직하다
백서본 제24장

큰 나라란,	大邦者,
아래로 흐르는 물이요,	下流也.
세상의 암컷이요,	天下之牝也,
세상이 만나는 접점이어야 합니다.	天下之交也.
암컷은 언제나 차분함으로 수컷을 제압하지요.	牝恒以靜勝牡.
그 차분함 때문에,	爲其靜也,
자신을 낮추기가 훨씬 수월합니다.	故宜爲下也.
그러므로 큰 나라가 작은 나라에게 자신을 낮추면,	故大邦以下小邦,
작은 나라를 거둘 수 있게 될 것이요,	則取小邦.
작은 나라 또한 큰 나라에게 자신을 낮추면,	小邦以下大邦,
큰 나라에 거두어질 수 있게 될 것입니다.	則取於大邦.
이처럼 어떤 경우는 자신을 낮춤으로써 상대방을 거두기도 하고,	故或下以取,
어떤 경우는 자신을 낮춤으로써 상대방에게 거두어지기도 하지요.	或下而取.
그러니 큰 나라라면	故大邦者
남을 합병해서 거느리겠다고 무리해서도 안 되며,	不過欲兼畜人,
작은 나라 또한,	小邦者
남에게 굴종하면서 섬기겠다고 무리해서도 안 될 것입니다.	不過欲入事人.

이렇듯 양자가 똑같이 각자 하려는 일을 이루자면, 아무래도 큰 쪽이 자신을 낮추는 편이 더 바람직하겠지요.

夫皆得其欲,
則大者宜爲下.

|해설|

앞장이 내정에 대한 조언이었다면 본장에서는 상대국과 약소국의 외교에 대해 이야기하고 있다. 상대방에 대한 이해와 존중은 개인과 개인 사이에서도 대단히 중요하지만 집단과 집단 사이, 나라와 나라 사이에서도 상당히 중요한 덕목이다. 국제사회에서 강대국은 약소국에 비해 영향력이나 선택의 여지가 많은 편이다. 반면에 약소국에게는 운신의 여지가 많지 않아서 자신의 의지와는 무관하게 대세에 휩쓸려 피동적으로 끌려다니는 경우가 많다. 현대에도 이러할진대 하물며 오로지 약육강식의 논리만 지배하고 있던 춘추시대에는 오죽 했겠는가?

노자는 국제무대에서는 강대국이 강압하고 약소국이 굴종하는 일방적인 관계보다는 소국과 대국, 대국과 소국을 동등한 개체로 보고 양자 모두 상대를 존중하면서 최선을 다하는 쌍무적인 관계가 대단히 중요하다고 보았다. 그러면서도 그는 이왕이면 주도권을 가진 대국이 솔선해서 소국에게 자신을 낮추고 그들을 존중할 때 쌍방이 서로 바라는 바를 이루고 함께 승자가 될 수 있다는 점을 강조하기를 잊지 않는다.

본장에 대한 기존의 번역에서 가장 오역이 많은 곳이 "대방자불과욕 겸축인, 소방자불과욕입사인(大邦者不過欲兼畜人, 小邦者不過欲入事人)"

부분이다. 중국 학자들의 경우, "대국은 소국을 이끌려고 할 뿐이고 소국은 대국에 아부하려고 할 뿐이다"(임계유), "대국은 소국을 병합하고자 할 뿐이고 소국은 대국을 섬기지 않고자 할 뿐이다"(고형), "대국은 소국을 모아 기르려고 할 뿐이고 소국은 대국에 포용되려고 할 뿐이다"(진고응), "대국은 남들을 병합하려고 할 뿐이고 소국은 남들을 섬기려고 할 뿐이다"(허항생) 식으로 번역하고 있다. 국내 역서들 역시 상당수가 "불과(不過)"를 "～하려 하는 것에 지나지 않는다"나 거기서 한술 더 떠서 "～하려 하는 것이다" 식으로 번역해 왔다. 아마 그 역서들은 대부분 중국 학자들의 해석을 따랐을 것이다. 그러나 그 것들은 모두가 명백한 오역에 불과하다.

송·원대 이후의 구어체 중국어, 즉 '백화(白話)'의 영역에서는 "불과"를 "～하는 것에 지나지 않다(be nothing but～)" 또는 "그저 ～할 따름이다(be only～)" 식으로 해석한다. 그러나 그보다 이전부터 사용되어 온 문어체 중국어, 즉 고문의 영역에서는 상황이 다르다. 특별히 예외적인 경우가 아니면 "불과"는 대부분 "지나치게 ～하지 않는다(do not ～ too much)" 식으로만 해석하게 되어 있는 것이다.

《도덕경》을 해석한다면서 노자보다 2,000년 후에나 유행하는 용법을 적용한다는 것은 아무래도 현명한 방법이 아닐듯 싶다. 실제로 전후 맥락과 결부시켜 보더라도 "불과"가 사용된 부분을 평서문으로 해석하면 그 뒤의 "부개득기욕(夫皆得其欲)"과는 문장관계가 헝클어져 의미가 왜곡될 수밖에 없다. 따라서 이때는 해당 부분을 일종의 가정문 또는 금지문으로 보아 "대국이라면 남을 합병해서 그들을 거느리겠다고 지나치게 무리해서는 안 되고, 소국 역시 남에게 굴종하면서 그들을 섬기겠다고 지나치게 무리해서는 안 된다"식으로 번역해야 옳은 것이다. 기존의 오역들은 역자들이 고문과 백화 사이에 발생한 문법상, 의미상의 단층현상을 제대로 파악하지 못한 데서 비롯된 결과라고 본다.

서주시대에 '하늘의 아들'로 추앙되었던 주나라 천자(天子)는 제후들에게 의무화 한 정기적인 조공(朝貢)을 통해 자신의 권력과 위엄을 과시하곤 했다.《주례》〈추관·대행인(秋官·大行人)〉에 따르면 "봄에는 제후들을 맞아 천하의 큰일을 도모하고 가을에는 그들을 접견하고 나라들이 이룬 공을 살폈다." 각지의 제후들은 이때가 되면 천자를 알현하고 옥과 비단, 짐승가죽, 깃털 등 각종 특산물들을 진상했다.《맹자》〈고자(告子)〉에 따르면 제후가 이 같은 의무를 제대로 수행하지 않으면 "한 번 입조하지 않으면 그 작위를 깎았고, 두 번 입조하지 않으면 그 영지를 줄였고, 세 번 입조하지 않으면 그 나라로 토벌군을 보냈다."

또, 제후들은 천자에 대한 조공 이외에도 서로 사자를 교환하면서 협력관계를 유지했다. 물론 여기에는 당연히 정치적 역학관계가 작용하고 있어서 작은 나라가 큰 나라에 사자를 보내는 일은 많아도 반대의 경우는 극히 드물었다. 작은 나라가 큰 나라에 진상하는 예물은 양자의 작위에 따라 결정되었으며, 간혹 예물이 정해진 법도에 어긋날 때에는 큰 나라의 징계를 받아야 했다. 제후국들 간의 외교 활동은 춘추시대에 상당히 빈번했으나 전국시대 이후로는 정치 환경의 변화에 따라 점차 사라졌다.

서주·춘추시대에는 이와 함께 나라마다 '회동(會同)'이 이루어졌다. 당시 회동은 천자-제후, 제후-제후 사이에 이루어졌는데 필요에 따라서는 군사를 대동하기도 했다. 회동이 이루어져 남향한 천자가 제후들에게 서열에 따라 세번 읍을 하면 제후들이 단상으로 올라가 옥과 비단을 바쳤다. 회동 참석자들은 모두가 현장에서 잡은 가축의 피를 입에 바르고 전쟁이나 재난이 닥쳤을 때 군사를 파견하거나 식량을 지원하는 등 상부상조할 것을 신 앞에서 맹세하곤 했다.

서주시대에는 천자의 권위가 신성불가침한 것이었다. 따라서 아무리 큰 힘을 가진 제후라 해도 천자를 회동에 초빙할 수 없었다. 그러나 춘추시대에 접어들어 제후들의 세력이 날로 강대해지면서 천자가 제후들의 회동에 들러리로 불려 다니는 얄궂은 사태가 종종 빚어졌다.《춘추》를 지은 공자는 그런 민망한 장면이 나오면 진실을 숨기고 "천왕께서 하양에서 사냥을 하시다(天王狩於河陽)"식으로 얼버무리곤 했다. 한때 그들의 상전이었던 천자조차 이렇게 수모를 당할 정도였으니 작고 힘없는 나라들이야 어떤 취급을 받았을지는 충분히 짐작하고도 남을 것이다.

춘추시대는 52개나 되는 나라가 멸망했을 정도로 어지러운 시대였다. 약육강식의 논리만 지배하던 당시에 대부분의 약소국은 언제 자기 나라를 집어 삼킬지도 모를 강대국들의 틈바구니 속에서 목청조차 제대로 높이지 못한 채 시시각각 변하는 국제 정세에 따라 향배를 달리하면서 살아남기 위해 몸부림쳐야 했다. 본장에서의 노자의 호소는 바로 이같은 시대 상황 속에서 비롯된 것인 셈이다.

제62장

도를 따르면 과거의 잘못조차 씻을 수 있다

백서본 제25장

'도'라는 것은,	道者,
만물이 우러러 섬기는 주재자이자,	萬物之注也,
좋은 이들의 보배요,	善人之寶也,
좋지 않은 이들조차 보배로 여기는 존재입니다.	不善人之所寶也.
솔깃한 말은 남에서 사들일 수 있고,	美言可以市,
존경스러운 행동은 남에게 시킬 수 있습니다.	尊行可以加人.
그러나 사람이 좋지 않다고 해서,	人之不善,
어떻게 그를 버릴 수가 있겠습니까?	何棄之有.
그렇기 때문에 천자를 옹립하고,	故立天子,
새 재상을 모실 때에는	置三卿,
값진 옥을 받들고 사두마차를 앞세우는	
예우를 하는 것보다는,	雖有拱璧以先駟馬,
오히려 경건하게 무릎 꿇고 도를 바치는 편이 나은 것입니다.	不若坐而進此.
옛날 이 도를 그토록 소중하게 여긴 이유가,	古之所以貴此道者,
무엇이겠습니까?	何也.
바로 도를 닦기에 힘써 마침내 그것을 얻기만 하면,	不謂求以得,
이전에 지은 죄가 있더라도 사면받을 수 있었기 때문입니다.	有罪以免與.

그러니 세상 사람들에게 소중하게 받들어질 수밖에요.　　　故爲天下貴.

|해설|

본장에서는 '도'의 효용 가치에 대해 이야기하고 있다. 그럴듯한 미사여구는 남에게서 살 수가 있고 존경스러운 행동은 남에게 시킬 수도 있다. 그러나 사람의 경우는 그렇게 할 수 없다. 사람들은 누구나 장점과 단점을 동시에 가지고 있기 때문이다. 그런데 장점만 남기고 단점은 모두 다 끌어내서 남에게 떠넘기거나 길바닥에 내버릴 수 있을까? 분명히 그것이 나쁜 것임을 알면서도 내 몸에 붙어 다니는 그림자처럼 언제까지나 떠안고 살 수밖에 없다. 그런 단점을 가진 사람이라고 해서 절대악으로 단정하거나 포기한다면 그것이 과연 옳은 행동일까?

노자는 그런 사람들에게 '도'를 따르며 자기수양에 힘쓸 것을 주문하고 있다. 누구라도 그렇게 하기만 하면 좋은 사람은 자신이 바라는 바를 얻고 나쁘거나 과거에 죄를 지은 사람은 지은 나라가 그 죄를 사면해 줄 정도로 새로운 사람으로 거듭날 수 있다고 보았기 때문이다. 그런 의미에서 좋은 사람 나쁜 사람은 물론 우주 만물이 모두 우러러 섬기는 '도'는 세속에서 고귀하게 여기는 사두마차나 옥기보다도 값진 보배인 셈이다.

본장의 경우 판본마다 문구상의 변동이 다소 심한 편이다. 그렇다 보니 맥락을 파악하거나 내용을 이해하는 것이 만만한 작업이 아니다. 그런 논란거리들 중의 하나가 바로 "불약좌이진차(不若坐而進此)"이다. 이 부분은 왕필본 등에는 "불여좌진차도(不如坐進此道)"로 되어 있다. 그러나 백서본(을본)에는 "불약좌이진차", 최근의 한간본 역시 대체로 백서본과 일치하는 것으로 확인되었다.

여기서 문제가 되는 것은 "좌이진차(坐而進此)" 또는는 "좌진차도(坐進此道)"를 어떻게 해석할 것이냐 하는 것이다. 이 부분은 네 글자로 구성되어 있고 구조 역시 그다지 복잡하지 않은 편이다. 그럼에도 불구하고 그동안 많은 학자가 이 부분을 오독하거나 혼선을 빚었다. 중국 쪽만 해도 "차라리 [의식 없이] '도'를 예물로 바치는 것이 낫다"(임계유), "차라리 집 안에 앉아 이 '도'의 본질을 향해 한 걸음 더 다가가는 것이 낫다"(고형), "차라리 '도'를 예물로 삼는 것이 낫다"(진고응), "차라리 앉아서 이 '도'를 맞아들여 닦는 것이 낫다"(허항생) 등으로 저마다 다른 해석을 내놓았다. 그러니 국내의 상황은 더 말할 나위도 없을 것이다.

이 부분을 해석할 때 우리가 각별히 유념해야 할 것은 바로 '좌(坐)'의 주체와 그 문화적 의미에 대한 올바른 이해이다. 보통 사람들은 여기서 앉는 쪽이 옥기를 받들고 사두마차를 앞세운 의전 담당자들의 방문을 받는 천자나 재상들이라고 생각할 것이다. 예물을 바치는 쪽은 하급자이므로 서야 하고 받는 쪽은 상급자이므로 앉아 있는 것이 정상이라는 것, 요즘 생각을 하면 그것은 당연한 상식이므로 일견 그렇게 해석하는 것이 옳은 것 같기도 하다. 그러나 사실은 정반대이다. 여기서 '좌'는 예물을 바치러 온 쪽에게 해당되는 동사이기 때문이다.

중국의 관광객들이 우리나라에 관광을 왔을 때 가장 고통스러워하는 것 중의 하나가 우리나라의 좌식문화이다. 즉 전통 한국 음식을 맛보기

무릎을 꿇고 앉은 전한대 인물 좌상. 이
같은 좌식문화는 후한–삼국시대를 거치
면서 중국인들의 뇌리에서 점차 사라져
가게 된다.

는 해야 하는데 온돌방에 들어가서 양반
다리를 하거나 무릎을 꿇고 앉기라도 하면
정찬이 나오기도 전에 벌써부터 다리가 결
리고 신경이 곤두서서 음식이 입으로 들어
가는지 코로 들어가는지 정신을 차리지
못한다. 그동안 국내 음식점 시설이 많이
개선되었다고는 하지만 입식문화가 보편화
된 중국인들은 아직도 우리네 좌식문화에
익숙하지 않아 애를 먹는 것이다. 이처럼
지금의 중국은 의자문화권으로 분류되어
서양인들처럼 다리를 내리고 의자에 걸터
앉는 것을 자연스럽게 여긴다.

그러나 춘추전국시대 심지어 그로부터
수백 년이 흐른 전한대까지만 해도 중국에는 '의자'라는 것이 존재하지
않았다. 우리가 낚시 할 때 흔히 사용하는 접이식 의자는 '호상(胡床)'으
로 불렸는데 이 가장 원시적인 의자가 중국에 전래된 시기는 아무리 높
이 잡아 봐야 북방민족과의 교류가 빈번했던 후한·삼국시대 이후이다.
즉 적어도 노자 당시의 중국인들은 모두 우리나라나 일본처럼, 방바닥
에 무릎을 꿇고 앉았던 것이다. 따라서 당시의 문헌에서 '좌(坐)'라고 하
면 100%가 무릎을 꿇고 앉는 것을 의미하며, 또 그것을 상대방이나 물
건을 대단히 예의바르게 대하거나 다루는 자세로 여겼다. 이러한 당시
의 생활습관에 착안한다면 본장에서의 '좌' 역시 자연히 그 주체를 의
전 담당자로 이해해야 옳은 것이다.

이 같은 해석을 뒷받침하는 또 다른 증거는 '진(進)'이다. 고문에서 '진'은 일반적으로 자동사로 사용되어 '들어가다(enter)'라는 의미를 나타낸다. 그러나 그 뒤에 목적어가 올 경우에는 지위가 낮은 사람이 높은 사람에게 예물을 바치는 행위를 나타내는 타동사로 충당되므로 '바치다(offer)'로 해석된다. 여기서도 '도'가 대상물 즉 진상되는 예물로 제시되고 있기 때문에 당연히 후자의 의미로 해석해야 되는 것이다. 고형·허항생·오소감 등 일부 학자는 왕필본의 "진차도(進此道)"가 백서본에는 "진차(進此)"로 적혀 있는 점에 주목하고 이를 전치사가 생략된 「동사+(보어+)목적어」 구조로 보아 "만물의 곳간으로 들어가다" 또는 "만물의 오묘한 이치로 진입하다" 식으로 해석했으나 모두 오역이다. 이미 앞서 이야기 했듯이, 전후 맥락을 고려할 때 "진차"는 「동사+목적어」 구조로 보아야 옳기 때문이다.

제63장

순수한 마음으로 자기 자리에서 최선을 다하라

백서본 제26장

바라는 바가 없는 경지를 바라고,	爲無爲,
섬기는 바가 없는 경지를 섬기고,	事無事,
맛보는 바가 없는 경지를 맛보도록 하십시오.	味無味.
크면 작게 만들고,	大小,
많으면 적게 만들도록 하십시오.	多少,
원한은 덕으로 갚도록 하십시오.	報怨以德.
어려운 일은 쉬운 단계에서부터 도모해 나가고,	圖難乎其易也,
큰일은 자잘한 단계에서부터 해 나가도록 하십시오.	爲大乎其細也.
세상에서 아무리 어려운 것도 쉬운 데서부터 지어지고,	天下之難作於易,
세상에서 아무리 대단한 것도 자잘한 데서부터 지어집니다.	天下之大作於細.
이런 이유로	是以
성인은 언제나 위대해지기를 바라지 않기에,	聖人終不爲大,
자신의 위대한 업적을 이룰 수 있는 것입니다.	故能成其大.
무릇 남과의 약속을 가볍게 여긴다면,	夫輕諾
분명히 정성이 부족할 것이요,	必寡信,
지금 손쉬운 부분이 많다면,	多易
반드시 나중에 어려움이 많아지게 될 것입니다.	必多難.

그렇기 때문에	是以
성인은 매사에서 신중하고 어려워하는 것이요,	聖人猶難之,
그래서 끝까지 어려움을 당할 염려가 없는 거지요.	故終無難.

|해설|

본장에서는 자기절제와 신중함에 대해 이야기하고 있다. 노자는 여기서 여러 가지 경우들을 차례로 예로 들어 나라를 다스리는 성인의 마음가짐에 관하여 언급하면서 사소한 일에도 진지하게 정성을 다할 것을 당부하고 있다. 사람들은 자기 이름을 내고 업적을 쌓는 것을 좋아한다. 이 같은 행태들은 자기수양이 부족하거나 자기절제가 되지 못한 데서 비롯된 것이다. 그러나 엄밀하게 따지자면 그런 일들은 '나 자신'이 외물을 의식하고 거기에 지배되면서 빚어진다.

우리 주변을 둘러보면 자신의 역량으로는 도저히 실현이 불가능한 일을 무턱대고 저지르거나 지킬 수 없는 약속을 남발했다가 나중에 신용이 없는 사람으로 손가락질을 당하는 사람들이 많다. 그런 사람들은 남이 자신을 알아주기를 바라고 자신의 존재감을 과시하려고 애쓰다 보니 저도 모르게 그 같은 무리를 하게 된 것이다. 노자에게 있어 자신을 과시하려 하고 남이 자신을 알아주기를 바라는 것은 "유위(有爲)", 즉 작위적인 행위들이다.

따라서 노자는 그런 사람들에게 무엇을 바라는 마음을 버리고 자신의 자리를 지키면서 아무리 사소한 일이라도 최선을 다할 것을 당부한다. 무턱대고 크고 어려운 일을 벌였다가 웃음거리가 될 것이 아니라 아무리 자잘하고 볼품이 없는 일이라도 내가 해낼 수 있는 것부터 차례차례 해 나가고 내가 지킬 수 있는 말부터 차근차근 내뱉으라는 것이다. 본장에서 그가 성인의 "불위대(不爲大)"와 "유난지(猶難之)"의 처세 원칙을 언급한 것도 바로 이 같은 이유 때문이다.

사람들은 보통 좋은 대학을 나와서 사회적으로 큰 명성을 얻고 경제적으로 엄청난 돈을 버는 것을 성공이라고 믿는 경향이 있다. 젊은 시절 한번쯤은 빌 게이츠(Bill Gates)니 워런 버핏(Warren Buffett) 같은 사람들을 롤 모델로 삼아 그들을 닮고 그들의 성과를 이루기 위해 자신을 격려하고 노력하는 것도 나쁘지는 않다. 그러나 무엇이 되고 무엇을 얻겠다는 기대심리가 일종의 강박관념이 되어 자신을 평생 옥죄고 짓누른다면 아무리 큰 부와 명성과 권력을 얻는다 해도 그것을 행복한 인생이라고 할 수는 없을 것이다.

우리는 인생을 살면서 "~를 위해서" 식의 목적의식이나 "~ 때문에" 식의 강박관념을 떨쳐 버릴 필요가 있다. 왜냐하면 그 모든 것은 바로 노자가 말하는 '위(爲)'이기 때문이다. 지금 하고 있는 일이 아무리 하찮고 지저분하고 궂을지라도 그 하나하나에 고마움을 느끼고 묵묵히 자기 자리를 지키며 자신의 일에 최선을 다하려는 자세가 필요하다. 그것이야말로 노자가 추구하는 "무위"의 경지이기 때문이다. 100년도 되지 않는 인생을 살면서 우리가 관심을 가져야 할 것은 "어떻게 하면 명사가 되고 부자가 될 것인가?"가 아니라 "어떻게 하면 우리에게 허락된 인생을 1분, 1초라도 알차고 보람차게 살 수 있을 것인가?"이다.

그런 의미에서 칼리 피오리나(Carly Fiorina: 1954~)의 삶의 방식은 여러 모로 우리에게 시사하는 바가 크다. 그녀는 사회 초년생 시절을 중개업소에서 보냈다. 거기서 그녀가 맡은 일은 고작 손님에게 커피를 타주고 전화를 받고 문서를 작성하는 것이었다. 어떤 사람은 이 같은 취급에 대해 "명색이 명문대학 출신인데 고작 커피 심부름이라니, 나는 이런 허드렛일이나 하고 있을 사람이 아닌데 이게 뭔가" 하면서 분개할는지도 모르겠다. 그러나 그녀는 그런 하찮은 일들조차 자신에게 정말 소중한 일이요 과정이라고 생각하고 매번 한결같이 최선을 다했다.

"남들은 아마 하찮은 일이라고 생각하겠지만 내게는 참으로 소중한 일이었다. 나는 그 일에 최선을 다했다. 그리고 상사에게 사람을 잘 뽑았다는 소리를 듣고 싶었다."

자신의 현재를 굴욕이나 모독으로 여기기는커녕 오히려 그런 일을 소중한 기회라고 여기고 거기에 최선을 다하고 진심으로 즐겼던 셈이다. 그녀는 이 같은 긍정적인 사고방식으로 자신의 자리에서 열정적으로 일했다. 그리고 그 결과 나중에는 휴렛팩커드의 CEO가 되고《포춘(Fortune)》이 선정하는 '미국 업계에서 가장 영향력 있는 여성 50인'에서 6년 연속으로 1위 자리에 오르게 된다.

인생의 매 순간, 세상의 매사에 충실하고 최선을 다하는 것은 곧 '살아 있는 나'를 최대한 느끼는 길이며 내게 허락된 인생을 최대한 즐기는 방법이다. 이 같은 일련의 과정들을 통해 사람들은 더욱 강해지고 보다 큰 기회를 얻을 수 있게 된다. 두 걸음을 나아가기 위해 한 걸음을 물러서는 이치와도 같다고나 할까. 그렇게 본다면 아무리 무의미하고 무가치하고 형편없어 보이는 것도 내게는 얼마든지 소중하고 아름다운 경험이 될 수 있는 셈이다. 아무리 대단한 사람에게도 햇병아리 올챙이 적이 있었다. 그런 사람들은 온갖 시련과 수모를 다 겪었지만 그것을 참고 이겨내면서 절대 서두르지 않고 차근차근 실력을 쌓았다. 아무것도 바라지도 주변을 의식하지도 않으면서 오로지 자신의 길만 묵묵히 걸어가며, 그저 자신의 일상에 최선을 다하는 모습은 그 자체만으로도 감동적인 일이 아닐 수 없다. 그런 모습들이야말로 노자가 역설하는 "무위"를 실천하는 성인의 모습이기 때문이다.

제64장
백 길이나 되는 높이도 발 아래에서부터 시작된다
백서본 제27장

가만히 있을 때가 한결 잡고 있기 수월하고,	其安也, 易持也,
조짐이 보이기 전이 한결 도모하기 수월하며,	其未兆也, 易謀也,
여릴 때가 한결 쪼개기 수월하고,	其脆也, 易泮也,
자잘할 때가 한결 흩어 버리기 수월한 법입니다.	其微也, 易散也,
형체를 갖추기 전부터 그것에 힘쓰고,	爲之於其無有也,
어지러워지기 전부터 그것을 다스리도록 하십시오.	治之於其未亂
한 아름이나 되는 나무도,	合抱之木,
솜털만한 싹에서부터 자라나고,	生於毫末.
아홉 층이나 되는 건물도,	九成之臺,
한 삼태기 흙에서부터 지어지며,	作於絫土.
백 길이나 되는 높이도,	百仞之高,
발아래에서부터 시작되는 법입니다.	始於足下.
어떤 일에서든 무엇을 바라다가는 망쳐 버리고 말며,	爲之者敗之,
무엇이든 집착하다가는 잃어버리고 맙니다.	執之者失之.
이렇듯	是以
성인은 바라는 것이 없기에,	聖人無爲也,
망칠 일이 없으며,	故無敗也.

집착하는 것이 없기에,	無執也,
잃을 일도 없지요.	故無失也.
백성들은 어떤 일을 맡아 할 때,	民之從事也,
항상 그 일을 다 이루었다가 망치곤 합니다.	恒於其成事而敗之.
그래서	故曰.
"마무리를 신중히 하기를 시작할 때와 똑같은 마음으로 하면,	愼終若始,
일을 망칠 염려가 없다"고 하는 것입니다.	則無敗事矣.
그렇기 때문에	是以
성인은 남들이 탐내지 않는 것에 마음을 두지,	聖人欲不欲,
구하기 힘든 물건이라고 해서 귀하게 여기지 않으며,	而不貴難得之貨,
남들이 배우지 않는 것을 배우고,	學不學,
남들이 무심코 지나친 것들에 눈길을 돌리지요.	而復衆人之所過,
이렇게 만물이 스스로 이루도록 돕는 데에만 힘을 쏟을 뿐	能輔萬物之自然
함부로 바라는 일이란 없습니다.	而弗敢爲.

|해설|

본장에서는 매사에 임하는 마음가짐에 대해 이야기하고 있다. 여기서 노자가 말하고자 하는 것은 '어떤 일'을 하느냐가 아니라 '어떻게' 하느냐이다. 노자는 아무리 사소한 일을 하더라도 처음 시작하는 그 순간부터 열정과 최선을 다하라고 주문하고 있다. 그리고 어떤 경우에도 그 일에 대해 어떤 사사로운 바람이나 지나친 집착을 떨쳐 버릴 것을 당부하고 있다. "시작이 반이다"라는 말이 있다. 이 말은 보통 처음 시작은 어렵지만 일단 시작하고 나면 그 다음부터는 쉽게 해낼 수 있다는 의미로 주로 사용된다. 그러나 이와 함께 '처음' 또는 '시작'의 중요성을 강조한 말이기도 하다. 즉 무슨 일이든 초기 단계부터 애정을 가지고 끝까지 최선을 다하면 이루지 못할 것이 없다는 의미인 것이다. 사실 우리의 삶이라는 것도 하찮은 일상의 퍼즐 조각들이 모이고 엮여야 그럴듯한 그림을 만들어낼 수가 있다. 그 조각이나 과정들은 하나하나가 사소하고 하찮은 것 같지만 알고 보면 대단히 중요한 역할을 한다. 그런데 잘 눈에 띄지도 티가 나지도 않는다고 해서 대충 넘어간다면 정작 중요한 고비에 이르렀을 때 전혀 예상 하지 못했던 큰 낭패를 당할 수도 있는 것이다.

본장에 제시된 일련의 비유들은 모두가 '처음' 또는 '시작'의 중요성을 깨우쳐 주기 위한 일종의 '방편'들이다. 어떤 대상 무슨 일에서든지 처음부터 열정과 최선을 다하고 끝까지 초심을 잊지 마라. 때로는 그 작은 시작이 사람들의 운명을 결정하는 중대한 첫걸음이 될 수도 있다. 노자는 남들이 무관심한 부분까지 꼼꼼하게 살피고 남들이 간과한 것까지 세심하게 살필 줄 아는 사람이야말로 훌륭한 지도자의 자격이 있다고 말한다.

"천리 길도 한 걸음부터"

(The journey of a thousand miles begins with a single step)

정말 훌륭하고 멋진 말이 아닐 수 없다. 이 격언은 왕필본 등 후대의 판본에는 거의 모두 "천리지행, 시어족하(千里之行, 始於足下)"로 나와 있다. 그래서 그동안 이 말은 노자 본인이 남긴 명언으로 굳게 믿어져 왔다. 그러나 1973년에 출토된 백서본은 1,700년 동안 이어져 내려온 이 굳은 믿음을 여지없이 흔들어 놓았다. 백서본의 경우, 이 두 구절이 갑본은 "백인지고, 태어족□(百仁之高, 台於足□)", 을본은 "백천지고, 시어족하(百千之高, 始於足下)"로 적혀 있다. 엄준본, 한간본 등의 전한대 판본들 역시 "백인지고(百仞之高)"로 되어 있다.

즉《도덕경》을 지은 노자는 "백인지고, 시어족하(百仞之高, 始於足下)"라고 했지 "천리지행, 시어족하(千里之行, 始於足下)"라고 한 적이 없었다는 뜻이다. 아닌 게 아니라 "천 리의 여행"은 횡적인 확장(거리)을 상정하고 있고 "발아래"는 종적인 확장(높이)을 염두에 둔 표현이기 때문에 양자의 조합이 왠지 부자연스러운 것도 사실이다. 그런 점에서 '길'에 해당하는 '인(仞)'은 높이를 나타내는 단위로 종적인 확장을 상정하고 있어서 오히려 "발아래"와 더 잘 어울린다.

여기서 궁금해지는 것은 애초의 "백인지고(百仞之高)"가 언제 어떤 계기와 과정을 거쳐 형태, 발음, 의미가 판이한 "천리지행(千里之行)"으로 변형되었는가 하는 점이다. "仞⇒仁"으로의 변동은 그래도 글자의 형태나 발음이 비슷하기 때문에 가차(假借)나 와전(訛傳)의 결과로 보는 데에 별 무리가 없다. 그러나 "백인지고⇒천리지행"의 변화는 '환골탈태(換骨奪胎)'라고 해도 과언이 아닐 정도로, 의미로나 맥락으로나 서로 간에 어떤 연결고리도 찾을 수가 없는 것이다. 백서본·엄준본·한간본 등 전한대 판본의 "백인지고"가 삼국시대를 전후한 왕필본·하상공본에 "천리지행"으로 기록된 것을 보면 이 같은 변동은 온 나라가 격동하고 있던 후한대와 삼국시대 사이의 특정한 시점에 발생했을 가능성이 크다.

"A journey of a thousand miles begins with a single step"
— Confucius

HEALTHY CARROT

'천리 길도 한 걸음부터'는 지금까지도 노자의 명언
으로 전 세계에 잘못 알려져 있다. 이 사진에는 공
자가 한 말로 소개되어 있다.

통상적으로 언어적 와전이 입에서 입으로 전파되는 과정에서 발생한
다는 점을 감안한다면 "천리지행, 시어족하"의 경우는 글에서 글로 전해
지는 과정에서 발생한 문자적 와전으로 볼 수 있는 셈이다. 그렇다면 도
대체 어떤 요소가 "백인지고"를 "천리지행"으로 바뀌게 만든 것일까? 관
련 자료가 부족한 현재로서는 그 변천의 궤적을 확인할 길이 없다. 그러
나 확실한 것은 이러한 현상이 인간의 언어가 전파 과정에서 얼마나 많
은 변형을 거치는지를 극적으로 보여 주고 있다는 점이다.

제65장
백성을 깨우치기보다 순수하게 만들고자 노력하라
백서본 제28장

옛날 도를 닦는 데에 힘쓰는 이는,	古之爲道者,
백성들을 깨우치게 한 것이 아니라,	非以明民也,
그들을 어리게 만들려고 했습니다.	將以愚之也.
백성들을 다스리기가 어려운 것은,	民之難治也,
그들이 아는 것이 많기 때문입니다.	以其知多也.
그러니 아는 것만 믿고 나라를 다스리는 것은,	故以知治邦,
온 나라의 불행이며,	邦之賊也.
알지 못하는 것으로 나라를 다스리는 것이야말로,	以不知治邦,
온 나라의 행복인 셈이지요.	邦之德也.
이 두 경우를 늘 명심한다면,	恒知此兩者,
이 또한 두 경우에 두루 통하는 본보기가 될 것입니다.	亦稽式也.
그 본보기를 늘 명심하고 지낸다면,	恒知稽式,
이를 '신비로운 덕'이라고 할 것입니다.	是謂玄德.
'신비로운 덕'은 깊고도, 아득하며,	玄德深矣, 遠矣,
만물과 더불어 태초로 되돌아가는 격이니,	與物反矣,
'도'에 완벽하게 순응하는 경지에 이를 것입니다.	乃至大順.

본장에서는 통치의 요체에 대해 이야기하고 있다. 우리는 보통 누가 단순히 머릿속에 여러 가지 지식을 쌓아 놓고만 있다고 해서 그를 똑똑하다고 말하지는 않는다. 오히려 그 지식들을 일관하는 이치와 원리를 제대로 파악하고 적절하게 활용할 줄 아는 사람을 똑똑하다고 한다. 알더라도 제대로 알면 무슨 걱정이 있겠는가? 그러나 세상에는 귀동냥으로 대충 아는 것을 마치 그 분야에 정통한 것처럼 자만하거나 자신의 엉터리 지식과 가치관을 마치 대단한 진리라도 되는 것처럼 남들에게 주입시키려 드는 사람들이 허다하다. 또 어떤 경우에는 알 권리를 충족시켜 준다는 핑계로 엉터리 정보나 학문을 사람들에게 주입하려고 기를 쓰는 사람도 있다. 그러나 그 같은 행위들은 자신의 사사로운 목적을 이루기 위해 의도된 "유위"일 뿐 순수한 "무위"의 발로라고 보기는 어렵다. 그런 의미에서 본장에서의 "아는 것"에 대한 노자의 입장은 일반적으로 제법 아는 척 행세하는 "부지(夫知)"(제3장)에 대한 시각과도 그 궤를 같이한다고 할 수 있다.

어떤 학문에 대한 피상적인 이해는 자칫 학자 본인은 물론 그 후대에까지 부정적인 영향을 남길 수 있다. 본장의 "우지(愚之)"에 대한 학자들의 오독은 그 대표적인 예이다. 1,000여 년 전인 송대의 유명한 유학자 정이(程頤: 1033~1107)는 본장의 "비이명민야, 장이우지야(非以明民也, 將以愚之也)" 부분에 대해 이렇게 비판했다.

"노씨의 학문은 권모술수를 끼워 넣었다. …… 그 대의는 백성들을 어
리석게 만들고 자신들만 똑똑하자는 데에 있다. 그렇다면 진나라가 백성
들을 어리석게 만들 때에도 그 술수가 여기서 비롯되었을 것이다."

《도덕경》에 대한 그의 이 같은 오독은 그의 학맥을 계승한 주희(朱熹)
등 후대 유학자들에게 좋지 않은 선례를 남겼다. 훗날 주희는 한나라
고조 유방의 책사인 장량(張良: BC250~BC186)에 빗대어 노자의 의도를
불순하다고 의심하는가 하면, 심지어 진나라 시황제가 저지른 '분서갱
유(焚書坑儒)'의 책임을 그에게 전가하기까지 했다.

　노자에 대한 공격과 본장에 대한 오독은 20세기에도 그대로 재연되
었다. 예를 들어 고형은 본장의 내용을 근거로 노자가 당시 통치자들 편
을 들어 우민정책을 합리화하고 백성들이 교육을 받고 지식을 얻는 것
까지 방해했다고 주장했다. 임계유 역시 "노자는 백성들이 지식이 많으
면 다스리기 어렵다고 여겼기 때문에 백성들이 무식하기를 바랐다"라는
주장을 서슴지 않았다. 그러나 "전식자, 도지화야, 이우지수야(前識者, 道
之華也, 而愚之首也)"(제38장)의 경우를 제외하고는《도덕경》어디에도 노
자가 '愚'를 부정적인 의미로 사용한 사례가 없다. 실제로 춘추전국시대
에 사용된 '우(愚)'의 용례들을 자세히 분석해 보면 그 의미가 단순히
'어리석다(stupid)'에만 머물러 있지 않다는 사실을 발견하게 된다.

　《도덕경》을 근거로 삼을 때 노자에게 있어 '우'란 어떠한 사물이나 현
상, 가치에 대해서도 사고와 마음이 열려 있는 그런 순수한 상태를 가리
키는 경우가 많다. 의미상으로는 참되고 순수한 미덕의 '다른 이름'으로
서 어감상으로는 오히려 '순진하다(naive)'나 '순수하다(pure)'에 더 가깝

다. 말하자면 '우'는 노자가 부정하고 거부
하는 가치가 아니라 궁극적으로 긍정하고
지향하는 가치인 것이다. 그렇다면 "우지(愚
之)" 역시 백성들을 어리석게 만들라는 말
로 이해할 것이 아니라 이와는 다른 의미로
받아들일 필요가 있는 셈이다. 노자의 그
같은 시각은 "이지치방, 방지적야. 이부지치
방, 방지덕야(以知治邦, 邦之賊也. 以不知治邦,
邦之德也)"에서도 확연하게 드러난다.

노자에 대한 편견을 부추겼던 북송대의
학자 정이

　정이나 주희의 오독이나 고형·임계유 등
의 오해는 저마다 그들이 처한 특수한 시대 상황에서 기인한 것이었다.
그러나 그 점을 충분히 고려한다 하더라도 그들의 해석이 본장의 대의
와 노자의 가르침을 왜곡하는 결과를 초래한 것은 엄연한 사실이다. 또
대중이 노자철학에 접근하고 그 진면목을 바르게 이해하는 것을 방해
함으로써 결과적으로 학문의 발전에 부정적인 영향을 끼쳤다. 분명히
알아야 할 사실은 노자가 《도덕경》에서 말하는 "아는 것"이란 단순히
지식이나 정보의 습득만을 가리키는 것이 아니라 어설프게 알거나 잘못
아는 것을 뜻하기도 한다는 점이다. "우지" 역시 마찬가지이다. 일부 학
자는 이를 글자 그대로 해석해서 노자가 통치자들의 편에서 우민정책을
획책한 증거라고 강변하지만 그것은 자신이 《도덕경》을 제대로 이해하
지 못하고 있다는 것을 선전하는 일과 다를 바가 없다.

　당연한 말이겠지만 노자는 백성들만 참되고 순수하기를 바란 것은
아니었다. 그는 거기서 한 걸음 더 나아가 통치자들도 솔선해서 수범을

보여 참되고 순박하게 처신할 것을 주문했다. 노자가 살았던 춘추전국의 난세에는 대외적으로는 나라들 사이에 전쟁이 끊이지 않았고 대내적으로도 통치자는 오로지 사치와 착취에만 몰두하고 그 서슬에 백성들도 영악해져 서로가 잔꾀로 상대방을 속이고 공격하고 그럴듯한 말로 자신을 꾸미고 과시하는 등 풍속이 날로 망가져 갔다. 노자는 바로 이런 세태에 반감을 느껴 참되고 순수한 본성으로 되돌아가자고 외친 것이며, 그렇게 모두가 참되고 순수해져야 각자가 본분을 지키고 본업에 충실하면서 사회가 안정되고 나라와 국제사회도 궁극적으로 평화롭게 공존할 수 있다고 여긴 것이다. 제3장의 "항사민무지무욕, 사부지불감불위이이(恒使民無知無欲, 使夫知不敢弗爲而已)", 제19장의 "절성기지, 민리백배(絶聖棄知, 民利百倍)", 제20장의 "아우인지심야(我愚人之心也)" 등은 그 같은 시대적 배경 속에서 나온 발언이었을 것이다.

제66장
남과 경쟁하지 않는 사람에게는 적이 없다
백서본 제29장

강과 바다가 온갖 샘들의 임금이 될 수 있는 까닭은,	江海所以能爲百谷王者,
그들에게 자신을 낮추기를 잘 하기 때문입니다.	以其善下之也,
그래서	是以
온갖 샘들의 임금이 될 수가 있는 거지요.	能爲百谷王.
그런 까닭에	是以
성인은 백성들 위에 머물고자 할 때에는,	聖人之欲上民也,
반드시 자신의 말씨를 그들보다 아래로 낮추며,	必以其言下之.
백성들보다 앞에 서고자 할 때에는,	其欲先民也,
반드시 자신의 몸을 그들보다 뒤에 두는 것입니다.	必以其身後之
그래서 위에 있더라도 백성들이 무겁게 여기지 않고,	故居上而民弗重也,
앞에 있더라도 백성들이 해롭게 여기지 않는 것입니다.	居前而民弗害也,
세상 사람들이	
모두 기꺼운 마음으로 추대하면서도 미워하지 않는 것은,	天下樂推而弗厭也.
성인이 남들과 경쟁하는 일이 없기 때문이 아니겠습니까?	不以其無爭與.
그러니 세상 사람들도 그와 경쟁할 수가 없는 것입니다.	故天下莫能與之爭.

본장에서는 성인의 처세 원칙에 대해 이야기하고 있다. 사람들은 성인이 존귀한 것은 알지만 그들이 어째서 남들로부터 존귀하게 대우받는지에 대해서는 간과하는 경우가 많다. 노자는 강과 바다를 예로 들어 성인이 사람들로부터 존경받을 수밖에 없는 이유를 설명하고 있다. 강과 바다는 자신에게로 모여드는 물이 크든 작든, 멀든 가깝든, 맑든 탁하든 간에 절대로 가리거나 버리지 않고 모두 보듬는다. 히말라야의 청정수라고 해서 받아들이고 공장에서 쏟아 낸 썩어가는 폐수라고 해서 밀어내지 않는 것이다.

성인의 경우도 마찬가지이다. 성인은 그 고귀한 지체에도 불구하고 백성들의 임금이 되어야 할 때는 자신을 낮추는 대신 백성들을 높인다. 또 그 탁월한 지도력에도 불구하고 백성들의 앞에 서야 할 때에도 오히려 자신을 뒤로 물려 백성들에게 그 소중한 기회를 양보한다. 이렇듯 성인이 스스로를 낮추어 겸손하게 말하고 남들에게 기회를 주는 등 너그럽게 행동하기 때문에 백성들도 즐거운 마음으로 그를 받들고 존경하는 것이다. 만일 자신이 지도자라고 해서 남들이 누려야 할 기회를 빼앗는다든지, 그들에게 돌아가야 옳을 이익을 모조리 가로챘다고 생각해 보라. 그런 사람은 제아무리 큰 명예를 얻고 제아무리 엄청난 재산을 모으더라도 절대로 남들로부터 진심에서 우러나오는 지지나 존경을 받을 수 없다. 그 사람의 마음속에는 백성들은 없고 오로지 '나 자신'만 가득 차 있기 때문이다.

노자는 겸허하고 너그러운 마음가짐으로 남과 명성이나 이익을 다투지 않는 그런 사람만이 그들을 다스리고 이끌 수 있는 통치자로서의 자격을 가진다고 설파하고 있는 것이다. "고거상이민부중야, 거전이민불해야(故居上而民弗重也, 居前而民弗害也)" 부분의 경우 갑본에는 그 순서가 뒤바뀌어 있으나 여기서는 초간본 등 여타 판본의 예를 좇아 그대로 해석했다.

인류의 역사에서는 평생을 강, 바다처럼 삶으로써 당시는 물론 지금까지도 만인의 존경과 추앙을 받는 성인들을 어렵지 않게 찾아볼 수 있다. 제자들의 발을 씻겨 준 예수 역시 그런 성인들 중 한 사람이었다. 오랜 포교와 실천 끝에 예수가 예루살렘에 입성했을 때 제자들 중에는 그가 왕위에라도 오르면 자신도 이런저런 벼슬을 얻어 온갖 영화를 다 누릴 수 있겠구나 하는 착각을 하는 사람도 있었다. 어쩌면 이런 제자들의 모습은 바로 우리 보통 사람들의 모습일지도 모른다. 사람들이 어떤 일에 매달리고 무슨 목표를 이루려고 애쓰는 것은 남을 위해서라기보다는 자신의 부귀와 명성을 이루기 위한 해프닝이거나 투자인 경우가 많기 때문이다. 아마 우리 주위에도 '성공'이라는 말을 남을 지배하고 그들의 섬김을 받거나 그들보다 많은 부와 명성과 권력을 누릴 수 있게 되는 것을 가리키는 말로 착각하는 사람들이 훨씬 많을 것이다.

그러나 예수는 달랐다. 어느 날 제자들을 부른 그는 자기 허리에 수건을 두르고 땅바닥에 무릎을 꿇고 앉은 채 그들의 발을 차례로 씻고 닦아 주는 것이었다. 21세기를 사는 우리로서야 남의 발 하나 씻겨 주는 것이 뭐가 그렇게 대수냐고 생각할는지도 모른다. 그러나 당시 관습에서 남의 발을 씻는 것은 연소자가 연장자에게, 아내가 남편에게, 하인

이 상전에게, 약자가 강자에게 해야 하는 일종의 의무였으며, 이와 반대의 상황이 벌어진다는 것은 상상조차 할 수 없었다. 당시는 하다못해 남에게 고개를 숙이거나 허리를 굽히거나 무릎을 꿇는 것조차 엄청난 모욕으로 여

제자의 발을 씻겨 주는 예수를 그린 에티오피아의 민화

길 정도로 상하와 귀천의 구분이 엄격한 시대였기 때문이다. 그런데 하늘같은 스승님께서 자신보다 낮고 천한 제자와 신도들의 발을 자기 손으로 직접 씻겨 주고 또 자기 수건으로 닦아 주기까지 한다? 그건 그야말로 당시의 중동은 말할 것도 없고 전 세계가 경천동지할 정도로 충격적인 사건이었을 것이다.

예수는 말로만 겸허와 박애를 외치는 데서 그치지 않고 언제나 몸과 마음으로 직접 실천했다. 제자와 신도들이 자신의 가르침을 스스로 깨닫고 그 정신을 실천하고 전파하도록 솔선해서 수범을 보인 것이다. 바로 이 같은 헌신과 실천이 있었기에 소수의 박해받는 피지배자들의 종교에 불과하던 기독교가 어느 사이 천하를 호령하는 로마제국의 국교로까지 급성장할 수 있었으리라. 어쩌면 우리 주변에도 예수를 닮은 성인들이 지금 이 순간 어디에선가 자신을 낮추고 묵묵히 남들을 위해 박애와 포용의 정신을 실천하고 있을는지도 모를 일이다.

제67장

나라를 줄여 백성들이 떠나지 않게 하라

백서본 제30장

나라 규모를 줄이고 백성 수를 줄이십시오.	小邦寡民.
사람 수보다 열 배 백 배나 많은 기물을 가졌더라도	使有什佰人之器
쓰지 않도록 이끌어 주십시오.	而勿用.
백성들이 죽는 것을 큰일로 여겨	使民重死
옮겨 다니는 일을 멀리하고,	而遠徙.
수레나 배를 가지고 있더라도	有車舟,
탈 일이 없고,	無所乘之.
갑옷이나 병기를 가지고 있더라도	有甲兵
꺼낼 일이 없도록 이끌어 주십시오.	無所陳之.
백성들로 하여금 매듭을 지어 소통하던 옛 시절로 돌아가	使民復結繩
다시 그것을 쓰면서,	而用之.
자신들이 먹는 음식을 맛있게 여기고,	甘其食,
자신들이 입는 옷을 곱게 여기고,	美其服,
자신들이 쇠는 풍속을 즐겁게 여기고,	樂其俗,
자신들이 지내는 거처를 아늑하게 여기며,	安其居.
이웃나라가 서로 마주보이고,	鄰邦相望,
닭이나 개가 우는 소리가 서로 들릴 정도로 지척에 있더라도,	鷄狗之聲相聞,

백성들이 늙어서 죽을 때까지	民至老死
서로 이러저리 옮겨 다니지 않도록 이끌어 주십시오.	不相往來.

|해설|

본장에서는 지혜로운 국가 운영과 자기절제에 대해 이야기하고 있다. 노자가 여기서 나라의 규모를 줄이고 백성의 수를 줄이라고 한 것은 곧 통치자들이 자신의 탐욕을 절제하고 그 열정을 민생 안정에 기울일 것을 주문하는 완곡한 표현으로 이해해도 무방하다. 인류의 역사에서 세상 사람들에 의해 위대하다고 평가받은 통치자들은 다른 나라를 공격해 영토를 확장하고 백성들을 늘리고 재화를 크게 불린 패주(霸主)인 경우가 많았다.

실제로 마케도니아의 알렉산더 대왕, 진나라의 시황제, 한나라의 무제, 고구려의 광개토대왕, 몽골제국의 칭기즈칸, 프랑스의 나폴레옹……등은 지금까지도 그 나라의 국위를 국내외적으로 크게 떨친 당대의 영걸로 각인되어 있으며, 전 세계 통치자들의 추앙을 받는 '롤 모델'이기도 하다. 물론 그들의 탁월한 영도력과 놀라운 업적들은 사람들의 존경과 박수를 받을 만한 것이다.

그러나 영토가 크고 백성이 많다고 해서 그 나라가 부강하고 백성들이 행복한 것은 아니다. 큰 나라들이 그 큰 국가체제를 유지하고 넓은 영토를 지키고 백성들의 안정된 생활을 보장하자면 필연적으로 각종 부대비용들도 거기에 정비례해서 늘어날 수밖에 없다. 게다가 한 나라에 여러 민족 다양한 종교 복잡한 언어 갖가지 풍속들이 공존하면 과거에 는 예상하지 못했던 정책상의 사각지대나 온갖 사회문제들이 새로 대두 되고 범죄나 실업도 자연히 늘어날 수밖에 없다. 즉 나라가 크고 백성이 많아서 좋은 점도 있지만 역으로 그로 인해 그 나라의 통치자나 백성들 이 치러야 할 대가와 손실 또한 정비례해서 커지기 때문에 마냥 좋아할 일은 아닌 것이다.

전차를 몰고 전선을 탄 채 온갖 갑옷과 무기들을 다 동원하는 바람 에 백성들이 자기 목숨을 파리 목숨처럼 우습게 생각하거나 또 그 같은 개죽음이 싫어서 대대로 지켜온 삶의 터전을 등지고 이역만리 길을 헤 매는 이 일련의 사태들은 어떻게 보면 통치자의 끝도 밑도 모를 탐욕으 로 말미암아 연쇄적으로 만들어진 '나비효과'의 산물들이다. 그런 의미 에서 노자가 본장에서 언급하고 있는 상황들은 뒤집어서 읽어 보면 말 그대로 춘추시대에 이미 나라의 규모가 커지고 백성들의 수가 급증했을 때 발생할 수 있는 수많은 사회문제들에 대한 진지하고 엄숙한 경고라 고 할 수 있는 셈이다.

그렇다면 이러한 악순환의 고리를 끊으려면 어떻게 해야 좋은가? 노 자는 작은 나라에서 적은 백성이 매듭으로 소통하던 태고 시절로 돌아 가, 위로는 통치자에서 아래로는 서민들에 이르기까지 모두가 자신의 욕 망을 절제하고 옛날의 소박한 생활과 소소한 행복조차 고마워하는 자 세. 이것이야말로 백성들이 최대의 행복을 누리고 나라가 태평성대를 구 가할 수 있는 최선의 해결책이라고 보았다.

1949년, 중국의 혁명가 모택동(毛澤東: 1893~1976)은 본장의 "계구지 성상문, 민지로사, 불상왕래(鷄狗之聲相聞, 民至老死, 不相往來)"를 언급하면서 간부들 사이에 교감과 협조가 제대로 이루어지지 않는 것을 비판하기도 했다. 그 후에도 학자들 중에는 해당 부분을 거론하며 노자가 쇄국정책 또는 먼로(James Monroe:1758~1831) 식의 고립주의를 조장했다고 공격한 사람들이 더러 있었다. 그러나 그 같은 비판들은 맥락을 제대로 읽지 못한 데서 비롯된 오독이거나 '단장취의(斷章取義)'의 산물일 뿐이다. 노자가 본장에서 예시한 "계구지성상문, 민지로사, 불상왕래"나 "원사(遠徙)", "유거주, 무소승지(有車舟, 無所乘之)" 등의 상황들은 통치자들에게 백성들로부터 이주의 자유를 박탈하고 쇄국정책을 펼치라고 부추기는 것이 아니기 때문이다. 오히려 통치자들이 자신의 욕망을 줄이고 그 열정을 민생 안정에 돌려 나라가 작고 백성이 적어도 여유롭고 행복하게 살 수 있게 해 준다면 바로 옆 나라가 아무리 부유하고 강해도 백성들이 조상 대대로 살아온 삶의 터전을 등지고 남의 나라를 전전하지 않게 된다는 가르침을 담고 있다고 보아야 옳다.

"사민복결승이용지(使民復結繩而用之)" 이하의 상황들 역시 마찬가지이다. 이 부분에 대해서는 그동안 단순히 구시대로의 반동(反動)이나 쇄국정책을 획책하는 언동이라 하여 학계 일각에서 신랄한 비판이 쏟아지곤 했다. 그러나 이 역시 노자의 의도를 전혀 이해하지 못한 데서 비롯된 오해이다. 해당 부분은 사람들이 저마다 욕망을 절제하고 소소한 행복에도 만족할 줄 알던 소박하고 인정이 넘치던 시절로 되돌아가자는 취지에서 한 말이기 때문이다. 그는 이렇게 되어야 비로소 나라와 백성이 모두 평화롭고 행복한 삶을 누릴 수 있다고 본 것이다. 그런데도 이것을 피상적으로 이해해서 "자연으로 돌아가자", "원시시대로 되돌아가자" 식의 작위적인 구호로 부각시키는 것은 노자의 가르침을 오도하는 행동이 아닐 수 없다. 〈도덕경〉만 놓고 볼 때 노자는 그런 말은커녕 그런 마음조차 품은 적이 없었다.

　본장은 왕필본 제80장에 해당되지만 백서본에는 제67장으로 소개되어 있다. 고명은 이와 관련하여 왕필본의 경우 초기 판본의 죽간이 흐트러져 순서가 뒤죽박죽이 돼 버린 상태에서 엮어진 것이므로 내용이 처음부터 끝까지 온전하게 연결되어 있는 백서본을 따라야 한다고 보았다. 2012년 공개된 한간본에는 이 대목이 〈상경(上經)〉제43장에 배치되어 있다. 《도덕경》의 체제나 구성에 대해서는 앞으로 추가적인 연구와 논의가 필요하겠지만 본서에서도 편의상 백서본의 예를 따르기로 한다.

　《도덕경》에서 본장처럼 오독과 오역이 난무하는 대목도 없을 것이다. 다른 대목들에 비해 문장이 길거나 글자가 어렵거나 번역이 힘들거나 한 것도 아니건만 국내외를 막론하고 오독, 오역이 10곳을 넘기 때문이다. 예를 들어, "소국과민. 사유십백인지기이물용, 사민중사이원사(小國寡民. 使有什佰人之器而勿用, 使民重死而遠徙)"을 "나라를 작게 하고 백성을 적게 해서 10명, 100명이 사용하는 도구가 있을지라도 쓰지 않고 백성으로 하여금 죽음을 무겁게 여기고 멀리 이사하러 가지 않게 한다" 식으로 번역하는가 하면, "감기식, 미기복, 락기속, 안기거(甘其食, 美其服, 樂其俗, 安其居)"를 "음식은 맛있게 만들고, 옷은 보기 좋게 입고, 집은 편하게 만들고, 풍속은 즐겁게 만들자" 식으로 번역한 경우도 있었다. 이러한 번역들은 자구들을 문법적으로 그럭저럭 끼워 맞추기는 했지만 본장의 전후 맥락을 제대로 이해하지 못한 경우이다. 개개의 오독, 오역에 대해서는 《정역 도덕경》에서 상세하게 다루기로 하고 이 책에서는 "사민중

사이원사(使民重死而遠徙)"의 "원사"에 대해서만 이야기하기로 하겠다.

왕필본 등에는 이 부분이 모두 "사민중사이불원사(使民重死而不遠徙)"
로 나와 있다. 그래서 학자, 역서들은 거의 모두 "백성들로 하여금 죽음
을 무겁게 여기고 멀리 이사하지 않게 하라" 식으로 번역해 왔다. 그러
나 이 부분은 백서본과 한간본에 똑같이 "사민중사이원사"로 나와 있다.
그렇다면 한대 초기까지만 해도 "원사"이던 것이 그 이후의 어느 시점에
이르러 "불원사"로 고쳐졌다는 뜻이 되는 셈이다. 그런데 "원사"를 「부
사+동사」 구조로 읽으면 해당 구절은 "백성들로 하여금 죽음을 무겁게
여기고 멀리 이사하게 하라" 식으로 해석된다. 문제는 이렇게 해석하면
본장의 마지막 구절과 맥락이 연결되지 않는다는 것이다. 이 부분은 "멀
리 이사하게 하라"가 아니라 "멀리 이사하지 않게 하라"로 해석해야 옳
다. 왕필본 등이 이 부분을 한결같이 "불원사"로 기록한 것은 바로 이 같
은 이유 때문이었을 것이다.

고명의 소개에 따르면 1,700년 전의 어떤 사람은 맥락을 전혀 살피지
않은 상태에서 대구법을 따른답시고 "불원사(不遠徙)"를 "불사(不徙)"로
고쳐 놓기까지 했다고 한다. 그러나 그 같은 해석은 유감스럽게도 노자
의 의도를 제대로 읽어 내지 못한 오독의 본보기일 뿐이다. 왜냐하면
"원사(遠徙)"는 수사적으로 짝을 이루는 앞의 "중사(重死)"와 마찬가지로
「동사+목적어」 구조로 해석해야 옳기 때문이다. 이때 '원(遠)'은 '멀리
(far)'라는 의미의 부사가 아닌 동사로 충당되었다. 따라서 '멀리하다
(keep away)' 또는 '자제하다(refrain)'의 의미의 동사로 해석해야 옳다.
'원'을 이처럼 동사로 사용하는 용법은 《도덕경》 "군자종일행, 불원기치
중(君子終日行, 不遠其輜重)"(제26장)이나 '공손함이 예법에 가깝다면 수치

와 모욕을 멀리할 수 있다'라는 의미의 《논어》〈학이(學而)〉 "공근어례, 원치욕야(恭近於禮, 遠恥辱也)"의 경우처럼 고문에서는 수시로 그 용례를 찾아볼 수 있다. 역자의 번역이 옳다는 사실은 초기 《도덕경》인 백서본과 한간본에 모두 부정사 '불(不)'이 사용되지 않은 것만으로도 충분히 입증된다. 만일 1,700년 전에 왕필 등이 "원"의 의미, 품사를 제대로 파악했더라면 《도덕경》의 원문을 굳이 "불원"으로 뜯어 고치거나 "불사"로 짜 맞추는 무리를 할 필요는 없었을 것이다.

제68장

성인은 베풀기에 언제나 여유롭다

백서본 제31장

참된 말은 꾸미지 않으며,	信言不美,
꾸민 말은 참되지 못한 법입니다.	美言不信.
깊이 아는 이는 두루 알지 못하며,	知者不博,
두루 아는 이는 깊이 알지 못합니다.	博者不知.
또한, 능통한 이는 기교가 많지 않으며,	善者不多,
기교가 많은 이는 능통하다고 할 수 없습니다.	多者不善.
성인은 무엇이든 쌓아 두는 법이 없지요.	聖人無積.
남들을 위해 힘쓰기에,	旣以爲人,
자신도 점점 더 많이 갖게 되고,	己愈有.
남들을 위해 베풀기에,	旣以予人矣,
자신도 점점 더 넉넉해집니다.	己愈多.
그러니 하늘의 도가,	故天之道,
만물에게 두루 이로움을 베풀되 해치지 않는 것이라면,	利而不害.
인간의 도는,	人之道,
남들을 위하여 힘쓰되 경쟁하지 않는 것이라 하겠습니다.	爲而弗爭.

　본장에서는 현상과 본질의 불일치성 또는 상대성에 대해 이야기하고 있다. 노자는 여기서 제9장·제15장·제20장·제33장·제45장·제64장 등의 경우와 마찬가지로 격언들을 활용하여 "신언불미, 미언불신. 지자불박, 박자부지. 선자부다, 다자불선(信言不美, 美言不信. 知者不博, 博者不知. 善者不多, 多者不善)"에서는 세상 만물의 현상과 본질의 대립을, 그 뒤의 "성인무적. 기이위인, 기유유. 기이여인의, 기유다(聖人無積. 旣以爲人, 己愈有. 旣以予人矣, 己愈多)"에서는 성인의 미덕에 대해 이야기하고 있다.

　그동안 학자들은 변증법적 원리에 따라 구성된 앞부분에 주목하는 경우가 많았다. 그러나 앞부분의 "신(信)⇔미(美)", "지(知)⇔박(博)", "선(善)⇔다(多)"의 대응관계는 화제를 성인의 미덕으로 이끌기 위한 일종의 '방편'으로 제시된 것일 뿐이며, 노자가 강조하고자 한 핵심 내용은 바로 그 다음 부분이다. 그 한 몸이 다 스러질지언정 남들을 위해 최선을 다하고, 또 남들에게 베풀기를 마다하지 않는 성인의 미덕을 배우라는 것이 본장의 가르침인 것이다.

　본장은 왕필본의 마지막 장인 제81장에 해당하는 부분이다. 많은 학자가 본장을 《도덕경》의 논지를 대표하고 종합하는 부분으로 간주해 왔으나, 백서본에서는 본장이 제68장으로 소개되고 있어서 왕필본과는 다소 차이를 보인다. 2012년 공개된 한간본에는 이 대목이 〈상경(上經)〉의 마지막 장인 제44장으로 배치되어 있는 것으로 확인되었다. 본서에서는 편의상 백서본의 예를 따랐다.

2011년 9월 25일. 어떤 중국집 배달부의 죽음이 세상에 알려졌다. 자장면을 배달하다가 교통사고를 당해 모 병원 응급실에서 숨을 거둔 김우수(54) 씨. 가족이 없었던 그의 죽음은 조문객조차 하나 없이 며칠 동안 병원 영안실에 차갑게 안치되어 있다가 어린이재단에 의해 비로소 세상에 알려졌다.

미혼모의 아이로 태어나 7세 때 보육원에 맡겨졌다가 초등학교조차 마치지 못한 12세 때 고아원을 뛰쳐나와 구걸과 온갖 허드렛일을 다 해야 했다. 그러다 보니 소년원도 몇 번이나 다녀오고 자신을 무시하는 사람이 미워 불을 지른 죄로 1년 6개월의 징역을 살기도 했다. 태어날 때부터 사람들에게 버림받았고 살아가는 동안에도 사회의 편견과 냉대 속에서 자신과 사회에 대해 그 얼마나 원망과 분노가 컸을 것인가? 하루하루를 그렇게 자포자기의 심정으로 살던 그가 세상을 살아가야 할 이유를 찾게 해 준 것은 수감생활 중 잡지에서 우연히 읽은 불우한 어린이들의 사연들이었다.

출감 후 창문도 화장실도 없는 월세 25만 원짜리 고시원 쪽방을 구한 김우수씨는 가까스로 월 70만원의 중국음식 배달 일을 구할 수 있었다. 그리고 2006년부터 자신에게 삶의 희망을 불어넣어 준 어린이들을 위해 달마다 어린이재단을 통해 쥐꼬리만한 월급에서 5만 원, 10만 원씩 쪼개어 형편이 어려운 국내외 어린이들을 돕는 선행을 시작했다. 어쩌다가 후원하는 어린이의 생일이나 명절이 되기라도 하면 없는 형편에도 돈을 아끼고 아껴서 2~3만 원을 추가로 부쳐 주곤 했다. 그 전에는 우울한 속을 달래기 위해 하루에 담배 2갑을 피우고, 소주 2병을 마셔야 했던 사람이 술·담배를 끊으면 1명 더 도울 수 있다는 생각에 그마저도 마음을 독하게 먹고 모두 끊었다고 한다. 그렇게 해서 틈틈이 유일한 낙으로 즐기던 조조 영화 관람료와 최소한의 생활비를 빼면 남는 돈은 고작 12만 원뿐. 자신에게는 그 돈조차 과분하다고 생각했던지 4,000만 원짜리 종신보험을 들고 사후 장기 기증을 서약

'철가방 천사' 김우수 씨의 생전 모습

하는 등 자신의 목숨값까지 기꺼이 내놓았더란다.

　세상의 밑바닥에서 그 누구의 사랑도 관심도 받은 적이 없지만 그 극한의 가난과 외로움 속에서도 자신의 자리에서 묵묵히 최선을 다했던 김우수 씨. 한 치 앞조차 기약할 수 없는 고달픈 삶 속에서도 자신보다는 불우한 어린이들을 먼저 떠올리고 어떤 대가도 바라지 않고 선뜻 도움의 손길을 내밀었던 김우수 씨. 부와 힘과 명성을 모두 가진 것으로도 성에 차지 않아 남의 것까지 탐을 내고, 남들에게 베풀기 전에 미리 받고 챙길 것부터 계산하는 요즘처럼 몰인정하고 각박한 세태 속에서 이렇듯 자신의 모든 것을 아낌없이 주고 간 그는 노자가 예찬하는 진정한 성인이 아니었을까 싶다.

제69장

하늘은 언제나 자애로 성인을 지키신다

백서본 제32장

세상 사람들은 다들 내게	天下皆謂我
"당신의 '도'는	
위대하기는 해도 진리를 닮은 것 같지는 않다"고 합니다.	大而不肖.
어쩌면 위대하기에,	夫唯大,
닮지 않은 것 같아 보이는 것이겠지요.	故不肖.
만일 닮기라도 했다면,	若肖,
오래갔을 것입니다 그 하찮음이요.	久矣其細也夫.
나는 언제나 세 가지 보배를 가지고 있으면서,	我恒有三寶,
그것들을 받들고 소중하게 여기는데,	持而寶之.
첫째가 자애로움이요,	一曰慈,
둘째가 자기절제요,	二曰檢,
셋째가 함부로 세상 사람들 앞에 나서지 않는 것입니다.	三曰不敢爲天下先.
모름지기 남들에게 자애롭기에,	夫慈,
용감할 수 있고,	故能勇.
나를 절제하기에,	檢,
넓어질 수 있으며,	故能廣.
함부로 세상 사람들 앞에 나서지 않기에,	不敢爲天下先,

만물의 수장이 될 수 있는 것입니다.	故能爲成器長.
그런데 지금	今
자애의 미덕은 팽개친 채 무턱대고 용감하려고만 들고,	舍其慈且勇,
절제의 미덕은 팽개친 채 무턱대고 넓히려고만 들고,	舍其儉且廣,
겸양의 미덕은 팽개친 채 무턱대고 남들 앞에 서려고만 든다면,	舍其後且先,
죽고 말 것입니다.	則死矣.
남에게 자애롭게 처신한다면,	夫慈,
전쟁을 하더라도 반드시 이기고,	以戰則勝,
나라를 지키더라도 언제나 공고할 것입니다.	以守則固.
하늘이 장차 그를 추대하려 하실 때에는,	天將建之,
언제나 자애로움으로 그를 지켜 주시기 때문입니다.	如以慈垣之.

|해설|

본장에서는 '도'를 닦는 사람이 갖추어야 할 세 가지 덕목에 대해서 이야기하고 있다. 그 덕목들이란 남들에게는 자애로운 마음으로 대하고 자신에게는 언제나 분수를 넘지 않도록 절제하며, 대인관계에서는 남들보다 앞서려고 경쟁하지 않고 항상 겸양하는 것이다. 물론 노자가 이 세 가지 덕목들 중에서 가장 큰 의미를 부여한 것은 바로 '자애로움'이었다.

《설문》에 따르면 "'자'란 사랑하는 것을 가리킨다". 즉 '애(愛)'가 포괄적인 의미의 '사랑'이라면, '자(慈)'는 연장자가 연소자에게, 윗사람이 아랫사람에게 베푸는 내리사랑에 해당한다. 《관자(管子)》〈형세(形勢)〉 "'자' 란 어버이의 고결한 행동이다"나, 《신서(新書)》〈도술(道術)〉 "자식을 가까 이하고 사랑하고 이롭게 하는 것을 '자'라고 하고 그 반대의 경우를 '효 (孝)'라고 한다. …… 남을 슬프고 딱하게 여기고 어여삐 여기는 것을 '자'라고 하고 그 반대의 경우를 '인(忍)'이라고 한다" 등의 언급들에서 고대 중국인들의 '자애'에 대한 이해를 엿볼 수 있다.

노자는 통치자들이 이 같은 자애로운 마음을 가지고 사람들을 대한 다면 언제나 하늘의 가호를 받을 것이라고 강조하고 있다. 여기서 "부유 대, 고불초(夫唯大, 故不肖)" 부분의 경우, 을본에는 "어쩌면 닮지 않았기 에 위대할 수 있다"라는 의미의 "부유불초, 고능대(夫唯不肖, 故能大)"로 적혀 있다. 그러나 갑본을 위시하여 왕필본 등 후대 판본, 2012년 공개 된 한간본에는 모두 전자로 나와 있다. 본장은 왕필본 제67장에 해당한 다.

훗날 중국 불교에 영감을 주게 되는 도가의 세 가지 보배, 즉 "삼보(三 寶)"라는 개념은 동시대의 제자백가에도 영향을 주었는데 그 대표적인 학파가 묵가(墨家)이다. 묵가의 창도자인 묵자(墨子: BC468~BC376)가 '겸 애(兼愛)'의 정신을 설파하고 '절용(節用)'의 미덕을 강조하고 '비공(非攻)' 의 전법을 역설한 것은 잘 알려져 있다. 그런데 '겸애'는 도가의 가장 핵 심적인 덕목으로 꼽고 있는 '자(慈)', '절용'은 자기 절제를 뜻하는 '검 (儉)', '비공'은 남보다 앞서기보다는 겸양할 것을 강조하는 "불감위천하선 (不敢爲天下先)"의 덕목을 한 단계 높게 승화시킨 것이라고 해도 과언이 아니다. 그런 점에서는 공자(孔子)의 유가도 예외일 수 없다. 정도의 차이는 있겠지만 유가에서도 남들에 대한 관용과 자기 절제의 미덕을 강조했기 때문이다. 유가가 도가와 입장을 달리하는 부분이 있다면 그것은 아마 겸양에 대한 인식이었을 것이다. 오소감은 노자가 제시한 "삼보" 중에서 유학자들이 가장 많이 오해한 것이 바로 "불감위천하선"의 덕목이었다고 보았다.

노자는 한 나라의 통치자라면 "청정(淸靜)"과 "무위(無爲)"의 정신에 입각해서 백성을 다스려야지 남들보다 앞에 서서는 안 된다고 주장했다. 그의 이 같은 주장은 통치자가 매사에 앞장서서 "정치로 백성을 이끌고 형벌로 그들을 가지런히 만들며 …… 덕으로 백성들을 이끌고 예법으로 그들을 가지런히 만들 것"《논어》〈위정〉)을 설파한 공자의 공격적인 정치관과는 배치된다. 그래서인지 후세의 유학자들은 《도덕경》에서 강조하고 있는 이 미덕을 부정적으로 받아들였다. 송대의 주희는 자신의 어록에서 노자가 역설했던 "무위이무불위(無爲而無不爲)"나 "보만물지자연(輔萬物之自然)", "불감위천하선" 등의 주장을 음모가의 권모술수로 폄하했다.

《노자》라는 책의 주장이라는 것이 죄다 이런 식이다. 그 책은 그저 물러나기만 하고 다투지 말라고 할 뿐이다. 예를 들어 한 사람이 울부짖고 난리를 치면 내 쪽에서는 그저 찍소리도 하지 말고 그저 물러나 있으란다. '좀 있다가 울부짖고 난리를 치던 사람이 저절로 수그러들면 고분고분하게 복종하라는 내 주장이 충분히 먹혀들 것'이라니 노자는 심보가 참 고약하다. 그가 남들과 다투지 말라고 한 주장이야말로 단단히 따져야 할 대목이다. 보통 때에는 그저 이런 식으로 얌전하게 복종하기만 하니 혹시라도 강하고 억센 사람을 마주치기라도 하면 그가 이런 식으로 당신을 대할 것이 아닌가!"《주자어록(朱子語錄)》》

물론 주희의 이 같은 인식은 노자의 가르침을 오독하고 그것을 자신의 입장에서 자의적으로 해석한 데서 비롯된 오해일 뿐이다.《도덕경》은 도가의 대표적인 저술인 동시에 한 나라의 통치자나 한 조직의 지도자를 대상으로 한 제왕학서이기도 하다. 즉, 본장에서 함부로 나서지 말라고 충고한 것도 매사에서 통치자, 지도자들이 직접 나설 것이 아니라 신하, 백성들에게도 기회를 주라는 의미로 받아들이는 것이 자연스러운 것이다. 그런데 주희 등은《도덕경》의 대상을 불특정의 다수로 인식했고, 그렇다 보니《도덕경》도 자연히 소극적인 처세를 부추기는 책으로, 노자는 음모가로 오해받을 수밖에 없었던 것이다.

제70장
경쟁하지 않는 것이야말로
하늘에 어울리는 미덕이다
백서본 제33장

지휘관의 직분에 충실한 이는	善爲士者
함부로 무용을 뽐내지 않고,	不武,
전쟁을 제대로 할 줄 아는 이는	善戰者
아무 때나 성내지 않으며,	不怒,
적을 이길 줄 아는 이는	善勝敵者
무턱대고 맞붙지 않고,	弗與,
사람을 쓸 줄 아는 이는	善用人者
그들에게조차 몸을 낮춥니다.	爲之下.
이를 '경쟁하지 않는 미덕'이라고 하고,	是謂不爭之德,
'사람을 제대로 쓰는 법'이라고 하며,	是謂用人,
'하늘의 도에 어울리는 처신'이라고 하리니,	是謂配天,
태초의 모습을 닮은 최고의 경지인 것입니다.	古之極也.

|해설|

　본장에서는 지도자의 자기수양에 대해 이야기하고 있다. 한 조직에서 지도자가 자신의 임무를 잘 수행하고 전쟁을 잘 하고 적을 잘 이기고 사람을 잘 쓰려면 겸허한 처신이 요구된다. 무예가 출중하다고 해서 자신의 무용을 뽐내지 말고 쉬이 성내지 말고 무작정 달려들지 말고 언제나 자신을 낮추고 항상 겸허하게 처신하는 것, 이 같은 자세는 곧 자신의 감정을 얼마나 잘 다스리고 자신의 욕망을 얼마나 잘 절제하느냐와 직접적으로 결부되어 있기 마련이다.

　전장의 지휘관뿐만 아니라 모든 분야에서 지도자가 되고자 하는 사람은 어떤 상황이 닥치더라도 자신의 감정을 잘 다스릴 줄 알아야 한다. 한 조직을 이끄는 지도자가 자신의 능력을 과신하거나 감정을 쉽게 드러내는 것은 바람직한 처신이라고 할 수 없다. 그 같은 처신은 자신은 물론이고 자신을 믿고 의존하는 부하와 그 조직까지 한 순간에 위기로 내몰 수도 있기 때문이다. 노자는 여기서 전쟁의 경우를 예로 들었지만 이 같은 이치는 다른 상황에도 그대로 적용된다. 본장은 왕필본 제68장에 해당한다.

　지휘관의 자기절제나 자기수양에 대하여 이야기할 때 빼놓을 수 없는 인물이 바로 충무공(忠武公) 이순신(李舜臣: 1545~1598)이다. 그는 자타가 공인하고 존경해 마지않는 명장이요 충신이요 '성웅(聖雄)'이었다. 물론 이 같은 평가와 찬사의 근거는 그가 전장에서 세운 '23전 23승'이라는 불패전의 혁혁한 전공들이다. 그렇다고 해서 그의 위대성이 단순히 그런 세속적인 '훈장'들에서 비롯되었다고 생각하는 것은 착각이다. 그의 위대성은 그런 성과들보다는 그의 정신에서 찾아야 옳기 때문이다.

역사적인 기록에 근거할 때, 이순신은 쩌렁쩌렁한 집안 출신 '엄친아'도 아니고 대단한 정치적 배경을 가진 실세도 아니었다. 그렇다고 해서 이런저런 로비로 속칭 '자기 PR'에 열을 올리는 성격도 아니었다. 그런 그를 자타가 공인하는 명장이요 충신이요 성웅이게 만든 원동력은 바로 '충성(忠誠)'이었다. 우리는 '충성' 하면 임금에 대한 곧은 절개나 상관에 대한 절대적인 복종을 떠올리지만 알고 보면 자신의 자리에서 최선을 다하는 성실한 자세를 가리키는 말이기도 하다.

이순신은 언제 어디서나 자신의 자리에서 최선을 다한 사람이었다. 32세에 무과에 급제했지만 여진족이 출몰해서 모두가 기피하던 최북단 변경인 함경도 동구비보에 첫 발령을 받았을 때, 전란 속에서도 당쟁에만 열을 올리던 썩어빠진 조정의 '백의종군' 명령에 따라 권율 장군의 본영이 있는 합천 초계로 발길을 옮길 때, 남들 같았더라면 그런 최악의 상황에 내몰리면 무능한 나라 탓을 하고 아무 '빽'도 없는 자기 신세타령을 하고 권세가들을 찾아다니면서 뇌물을 먹이고 줄을 대는 등 "유위(有爲)"에나 바빴을 것이다.

그러나 매번 찾아오는 고비들 속에서도 그가 보여 준 모습은 언제나 한결같았다. 그는 수시로 관할지역을 순시하고 지형지물이나 군사시설을 점검하는 등 자신이 맡은 일에 최선을 다하면서 한편으로는 부하들을 챙기고 민심을 다독거리는 일을 게을리하지 않았다. 어쩌다 틈이 나더라도 절대로 허튼짓에 시간을 낭비하지 않고 무예를 연마하고 학문에 몰두하면서 필승의 전략을 세우는 데에 만전을 기하였다. 그런 의미에서 본다면 300대 13이라는 필패의 상황에서 일구어낸 명량에서의 대첩 역시 신이 내린 기적이 아니라 그같은 '충성'과 노력들에 대한 너무도 당연한 보답이었던 셈이다.

"지금 신에게는 전선이 아직도 열두 척이 있나이다. 나아가 죽을 각오로 맞서 싸운다면 그래도 해 볼 만하옵니다. …… 전선이 적기는 하오나 미력한 신이 죽지만 않는다면 놈들이 업신여기지 못할 것이옵니다."

조정에서 수군을 해산하고 육군에 합류할 것을 집요하게 종용할 때 그가 남긴 이 명언은 그래서 그 의미가 더 심장하다.

이순신은 언제 어디에서든 전쟁의 주도권을 잃는 법이 없었다. 그리고 그 같은 능력은 언제나 사심을 품지 않고 최선을 다하는 과정에서 가장 크고 값지게 발휘되었다. 남이 전장에서 싸우기는 고사하고 출세하겠답시고 익사한 적군들을 끌어올려 수급을 모으느라 전력을 낭비할 때에도 이순신은 "무위(無爲)"의 자세로 꿋꿋하게 최소의 희생으로 최대의 승리를 이끌어 낼 수 있는 길을 찾는 데에 노력했으며 조정에 승전보를 고할 때에는 종의 이름까지 언급할 정도로 자신의 공조차 기꺼이 나라를 위해 최선을 다해 준 부하들에게 양보했다. 남이 조정의 처벌이 두려워 자기 부하들까지 희생시켜 가면서 무리하게 적과 맞붙었다가 조선 수군을 재기불능의 지경으로 내몰았다면 이순신은 때가 아니고 정도가 아니라고 판단하면 자신이 모욕을 당하고 죽는 한이 있어도 절대로 조정의 명령을 받들지 않았다.

또 그는 잠재적인 경쟁자였던 명나라 수군제독 진린(陳璘: 1543~1607)

과 경쟁하기보다는 전쟁에서의 조속한 승리를 위하여 기꺼이 몸을 낮추고 자신의 전공까지 양보함으로써 자신을 시기하던 그 조차 감복시켜 진심으로 그를 지지하는 후원자로 변하게 만들었다. 이처럼 이순신은 어디서든 사심을 버리고 평소와 같은 마음가짐으로 전장에 임했고 언제나 최선을 다했으며 그 결과 매번 싸움에서 이길 수 있었던 것이다.

자신의 자리에서 언제 어디서나 최선을 다했던 이순신 … 일제시대에 충무공기념사업을 주도했던 정인보 선생도

언제 어디서든 자기 자리에서 원칙을 지키면서 최선을 다했던 이순신.

말했듯이 당시 조정 높은 자리에서 충신을 냉대하며 그저 자신의 사리사욕과 권세만 탐했던 무리는 다 사라져 이름조차 잊혀지고 오로지 마지막 순간까지 자신의 자리에서 묵묵히 원칙을 지키며 최선을 다했던 이순신만이 영원한 본보기로 오늘날까지 변함없이 우리의 얼 속에 살아 있다. 그의 바로 이 한결같은 '충성'이야말로 만인이 진심에서 그를 인생의 본보기로 만세토록 존경하고 기리게 만드는 최고의 성공 비결이며, "하늘의 도에 어울리는" 미덕이 아닐까 싶다.

제71장

전쟁에 임할 때에는 경솔하게 움직이지 마라

백서본 제34장

병가에는 이런 말이 있습니다.

"나는 무모하게 공격을 하기보다

차라리 방어를 택할 것이요,

무턱대고 한 치라도 더 나아가기보다는

차라리 한 자만큼 물러서는 길을 택할 것이다."

이는 "행군을 하더라도 전혀 움직임이 없는 듯이 하라,

소매를 걷어붙이더라도 팔이 없는 듯이 하라,

병기를 잡더라도 병기가 없는 듯이 하라,

적과 맞서더라도 적이 없는 듯이 하라"의 경우라 하겠습니다.

전장에서 적을 얕보는 것만큼 큰 불행은 없습니다.

적을 얕보고 마구 행동하다가는

내 보배를 잃기 십상이지요.

그러니 양쪽이 병기를 맞부딪치며 싸울 때에는

적을 불쌍하게 여기는 쪽이 이길 수밖에 없는 것입니다.

用兵有言, 曰:

吾不敢爲主

而爲客,

不敢進寸

而退尺.

是謂'行無行,

攘無臂,

執無兵,

扔無敵'矣.

禍莫大於無敵,

無敵,

近亡吾寶矣.

故抗兵相若,

則哀者勝矣.

본장에서는 앞장에 이어 전쟁에 임하는 자세에 대해 이야기하고 있
다. 노자는 전쟁을 가급적 피해야 할 불행한 일로 여겼다. 그러나 만일
그 전쟁이 피할 수 없는 것이라면 자위적 차원에서 최대한 신중하게 대
응할 것을 주문했다. 적을 얕보고 무모하게 공세를 취했다가는 오히려
불행을 당하기 십상이기 때문이다.

노자가 본장에서 강조하는 용병술은 엄밀하게 따지자면《손자병법(孫
子兵法)》에서 아군이 휴식을 취하면서 적군이 지칠 때를 기다리는 "이일
대로(以逸待勞)" 전술에 해당하는 것으로, 주로 외적이 침공해 왔을 때
자위적 차원에서 구사했다. 이 전술은 우리 삼국시대의 고·수(高隋)전
쟁, 고·당(高唐)전쟁에서는 물론이고, 13세기 칭기즈칸의 몽골 기병들도
유라시아 원정과정에서 많이 활용한 바 있다. 또 20세기에는 모택동(毛
澤東)의 "적이 전진하면 아군은 퇴각하고, 적이 주둔하면 아군은 교란시
킨다(敵進我退, 敵駐我擾)"라는 게릴라 전술이나 호지명(胡志明)이 이끌었
던 베트공의 전술 역시 그 궤를 함께한다. 근대 중국의 학자 장태염(章太
炎: 1869~1936)은《구서(訄書)》〈유도(遊道)〉에서 "노담이 사관을 지내 옛
사적들을 많이 알고 있었기 때문에《금판(金版)》《육도(六弢)》의 대의를
5,000자로 요약하니 후세의 모략가들이 이를 법도로 삼았다"라고 주장
하는 등, 그동안《도덕경》을 일종의 병서로 간주하는 학자들이 많았다.

물론《도덕경》에서 노자가 전쟁이나 용병에 대한 언급을 많이 남겼
고, 손자 등 후대의 병법가들에게도 영향을 미친 것도 어느 정도는 사실
이다. 그러나 그 같은 언급들은 어디까지나 자신의 철학적 주장을 강조

하기 위한 일종의 '방편'으로 차용되고 있다는 점을 명심할 필요가 있다. 본장은 왕필본 제69장에 해당한다.

본장에는 해석 과정에서 논란이 되는 부분이 많은데 "무적(無敵)"도 그중 하나이다. 왕필본에는 이 부분이 "화막대어경적, 경적기상오보(禍莫大於輕敵, 輕敵幾喪吾寶)"로 나와 있다. 그래서인지 "경적(輕敵)"은 그동안 글자 그대로 "적을 가볍게 여기다" 식으로 해석되어 왔다. 그러나 백서본의 경우 을본에는 "무적(無敵)", 갑본과 한간본에는 "무적(無適)"으로 적혀 있는 것이 확인되었다. 여기서 '적(適)'은 '적(敵)'의 자형에 착안하여 그 가차자로 사용되었으므로 "無適"은 의미상으로 "無敵"과 일치한다. 그렇다면 초기 《도덕경》에는 "무적"이던 것이 후한대를 거치는 과정에서 "경적"으로 고쳐진 셈이다.

왕필은 이 대목에서 "내가 슬퍼하고 자비를 베풀어 자신을 낮추어 물러선다는 말이지 그 틈에 강한 것을 믿고 세상에서 맞수를 없애려 한다는 의미가 아니다. 거기서 그치지 못하고 결국 맞수를 없애는 상황에 이른다면 그것이야말로 내가 큰 불행으로 여기는 바이다"라고 주석을 달았다. 그렇다면 왕필본도 처음에는 "무적"이던 것이 나중에 새로 필사되는 과정에서 "경적"으로 바뀌었을 가능성이 크다.

"무적"은 '천하무적(天下無敵)'에서 볼 수 있듯이, 보통 "대적할 만한 상대가 없다"라는 의미로 사용되지만, 경우에 따라서는 왕필의 주석처럼 "적을 없애다"의 의미로 해석되기도 한다. 그러나 전후 문맥을 살펴볼 때 여기서는 "적을 없는 것처럼 여기다"로 해석해야 자연스럽다. 춘추전국시대에는 《좌전》〈소공·26년(召公二十六年)〉 "만일 괜찮다고 하면 군대가 목적을 이룰 것이니 임금께서 계속 진격하셔도 거기에는 맞서는 자가 없을 것입니다"처럼 '적수가 없다'로 해석되는 경우도 있지만, 때로는 《상군서(商君書)》〈전법(戰法)〉 "용병에 있어서의 실책이라면 적을 얕보고 깊숙이 진격했다가 지세가 험한 곳을 만나거나 국경을 넘는 바람에 군사들이 지치고 주리고 목이 마르고 거기다 병까지 얻는 경우입니다"에서처럼 '적을 얕보다'로 해석되는 경우도 있었기 때문이다. 이 경우 '무(無)'는 그 의미가 '없는 것처럼 여기다' 즉 '무시하다(disdain)'가 되는 셈이다.

고명 등은 이 같은 "무적⇒경적"으로의 변화가 발생한 원인이 후대 학자들 또는 필사 주체의 언어적 취향에 의해 발생했다고 보았다. 그러나 그보다는 당시 "무적"과 관련해서 몇 가지 해법이 공존하다가 한대 이후로 전자의 해법이 우세해지고 후자가 희소해지자 학자들이 오독의 가능성을 최소화할 생각으로 "경적"으로 고쳤을 가능성도 배제할 수 없다. 이 부분이 일부 판본에 '적을 업신여기다'의 의미인 "모적(侮敵)"으로 나와 있는 것도 이 같은 가능성을 뒷받침해 준다.

사람들은 보통 진정한 군인에게는 오로지 전진만 있을 뿐 후퇴는 있을 수 없다고 생각하는 경향이 있다. 그러나 군사학적 측면에서 작전상의 후퇴는 단순히 싸움을 회피하는 비겁한 행위가 아니라 전쟁을 승리로 이끌기 위한 수많은 전술들 중에 하나로 간주된다. 즉 후퇴를 통해 아군의 전력을 보존하고 충분한 휴식을 통해 전열을 가다듬음으로써 다음 싸움에서 승리를 이끌어 내는 원동력이 되기도 하는 것이다. 그 대표적인 사례가 바로 나폴레옹, 히틀러에 맞서 세계전쟁사에 두 번이나 그 이름을 올리고 있는 러시아의 '후퇴'작전이다.

유럽대륙 정복에 성공하고 황제로 즉위하는 등 한창 기염을 토하던 나폴레옹(Napoleon Bonaparte: 1769~1821)은 눈엣가시 같은 영국을 굴복시키기 위해 '대륙봉쇄령'을 내린다. 그러나 영국과의 교역 단절로 경제적으로 어려움을 겪던 러시아는 이 명령에 불복하고, 결국 그는 1812년 6월에 러시아 정벌 길에 나선다. 80만 대군이 투입되었고 러시아군은 약체였으므로 그 전쟁은 나폴레옹의 낙승으로 금방 끝날 것처럼 보였다. 그러나 러시아군은 정면대결을 피한 채 게릴라전과 청야(淸野) 전술로 일관하면서 후퇴에 후퇴만 거듭할 뿐이었다.

프랑스군은 도무지 맞붙을 생각조차 하지 않는 러시아군을 따라 그렇게 동으로 동으로 진격해 들어갔지만 러시아군이 집과 곡식을 모두 태워 버리는 바람에 황량해진 들판을 하염없이 행군하다가 과로사하는 병사가 속출하고 사기는 점점 떨어져 갔다. 제대로 된 싸움 한번 붙어 보지 않고 9월 14일 모스크바 입성에 성공한 프랑스군은 수도까지 함락된 이상 러시아 황제가 곧 백기를 들고 나타날 것을 확신했다.

그러나 의문의 대화재가 발생해 식량창고들은 물론 시가지 전체가 잿더미가 돼 버리고 러시아 황제는 나폴레옹의 항복 요구에 보란 듯이 퇴짜를 놓았다. 엎친 데 덮친 격으로 10월 15일 모스크바에 첫눈이 내리고 칼바람이 몰아치기 시작했다. 나폴레옹은 식량이 바닥나고 편안한 거처도 없어 더 이상 버틸 수 없게 되자 결국 퇴각 명령을 내렸다.

그런데 그때까지만 해도 겁쟁이들로만 여겼던 러시아군이 퇴각하는 프랑스군을 추격하면서 집요하게 괴롭혀 대기 시작했다. 설상가상으로 시베리아의 동장군도 그들을 곱게 돌려보내 주지 않았다. 애초에 나폴레옹은 과거에 그랬듯이 이번에도 속전속결로 전쟁을 끝낼 수 있을 것이라는 자만 때문에 이번 원정에는 방한 장비조차 제대로 갖추지 않은 상태였다. 그런 상황에서 영하 30도의 엄동설한과 칼바람을 만났으니 잿더미가 돼 버린 허허벌판으로 내몰린 프랑스군은 정신적 충격과 추위와 굶주림 속에서 철저하게 궤멸될 수밖에 없었다.

나폴레옹에게 닥친 불행은 그것뿐만이 아니었다. 그가 러시아 원정에서 참패했다는 소식이 전해지자 프랑스에서는 기다렸다는 듯이 쿠데타 기도가 잇따르고 그 동안 고분고분하던 속국들까지 일제히 반기를 들었다. 프로이센이 러시아와 동맹하고 여기에 영국, 오스트리아가 가세하더니 급기야 1813년 라이프치히에서 프랑스군은 또 한 번 대패하고 만다. 과거에 승승장구하면서 황제 자리에까지 올라 전 유럽을 호령하던 나폴레옹은 결국 그 전쟁을 끝으로 엘바 섬에 유폐되고 말았다.

그로부터 130여 년 후, 이 역사는 또 한 번 반복되었다. 세계 최강의 독일군을 앞세워 전 유럽을 점령한 히틀러(Adolf Hitler: 1889~1945)가 300만 대군을 동원해 러시아를 침공한 것이다. 그러나 그는 나폴레옹의 전철을 그대로 답습했다. 독일군은 러시아의 게릴라전과 청야 전술 그리고 동장군의 위력 앞에 100만 이상의 사상자를 내고 참패한 것은 물론이고, 그 원정이 계기가 되어 제2차 세계대전에서도 패망하게 된다. 나폴레옹과 히틀러는 초기의 너무 많은 성공으로 자신의 능력을 과신하고 상대방을 얕보다가 결국 자멸하고 만 것이다.

제72장
성인은 누더기를 걸친 채 옥을 품고 있다
백서본 제35장

내 말은 이해하기도 아주 쉽고,	吾言甚易知也,
실천하기도 아주 쉽습니다.	甚易行也.
그런데도 사람들 중에는	而人
제대로 이해할 줄 아는 이도 없고,	莫之能知也,
제대로 실천할 줄 아는 이도 없군요.	莫之能行也.
말하는 데에는 종지가 있고,	言有君,
섬기는 데에는 대상이 있기 마련입니다.	事有宗.
이런 이치를 아는 이가 없다 보니,	夫唯無知也,
내 진가를 알지 못하는 것입니다.	是以不我知.
나를 알아주는 이가 드무니,	知我希,
나를 본받으려는 이도 드물 수밖에요.	則我貴矣.
그래서	是以
성인은 누더기를 걸친 채 옥을 품고 있을 따름인 것입니다.	聖人被褐而懷玉.

　본장에서는 '도'의 진가를 알아주는 사람이 드문 현실에 대해 이야기하고 있다. 노자가 여기서 말하는 "도를 품은 이"란 흙 속에 묻혀 있는 옥과도 같은 사람들이다. 옥은 영롱하게 반짝이는 값진 보배이다. 그러나 옥이 아무리 값지다고 해도 흙 속에 묻혀 있으면 여간 눈썰미나 좋은 사람이 아니고서는 그것을 찾아내기 어렵다. 노자는 '도' 역시 흙 속의 옥과 같다고 보았다. 그가 허름한 누더기 차림으로 옥을 품고 있겠다고 한 것도 바로 이 같은 인식에서 비롯된 말이었을 것이다.

　본장에서의 노자의 고백에 근거하면《도덕경》 집필 당시까지만 해도 그의 철학적 주장에 공감하는 이가 그다지 많지 않았던 것 같다. 오로지 하극상과 약육강식의 원초적인 생존논리만 지배하던 춘추전국의 난세에서 "무위(無爲)"니 "청정(淸淨)"이니 겸양이니 절제니 하는 덕목들을 배우라고 호소하고 있었으니, 사람들의 이목을 끌지 못한 것도 어쩌면 그다지 놀랄 일도 아닌 셈이다. 누더기를 덮어쓴 그의 진가를 알아보고 그 '도'를 따르는 사람들이 나타나기 시작한 것은 아마 그가 이미 초야에 은둔한 후부터였을 것이다. 본장은 왕필본 제70장에 해당한다.

　본장의 내용을 이해하는 데 있어 또 하나 중요한 것이 '옥'이라는 오브제(objet)이다.《좌전》〈성공·13년(成公十三年)〉에 "나라에서 크게 받드는 것이라면 제사와 전쟁에 있다"라고 적고 있다. 옥과 그것을 가공해 만든 옥기에 대한 중국인들의 사랑은 지금도 여전하지만, 춘추전국시대 이전부터 옥은 제사, 회맹, 전쟁 등 정치적으로 중요한 의의를 지닌 자리

대만 고궁박물관에 소장된 전한대의 '규'

은나라 이전인 용산문화 시기의 '장'

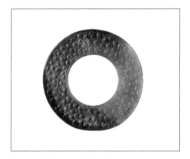

곡식 문양으로 가공한 춘추시대의 '벽'

에서 절대 빠질 수 없는 필수품이었다. 옥은 인간이 신들과 소통할 수 있게 해 주는 신성한 매개체였으며, 마찬가지로 신과 인간, 천자와 제후, 제후와 제후 사이의 약속과 신용을 상징하는 신표로 간주되었기 때문이다.

　서주시대 이래로 조정에서 제작되는 옥기는 크게 여섯 가지가 있었다. 먼저 이미 주나라 이전인 하(夏), 은(殷) 두 나라 때부터 권력의 상징물로 여겨져 온 '규(圭)'는 검의 날끝과 유사하게 이등변 삼각형으로 가공되었는데 제사, 연회, 장례, 정벌 등의 용도에 주로 사용되었다. '규'를 좌우로 커터 날처럼 잘라 놓은 듯한 '장(璋)'은 주로 조공, 제사, 징용 등의 신표로 사용되었다.

　도넛처럼 복판에 구멍이 뚫린 '벽(璧)'은 하늘의 신에게 제사를 지내거나 의전을 거행할 때 안치했는데, 때로는 작게 가공해서 장식으로 차고 다니기도 했다. '횡(璜)'은 원래 '벽'을 1/2로 쪼갠 모양으로 만들어졌는데 때에 따라서는 1/3, 1/4 등의 비율로 부채꼴이나 피자조각처럼 가공되기도 했다. 겉은 정방형이고 안은 원형으로 구멍을 낸 기둥형의 '종(琮)'은 땅의 신에게 제사를 지낼 때 사용했다.

'호(琥)'는 범의 형상으로 가공되었는데 주로 군사를 차출할 때 신표로 사용했다. 이 옥기들은 보통 '여섯 가지 도구[六器]' 또는 '여섯 가지 상서로운 물건[六瑞]'으로 일컬어졌는데, 나라의 크고 작은 의식, 행사 현장에 안치되어 신권 또는 왕권을 대표했다.

옥은 때로는 제사, 전쟁의 목적에 따라 하늘, 땅, 강의 신들과 소통하기 위한 제물로 바쳐지기도 했다.《좌전》에는 제후국들이 전쟁을 시작하기 전에 옥을 강의 신에게 바치고 승전을 기원하거나 황하의 제방이 무너지면 백마나 옥벽(玉璧)을 제물로 바쳐 신의 가호를 빌었다는 언급이 여러 군데에 보인다.

《사기》《한서》 등에서도 관련 기록이 적지 않은 것을 보면 이 같은 습속은 한대까지 이어진 것으로 보인다. 허신이《설문》에서 "무당은 옥으로 신을 섬긴다(巫以玉事神)"라고 한 것 역시 이 같은 배경과 무관하지 않다.

당시 사람들은 옥기를 장례에 사용하기도 했다. 후한대 학자 정현이《주례》〈춘관·전서(春官·典瑞)〉에 붙인 주석에 따르면 고대에는 망자

투각의 쌍룡 문양으로 멋을 부린 한대의 '횡'

봉황문양이 들어간 서주시대의 '종'

복잡한 문양들로 장식된 춘추시대의 '호'

의 시신을 염할 때에는 "'장'을 머리 쪽에, '규'를 몸 왼쪽에, '호'를 오른쪽에, '횡'을 다리 쪽에, '벽'을 등 쪽에, '종'을 배 위에 놓았다'고 한다. 망자의 입에 옥을 물리는 습속도 이미 서주시대 때부터 보이는데, 이때 물려지는 옥은 망자의 부활을 기원하는 뜻에서 주로 매미 모양으로 만들어졌다.

이렇듯 신과의 소통을 가능하게 하는 옥기의 생산·가공·사용은 오로지 통치자만 누릴 수 있는 특권이었다. 따라서 옥기는 그 자체가 권력의 상징으로 간주되었다. 사회적 지위가 높은 사람일수록 화려하고 정교한 옥기를 다량 착용할 수 있었으며 지위가 낮을수록 사용할 수 있는 옥기의 크기나 수량은 줄어들었다. 《주례》에 따르면 주나라에서는 옥으로 여섯 가지 위세품을 만들어 나라마다 등급을 구분했으며 제후들이 천자를 알현할 때 조공으로 바치는 옥기나 천자와 제후가 사용하는 비녀의 소재·길이에 대해서도 상세한 규정이 정해져 있었다. 이 같은 기록은 서주시대부터 이미 옥의 소재·형태·크기·색깔 등에 따라 정치권력을 서열화하고 거기에 정치적 의미를 부여하는 의전제도가 확립되어 있었다는 것을 의미한다.

옥은 동시에 인품이 훌륭한 성인군자를 상징하는 아이콘이기도 했다. 분량이 많아서 여기서 소개하기는 어렵지만 《예기》〈빙의(聘義)〉에 따르면, 공자는 제자 자공(子貢)이 군자가 옥을 소중하게 여기는 이유를 묻자 그 특징을 "인(仁)·지(知)·의(義)·예(禮)·악(樂)·충(忠)·신(信)" 등의 덕목과 "천(天)·지(地)·덕(德)·도(道)"에 빗대어 설명한 후 《시경》에 이르기를 '군자를 떠올리노라니 온화함이 그야말로 옥과도 같아라'라고 했나니, 그래서 군자가 그것을 소중하게 여기는 것이다(詩云, 言念君子, 溫其如

玉, 故君子貴之也)"라고 대답하고 있다.

후한대의 허신 역시 《설문》에서 이렇게 말했다. "옥이란 돌 중에서 아름다운 것들로서 다섯 가지 덕을 가지고 있다. 반들거리면서도 온화한 것은 인자함이요, 결이 잘 어우러져 밖에서도 속을 알 수 있는 것은 의로움이요, 그 소리가 여운을 남기며 퍼져나가되 흐트러지지 않아 멀리까지 들리는 것은 슬기로움이요, 구부러지거나 꺾이지 않는 것은 용감함이요, 뾰족하고 날카롭건만 억세지 않은 것은 고결함이다(玉, 石之美者, 有五德. 潤澤以溫, 仁之方也. 䚦理, 自外可以知中, 義之方也. 其聲舒揚, 專以遠聞, 智之方也. 不撓而折, 勇之方也. 銳廉而不忮, 潔之方也)."

옥이 지니는 이러한 천연의 특징들은 중국에서 전통적으로 예찬되어 온 성인군자의 이미지와도 상당히 닮아 있다. 중국 고전에서는 이처럼 성인군자를 옥에 비유하고 '옥음(玉音)·옥체(玉體)·옥덕(玉德)' 식으로 통치자를 높이는 사례들을 쉽게 찾아볼 수 있다. 노자가 제39장 "불욕록록약옥, 락락약석(不欲祿祿若玉, 珞珞若石)"이나 본장 "성인피갈이회옥(聖人被褐而懷玉)" 등, 《도덕경》의 여러 대목에서 '박(樸)', 즉 '옥돌'을 이상적인 통치자인 성인과 결부시켜 예찬한 것도 옥을 신성하고 소중하게 받들었던 당시의 이 같은 문화전통과 무관하지 않다.

제73장
잘못을 직시하면 같은 실수를 되풀이하지 않는다
백서본 제36장

알면서도 모르는 것처럼 행동하는 것은,　　　　　　　知不知,

가상한 일입니다만,　　　　　　　　　　　　　　　尙矣.

잘 알지 못하면서도 짐짓 아는 체 한다면,　　　　　不知知,

잘못된 일이겠지요.　　　　　　　　　　　　　　病矣.

성인이 잘못을 범하지 않는 것은,　　　　　　　聖人之不病也,

그가 잘못이 잘못임을 직시할 줄 알기 때문입니다.　　以其病病也,

그래서 잘못을 범하지 않는 거지요.　　　　　　　　是以不病.

| 해설 |

　본장에서는 자기수양에 대해 이야기하고 있다. 공자는 일찍이 "아는 것은 안다고 하고 모르는 것은 모른다고 하는 것, 이것이야말로 정말로 아는 것이다(知之爲知之, 不知爲不知, 是知也)"라는 말을 남겼다. 노자는 거기서 한 걸음 더 나아가 그보다 더 겸손해질 것을 당부하고 있다. 설사 아는 것이 있더라도 모르는 것처럼 겸허하고 신중하게 처신하는 것

이야말로 이상적인 처세의 자세라는 것이다. 그에게 있어 '도'는 인간의 인식이나 감각을 초월하는 그 무엇이었다. 세상에서 완벽하고 고정된 진리라는 것은 어디에도 존재하지 않는다. 이 세상에는 불가지와 불확실의 변수들이 넘쳐나고 있기 때문이다. 그런데 어떻게 좀 안다고 해서 세상의 모든 것을 다 아는 것처럼 행동할 수 있겠는가? 그런 점에서 본다면 노자는 세속적인 지식이나 학문에 대해 다소 회의적인 입장을 견지했던 셈이다.

"부지지, 병의(不知知, 病矣)"의 경우, 갑본에는 "부지부지, 병의(不知不知, 病矣)"로 되어 있다. 그래서 일본의 이케다 도모히사(池田知久) 등 다수의 국내외 학자들이 이 예를 근거로 내세워 "(자신이) 모른다는 사실을 모르는 것은 병이다" 식으로 번역하고 있다. 물론, 문법상으로는 그 같은 번역도 충분히 가능하다고 본다. 고문에서는 "부지지(不知知)" 또는 "부지부지(不知不知)"를 ① 「(부정사+) 동사+목적어」 구조로 파악하거나 ② 「(부정사+) 동사+(而+) 동사」 구조로 파악하는 두 가지 해석이 다 가능하기 때문이다. 문제는 본장에서 노자가 겸허한 처신과 자기수양을 주된 화제로 삼고 있는 데다가, 갑본을 제외한 대부분의 판본에는 모두 "부지지"로 나와 있다는 점이다. 그렇다면 《도덕경》 원문은 원래 "부지지"이고 "부지부지"는 필사과정의 착오일 가능성이 큰 것이다.

백서본 갑본에 "부지부지"로 적혀 있어서 맥락이 다소 복잡하게 꼬이기는 했지만, 이 부분은 당연히 "A를 B한다"가 아니라 "A함에도 불구하고 B한다" 식으로 해석해야 옳다. 일반적으로 '모르는 것을 아는 것'이나 '모르는 것을 모르는 것'은 어떤 사물이나 현상에 대한 인지, 즉 판단의 문제에 속한다. 반면에, '알면서도 모르는 듯이 처신한다'나 '모르면서도 아는 듯이 행동한다'는 것은 처세, 즉 수양의 문제에 해당한다. 이 경우 우리가 주목해야 할 부분은 그 뒤에 서술어로 온 "尚"과 "病"이다. "부지지"와 "부지부지" 둘 중 어느 쪽이 《도덕경》 원문에 부합되느냐에 대한 결정적인 열쇠는 바로 이 두 글자가 제공해 주고 있기 때문이다. 어떤 사물이나 현상이 맞느냐 아니냐는 인지 또는 판단의 문제이므로 그 자체는 어떤 경우에도 칭찬이나 비난의 대상일 수 없다. 즉 노자가 "A를 B한다"라는 의미를 나타낼 생각이었다면 애초부터 "尚"이나 "病" 같은 표현을 사용할 필요가 없는 것이다. 그런데 여기에 "가상하다"거나 "잘못됐다"거나 하는 호오나 포폄의 의미가 강조되고 있다는 것은 곧 이 부분이 "A함에도 불구하고 B한다" 식으로 해석해야 옳다는 점을 방증하는 셈이다.

따라서 이 부분의 원문은 "부지부지"가 아니라 "부지지"여야 옳고, 그 해석 역시 "모르는 것을 모르는 것" 식이 아니라 "모르면서도 아는 것처럼 행동하는 것" 식으로 고쳐야 하는 것이다. 한간본, 엄준본, 왕필본, 하상공본, 부혁본 등에는 본장 중간에 "잘못이 잘못임을 직시할 줄 알면 잘못을 저지르지 않는다"라는 의미의 "부유병병, 시이불병(夫唯病病, 是以不病)"이 들어가 있으나 백서본에는 보이지 않는다. 본장은 왕필본 제71장에 해당한다.

인간은 하늘을 바라보지만 저 하늘 끝에 어떤 존재가 있는지 알지 못한다. 그리고 땅을 쳐다보지만 그 땅 속에 어떤 세상이 펼쳐져 있는지 알지 못한다. 안으로는 나 자신이 어떤 존재인지 알지 못하고 밖으로는 타인 역시 어떤 마음을 가지고 있는지 알지 못한다. 이렇듯 우리가 알고 있는 것들, 인간의 지식이라는 것은 그토록 불완전할 수 없으며 그토록 유한할 수 없는 것이다. 그럼에도 불구하고 우리는 마치 이 우주 만물에 대한 모든 것을 다 알고 있는 것처럼 행세하거나 자신의 무지를 부끄럽게 여겨 애써 감추려 들기 일쑤이다. 우리를 그렇게 완고하게 만드는 것은 바로 내가 남보다 우월하다고 착각하는 자만심과 그처럼 '특별한' 자신을 남들에게 각인시키겠다는 과시욕, 그리고 그런 일련의 행위들을 통해 남들을 이기겠다는 승부욕이다. 물론 자신의 무지를 스스로 인정한다는 것은 결코 쉬운 일은 아니다. 그러나 그것을 현실로 받아들일 줄 알아야 자신의 '주제'를 똑바로 인식할 수 있고 한 단계 높이 성숙될 수 있다.

본장의 "지부지(知不知)"는 인간의 지식이 한계가 있으며 우주의 삼라만상을 모두 알 수는 없다는 취지의 말로, "너 자신을 알라"의 또 다른 버전이라고 할 수 있다. 그동안 소크라테스(Socrates: BC470?~BC399)가 한 말로 알려져 있었던 이 명언은 사실은 기원전 7세기경 아테네의 델포이 신전 벽에 새겨져 있던 잠언이었다. 플라톤의 대화록 〈소크라테스의 변명〉에서는 이와 관련해서 다음과 같은 일화를 전하고 있다.

하루는 소크라테스가 길을 걷던 중 우연히 친구 카이레폰을 마주쳤다. 그는 소크라테스에게 델포이 신전의 사제가 "세상에서 소크라테스보다 더 슬기로운 사람은 없다"는 신탁을 들려준 일을 전했다. "이 작은 아테네에는 쟁쟁한 정치가, 예술가, 과학자들이 넘쳐나는데 이 세상에 나보다 훌륭한 사람이 하나도 없다고?" 호기심이 동한 그는 그 신탁의 오류를 입증해 보이기 위해 당시 아테네에서 가장 똑똑하기로 소문이 난 사람들을 일일이 찾아 다닌다. 그 과정에서 그는 결국 그 신탁이 옳았다는 것을 깨달았다. 사실 특정한 사물에 대해 무지하다는 점에서는 그나 아테네에서 가장 똑똑하다고 알려진 사람들이나 별반 다를 것이 없었다. 다만 소크라테스가 그들보다 나은 점이 있다면 그들은 자신의 무지를 깨닫거나 인정하지 못하지만, 자신은 그 사실을 깨닫고 현실로 받아들일 줄 안다는 것이었다. 여기서 대오각성한 그는 사람들에게 이렇게 말했다.

"그건 마치 '인간들이여, 그대들 가운데 가장 슬기로운 자는 소크라테스처럼 자신의 지혜가 사실은 아무런 가치도 없는 것임을 깨달은 자이다'라고 말하고 있는 듯하다."

너 자신이 아무것도 모르고 있다는 사실을 직시하라. 그것이 바로 당신이 참된 앎을 찾아 나서는 첫 걸음이다. 아는 것도 없으면서 잘 아는 것처럼 가식을 떠느라 마음고생을 할 바에야 차라리 아무것도 모르는 편이 훨씬 낫다. 겸허한 자세로 자신의 무지에 솔직하고 자신의 부족함을 인정할 줄 아는 사람만이 그 부족함을 진리로 채울 수 있기 때문이다.

제74장

남들로부터 존경 받으려거든
먼저 그들을 존중하라

백서본 제37장

백성들이 두려운 것을 두려워하지 않게 되면,	民之不畏畏,
매우 두려운 사태가 닥치게 될 것입니다.	則大畏將至矣.
백성들이 사는 곳을 깔보지 말고,	毋狎其所居,
그들이 살아가는 방식을 꺼리지도 마십시오.	毋厭其所生.
그들을 꺼리지 않는다면,	夫唯弗厭,
그들도 당신을 꺼리지 않을 테니 말입니다,	是以不厭.
그렇기 때문에	是以
성인은 자신을 알지언정	聖人自知
자신을 드러내지는 않으며,	而不自見也,
자신을 사랑할지언정	自愛
자신을 존귀하게 포장하지는 않는 것입니다.	而不自貴也.
그러니 그것을 버리고 이것을 택하도록 하십시오.	故去彼取此.

　본장에서는 통치자와 백성의 관계에 대해 이야기하고 있다.《도덕경》여러 대목에서 확인할 수 있는 것처럼 노자는 백성들을 언제나 착하고 순한 사람들로 보았다. 당시 그런 그들을 정신적·육체적으로 도저히 참을 수 없는 극한적인 상황으로 몰고 가고 심지어 하나밖에 없는 목숨까지 버리게 만든 것은 바로 통치자의 폭압과 몰이해, 즉 소통의 부재였다. 고금과 동서를 막론하고 민초들은 극한상황으로 내몰리면 자포자기의 심정으로 국가권력에 맞서고 결국에는 그 나라는 혼란에 빠지고 통치자 역시 파멸로 치닫는 경우가 많았다.

　최초로 중원을 통일하고 천하를 호령하던 시황제의 진나라가 순식간에 허물어지는 데에 단초를 제공한 것은 당시 사회적으로 미미한 존재로 여겨지던 머슴 출신의 진승(陳勝)과 농민 출신의 오광(吳廣)의 궐기였다. 어디 그 뿐인가? 전한대의 녹림(綠林)·적미(赤眉)의 난이나 후한대의 황건적(黃巾賊)의 난, 당대의 황소(黃巢)의 난, 송대의 방랍(方臘)·송강(宋江)의 난, 원대의 백련교도(白蓮教徒)·홍건적(紅巾賊)의 난, 명대의 이자성(李自成)의 난, 청대의 태평천국(太平天國)의 난 등, 통치자들의 폭정에 맞서 일어난 크고 작은 봉기와 반란들은 대부분이 수많은 무명의 민초들이 주체가 되어 일어난 사건이었다.

　어쩌면 중국의 역대 혁명과 봉기의 주체들 중에 도가의 추종자들이 많았던 데에는 제1장에서부터 "이 세상에 영원한 것이란 없다"고 역설한《도덕경》이 그 혁명의 논리를 제공해 주었기 때문이 아니었을까 싶다. 그래서 노자는 통치자가 그 같은 파국을 피하려면 자신을 드러내지 않고 항상 겸허한 자세로 백성들과 소통하며 그들을 이해하고 배려하는 성인의 처신을 배우라고 당부했던 것이다. 본장은 왕필본 제72장에 해당한다.

본장에서 가장 논란이 많은 것은 "부유불염, 시이불염(夫唯弗厭, 是以不厭)"의 해석이다. 백서본 갑본과 한간본에는 이 부분이 동일하며, 을본은 "夫唯弗猒, 是以不猒", 왕필본은 "夫唯不厭, 是以不厭"으로 대체로 일치한다. 그러나 그 해석의 방식에 대해서는 이설이 분분하다.

예를 들어, ① 임계유는 '염(厭)'을 둘 다 '압(壓)'의 약자로 보아 "(통치자가) 백성들을 압박하지 않아야 백성들도 압박을 느끼지 않게 된다" 식으로 해석했다. 또 ② 장송여 등은 '염' 앞의 부정사가 초기 판본에는 각각 '불(弗)'과 '불(不)'로 구분되어 있는 점에 주목했다. 그는 부정사가 서로 다르게 표기된 것은 곧 앞과 뒤의 '염'이 각자 다른 의미로 해석되는 것을 의미한다고 보았다. "통치자가 백성들을 싫어하지 않기 때문에 백성들로부터 싫어함을 당하지 않는 것이다"가 된다는 것이다.

반면에 ③ 고형(1957)·진고응·허항생 등은 앞의 '염'은 "무염기소생(無厭其所生)"처럼 '억압하다', 뒤의 '염'은 제66장의 "천하락추이불염야(天下樂推而不厭也)"처럼 '싫어하다' 식으로 각자 다른 의미로 사용되었다는 절충안을 내 놓고 "임금이 그 백성들을 억압하지 않으니 백성들 역시 그 임금을 미워하지 않는다" 식으로 해석했다. ④ 주겸지(1984)는 이 절충안에 동의하면서 중국어의 '사성(四聲)'의 원리로 '염'에 대한 재해석을 시도했다. 즉 "부유불염"의 '염'은 입성(入聲)이고 "시이불염"의 '염'은 거성(去聲)이므로, 전자는 "부유불압(夫唯不壓)", 후자는 "시이불오(是以不惡)"의 의미로 해석한 것이다.

그러나 여기서 앞과 뒤의 두 '염'은 각자 다른 의미를 나타내는 것으로 이해해서는 곤란하다. 만일 양자 사이에 차이가 있다면 그 차이는 "주체가 누구냐, 주격이냐 소유격이냐, 능동이나 피동이냐" 하는 정도뿐이다. 따라서 임계유, 장송여의 해법처럼, "부유불염, 시이불염"의 '염'은 둘 다 동일한 의미로 해석해야 옳은 것이다. 물론 두 '염'이 서로 다른 의미로 해석될 가능성이 전혀 없는 것은 아니다. 그러나 본장에서처럼 동일한 구문에서 나란히 사용되었다면 절충안의 경우처럼 동일한 글자가 각자 다른 의미로 해석될 가능성은 상대적으로 낮아질 수밖에 없다. 여기서는 주어의 생략이 일상적인 시가의 특성에 따라 서로 다른 두 주체를 가리키는 주어가 생략되었다는 전제하에 원문에 충실하게 "(통치자가 백성들을) 꺼리지 않는다면 (백성들도 통치자를) 꺼리지 않는다" 식으로 해석했다.

주겸지는 본장의 두 '염'이 서로 다른 의미를 나타낸다는 자신의 주장을 입증하는 데에 중국어의 '사성(四聲)' 이론을 대입함으로써 여러 학자들의 공감을 끌어냈다. 그러나 《도덕경》 해석에 '사성'의 원리를 적용하는 것은 그다지 적합해 보이지 않는다. 왜냐하면 노자 당시의 고대 중국어가 지금과 같은 '성조언어'였을 거라는 우리의 고정관념과 달리 춘추전국시대나 한대에는 중국어에 '사성'이 존재했을 가능성이 희박하기 때문이다. 사실 이 발성 규칙은 상고시대 중국인들의 언어활동 과정에서 자연스럽게 나타난 것이 아니라 춘추전국시대보다 최소한 수백 년 후인 남북조시대에 불교와 서역문화의 영향 속에서 인위적으로 '발명'된 것이다.

근대의 석학 진인각(陳寅恪: 1890~1969)의 고증에 따르면, 서역(西域)에서는 불경을 낭송할 때 전통적으로 고대 인도 바라문교의 경전인《베다(Veda)》에서 유래한 제1성 우닷타(udātta), 제2성 스바리타(svarita), 제3성 아누닷타(anudātta)의 세 악센트에 맞추어 경문을 읽었다. 이 독특한 낭송법은 남북조시대인 5세기 말 불교의 전래와 함께 중국에 수입되었으며, 주옹(周顒)·심약(沈約) 등 당대 최고의 문인들에 의해 '평(平), 상(上), 거(去)'의 세 소리로 재편된 후 거기에 끝소리(받침)가 '-ㄱ, -ㅂ, -ㅅ'로 끝나는 '입성(入聲)'이 새로 추가되면서 비로소 사성체계가 확립되었다는 것이다. 이때 '발명된' 사성체계는, 서양 중세 가톨릭 교회의 그레고리우스 성가(Gregorian chant)가 그러하듯이, 경전을 보다 '아름답게' 낭독하기 위한 예술 방법으로 제안된 것일 뿐 언어적으로 특정한 의미를 담는다거나 구분하는 문법적 기능을 수행한 것은 아니었다.

범어 연구의 전문가인 권중혁 선생의 주장에 따르면, '사성'이 중국어 문법에 영향을 주기 시작한 것은 이 체계가 수·당대에 국가적인 인재등용제도인 '과거(科擧)'에 적용된 일을 계기로 민간에 널리 보급되고, 그 이후로 각각의 성조에 의미상의 변별 기능이 새로 부여되면서부터였을 것이다. 그렇다면 중국에서 글을 짓거나 시를 낭송할 때 '사성'의 원리가 작동하기 시작한 시점은 상한을 아무리 높이 끌어올려도 불교가 중국에 최초로 전래된 후한대를 넘어서기 어렵다는 결론이 나온다. 그러니 춘추전국시대에 저술된《도덕경》해석에 이 이론을 적용하려 하는 것은 무리일 수밖에 없는 것이다.

제75장
하늘의 그물은 구멍이 난 것 같아도 흘리는 법이 없다

백서본 제38장

마구 행동하면 죽임을 당하고,	勇於敢則殺,
마구 행동하지 않으면 살아남습니다.	勇於不敢則活.
이 두 경우는,	此兩者,
어떨 때에는 이롭고 어떨 때에는 해롭습니다.	或利或害,
그러나 하늘이 어느 쪽을 싫어한다고 한들,	天之所惡
누가 그 이유를 알 수 있겠습니까?	孰知其故
하늘의 도는,	天之道
싸우지 않아도 잘 이기고,	不戰而善勝
말하지 않아도 잘 대답하고,	不言而善應,
부르지 않아도 알아서 달려오고,	不召而自來
여유롭게 잘 대처하는 것입니다.	繟而善謀
하늘에 쳐 진 그물은 넓고도 넓어,	天網恢恢,
얼핏 구멍이 난 것 같아도 절대로 흘리는 법이 없지요.	疏而不失.

　본장에서는 하늘의 도에 순응하는 처세 원칙을 3단계에 걸쳐 이야기하고 있다. 노자는 우선 '불가지론'에 의거하여 "용어감(勇於敢)"과 "용어불감(勇於不敢)" 둘 중에 어느 쪽이 이롭고 해로운지는 하늘만 안다고 전제한다. 이어서 "부전이선승, 불언이선웅, 불소이자래, 천이선모(不戰而善勝, 不言而善應, 不召而自來, 繟而善謀)"하는 것이 '하늘의 도'임을 상기시키고 자신의 자리를 묵묵히 지키면서 본분을 다할 것을 당부한다. 그가 이렇게 당부하는 이유는 바로 "천망회회, 소이불실(天網恢恢, 疏而不失)"에 있다.

　'도'는 보거나 듣거나 만지거나 느낄 수 있는 것이 아니기에 그 존재를 시원하게 확인할 수가 없다. 그러나 그 존재를 확신하는 노자에게 있어 "하늘의 그물[天網]"은 곧 '도'의 다른 이름이다. '도'는 "설마 있겠느냐" 하는 의심이 들 정도로 너무도 넓고 크다. 그럼에도 불구하고 이 우주와 세상에 존재하면서 끊임없이 작용하고 있는 것이다. 그러니 어느 누가 그 '도'에 머리를 조아리지 않을 수 있으며 그 위대한 운행 법칙에 귀의하지 않을 수 있겠는가. 하상공본에서 본장에 "이루어지는 대로 내맡겨라[任爲]"라는 제목을 붙인 것도 이 같은 이유 때문이었을 것이다.

　물론 보기에 따라서는 노자가 강조하는 하늘의 도를 따르는 생활 자세가 얼핏 피동적이고 소극적일 것 같기도 하다. 그래서 일부 학자는 그의 가르침이 숙명론과 현실도피를 부추긴다고 비판하기도 했다. 그러나 그가 살았던 시대에는 이 같은 일들이 비일비재 했으며, 따라서 그가 이 같은 철리를 담은 잠언을 남긴 일도 전혀 이상할 것이 없다. 본장은 왕필본 제73장에 해당한다.

우리는 '한자(漢字)'라고 하면 '상형문자(象形文字)'이며 '표의문자(表意文字)'라는 그 피상적인 특성에 유난히 집착하는 경향이 있다. 그러나 갑골(甲骨)·금석(金石)·죽간(竹簡)·백서(帛書) 등 다양한 소재들에 기록된 한자들을 살펴보면 그런 생각은 선입견에 불과해 보인다.

서주시대나 춘추시대만 해도 한자는 국가의 공식적인 행사에서만 사용되었다. 그러던 것이 전국시대에 경제가 발전하고 사회의 분화와 문화의 발전으로 한자에 대한 수요가 급증하면서 점차 널리 사용되기 시작한 것이다. 그러나 상형문자의 한자는 속성상 획수가 많고 형태가 복잡해 기록 속도를 높인다는 것은 현실적으로 불가능했다. 그렇다 보니 이미 당시부터 자형의 단순화, 획수의 간소화가 이루어지고 표음 기능이 강화되는 등, 다양한 방식의 변용이 이루어질 수밖에 없었다. 《도덕경》의 경우만 해도 초간본, 백서본, 한간본 등의 초기 필사본들에서 글자의 의미와는 무관하게 표음성이 강조된 한자의 조합들을 수시로 찾아볼 수 있다. 당시의 문헌자료들을 보다 정확하게 읽으려면 고대 한자의 표음기능과 관련하여 다음의 몇 가지 사항에 유념할 필요가 있다.

① 한자 변용의 가장 초보적 패턴인 약자는 이 시기에 한자 사용 인구가 늘고 문자 기록이 빈번해지면서 자주 사용되었다. 《도덕경》에서도 "謂⇒胃, 動⇒重, 輕⇒巠, 鑑⇒監, 侮⇒母, 獨⇒蜀, 慈⇒兹, 惡⇒亞, 況⇒兄, 取⇒耳" 식으로 특정 한자의 자획을 간소화하거나 아예 생략한 약자들을 쉽게 찾아볼 수 있다.

② 한자는 글자마다 각각의 고유한 의미를 담는 표의문자의 속성상

의미와 무관한 글자를 사용하는 것은 불가능하다. 그러나 이미 이때부터 특정 '발음'을 나타내기 위해 임시로 다른 한자를 빌려 쓰는 '음차(音借)'가 이루어지기 시작했다. 《도덕경》에서도 의태어나 의성어를 중심으로 "名⇒命, 何⇒荷, 篤⇒督, 保⇒葆, 聖⇒聲, 患⇒梡, 識⇒志" 식으로 표음 기능을 극대화시켜 글자의 의미나 형태와는 무관한 한자를 차용한 사례들을 찾아볼 수 있다.

③ 기록 주체의 개인적 선호도나 현실적 필요에 따라 의미·발음상 무관한 한자를 차용하는 경우도 나타났다. 《도덕경》에서 "寵⇒龍·弄, 彼⇒被·罷, 忽⇒沒·沕, 似⇒佁·台, 恍⇒芒·望·荒" 식으로 사용된 것들이 그 예들이다. 다만 당시에는 한자 사용에 통일된 규정이 존재하지 않았기 때문에 동일한 한자도 기록 주체마다 표기 방식이 달라서 이체자(異體字)가 많이 쏟아져 나왔다. 그중에서 어떤 것들은 지금까지도 그 명맥이 이어지고 있지만 이같은 차용은 사회적으로 공인된 표기법이 아니라 기록 주체가 개인적으로 정한 약호였기 때문에 대다수는 시간이 지나면서 자연히 도태되어 버렸다. 《도덕경》의 경우만 해도 지금은 자전에서 그 발음이나 의미는커녕 그 글자조차 찾을 수 없는 한자들이 적지 않게 눈에 띈다.

④ 또 하나 염두에 두어야 할 것은 바로 특정 문헌의 필사본이 목판으로 인쇄되는 "필사⇒인쇄"의 과도기에 나타나는 '오각(誤刻)'의 가능성이다. 중국에서 목판인쇄술의 발명은 단순히 도서의 대량생산을 가능하게 한 데서 그치지 않고 글자체의 규격화에도 일조했다. 그 이전까지는 기록 주체마다 달랐던 글자의 자형·획수·서체가 목판인쇄를 통해 단일한 자형·획수·서체로 수렴된 것이다. 다만 기존의 필사본을 목판에 판

각하는 과정에서 자형은 비슷하지만 의미가 다른 글자를 혼동하는 바람에 전혀 엉뚱한 글자가 새겨지는 일이 수시로 일어났다.

제59장 왕필주에 언급된 "예속(銳速)"은 그 단적인 예이다. "예속"은 뛰어난 재능이나 지식을 밖으로 드러내거나 남들에게 과시하는 것을 뜻하는 "예일(銳逸)"을 잘못 새긴 것이다. 물론 이것은 왕필의 잘못은 아니며, 아마 최초로 필사된 왕필본에는 이 글자가 정확하게 기록되었을 것이다. 그러나 그로부터 수백 년 후인 당·송대에 목판에 판각되는 과정에서 자형·맥락을 제대로 숙지하지 못한 판각공이 "逸⇒速"으로 오각하는 실수를 범했을 것이다.

필사본이 인쇄본으로 이행되는 과정에서 발생하는 '오각'의 사례는 우리나라에서도 찾아볼 수 있다. 《삼국사기(三國史記)》에는 백제 제17대 왕의 왕호(王號)가 '아신(阿莘)'으로 나오지만 사실은 '아화(阿華: 370~405)' 여야 옳다. 이 역시 "필사⇒인쇄"로 이행되는 과정에서 판각공이 "華⇒莘"으로 잘못 새긴 것이기 때문이다.

제76장

무고한 살육을 자행하면
언젠가는 천벌을 받는다

백서본 제39장

만일 백성들이 늘 죽기를 두려워하지 않는다면,	若民恒且不畏死,
어떻게 사람을 죽이는 형벌로 그들을 겁박할 수 있겠습니까?	奈何以殺懼之也.
만일 백성들 중에 늘 죽기를 두려워하면서,	若民恒且畏死
그래도 삐딱한 일을 벌이는 자가 있다면,	而爲畸者,
내가 그를 붙잡아 죽일 것이니,	吾將得而殺之,
어느 누가 무모하게 일을 벌이려 들겠습니까.	夫孰敢矣.
만일 백성들이 언제나 죽기를 단연코 두려워한다면,	若民恒且必畏死,
그것은 언제나 사형을 집행하는 이가 있어서이겠지요.	則恒有司殺者.

그런데도

사형을 집행하는 이를 제쳐 놓고 대신 집행하려 든다면,	夫代司殺者殺,

그것은

솜씨 좋은 장인 대신 나무를 다듬겠다고 나서는 꼴입니다.	是代大匠斲也.
솜씨 좋은 장인을 제쳐두고 나무를 다듬는 사람 치고	夫代大匠斲者,
자기 손을 다치지 않는 이는 드물 것입니다.	則希不傷其手矣.

|해설|

본장에서는 춘추전국시대의 가혹한 형벌제도에 대해 이야기하고 있
다. 드물기는 하지만 이때에도 인명을 소중하게 여기고 겸허하게 애민정
책을 편 통치자들은 존재했다. 그러나 이와는 상반된 행태를 보이다가
분노한 백성들에게 목숨을 잃거나 왕조가 멸망하는 비운을 맞은 통치
자도 적지 않았다.

《좌전》을 보면 거(莒)나라에는 자질이 부족한 임금이 많았던가 보다.
기원전 609년, 거나라의 임금 기공(紀公)은 태자를 함부로 폐출하고 백
성들에게 여러 차례 무례한 짓을 저질렀다가 그들에게 죽음을 당했다.
기원전 555년, 평소 변덕이 죽 끓듯 했던 여비공(黎比公)은 포악한 짓을
많이 저질러서 역시 백성들에게 죽음을 당했다. 기원전 520년에는 칼을
백성들보다도 훨씬 많이 사랑한 경여(庚興)가 자신이 쓸 칼이 새로 만들
어질 때마다 날이 잘 드는지 확인하기 위해 곁에 있는 사람들에게 상습
적으로 칼을 휘둘러 대다가 결국 백성들에 의해 추방당하기도 했다.

노자에게 있어 인간의 생사에 대한 여탈권은 오로지 만물에 생명을
부여한 '도' 또는 하늘에만 주어지는 고유의 권한이다. 그의 이러한 형벌
관은 앞장의 "천망회회, 소이부실(天網恢恢, 疏而不失)"에서도 어느 정도
짐작할 수 있으나 본장에서 보다 분명하게 드러난다. 그럼에도 불구하고
세속의 통치자들은 직접 형벌에 개입해서 사람들의 생사를 결정하거나
집행하려 드는 일이 많았다. 노자는 만일 그렇게 한다면 불행한 일을 당
하게 되므로 항상 인명을 소중하게 여기고 관용을 베풀라고 충고하고
있다. 여기서 "언제나 사형을 집행하는 이가 있다"라는 말은 곧 백성들

이 우주, 자연의 운행 법칙에 따라 자연적으로 살거나 죽는 것을 가리키는 것으로 해석할 수 있다. 본장은 왕필본 제74장에 해당한다.

사형은 인류의 역사가 시작된 이래로 여러 가지 이유 때문에 상당히 선호되어 온 형벌이다. 중국의 경우 상고시대에 이미 다섯 가지 형벌인 '오형(五刑)'이 갖추어져 있었으며, 시간이 흐르면서 형벌의 가짓수나 잔혹성은 더해 갔다.

청대 말기의 법학자인 심가본(沈家本: 1840~1913)이 《역대형법고(歷代刑法考)》에서 소개한 바에 따르면, 중국에서는 전통적으로 24가지의 사형이 사용되었다. 즉 해(醢: 죄인을 죽인 후 그 시체를 잘게 다져 육젓을 담그는 벌), 포락(炮烙: 기름을 바른 구리기둥을 숯불에 올려 달군 후 그 위를 걷게 해 태워 죽이는 벌), 분(焚: 불로 태워 죽이는 벌), 팽(烹: 솥에 넣어 삶아 죽이는 벌), 원(轅: 거열. 머리와 사지를 말이나 소에 묶어 다섯으로 찢어 죽이는 벌), 침하(沉河: 강물에 던져 익사시키는 벌), 능지(凌遲: 단도로 포를 떠서 죽이는 벌), 지해(支解: 사지를 토막 내 죽이는 벌), 책(磔: 사지를 갈라 죽이는 벌), 요참(腰斬: 허리를 끊어 죽이는 벌), 효수(梟首: 목을 베서 꼬챙이에 꽂아 놓는 벌), 육시(戮尸: 시체를 관에서 꺼내 난도질하는 벌), 참(斬: 목을 베어 죽이는 벌), 교(絞: 목을 졸라 죽이는 벌), 경(磬: 목을 졸라 죽인 후 본보기로 시체를 편경처럼 매달아 놓는 벌), 기시(棄市: 죽인 후 시체가 마르거나 썩을 때까지 본보기로 길거리에 방치하는 벌), 태살(笞殺: 곤장을 쳐서 죽이는 벌), 고경(考竟: 온갖 고문을 해서 죽이는 벌), 부심(剖心: 가슴을 갈라 심장을 끊어 죽이는 벌), 사살(射殺: 활을 쏘아 죽이는 벌), 사귀전(射鬼箭: 묶어 놓고 활을 난사해서 죽이는 벌), 생예(生瘞: 산 채로 묻어 죽이는 벌), 투애(投崖: 벼랑에서 떨어뜨려 죽이는 벌) 등이 그것들이다. 이 다양한 유형의 사형들을 보노라면 인간의 잔인함에 절로 몸서리를 치게 된다.

물론 이처럼 잔인한 사형도 오늘날처럼 아무 때나 집행한 것은 아니며 나름의 규정에 따라야 했다. 도교의 영향을 많이 받았던 당대의 법전인 《당육전(唐六典)》에서는 매년 입춘에서 추분까지는 사형을 집행할 수 없다고 명시하고 있다. 즉 만물이 움츠리고 죽는 추분 이후부터 입춘 이전까지 사형이 집행되었으며, 만일 불가피한 사정으로 그 전에 처형해야 할 경우라도 생기가 감도는 음력 정월·5월·9월이나 양기가 강한 매월 1·8·14·15·18·23·24·28·29·30일은 피해야 했다.

24개 절기나 황제가 태어난 생일처럼 국가적으로 중대한 의의가 있거나 중요한 활동이 있는 날은 두말할 나위도 없었다. 따라서 즉시 처단해야 할 정도로 극악한 사형수라도 이 기간에는 목에 칼도 대지 못하게 했다. 만일 규정을 어기고 집행을 강행하면 곤장 80대의 엄벌을 내렸으며 이 전통은 명대까지 이어졌다.

집행은 죄수가 다음 생에서 보다 나은 존재로 태어날 수 있게 하려는 인도적인(?) 배려 차원에서 보통 해가 중천에서 기울기 시작하는 오후 1~3시 사이, 즉 '미시(未時)'에 이루어졌다. 그러나 명·청대에는 이 역시 사형 당한 죄수가 원귀가 되어 사람들에게 해코지를 하지 못하게 하기 위해 해가 중천에 떠서 양기가 가장 강하다고 믿어진 오전 11시부터 오후 1시 사이, 즉 '오시(午時)'로 앞당겨졌다고 한다.

제77장

집착하는 순간 욕망의 노예로 전락하고 만다

백서본 제40장

사람들이 굶주리는 것은,	人之飢也,
통치자가	
그들에게서 음식과 세금을 많이 챙기기 때문입니다.	以其取食稅之多也,
그러니 굶주릴 수밖에요.	是以飢.
신하들이 잘 다스려지지 않는 것은,	百姓之不治也,
그 주군이 벌이는 일이 있기 때문입니다.	以其上之有以爲也,
그러니 다스려지지 않는 것이지요.	是以不治.
백성들이 죽는 것을 대수롭지 않게 여기는 것은,	民之輕死也,
통치자들이 삶에서 바라는 것이 너무도 많기 때문입니다.	以其求生之厚也,
그래서 죽는 것을 대수롭지 않게 여기는 것이지요.	是以輕死.
살겠다는 욕심에 일을 벌이지만 않는다면,	夫唯無以生爲者,
이야말로 삶을 귀하게 여기는 것보다 훨씬 현명하다 할 것입니다.	是賢貴生.

|해설|

  본장에서는 앞장의 논지를 이어 통치자의 자기 절제에 대해 이야기하고 있다. 고대 중국은 농업사회였지만 농기구가 원시적이고 농사 기술도 낙후되어 있었다. 그렇다 보니 농업 생산은 자연히 자급자족할 몫을 빼고 나면 남는 것이 별로 없을 정도였다. 따라서 당시의 통치자들은 안정된 세원을 유지하기 위해 낮은 세율이나 보조금으로 백성들의 생활을 안정시키기 위해 노력해야 했다.

그러나 춘추전국시대가 도래하면서 백성들의 생활 여건은 점차 극단으로 치달았다. 더 이상 주나라의 눈치를 볼 필요가 없어진 제후들이 밑도 없는 자신의 욕망을 채우느라 분주하기 시작한 것이다. 과거에는 천자나 누리던 화려한 옷차림이며 온갖 산해진미, 웅장한 왕궁을 너도나도 따라 하기 시작했다. 그러나 욕망은 갈수록 부풀어 갔지만 수중에 들어오는 돈은 과거와 별반 달라진 것이 없었다. 보다 많은 재원을 확보하기 위한 가장 쉽고 빠른 방법은 백성들을 전보다 더 많이 쥐어짜거나 전쟁을 벌여 남의 나라의 재화들을 강탈하는 길 뿐이었다.

원래 서주시대에는 백성들에게서 받아 내는 것은 토지세 정도가 고작이었다. 그러나 춘추전국시대의 제후들은 세율을 전보다 더 높게 책정하는가 하면 처음에는 곡물만 징수하던 것을 나중에는 돈이 되고 값어치가 있는 것이면 무엇이든지 다 챙기기 시작했다. 게다가 시간이 지나면서 집집마다 인두세를 부가하는가 하면 상인의 활동을 통제한다는 명목으로 중요한 관문이나 시장에도 세금을 물리는 등, 다양한 명목의 세를 새로 추가함으로써 백성들을 철저하게 수탈했다. 그러나 과중한 세금은 백성들의 궁핍과 파산을 의미했다. 그렇게 되자 나라마다 삶의 터전을 등지는 유민이 속출하고 그들에게서 버려진 농토가 황폐해지는가 하면 심지어 이들이 도적으로 전락해 약탈을 일삼는 등 일련의 사회문제들이 잇따라 터져 나왔다. 통치자의 욕망을 절제할 것을 당부하는 본 장의 가르침은 바로 이 같은 시대적 분위기 속에서 나온 것이라고 할 수 있다. 본장은 왕필본 제75장에 해당한다.

본장에서 노자는 통치대상을 세 부류로 구분하고 있는데 '인(人)'과 '백성(百姓)'과 '민(民)'이 그들이다. 현행의 왕필본에는 이 세 주체가 모두 '民'으로 통일되어 있다. 따라서 학자들은 지금까지 이 부분을 "백성들이 굶주리는 것, …… 백성들이 다스리기 어려운 것, …… 백성들이 죽기를 대수롭지 않게 여기는 것" 식으로 번역해 왔다. 그러나 그 후 출토된 백서본, 한간본을 통해 그 통치대상이 서로 다르게 제시되어 있는 것이 밝혀졌다. 즉 이 부분이 "인지기야, …… 백성지불치야, …… 민지경사야(人之飢也, …… 百姓之不治也, …… 民之輕死也)"로 적혀 있었던 것이다. 왕필본 등 후대의 판본들의 경우 당대에 이르러 '민'이 태종 이세민(李世民)의 이름자를 피하기 위해 일률적으로 '인'으로 고쳤고, 다시 세월이 흘러 후대 학자들이 이를 원상태로 되돌리는 과정에서 세 글자를 일률적으로 "人⇒民"으로 교체하면서 노자 당시와는 거리가 있는 지금의 상태로 굳어져버린 것이다. 물론 통치 대상이 '인', '백성', '민'으로 구분된다고 해서 본장의 맥락에 큰 변동이 발생하는 것은 아니다. 그러나 춘추전국시대의 '백성'과 '민'은 엄연히 현재와는 다른 계층을 가리키는 표현이었으므로 이에 대한 개념정리가 필요하다고 본다.

'백성'이라는 단어는 《상서(尙書)》〈요전(堯典)〉 "온 가문이 화목해지고 나니 신하들을 살펴 표창하시고 나아가 온 천하 제후들도 조화롭고 사이좋게 이끄셨네(九族旣睦, 平章百姓, 百姓昭明, 協和萬邦)"에서 처음 확인되며, '사서삼경(四書三經)'에도 총 25개의 용례가 보인다. 명대의 학자 양신(楊愼: 1488~1559)은 《승암전집(升庵全集)》에서 고대의 '백성'에 대해 다음과 같이 설명하고 있다.

> "옛날 서민들에게는 성이 없었으며 성을 가진 사람들은 모두 토지를 소유하거나 관작을 보유한 자들이었다. …… 황제(黃帝)의 아들 25명 중에서 성을 얻은 자는 14명뿐이었다. 그 후손으로서 제후의 나라에 사는 이들의 경우 그 서민들은 해당 제후의 성을 자신의 성으로 삼았으며, 대부의 채읍에 사는 이들은 그 대부의 성을 자신의 성으로 삼았다. …… '백성'이란 보통 국록을 받으면서 토지를 소유하거나 벼슬을 살면서 관작을 보유한 자들을 가리켰던 셈이다."

말하자면 춘추전국시대의 '백성'은 그동안 우리가 알고 있었던 통치의 대상으로서의 '서민(commoner)'이 아니라 '백관(百官)', 즉 임금에게 충성을 서약하고 그 대가로 조정으로부터 벼슬이나 녹읍을 하사받았던 고위급 귀족이자 통치의 동반자인 '중신(minister)'이나 '영주(lord)'들을 통칭하는 이름이었던 것이다. 이처럼 고위급 귀족을 뜻하던 '백성'의 위상에 변화가 생긴 것은 전국시대부터였다.

서주시대에는 '정전제(井田制)'에 입각해서 녹읍(祿邑)이 귀족들에게 공평하게 분배되었다. 그러나 춘추전국시대에 제후들 간에 토지 겸병과 정복 전쟁이 경쟁적으로 무절제하게 벌어지면서 힘에 의한 토지 사유화가 급격하게 진행되었다. 그 과정에서 지금까지 녹읍을 세습해 왔던 귀족들은 서서히 토지를 잃고 빈민으로 몰락하기 시작했다. 이렇게 세습 귀족들의 사회적 위상이 급변하면서 그들을 통칭하는 이름인 '백성' 역시 그 위상이 평가절하되어 진나라 시황제 이후로는 지금까지도 일반 서민을 가리키는 이름으로 완전히 굳어진 것이다.

| 갑골문1 | 금문1 | 금문2 | 금문3 | 소전 | 예서(백서본) |

중국 고문자에서의 '민(民)'. 갑골문과 금문에서는 왼쪽눈을 뾰족한 도구로 찌르는 모습이 잘 형상화되어 있으나 소전체 이후로는 그 본래의 의미소가 완전히 가려져 버렸다.

'민'은 의미상으로 '백성'과는 대척점에 있는 용어로 원래는 '노예(slave)'를 뜻했다. 중국의 학자이자 문학가 곽말약(郭沫若: 1892~1978)의 고증에 따르면 주나라에서는 적군이나 죄수를 노예로 만들 때 끝이 뾰족한 도구로 한쪽 눈을 찌르는 신체형을 가함으로써 그들을 효과적으로 통제하려 했다고 한다. 현존하는 갑골문이나 금문의 '민'자는 송곳으로 눈을 찌르는 순간을 형상화해 놓은 것이다. 그러다가 나중에 이들의 사회적 신분이 상승되면서 그 의미도 '평민·민중·민초(commoner)' 등으로 평가절상이 이루어졌다. 본장에 언급된 '인'과 '백성'과 '민'은 각각 'human'과 'minister'(또는 'lord')와 'people'(또는 'commoner') 정도로 이해할 수 있을 것이다. 최근의 연구 결과에 따르면 '백성'이 지금처럼 '백성' 또는 '국민'의 의미로 사용되기 시작한 것은 전국시대 말기인 진나라 시황제 무렵부터라고 한다. 본서에서는 시기적으로 그보다 일찍 저술된 《도덕경》의 '백성'에 대해서는 기존의 번역과 차별을 두어 일률적으로 '신하(들)'로 번역했다.

제78장

억세고 크기만 해서는 오래갈 수 없다

백서본 제41장

사람은 살아 있을 때에는 부드럽고 가냘픕니다만,　　　人之生也柔弱,

죽으면 금세 단단하고 억세게 변합니다.　　　其死也剛靭堅强,

마찬가지로,

　만물과 초목은 살아 있을 때에는 부드럽고 연해도,　萬物草木之生也柔脆,

죽으면 말라서 바스라지고 말지요.　　　其死也枯槀.

그래서 "단단하고 억센 것들은　　　故曰: 堅强,

죽은 것이고,　　　死之徒也.

부드럽고 가냘픈 것들은　　　柔弱,

산 것이다"라고 하는 것입니다.　　　生之徒也.

군사가 억세기만 하면 이길 수 없으며,　　　兵强則不勝,

나무도 억세기만 하면 죽고 맙니다.　　　木强則榧

그러니 그저 억세고 크기만 하면 남들 밑에 머물고,　故强大居下,

부드럽고 가냘프면 남들 위에 머무는 거지요.　　　柔弱居上.

본장에서는 부드러움과 가냘픔의 미덕에 대해 이야기하고 있다. 사람들은 보통 강하고 단단한 것이 생명과 힘의 원동력이라고 믿는다. 때문에 매사에서 남들보다 강해지고 힘이 세지기를 바라는 경향이 적지 않다. 물론 강하고 힘이 센 데에도 장점이 없지는 않을 것이다. 그러나 노자의 생각은 이와는 정반대였다. 그는 제36장과 제43장에 이어 부드러움과 가냘픔의 역설을 보다 강한 어조로 설파하고 있다. 그에게 있어 부드럽거나 가냘픈 것은 왕성한 생명력을 뜻하며 억세고 단단한 것은 생명력의 고갈을 뜻한다. 그래서 그는 세상 만물에 작용하는 이 같은 부드러움과 단단함, 삶과 죽음 사이에 작용하는 변증법적인 관계에 주목하면서 통치자들에게 부드러움과 가냘픔의 미덕을 소중하게 여기고 일상에서 이를 지킬 것을 당부하고 있다. 본장은 왕필본 제76장에 해당한다.

본장에서 가장 논란이 되는 것은 "목강즉긍(木强則柧)"의 '긍'에 대한 해석이다. 왕필본에는 이 부분이 "목강즉병(木强則兵)"으로 되어 있다. 그래서인지 학자, 역서들은 지금까지 이 부분을 대부분 "나무가 강하면 병기가 된다" 식으로 알쏭달쏭하게 번역해 왔다. 그러나 '병(兵)'은 그 품사를 동사로 가정한다 해도 맥락상 상당히 어색하다. 의미적으로 앞 구절처럼 "군사[兵]-강하다[强]-이기지 못하다[不勝]" 식의 대응관계를 분명하게 보여 주지 못하기 때문이다. 그래서 역대 학자들은 여기에 맥락과는 무관한 '병'이 들어가 있는 점에 대해 오랜 기간 의심을 품어 왔다.

실제로 이 글자는 전한대의 엄준본이나 하상공본, 또 당대의 부혁본에는 '공(共)', 돈황본 등에는 '공(拱)'으로 적혀 있다. '共'과 '拱'은 자형이 '兵'과 비슷한 까닭에 일종의 대안으로 제시된 것으로 보인다. 그러나 이 역시 "나무[木]-강하다[强]"라는 특성과 의미적으로 부합된다고 할 수는 없다.

이와 관련하여 송대 학자 황무재(黃茂材)는 《열자(列子)》〈황제편(黃帝篇)〉에서 해당 부분이 "병강즉멸, 목강즉절(兵强則滅, 木强則折)"로 인용된 점에 착안하여 '절(折)'에서 부수인 '재방 변[扌]'이 떨어져 나간 '근(斤)'이 앞의 '병(兵)'과 결부되면서 '병'으로 굳어졌고, 이것이 필사되고 전파되는 과정에서 다시 '共'이나 '拱'으로 잘못 기록된 것이므로 '折'의 의미 — '꺾이다'로 해석해야 된다고 보았다. 이 해법은 근현대에 유월·역순정·유사배·해동·마서륜·장석창·고형·주겸지 등의 동조로 거의 정설로 여겨졌으며 지금도 "나무가 강하기만 하면 부러지게 된다" 식으로 번역한 책을 더러 볼 수 있다.

백서본의 경우 이 글자가 갑본에는 '항(恒)', 을본에 '경(競)'으로 나와 있다. 고명은 '항'이 '긍(亘)'에서 비롯된 것으로 그 발음이 '경'과 동일 계열이어서 전통적으로 함께 통용되었다고 주장했다. 그는 《이아》〈석언(釋言)〉에서 "'홍(烘)'은 불에 타는 것을 가리킨다"라고 설명한 점, 그리고 《시경》〈소아·백화(小雅·白華)〉 "저 뽕나무 장작을 패다가 나는 아궁이에 불을 지핀다" 등을 예로 들어 해당 글자가 전파 과정에서 "共⇒兵⇒折"로 잘못 필사되었으며, 의미상으로는 갑본의 '恒', 을본의 '競', 엄준본 등의 '共'이 사실은 모두 '烘'의 의미 — '불태우다'를 차용한 것이라는 결론을 내리고, "나무가 강하기만 하면 불태워지게 된다" 식으로 해석했다.

그러면서 이로써 왕필본 등의 전파과정과 후대 학자들의 오인으로 불거진 1,000년 동안의 의혹이 드디어 확실한 증거를 찾았다고 자찬했다. 그러나 백서본이 제공한 소중한 단서를 제대로 판독하지 못한 점에서는 그 역시 기존의 학자들과 별반 다를 것이 없다.

고명은 백서본 갑본의 글자가 '항(恒)'이라고 했지만 원문을 자세히 살펴보면 해당 글자는 '항'이 아닌 '긍(桓)'이다. '긍'과 '항'은 부수[木]만 빼면 형태적으로 완벽하게 일치한다. 문제는 그 의미를 놓고 본다면 양자 사이에는 하늘과 땅만큼의 차이가 존재한다. 《설문》을 보면 '긍'에 대해 "끝나는 것을 가리킨다. 의미는 나무를 따르고 발음은 '항'을 따른다"라고 설명하고 있다. 그런데 다시 '경(竟)'을 찾아보면 "악곡이 끝나는 것을 '경'이라고 한다. 소리를 따르고 사람을 따랐으며 발음은 '거(居)'와 '경(慶)'의 반절이다"라고 설명하고 있다.

청대 학자 왕염손(王念孫: 1744~1832)이 《일주서(逸周書)》〈탁훈(度訓)〉 "슬기로운 임금은 …… 젊은이에게 일자리를 주고 노인을 봉양하고 어린이를 키우는 데에 온 힘을 다하는 이들을 표창한다"에 붙인 주석에 따르면 '다하다'라는 의미의 '경(竟)'은 춘추전국시대에는 '경(競)'과 함께 통용되었다. 《설문》에서는 '競'이 을본에 사용된 '긍(競)'과 같은 의미로 사용되기도 했다고 한다. '竟'은 '競'의 가차자로서 발음이 일치할 뿐만 아니라 발음이 "'고(古)'와 '등(鄧)'의 반절"과 "'거(居)'와 '경(慶)'의 반절"인 '桓'과 '竟' 역시 거의 일치하는 셈이다. 그렇다면 지금까지 정답으로 알려져 있던 왕필본의 '兵'은 사실은 오랜 세월을 거치고 글에서 글로 필사되는 과정에서 "桓⇒共(⇒栱·拱)⇒兵·折" 식으로 점점 엉뚱한 글자와 의미로 왜곡되어갔다는 말이 된다.

후대에 그 자리에 전혀 엉뚱한 글자가 들어간 것도 '框'을 필사하던 사람이 그것과 발음이 비슷한 '共'을 그 약자로 썼던 것이 제삼자를 거쳐 다시 필사·전파되는 과정에서 '共'은 왕필본의 '兵', '拱'은 《열자》의 '折'로 각각 굳어져 버린 셈이다. 그렇게 본다면 갑본의 '框'은 발음과 의미는 물론이고 춘추전국시대의 관례에 비추어 보더라도 '烘'과는 거리가 멀 수밖에 없다. 따라서 여기서의 '框'은 '竟'을 대신해서 쓴 가차자로 보아 '끝나다' 또는 '죽다'로 해석하여 "나무가 강하기만 하면 <u>죽고 만다</u>" 식으로 번역할 수 있는 셈이다. 이에 대해서는 고이케 이치로(小池一郞) 역시 비슷한 해석을 내놓고 있다. 한간본을 공개한 북경대학 출토문물 연구소는 해당 글자를 '핵(核)'으로 판독했는데, '核'은 아마 그와 형태가 유사한 '拱' 또는 공(栱)'을 오독 또는 오기한 결과일 것이다.

제79장

넉넉한 쪽이 모자란 쪽에
베푸는 것이 하늘의 도이다

백서본 제42장

하늘의 도는,	天之道,
활시위를 당기는 이치와도 같습니다.	猶張弓者也,
활이 너무 높다 싶으면 좀 낮춰 주고,	高者抑之,
너무 낮다 싶으면 좀 추켜올려 주며,	下者擧之,
또 팔힘이 좀 넘친다 싶으면 약간 줄여 주고,	有餘者損之,
모자란다 싶으면 좀 보태 주니까 말입니다.	不足者補之.
이렇듯 하늘의 도에서는,	故天之道,
넉넉한 쪽에서 덜어서 부족한 쪽에 보태 주건만,	損有餘而益不足.
인간 세상의 도에서는,	人之道,
부족한 쪽에서 덜어서 넉넉한 쪽에다 갖다 바치지요.	損不足而奉有餘.
그렇다면 누가 넉넉할 때 그 남는 몫을	孰能有餘
하늘의 도를 좇아 부족한 쪽에 내놓을 수 있겠습니까?	而有以取奉於天者.
오로지 도를 품은 분들만이 그렇게 할 수 있습니다.	唯有道者乎.
그렇기 때문에	是以
성인은 남을 위하여 힘쓸지언정 그 성과를 가지려 하지 않으며,	聖人爲而弗有,
공을 이루더라도 거기에 안주하지 않는 것입니다.	成功而弗居也.

이렇게 처신하기에,　　　　　　　　　　　　　　　　若此,

그는 무리하지 않고도 절로 유능함을 드러내게 되는 거지요.　其不欲見賢也.

|해설|

　본장에서는 백성들에 대한 통치자의 분배정책에 대해 이야기하고 있다. 하늘의 도는 "손유여이익부족(損有餘而益不足)"이어서 언제나 평형과 조화를 유지한다. 일출과 일몰, 초승달과 보름달, 낮과 밤, 그리고 춘하추동의 변화와 순환은 그러한 '하늘의 도'가 작용하고 있음을 보여 준다. 그러나 인간세상은 그렇지 못하다. "손부족이봉유여(損不足而奉有餘)"의 극단적인 불공평이 도처에서 횡행한다. 인간사회 자체가 본질적으로 계급사회이다 보니 불평등이 없을 수 없고 없어질 수도 없다. 문제는 그 정도가 지나쳐서 '빈익빈, 부익부' 현상이 도처에서 발생한다는 점이다. 노자는 활을 쏘는 이치에 빗대어 '하늘의 도'는 사심이 없어 만인에게 공평하다고 역설하면서 통치자들이 "손부족이봉유여"의 사심을 품지 말고 백성들에게 균등한 분배를 실천해야 한다고 조언한다. 그는 '도'를 품고 섬기는 사람이야말로 그 같은 고결한 소임을 실천할 수 있다고 보았다.

　복지정책에 대한 노자의 이러한 인식은 공자와는 상당한 차이를 보인다.《논어》속의 공자는 빈부 문제에 대해 냉정하고 담담한 방관자의 입장을 보이는 듯하다. 반면에 노자는 그보다 적극적이고 단호한 입장에 서 있다. 그는 활시위를 당기는 것과 같이 여유가 있는 쪽에서 덜어서

부족한 쪽에 보탬으로써 나라 전체가 균등한 분배를 구현해야 옳다고 주장하고 있는 것이다. 그런 점에서 본다면 분배나 복지에 관한 한 노자 쪽의 관심과 열의가 공자보다 더 크고 명쾌했던 셈이다. 본장은 왕필본 제77장에 해당한다.

본장에서 짚고 넘어가야 할 것이 "장궁(張弓)"의 해석 문제이다. 고명은 이에 대해 "고대인들이 활을 쓰기 전에 활에 시위를 다는 것을 '장(張)'이라고 하고 활을 쓴 후 시위를 푸는 것을 '이(弛)'라고 한다. …… 고대인들이 활에 시위를 달 때 시위의 위치가 높으면 아래로 내리고 낮으면 위로 올렸으며 시위가 길어서 넉넉하면 잘라 내고 짧아서 부족하면 이어 붙이곤 했다"라고 설명한 바 있다. 그러나 그의 주장과는 달리 '張'과 '弛'를 그렇게 해석한 사람은 없다. 《설문》에 따르면 "'張'이란 활의 시위를 벌리는 것을 가리킨다". 따라서 이것이 동사로 충당되면 '펼치다(open)' 또는 '당기다(draw)'로 해석되므로 "張弓"은 활시위를 당기는 행위를 가리키는 말로 해석해야 옳은 것이다.

《시경》〈소아·길일(小雅·吉日)〉"내 활을 다 당기고 내 화살을 다 재었으면 저 작은 암돼지를 쏘고 이 큰 외뿔소를 잡아" 부분을 보면 통상적인 활쏘기와는 순서가 다른 것 같다. 이 경우는 수직으로 세워서 쏘는 활이 아니라 수평으로 눕혀서 쏘는 노궁(弩弓)을 가리킨다. 노궁은 노리쇠가 있어서 활시위를 당겨 거기에 건 상태에서 화살을 잰 후 표적을 겨냥해 쏘는 방식으로 사용하기 때문이다.

《순자》〈의병(議兵)〉에는 전국시대 위나라의 병사 선발 기준이 소개되어 있는데 "세 가지 갑옷을 착용하고 12섬짜리 노궁을 들고 화살 50대를

궁수가 발로 노궁을 벌리는 모습

메고 그 위에 창을 끼고 모자 위에는 칼을 이고 사흘치 군량을 진 채로 해가 중천에 뜨는 반나절 사이에 구보로 100리를 달리는" 체력을 가지고 있어야 했다.

이때 '12섬'이란 노궁의 무게 자체가 아니라 장정이 활시위를 당기는 데에 드는 힘을 무게로 환산한 것이다. 즉 12섬을 들 수 있을 정도의 팔힘을 가져야만 시위를 당길 수 있을 정도로 강한 노궁을 말하는 것이다. 본장에 언급된 활이 일반 활인지 노궁인지는 명시되어 있지 않아 어느 쪽이라고 단언할 수가 없다. 다만 그 뒤의 "고자억지, 하자거지(高者抑之, 下者擧之)"가 활을 잡은 팔의 고저를 나타내고 "유여자손지, 부족자보지(有餘者損之, 不足者補之)"가 활시위를 당기는 팔힘의 강약을 나타내는 말임에는 틀림이 없다. 국내의 역서들 중에는 고명 등의 해석을 따른 경우가 제법 보이는데 바로잡을 필요가 있다고 본다.

제80장

온갖 시련을 다 감내할 줄 아는
사람이야말로 진정한 지도자이다

백서본 제43장

세상에서 물만큼 부드럽고 가냘픈 것은 없습니다.	天下莫柔弱於水,
그럼에도 불구하고 단단하고 굳센 것과 맞섬에 있어,	而攻堅强者,
물을 능가할 수 있는 것이 없는 것은,	莫之能勝也.
그 저력에 있어서	
물을 대신할 만한 존재가 어디에도 없기 때문입니다.	以其無以易之也.
물이 단단한 것을 이기고,	水之勝剛,
가냘픈 것이 억센 것을 이기는 이치.	弱之勝强也,
세상에서 이 이치를 모르는 이는 없겠지만,	天下莫弗知
그 같은 가르침을 실천할 수 있는 이는 없나 봅니다.	而莫之能行也.
그래서 성인도 이렇게 말씀하셨습니다.	故聖人之言, 云曰:
"온 나라의 비판을 다 참을 줄 아는 이,	受邦之詢,
이를 진정한 나라의 주인이라고 하며,	是謂社稷之主,
온 나라의 불행을 다 견딜 줄 아는 이,	受邦之不祥,
이를 진정한 세상의 임금이라고 한다."	是謂天下之王.
바른 말은 역설과도 같은 법이지요.	正言若反.

본장에서는 통치자의 처신에 대해 이야기하고 있다. 물은 세상에서 가장 부드럽고 가냘프다. 그럼에도 불구하고 세상에서 아무리 단단하고 억센 것들도 물을 이길 수는 없다. 물은 세상에서 가장 강하면서도 결코 잘난 척하는 일이 없이 스스로 몸을 낮추고 낮은 곳으로 임하여 세상의 온갖 때와 더러움을 다 보듬는다.

요즘 세상에서는 만인의 어버이가 되고 나라를 경륜하겠다고 출사표를 던지는 사람들 중에 물의 본성을 닮으려고 하는 사람은 거의 찾아보기 어렵다. 그러나 나라와 백성들을 위해서라면 온 나라 사람들의 비판마저도 기꺼이 감내하고 온 나라의 불행마저도 스스로 견뎌 낼 줄 아는 사람이야말로 물의 미덕을 몸소 실천하는 사람이며, 이런 경지에 도달해야만 명실상부한 한 나라의 주인, 나아가 온 세상의 임금이 될 수 있는 자격이 주어진다. 이 세상 온갖 오욕과 불행을 스스로 뒤집어쓰더라도 언제나 남들을 위해 희생하고 헌신하기를 마다하지 않는 사람. …… 노자는 말한다. 바로 이런 사람이야말로 진정한 나라의 주인이요 세상의 임금이라고 말이다. 본장은 왕필본 제78장에 해당한다.

신라의 제27대 임금 선덕왕(善德王) 11년(642), 백제의 의자왕이 신라를 공격하여 40여 개 성과 중요한 군사적 거점인 대야성(지금의 합천)까지 함락시키는 사건이 발생했다. 이에 선덕왕은 그 위기를 타개하기 위해 측근이던 김춘추를 당나라로 급파해 태종 이세민에게 외교적 중재를 요청했다. 그러자 이세민은 그 자리에서 김춘추를 향해 이렇게 빈정거렸다.

"…… 그대의 나라는 여자를 임금으로 삼는 바람에 이웃 나라로부터 업신여김을 당하고 임금의 체통을 잃어 도둑이 잇따라 일어나고 해마다 편안할 날이 없는 것이다."《삼국사기》〈신라본기5〉 "선덕왕 12년 가을 9월" 조)

당나라는 당시 막강한 군사력과 활발한 동서 교역을 통해 유라시아의 수많은 나라와 문화가 교류하던 명실상부한 문화적 선진국이었고, 이세민 또한 제국의 기틀을 닦고 충신들의 조언을 귀담아 들으며 "정관 연간의 통치[貞觀之治]"를 이루어 낸 명군이었다. 그런 그가 이렇게 선덕왕을 비웃은 것을 보면 신라의 임금이 여자라는 사실이 어지간히도 못마땅했던가 보다. 이 같은 그의 편견은 사실 남존여비 사상이 지배하던 고대 사회에서는 새삼 놀라울 것도 없었다.

게다가 당시는 선거라는 민주적인 절차를 통해 통치자를 추대하는 정치 시스템은 커녕 그런 개념조차 존재하지 않는 시대였다. 오로지 피비린내 나는 음모와 살육이 횡행하는 권력투쟁에서 살아남은 최후의 승리자만 왕관을 쓸 수 있었던 것이다. 실상이 그렇다 보니 부드럽고 가냘픈 여자가 강하고 힘센 남자들 틈새를 비집고 임금의 자리에 오른다는 것은 상상조차 할 수 없었다. 거기다 설상가상으로 국제 정세까지 불안해서 고구려, 백제는 호시탐탐 신라의 허점을 노리고 있었다. 그런 상황에서 여자가 임금이 되었으니 반대 세력들은 말할 것도 없고 충성파들조차 하루하루가 불안하지 않을 수 없었을 것이다.

그러나 선덕왕이 16년 동안 보여준 통치 성적표는 기대 이상의 것이었다. 그녀는 노련한 정치수완을 발휘하여 정적 김용춘의 아들 김춘추를 보듬어 외교를 전담케 했다. 또 신라 출신이 아니라는 이유로 주변인으로 맴돌던 가야 출신의 김유신에게 군사권을 일임했다. 파격적인 대우로 두 사람의 절대적인 충성과 헌신을 확보한 그녀는 힘의 논리가 지배하던 당시에 포용과 조화의 정치를 베푸는 한편, 국제무대에서는 당나라와의 우호관계를 통해 고구려, 백제로부터의 군사적 위협에 효과적으로 대처했다. 또 그녀는 여성이라는 자신의 약점을 오히려 만인을 보듬고 어루만지는 부드럽고 자상한 모성으로 승화시켜 사회적 약자들을 위해 선정을 베풀므로써 백성들로부터 '성조황고(聖祖皇姑)'로 존경받았다. 당나라와 서역의 선진문화를 적극 도입하여 분황사, 영묘사 등의 불사를 조성하고 천문대인 첨성대를 축조하고, 현대 건축술로도 세우기 어려운 황룡사 9층 목탑을 건설함으로써 신라의 문화적 역량을 대외적으로 과시하기도 했다.

물론 여자를 임금으로 받들 수 없다며 수시로 반란을 일으키는 반역자들 때문에 그녀는 재위기간 내내 하루도 마음 편할 날이 없었다. 그러나 김춘추와 김유신이 그녀의 기대를 저버리지 않고 각자의 기량을 최대한 발휘해 주고 있었으니 그 만하면 위기관리에도 성공한 셈이다. 훗날 두 사람은 삼국통일의 주역이 되었으니 어떤 의미에서는 그 초석을 놓은 사람이 선덕왕이라고 해도 과언이 아닌 것이다. 이 정도면 이세민의 전날의 극언도 그 빛이 다 바래질 지경이다.

"등잔 밑이 어둡다"는 말이 있듯이, 이세민을 무안하게 만든 또 한 사람은 바로 자신이 세운 당나라에서 나왔다. 이세민의 여러 후궁들 중의 하나이던 14세의 무조(武曌: 624~705)는 그가 병사한 후 당시 황실의 법도에 따라 그의 명복을 빌기 위해 출가하여 비구니가 되었다. 그 후 우연히 이세민의 아들 고종(高宗)의 눈에 든 그녀는 정치적으로 재기에 성공하더니 급기야 병약한 그를 대신해 정사에 간여하기 시작했다. 그것으로도 부족했던지 고종 사후에는 자신의 아들을 차례로 황제로 즉위시켜 통치기반을 다진 후 690년에는 역성혁명을 일으켜 5,000년 중국 역사상 전무후무한 여황제로 등극했다. 역사적으로 '측천무후(則天武后)'로 일컬어지는 무조는 선덕왕과 마찬가지로 15년의 재위기간동안 인재들을 중용하고 국가제도를 재정비한 것은 물론, 대규모 토목사업을 벌여 불교를 진흥하는 등, 한나라 이후로 두 번째로 중국에 문화적 황금기를 가져왔다. 이렇듯 당시 사람들의 여성에 대한 편견, 우려와는 달리 두 여왕은 부드럽고 너그러운 포용과 화합의 통치로 두 나라에 새로운 도약의 계기를 마련함으로써 당당하게 그 이름을 역사에 남긴 것이다.

제81장
남과 감정 상할 일은 처음부터 하지 마라
백서본 제44장

대인관계에서 대부분의 원한은 풀린다 해도,

속에는 분명히 남은 앙금이 있기 마련입니다.

그렇게 된다면 어떻게 사이가 좋아질 수 있겠습니까?

그렇기 때문에

성인은 채권자로서 차용증을 갖고 있더라도

절대로 당사자에게 빚을 독촉하지 않습니다.

그래서 "덕이 있는 이는 차용증을 보관만 하지만,

덕이 없는 자들은 이자 계산에만 바쁘다"라고 하는 거지요.

하늘의 도에는 사사로운 친분이란 없나니,

언제나 좋은 이들과 함께할 따름입니다.

和大怨,

必有餘怨,

焉可以爲善.

是以

聖人執左契

而不以責於人.

故有德司契,

無德司徹

天道無親,

恒與善人.

|해설|

　본장에서는 사람들을 대하는 자세에 대해 이야기하고 있다. 누구나 사회생활을 하다 보면 이런저런 이유로 남들과 부대끼는 경우가 많다. 아주 작은 인연을 계기로 사이가 더욱 가까워지기도 하지만 때로는 사소한 오해나 실수로 돈독했던 인간관계에 금이 가기도 한다. 그러나 일단 틀어져 버린 사이는 나중에 화해를 하고 관계를 회복하더라도 마음속 어딘가에는 여전히 감정의 응어리가 남아 어지간한 노력이 없이는 원상태로 되돌리기가 어렵다.

고문에서 "집좌계(執左契)"란 차용증의 왼짝을 쥔다는 뜻이지만, 여기서는 어떤 일에서 주도권을 쥐는 것을 가리킨다. 어떤 분야나 상황에서 남들보다 우월한 위치에 섰을 때 많은 사람은 그 권력과 이익에 도취된다. 그래서 자신의 지위를 믿고 남을 함부로 대하기도 하고 때로는 그 틈에 한몫 단단히 챙기겠다고 기를 쓰기도 한다. "칼자루를 쥐고도 그렇게 하지 못하는 건 바보"라는 듯이 말이다.

그러나 그런 사람들은 하나만 알고 둘은 모르는 헛똑똑이들이다. 권력과 이익은 영원한 것이 아니다. 상황과 입장이라는 것 역시 수시로 바뀌기 마련이다. 그러니 내가 혹시 지금 잘 나가고 있더라도 남들의 원성을 사지 않도록 나 자신을 절제하고 조심하면서 매사에서 겸허하고 너그럽게 처신하는 것이 상책인 것이다. 세상의 일이란 끊임없이 변하고 있는데 내일 서로의 입장이 어떻게 뒤바뀔지 또 누가 알겠는가?

본장에서 노자가 "집좌계이불이책어인(執左契而不以責於人)"을 언급한 것도 바로 그 같은 이유 때문이었을 것이다. '원수조차 사랑하라'는 도가의 가르침은 "적에 대한 복수는 그를 착한 인간으로 만들도록 노력함으로써 갚아라"라고 한 고대 그리스의 스토아 철학자 에픽테토스(Epictetus: 55~135)의 주장과도 묘하게 닮아 있다. 본장은 왕필본 제79장에 해당한다.

노(魯)나라의 역사책인《좌전》을 보면 춘추시대 초기만 해도 조공이나 거래는 많은 경우 현물 교환을 통해 이루어졌다. 당시 각국의 군신들은 서로 간에 예물·뇌물·몸값을 지불할 때 의복·보석·비단·식량·가축·노비 등을 주고받았다. 그러다가 전국시대에 상업이 발전하고 경제 규모가 커지면서 화폐제도가 본격적으로 가동되면서 돈이 그것들을 대체하기 시작했고 그 과정에서 축적된 상업자본과 성행한 고리대업은 당시의 국가경제에 상당한 비중을 차지하게 된다.《순자》·《한비자》·《전국책》등 전국시대 전후의 문헌들에 상인은 물론이고 귀족이나 토호들이 고리대업이나 불공평한 교환으로 서민들로부터 부당이득을 취한 사례들이 많이 보이는 것도 이같은 이유 때문이다.

《사기》에 따르면 제(齊)나라 재상 맹상군(孟嘗君: ?~BC279)은 자신의 영지인 설(薛) 땅에 놓은 고리대 이자만 해도 한 번에 10만 금이 넘을 정도였다고 한다. 당시 고리대가 이처럼 성행하다 보니 도저히 견디지 못해 삶의 터전을 등지는 서민들이 줄을 이어 급기야 농촌경제의 파탄을 부르기도 했다. 이처럼 상인이 시장을 농단하고 도시가 번영하고 화폐가 널리 유통되고 고리대업이 횡행하는 등의 일련의 경제적 정황들은 전국시대 이전에는 볼 수 없었던 현상들이었다.

'계권(契券)'은 춘추전국시대에 현물이나 화폐 거래의 편의를 위해 사용했던 차용증의 일종이었다.《주례》에 따르면 당시 민간에서 통용된 '계권'으로는 대규모 매매에 사용하는 '질(質)'과 소규모 매매에 사용한 '제(劑)'가 있었다. '계권'은 보통 대나무로 만들어졌는데, 그 중간에 가로로 금을 긋고 계약의 내용, 일자 등을 기재한 다음 그것을 둘로 쪼개서 채무자의 이름을 적은 왼짝('좌계')은 채권자가, 채권자의 이름을 적은 오른짝('우계')은 채무자가 각각 보관했다. 쌍방은 나중에 약정한 기한이 만료되거나 도중에 분쟁이 발생하면 각자 보관하던 두 짝을 맞추어 보고 거래를 마무리했다. 또 만일 쌍방 간에 분쟁이 발생하면 주무 관청에서는 '계권'을 맞추어 확인한 계약 내용을 근거로 판결을 내리기도 했다.

그렇다면 본장에서 성인이 보관했다는 '계권'은 왼짝이었을까 오른짝이었을까?《도덕경》판본들을 살펴보면 초기 판본들 중 "성인우개(聖人右介)"로 나와 있는 백서 갑본을 제외하면, 백서 을본에는 "집좌개(執左芥)", 한간본·왕필본 등에는 "집좌계(執左契)"로 나와 있다.

이 문제와 관련하여 고명은 ① 갑골문·금문·전서·예서 등 은대에서 한대까지의 여러 문자에서 형태적으로 '우(右)'가 '좌(左)'와 혼동되는 사례가 많았다고 전제하면서도 ② 갑본은 전국시대에 필사됐고 을본은 한대의 것이므로 갑본이《도덕경》원형에 더 가까울 가능성, ③ "우계"로 되어 있는 판본이 갑본뿐인 것이 유감이지만 고대의 관례에 근거한다면 "우계"가 옳다는 점, ④ 성인이 보관한 것이 "우계"여야 노자가《도덕경》에서 강조하는 성인의 현덕, 즉 "생이불유, 장이부재야(生而弗有, 長而弗宰也)"의 처세 원칙과 부합된다는 점 등을 근거로 해당 부분이 원래 "집우계"로 되어 있었을 것이라고 추정했다.

춘추전국시대 및 한대의 문헌들을 살펴보면 실제로《전국책》〈한책(韓策)〉에는 "진나라와 위나라 군주에게 우계를 내보이며 한국공을 위해 약속을 지킬 것을 요구했다"라는 기록이 보이며, 후한대 학자 정현 역시《예기》〈곡례〉"조를 바치는 이가 우계를 보관했다" 부분에서 "(당시에는) 오른쪽을 높이 쳤다"라고 부연한 바 있다. 고명의 주장처럼 진나라·위나라·한나라·조나라·제나라 등 당시의 제후국들에서는 채권자가 차용증의 오른짝을 보관했던 셈이다. 그러나 이 같은 고명의 주장에는 몇 가지 허점이 있다.

① 춘추전국시대의 문헌들을 보면 왼쪽을 높인 사례도 많았다. 예를 들어 《상군서》〈정분(定分)〉에 따르면 진(秦)나라 역시 법률문서를 보관하는 관리는 '우권', 법률을 집행하는 관리는 '좌권'을 보관했다. 전한대 문헌인 《회남자》의 〈무칭훈(繆稱訓)〉과 《사기》의 〈전경중헌세가(田敬仲憲世家)〉에도 이를 뒷받침해 주는 일화들이 소개되고 있다. 《사기》〈흉노열전〉에 따르면 북방민족인 흉노(匈奴) 역시 일상에서 왼쪽을 높였다고 한다. 이처럼 춘추시대에서 전한대까지 중국의 많은 나라들이 '좌(左)=상(上)=존(尊)'이며 '우(右)=하(下)=비(卑)'라는 인식을 보편적으로 공유하고 있었던 것이다.

② 노자나 《도덕경》이 제시하는 단서들 역시 왼쪽을 높이치고 있다. 노자가 정확하게 언제의 누구인지에 대해서는 아직도 확실하지 알 수 없지만 그와 《도덕경》이 초나라와 인연이 깊다는 것은 주지하는 사실이다. 그런데 이 초나라에서도 왼쪽을 높게 쳤다고 한다. 《좌전》〈환공·8년(桓公八年)〉에서 "초나라 사람들은 왼쪽을 높이 친다"라고 한 것이나 초나라에서 좌사마(左司馬)를 우사마보다 높게 치고 좌윤(左尹)을 우윤보다 높게 친 것 역시 그 예이다. 이를 뒷받침하는 단서들은 《도덕경》에서도 더러 찾아볼 수 있다. 노자가 본장뿐만 아니라 제31장에서도 "길사상좌(吉事上左)"라고 언급한 것이 그것이다. 만일 고명의 주장대로라면 제31장에도 당연히 "길사상우(吉事上右)"로 되어 있어야 정상이다. 그러나 제31장의 경우 모든 판본이 '우'가 아닌 '좌'로 적고 있는 것이다.

③ 고형도 말했듯이, 갑골문, 금문, 전서, 예서 등 고대 한자에서 '좌

갑골문과 금문에서의 '좌'와 '우'. 여기서는 방향이
서로 다르지만 초기에는 이같은 구분이 모호해서
혼용되는 경우가 많았다.

(左)'는 '우(右)'와 혼동될 정도로 자형이 비슷했다. 따라서 자세히 살펴
보지 않으면 필사되는 과정에서 서로 혼동되는 일도 적지 않았을 것이
다. 고명도 이 같은 가능성에 착안하여 본장의 '좌'는 '우'를 잘못 적은
것이라는 주장을 한 것이다. 그렇다면 필사 과정에서 "우⇒좌"의 오류가
발생할 수 있는 것처럼 "좌⇒우"의 오류가 발생할 가능성 역시 없으란
법이 없다. 게다가 지금까지 언급한 여러 가지 정황적인 근거들을 종합
해 보더라도 '좌'가 아닌 '우'가 옳다는 고명의 주장은 춘추전국시대의
실제 상황과도 그다지 부합된다고 할 수 없는 셈이다.

부록

노자열전
사마천《사기》

'노자'라는 이는 초나라 고현 여향 곡인리 사람으로, 성은 이씨, 이름은 이, 자는 담인데, 주나라 왕실 도서관을 관장하는 사관이었다. 공자가 주나라에 갔을 때 노자에게 예법에 관해 묻자 노자는 이렇게 말했다고 한다.

"그대가 말한 인물들은, 그 사람과 뼈 모두 벌써 썩어 스러져 버리고, 고작 그 말만 남아 있을 뿐이오. 또 군자는 시운을 얻으면 관리가 되지만 시운을 얻지 못하면 다북쑥처럼 온갖 고생을 다하면서 정처 없이 떠돌기 마련입니다. 내가 듣자니 '훌륭한 상인은 값진 물건을 깊숙이 숨겨 두고도 비어 있는 것처럼 처신하고 군자는 넘치는 덕을 가지고 있어도 어리석은 것처럼 차리고 지낸다'고 합디다. 그대의 교만한 기운과 지나친 욕심, 거추장스러운 표정과 끝없는 야심을 떨쳐 버리시오. 이런 것들은 하나같이 그대 자신에게는 아무런 보탬도 되지 않소. 내가 그대에게 일러 드릴 수 있는 말은 이 정도뿐이올시다."

공자는 그곳을 떠난 후 제자들에게 이렇게 말했다.

"새라면 나는 그것이 날 수 있다는 것을 안다. 물고기라면 나는 그것이 헤엄칠 수 있다는 것을 안다. 짐승이라면 나는 그것들이 달릴 수 있다는 것을 안다. 달리는 것은 그물을 치면 되고 헤엄치는 것은 낚시를 드리우면 되며 나는 것은 주살을 쏘면 된다. 그러나 용의 경우라면, 나는 그것이 바람과 구름을 타고 하늘로 날아오르는 이치를 알려야 알 재간이 없다. 내가 오늘 노자를 뵈었더니 그가 바로 그런 용과 같더구나!"

노자는 도와 덕을 닦았으며, 그의 학문은 스스로 은둔하여 이름조차 감추는 것을 책무로 여겼다. 주나라에 머문 지 오래되었으나, 주나라가 쇠락해 가는 것을 보고는, 결국 그 나라를 떠났다. 변방의 관문에 이르렀을 때, 관문을 지키는 수비대장인 윤희가 말했다.

"선생님께서는 은둔할 참이시군요. 그렇다면 되는 대로라도 저를 위해 글을 좀 지어 주십시오."

이렇게 해서 노자는 상하 두 편의 글을 지어 도와 덕의 대의를 5,000자 남짓 설파하고 그곳을 떠나니 그가 어떻게 되었는지 아는 이가 없었다. 누구는 "노래자도 초나라 사람이고 열다섯 편의 글을 지어 도가의 작용을 설파했으며, 공자와도 시대가 같았다"라고 말하기도 한다. 대체로 노자는 160여 년을 살았다고 하기도 하고 누구는 200여 년을 살았다고 하기도 하는 것은 그가 도를 닦아 수명을 연장했기 때문이었을 것이다.

공자가 세상을 떠난 후 129년이 지났을 때, 역사서에서는 주나라 태사 담이 진나라 헌공을 알현하고 "처음에 진나라가 주나라와 합쳐지지만 합쳐진 지 500년 만에 쪼개질 것이며, 쪼개진 지 70년 만에 중원을 제패하는 임금이 나타날 것입니다"라고 기록했다. 이에 대하여 누구는 담이 바로 노자라고 하기도 하고 누구는 아니라고 하기도 하지만, 세상에서 그 말이 정말인지 아닌지를 아는 이가 없었다. 노자는 은둔한 군자였기 때문이다.

노자의 아들은 이름이 종이었다. 종은 위나라의 장수가 되어 단간 땅에 봉해졌다. 종의 아들은 주이고 주의 아들은 궁이며 궁의 현손은 가이다. 가는 한나라 효문제 시절에 벼슬을 살았다. 그리고 가의 아들 해가 교서왕 유앙의 태부를 지낸 일을 계기로 이때부터 제 땅에 정착했다.

세상에서 노자를 공부하는 이들은 유학을 멀리하고 유학자들 역시 노자를 멀리하는데, "길이 다르면 함께 도모하지 않는다(道不同不相爲謀)"라는 말도 이런 경우를 두고 하는 말이 아니겠는가? 이이는 아무 바람도 없이 스스로를 바꾸고 차분한 마음으로 자신을 바로잡는 삶을 산 인물이었다.

......

태사공은 이렇게 말한다.

"노자가 귀하게 여긴 도는 비우고 없애는 '허무'의 삶으로, 이를 통해 바람이 없는 상태에서 변화들에 순응했기에 책을 저술하고 '미묘해서 이해하기가 어렵다'라고 한 것이다. 장자는 도와 덕을 나누고 자신의 생각을 기탄없이 펼쳤는데, 그 요지 또한 '저절로 그렇게 되도록 되돌려 놓으라'라는 것이었다. 신불해는 각고의 노력으로 그 가르침을 이론과 실제에 그대로 적용했으며, 한비자는 그 원리를 끌어다가 세상일을 판단하고 옳고 그름을 분명히 하면서도 극단적이다 보니 너무 가혹하고 관용이 부족했다. 이들은 모두가 도와 덕의 대의에 그 뿌리를 두고 있지만 노자야말로 가장 깊고 가장 멀다고 하겠다."

老子者, 楚苦縣厲鄕曲仁裏人也, 姓李氏, 名耳, 字聃, 周守藏室之史也. 孔子適周, 將問禮於老子. 老子曰: "子所言者, 其人與骨皆已朽矣, 獨其言在耳. 且君子得其時則駕, 不得其時則蓬累而行. 吾聞之, 良賈深藏若虛, 君子盛德容貌若愚. 去子之驕氣與多欲, 態色與淫志, 是皆無益於子之身. 吾所以告子, 若是而已." 孔子去, 謂弟子曰: "鳥, 吾知其能飛. 魚, 吾知其能游. 獸, 吾知其能走. 走者可以爲罔, 游者可以爲綸, 飛者可以爲矰. 至於龍, 吾不能知其乘風雲而上天. 吾今日見老子, 其猶龍邪!" 老子修道德, 其學以自隱無名爲務. 居周久之, 見周之衰, 乃遂去. 至關, 關令尹喜曰: "子將隱矣, 彊爲我著書." 於是老子乃著書上下篇, 言道德之意五千餘言而去, 莫知其所終. 或曰: 老萊子亦楚人也, 著書十五篇, 言道家之用, 與孔子同時云. 蓋老子百有六十餘歲, 或言二百餘歲, 以其修道而養壽也. 自孔子死之后百二十九年, 而史記周太史儋見秦獻公曰: "始秦與周合, 合五百歲而離, 離七十歲而霸王者出焉." 或曰儋卽老子, 或曰非也, 世莫知其然否. 老子, 隱君子也. 老子之子名宗, 宗爲魏將, 封於段干. 宗子注, 注子宮, 宮玄孫假, 假仕於漢孝文帝. 而假之子解爲膠西王卬太傅, 因家于齊焉. 世之學老子者則絀儒學, 儒學亦絀老子. "道不同不相爲謀", 豈謂是邪? 李耳無爲自化, 淸靜自正. …… 太史公曰: 老子所貴道, 虛無, 因應變化於無爲, 故著書辭稱微妙難識. 莊子散道德, 放論, 要亦歸之自然. 申子卑卑, 施之於名實. 韓子引繩墨, 切事情, 明是非, 其極慘礉少恩. 皆原於道德之意, 而老子深遠矣.

| 참고문헌 |

단행본1(노자 관련)

國家文物局古文獻研究室(編),《馬王堆漢墓帛書》(壹), 文物, 1980.

高　明,《帛書老子校注》, 中華書局, 1998.

高　亨,《老子正詁》, 古籍出版社, 1956.

_____,《老子注譯》, 河南人民, 1980.

公　木,《名家講解老子》, 長春, 2008(제3차).

郭世銘,《老子究竟說什麽》, 華文, 2000(제2차).

譚正璧,《老子讀本》, 中華書局(上海), 1949.

鄧各泉,《郭店楚簡老子釋讀》, 湖南人民, 2005.

樓宇烈,《王弼集校釋》, 中華書局, 1999.

劉康德,《老子直解》, 覆旦大學, 1999.

劉笑敢,《老子古今-五種校勘與析評引論》, 中國社會科學, 2007.

李　健,《老子解惑》, 中國社會, 2012.

李君明,《老子引讀》, 哈爾濱, 2006.

林語堂, 黃嘉德(譯),《老子的智慧》, 陝西師範大學, 2004.

馬王堆漢墓帛書整理小組(編),《老子》, 文物, 1976.

覆旦大學哲學系,《老子注釋》, 上海人民, 1977.

傅佩榮,《傅佩榮細說老子》, 國際文化出版公司, 2007.

北京大學出土文獻研究所(編),《北京大學藏西漢竹書》[貳], 上海古籍, 2013.

徐梵澄,《老子臆解》, 中華書局, 1988.

徐在國 · 黃德寬,《古老子文字編》, 安徽大學, 2007.

徐志鈞,《老子帛書校注》, 學林, 2002.

蕭　兵 · 葉舒憲,《老子的文化解讀-性與神話學之研究》, 湖北人民, 1996(제2차).

小池一郎,《老子譯注》, 勉誠出版, 2013.

辛戰軍,《老子譯注》, 中華書局, 2008.

楊樹達,《老子古義》, 上海古籍, 1991.

任繼愈,《老子新譯》, 中華書局, 1987.

王德有(點校), 嚴　遵《老子指歸》, 中華書局, 1994.

王　力, 《老子研究》(商務印書館影印本), 上海書店, 1992.

王　弼, 《老子王弼注》, 影印武英殿聚珍版本, 文求堂, 1939.

容肇祖(輯), 《王安石老子註輯本》, 中華書局, 1979.

魏　亞(整理), 《道德經》, 萬春出版公司, 2010.

尹振環, 《帛書老子再疏義》, 商務印書館, 2007.

任繼愈, 《老子新譯》, 上海古籍, 1980.

蔣錫昌, 《老子校詁》, 成都古籍書店, 1988.

張松如, 《老子校讀》, 吉林人民, 1981.

張駿龍, 《帛書老子通解》, 廣陵書社, 2013.

丁四新, 《郭店楚竹書老子校注》, 武漢大學, 2009.

諸橋轍次, 《孔子·老子·釋迦「三聖會談」》, 講談社, 1997(제26쇄).

朱謙之, 《老子校釋》, 中華書局, 2000.

池田知久, 《老子》(馬王堆出土文獻譯注叢書), 東方書店, 2006.

陳鼓應, 《老子今注今譯》, 商務印書館, 2003.

_____, 白　奚, 《老子評傳》, 南京大學, 2001.

陳國慶·張養年, 《道德經》, 安徽人民, 2001.

陳　柱., 《老學八篇》, 商務印書館, 1934(제2차).

彭　浩(校編), 《郭店楚簡老子校牘》, 湖北人民, 2000.

河上公, 《老子道德經》, 宋麻沙本(故宮博物院影印本), 1931.

許抗生, 《帛書老子注譯與研究》, 浙江人民, 1985.

胡道靜(主編), 《十家論老》, 上海人民, 2006.

김시천, 《철학에서 이야기로-우리 시대의 노장 읽기》, 책세상, 2004.

김충열, 《김충열교수의 노자강의》, 예문서원, 2004.

김형효, 《노장사상의 해체적 독법》, 청계, 1999.

법　상, 《금강경과 마음공부》, 무한, 2013(제6쇄).

설순남(역), 남회근, 《노자타설》(상하), 부키, 2013(제2쇄).

신광준, 《노자론》, 인간사랑, 2007.

임헌규(역), 오하마 아키라, 《노자의 철학》, 인간사랑, 1993.

단행본2(기타)

簡帛文獻語言研究課題組, 《簡帛文獻語言研究》, 中國社會科學, 2009.

葛劍雄, 《中國人口史》(제1권), 覆旦大學, 2002.

谷衍奎(編), 《漢字源流字典》, 華夏, 2003.

龔書鐸(主編), 《中國社會通史-先秦卷》, 山西教育, 1996.

郭錫良, 《漢字古音手册》, 北京大學, 1986.

管燮初, 《西周金文語法研究》, 商務印書館, 1981.

屈承熹, 《歷史語法理論與漢語歷史語法》, 北京語言學院, 1993.

紀雲華·楊紀國(主編), 《中國文化簡史-春秋戰國-南北朝》, 北京, 2004.

戴家祥, 《金文大字典》, 學林, 1995.

圖說中國歷史編委會(編), 《圖說中國歷史3-西周》, 吉林出版集團有限公司, 2006.

＿＿＿＿＿＿＿＿＿＿(編), 《圖說中國歷史4-春秋戰國》, 吉林出版集團有限公司, 2006.

＿＿＿＿＿＿＿＿＿＿(編), 《圖說中國歷史5-秦》, 吉林出版集團有限公司, 2006.

罗　琨·张永山, 《中國軍事通史》(전20책), 軍事科學, 2005.

呂文郁, 《中華文化通志003-春秋戰國文化志》, 上海人民, 1998.

龍　鎭, 《其實我們一直活在春秋戰國》(2), 江蘇文藝, 2012.

劉　煒(主編), 《中華文明傳眞3-春秋戰國》, 上海辭書, 2001.

劉　向(集錄), 《戰國策》(전3책), 上海古籍, 1985.

方述鑫 등, 《甲骨金文字典》, 巴蜀書社, 1993.

方有國, 《上古漢語語法研究》, 巴蜀書社, 2002.

白於藍, 《簡牘帛書通假字字典》, 福建人民, 2008.

徐　復·宋文民, 《說文五百四十部首正解》, 江蘇古籍, 2003.

徐復觀, 《中國人性論史-先秦篇》, 上海三聯書店, 2001.

徐中舒(主編), 《甲骨文字典》, 四川辭書, 1993.

陝西師範大學(編), 《古漢語虛詞用法詞典》, 陝西人民, 1988.

孫　機, 《漢代物質文化資料圖說》, 文物, 1991.

沈長雲·楊養群, 《戰國史與戰國文明》, 上海科技文獻, 2007.

揚　雄, 《法言譯注》, 黑龍江人民, 2004.

楊朝明·于孔寶, 《齊魯文化通史-春秋戰國卷》, 中華書局, 2004.

王　力,《同源字典》, 商務印書館, 1982.

＿＿＿,《中國語言學史》, 山西人民, 1981.

王　明(編),《太平經合校》, 中華書局, 1979.

王心怡(編),《商周圖形文字編》, 文物, 2007.

熊鐵基,《中華文化通志004-秦漢文化志》, 上海人民, 1998.

熊國英,《圖釋古漢字》, 齊魯書社, 2006.

尹虎彬,《古代經傳與口頭傳統》, 中國社會科學, 2002.

陰法魯·許樹安,《中國古代文化史》(1), 北京大學, 1995(제5차).

張守中 등(撰集),《郭店楚簡文字編》, 文物, 2000.

張智彦,《老子與中國文化》, 貴州人民, 2001.

田其湜(編),《六體書法大字典》, 湖南人民, 2004.

錢　繹,《方言箋疏》, 中華書局, 1991.

程湘清(主編),《先秦漢語研究》, 山東教育, 1994.

鄭　奠·麥梅翹(編),《古漢語語法學資料彙編》, 中華書局, 1983.

鍾旭元·許偉建,《上古漢語詞典》, 海天, 1987.

陳光磊·王俊衡,《中國修辭學通史-先秦兩漢魏晉南北朝卷》, 吉林教育, 2001(제2판).

陳松長(編著),《馬王堆簡帛文字編》, 文物, 2001.

陳　偉 등,《楚地出土戰國簡冊》(14種), 經濟科學, 2009.

淺野裕一,《諸子百家》, 株式會社ナツメ社, 2008(제2쇄).

鄒安華,《楚簡與帛書老子》, 民族, 2005.

湯餘惠(主編),《戰國文字編》, 福建人民, 2001.

貝塚茂樹,《諸子百家》, 筑磨書房, 1982.

何樂士,《左傳語言研究文集》, 岳麓書社, 1994.

漢語大詞典字形組(編),《秦漢魏晉篆隸字形表》, 四川辭書, 1985.

向　熹,《詩經語言研究》, 四川人民, 1987.

黃中業,《戰國盛世》, 河南人民, 1998.

논문

賈辰陽, 〈帛書《老子》道經首章句讀再議〉, 《鄭州師範敎育》, 2013.제3기.

葛剛岩, 《老子》流傳的相關問題考論〉, 《西北師大學報》, 2004.제3기.

葛榮晉, 〈老子的'不爭'之德和藍海戰略〉, 《中國道敎》, 2007.제4기.

康中乾, 〈老子第一章新解〉, 《吉林大學社會科學學報》, 2010.제4기.

姜 超, 〈道家老子思想的歷史背景初探〉, 《阜陽師範學院學報》, 2011.제3기.

高世江, 〈先秦哲學中的'無爲'思想〉, 《德宏師範高等專科學校學報》, 2009.제3기.

高秀昌, 《老子》'知常''同道'的認識論思想〉, 《中州學刊》, 1996.제1기.

郭 因, 〈老子思想與綠色文明〉, 《安徽大學學報》, 2000.제5기.

官亞兵, 《老子》中的象徵手法〉, 《肇慶學院學報》, 2007.제6기.

裘錫圭, 〈老子與尼采〉, 《文史哲》, 2011.제3기.

寧鎭疆, 〈從簡本看今本《老子》的形成〉, 《中州學刊》, 2001.제4기.

譚寶剛, 《老子》郭店簡本與今本帛本的關係〉, 《安徽大學學報》, 2011.제2기.

劉固盛, 〈近20年帛書《老子》研究述要〉, 《學術月刊》, 2001.제6기.

劉 黛, 〈郭店楚簡·馬王堆帛書·王弼本《老子》版本比較與分析〉, 《北京大學碩士論
    文》, 2008.

劉玲娣, 〈從老子化胡說看漢魏六朝佛教徒的老子觀〉, 《武漢大學學報》, 2008.제1기.

劉 明·孫榮秀, 〈論《左傳》中巫官文化與史官文化之消長〉, 《河北學刊》, 2007.제3기.

劉笑敢, 〈老子哲學的中心價値及體系結構-兼論中國哲學史研究的方法論問題〉, 《道
    家文化研究》(제10집), 上海古籍, 1996.

_____, 〈老子之'自然'與'無爲'概念新詮〉, 《中國社會科學》, 1996.제6기.

劉仲宇, 〈道教想像力対文学的滋潤〉, 《中国道教》, 1996.제1기.

劉學智, 〈當《老子》與佛教相遇-佛教視角的《老子》詮釋〉, 《陝西師範大學學報》, 2008.
    제5기.

雷黎明, 〈楚簡文字形體訛混現象試說〉, 《內蒙古社會科學》, 2009.제1기.

樓 蘭, 〈戰國秦簡牘文·楚簡帛文本體比較研究綜述〉, 《廣西社會科學》, 2010.제8기.

李 剛, 〈道教老學重玄學派〉, 《宗教學研究》, 1996.제1기.

李 軍·紀 銘, 《太一生水》與《老子》宇宙生成論演變〉, 《文敎資料》, 2010.1월호.

李德敏, 〈論《老子》比喩方法及其哲學意義〉, 《黃河科技大學學報》, 2006.제2기.

李　飛, 《老子》第23章解義〉, 《商丘師範學院學報》, 2013.제11기.

李定生, 〈論韓非〈解老〉和〈喩老〉〉, 《道家文化研究》(제10집), 上海古籍, 1996.

李進寶, 〈20世紀後期的老子研究〉, 《道教論壇》, 2012.제4기.

李　霞, 〈老莊道家生死觀研究〉, 《安徽大學學報》, 2007.제6기.

林安梧, 〈老子道學與21世紀人類文明〉, 《河北學刊》, 2010.제3기.

瑪　亞, 〈道家思想中的語言問題〉, 《道家文化研究》(제10집), 上海古籍, 1996.

馬媛媛, 〈從出土文獻看先秦藏書〉, 《圖書與情報》, 2010.제5기.

毛遠明, 〈帛書《老子》和通行本的文字差異〉, 《四川師範學院學報》, 1991.제2기.

蒙培元, 〈‘道’的境界-老子哲學的深層意蘊〉, 《中國社會科學》, 1996.제1기.

潘永根, 〈中國古代文人對老子思想的誤讀與消解〉, 《浙江社會科學》, 2000.제3기.

白少華·蔣天道, 〈《老子》的政治面向: 帝王政治學〉, 《文化建設傳承》, 2012.제9기.

伏俊璉·王曉鵑, 〈《老子》的作者及其成書時代〉, 《求是學刊》, 2008.제3기.

傅景華, 〈以甲骨文與金文的本義重新認識《老子》〉, 《太原師範學院學報》, 2006.제1기.

徐儀明·廖永安, 〈對《老子》‘嬰兒·赤子·孩’的解讀〉, 《韶關學院學報》, 2013.제5기.

徐艶芳, 〈評析老子的‘貴柔守雌’思想〉, 《華中師範大學学報》, 1996.제6기.

石　磊, 〈《左傳》《國語》中的天道觀〉, 《綿陽師範學院學報》, 2013.제7기.

聶中慶, 〈《老子》楚簡本·帛書本·通行本比較研究〉, 《殷都學刊》, 2003.제2기.

邵翠華, 〈老子與孔子語言觀之比較〉, 《牡丹江師範學院學報》, 2006.제5기.

孫　群, 〈試用《大乘起信論》詮釋《老子》之道〉, 《湘潭師範學院學報》, 2008.제5기.

孫　冀, 〈‘自然’的呼喚-老子《道德經》的全新解讀〉, 《社會科學輯刊》, 2011.제4기.

孫夕龍, 〈關於《老子》若干語句意義的辨析〉, 《中州學刊》, 2009.제5기.

孫以楷, 〈荀子與先秦道家〉, 《學術月刊》, 1996.제8기.

孫以楷, 〈老子學說對孔子的影響探析〉, 《中國哲學史》, 1997.제3기.

柴文華, 〈馮友蘭的老子觀研究〉, 《哲學動態》, 2012.제10기.

安海民, 〈從歷史語言學的角度解讀《老子》〉, 《青海民族學院學報》, 2009.제1기.

楊文瀅, 〈《老子》語言的模糊性及其飜譯的留白〉, 《中南大學學報》, 2009.제4기.

楊丙安, 〈正確認識和評估道家的倫理思想及其歷史地位〉, 《中州学刊》, 1996.제1기.

楊普羅, 〈對有關老子評價的三個說法的質疑〉, 《樂山師範學院學報》, 2011.제8기.

楊保春, 〈《老子》語言特點解析〉, 《青島大學師範學院學報》, 1998.제1기.

冉淑華, 〈是‘返璞歸眞’還是‘返樸歸眞’?〉, 《語文學刊》, 內蒙古師大學出版社, 2012.제

8기.

吳根友, 〈如何說不可說之道?-老子哲學中'道'槪念的語義分析〉, 《湘潭大學學報》, 2006.제2기.

吳　敏, 〈老子哲學思想對中國古代文化藝術的影響〉, 《皖西學院學報》, 2009.제2기.

吳士英, 〈老莊思想的異同及價値簡論〉, 《殷都學刊》, 1996.제1기.

王玲玲, 〈超越死亡的道家生死哲學觀〉, 《倫理學硏究》, 2006.제4기.

王　博, 〈權力的自我節制: 對老子哲學的一種解讀〉, 《哲學硏究》, 2010.제6기.

王博識, 〈老子與原始佛敎哲學思想比較〉, 《南亞硏究》, 2011.제2기.

王鳳霞·王景丹, 《老子》文本的語言闡釋〉, 《江海學刊》, 2001.제2기.

王　珊, 《左傳》'孤·寡人'意義考辨〉, 《遼東學院學報》, 2012.제1기.

王樹人, 〈論老子'不爭'的智慧〉, 《道家文化硏究》(제10집), 上海古籍, 1996.

王叔岷, 〈呂氏春秋引用莊子擧正〉, 《道家文化硏究》(제10집), 上海古籍, 1996.

王　蕭·姚振文, 《老子》世傳本'常道'與帛書本'恒道'辨析〉, 《船山學刊》, 2012.제4기.

王長華, 〈從〈解老〉〈喩老〉看韓非對老子的吸納和改造〉, 《河北師院學報》, 1997.제1기.

王前程, 《三國演義》與《老子》兵家文化〉, 《中華文化論壇》, 2004.제4기.

王中江, 〈道家哲學的現代理解-以嚴·章·梁·王·胡爲例〉, 《道家文化硏究》(제10집), 上海古籍, 1996.

王天根, 〈評點老子與嚴復對立憲的檢視〉, 《安徽大學學報》, 2004.제4기.

王天保, 〈詩性思維對《老子》言說方式的影響〉, 《語文知識》, 2007.제1기.

王萍萍, 〈論老子的慾望觀〉, 《蘇州科技學院學報》, 2008.제3기.

王海珺, 〈被誤讀的老子〉, 《延安敎育學院學報》, 2007.제4기.

姚琳琳, 〈郭店楚簡《老子》中假借字的語音現象分析〉, 《沈陽工程學院學報》, 2006.제7기.

姚雪娜, 〈帛書《老子》若干章句讀解〉, 《西北大學碩士論文》, 2010.

兪天鵬, 〈試析《老子》一書的微觀結構〉, 《綿陽師範學院學報》, 2008.제4기.

尹振環, 《易經》對《老子》的影響〉, 《貴州社會科學》, 1997.제5기.

_____, 〈王弼本《老子》絶非權威本-古代學術史必須重寫的典型案例〉, 《文獻季刊》, 2002.제2기.

_____, 〈從帛書《老子》看《老子》的原結構布局〉, 《覆旦學報》, 1987.제2기.

張景賢, 〈中國古代的尙左與尙右觀念〉, 《歷史敎學》, 2000.제9기.

張文雄, 〈釋'寡人·不穀'〉, 《西北師大學報》, 2000.제6기.

蔣邦芹·孫衛華, 〈可言說之存在與不可言說之道〉, 《湖北社會科學》, 2008.제10기.

張思齊(譯), [德]漢斯·格奧爾格·黙勒, 《老子》和道教思想對德國新哲學的啓迪〉, 《中國道教》, 2008.제3기.

蔣　瑞, 〈說郭店簡本《老子》'大器曼成'〉, 《中國哲學史》, 2000.제1기.

張松輝, 〈老子的循環論是正確理論〉, 《齊魯學刊》, 2004.제1기.

張戌梅, 〈春秋時期的玉文化-以《左傳》《國語》爲中心的考察〉, 東北師範大學碩士論文, 2009.

張　艶, 〈帛書《老子》通假字的音韻分析〉, 《語言學研究》, 2010.제3기.

張玉金, 〈出土文獻與上古漢語虛詞研究〉, 《華南師範大學學報》, 2009.제3기.

張運華, 《太平經》與道家思想〉, 《中州學刊》, 1996.제1기.

張衛中, 〈老子對語言傳播的批判〉, 《社會科學戰線》, 2002.제3기.

張　欽, 《道德經》得'道'心理歷程初探〉, 《宗教學研究》, 1996.제2기.

田義勇, 〈老子與黑格爾的比較〉, 《長安大學學報》, 2010.제4기.

丁秀菊, 〈論老子的修辭美學思想〉, 《東岳論叢》, 2009.제12기.

丁原明, 《孫子兵法》與老子〉, 《中華文化論壇》, 2006.제3기.

程一凡, 〈從郭店本看《老子》一書的形成〉, 《管子學刊》, 2004.제2기.

井曉旭, 〈從《左傳》中看玉器所反映的文化內涵〉, 《學理論》, 2013.제9기.

晁福林, 〈論老子思想的歷史發展〉, 《孔子研究》, 2002.제1기.

鍾海軍, 〈淺談《老子》單音動詞〉, 《四川大學學報》, 2002.제5기.

朱錦良(譯), [德]R.艾爾伯菲特, 〈德國哲學對老子的接受-通往'重演'的知識〉, 《世界哲學》, 2010.제6기.

朱人求, 〈老子哲學的生命精神〉, 《南昌大學學報》, 2000.세4기.

朱　哲, 〈老莊'無用之用'思想析論〉, 《宗教學研究》, 1996.제4기.

秦佳慧, 〈試論《春秋左傳》中的尊稱和謙稱〉, 《浙江社會科學》, 2005.제6기.

陳鼓應, 〈先秦道家易學發微〉(續), 《哲學研究》, 1996.제7·8기.

_____, 〈道家在先秦哲學史上的主幹地位〉, 《道家文化研究》(제10집), 上海古籍, 1996.

陳國華, 《老子》的版本與英譯〉, 《外語教學與研究》, 2002.제11기.

陳道玄, 〈老子'道'的核心-《道德經》首章研究〉, 《社會科學研究》, 1995.제3기.

陳　林, 〈析老子之'德'〉, 《重慶工學院學報》, 2006.제3기.

崔　建, 〈論老子的愛民思想〉, 《中共濟南市委黨校學報》, 2006.제3기.

馮寬平, 《《說文解字》釋義與《老子》用字辨證法擷闡〉, 《青海師專學報》, 2001.제3기.

馮勝君, 〈從來出土材料談今本《老子》中'孩'字的釋讀問題〉, 《古籍整理研究學刊》, 2005.제2기.

夏可君, 〈對《道德經》文本句法層次的分析與解釋〉, 《中州學刊》, 1996.제4기.

韓國良, 《《老子》五十章經文校箋-兼論人們對《老子》經義的曲解〉, 《南都學壇》, 2000. 제5기.

韓吉紹·張魯君, 〈愛因斯坦·量子力學與道家〉, 《青海社會科學》, 2009.제3기.

韓東育, 《《郭店楚墓竹簡·太一生水》與《老子》的幾個問題〉, 《社會科學》, 1999.제2기.

韓　巍, 〈北京大學藏西漢竹書本《老子》的文獻學價值〉, 《中國哲學史》, 2010.제4기.

胡佳全, 〈'百姓'語義變遷及批評分析〉, 《襄樊職業技術學院學報》, 2010.제6기.

胡家聰, 〈道家學說及其對先秦儒學的影響〉, 《道家文化研究》(제10집), 上海古籍, 1996.

胡　傑, 〈先秦楚簡中'弗'的語法功能分析〉, 《中山大學學報》, 2007.제11기.

黃　釗, 〈竹簡《老子》應爲稷下道家傳本的摘抄本〉, 《中州學刊》, 2000.제1기.